Johannes Scheffer

Joannis Schefferl von Strassburg Lappland

Neue und wahrhafftige Beschreibung von Lappland und dessen Einwohnern

Johannes Scheffer

Joannis Schefferl von Strassburg Lappland
Neue und wahrhafftige Beschreibung von Lappland und dessen Einwohnern

ISBN/EAN: 9783743458949

Hergestellt in Europa, USA, Kanada, Australien, Japan

Cover: Foto ©Andreas Hilbeck / pixelio.de

Weitere Bücher finden Sie auf **www.hansebooks.com**

IOANNIS SCHEFFER
Argentoratensis
LAPPONIA
Cum Privileg: Reg. Majest: socci
Francofurti & Lipsiæ
Impensis Christiani Wolffii Bibl.
A: 1674.

JOANNIS SCHEFFERI
von Straßburg
Lappland,
Das ist:
Neue und wahrhafftige Beschreibung von Lappland und dessen Einwohnern, worin viel bißhero unbekandte Sachen von der Lappen Ankunfft, Aberglauben, Zauberkünsten, Nahrung, Kleidern, Geschäfften, wie auch von den Thieren und Metallen so es in ihrem Lande giebet, erzählet, und mit unterschiedlichen Figuren fürgestellet worden.

Franckfurt am Mäyn und Leipzig.
In Verlegung Martin Hallervorden, Buchhändlern
zu Königsberg in Preussen.
Gedruckt bey Johann Andreä.
Im Jahr 1675.

Dem Hochgebohrnen Graffen und Herrn/ Herrn
MAGNO GABRIEL
de la Gardie,

Königl. Schwed. Reichs-Raht / und Groß-
Cantzlern/ Landrichtern in WestGothen und Daleroen/
wie auch der Universität zu Upsal/ Cantzlern/ Grafen in Leckoö/
Arensburg und Pernau/ Freyherrn in Eckholmen/ Herrn
in Hapsal/ Magnushoff ꝛc. ꝛc.
Meinem gnädigen Herrn.

Hochgebohrner Herr Graffe gnädiger Herr.

Jemit überreiche seiner Hochgebohrnen
Gräfflichen Excellentz die Beschreibung
deß Lapplandes und dessen Einwohner/
so ich zwar allbereit vor zweene Jahren auffzusetzen angefangen / aber wegen unterschiedlicher
Hindernüssen / darunter wohl die fürnembste
meine Unpäßlichkeit gewesen/ biß auf die jetzige
Stunde nicht habe zum Ende bringen mögen.
Die Ursachen meines Fürnehmens/ ob sie zwar
wichtig genug / dörfften doch allhie nicht weit-
läuff-

läufftig erzählet werden/wann ich auff seine Excell. derer selbe ohne das bekandt/ allein mein Absehen hätte. Und wiewol mir nicht ohnbewust/ daß ich seiner Excell. beschwerlich fallen werde/als welche auß löblichen und berühmten Verrichtungen keine andere Belohnung / als ein gutes Gewissen verlanget; so ist dannoch den Nachkommen daran gelegen/daß durch die Feder solche Thaten/derer Erzählung dem Vatterlande ein herrliches/ dem gemeinen Besten aber nützliches Beyspiel fürstellen / verewiget werdē. Dañ/vermeynen wir wol/daß alle miteinander / so wenig gutes ein Gerücht achten/ so sehr die Tugend und Ehrenruhm anfeinden solten/ daß nachdem sie gehöret/ wie insonderheit durch Seiner Excell. Willen / Fürsorge/ Rahtund Hülffe/ so viel treffliche Sachen/wodurch nunmehr das Königr. Schweden / nicht minder/ als ehemals durch die sieghaffte Waffen/sein Haupt empor zu heben beginnet/an das Tageslicht gebracht/ kein einziger Funck sich in ihrem Gemüthe finden solte/ da sie ebener maßen zu gleichen Ruhms Erwerbung anfreuen möchte? Von derselben Menge ich anjetzo/weil
schon

schon andere davon geredet/oder noch ins künfftige zu handeln gesonnen sind/ etwas beyzufügen/ anstehe. Was aber gegenwärtige Arbeit belanget/ mag ich wol sicher gestehen/ daß selbe von meiner Wenigkeit nicht hätte können fürgenommen werden/ wañ mich seine Excell. hiezu nicht vermöget hätten. Gewiß ist es/ daß wol das geringste Theil von Lappland/ ob es gleich der Kron Schweden zinsbar/ den Schweden selbst recht bekandt: Fals selbes in seiner Finsternüß und zu den ungeheuren Seen und Wäldern verbannet/ auch seinen nächsten Nachbahren ohnentdecket bleibet/ so daß diese nicht berichten können/ wer oder was es für Leute sind/ die sonsten den Namen nach weit beruffene Lappen. Wäre also auch meine Bemühung in dieser Sache gantz vergeblich gewesen/ wañ Seine Excell. mir hierin nicht beygesprungen/ durch ihr hohes Ansehen alle Hindernuß auß dem Wege geräumet/ und mit Hülffe an die Hand gangen wäre. Worunter das erste und fürnemste/ daß ich auf Anmahnen und Befehl Seiner Excell. von einigen glaubwürdigen Leuten/ als nemlich Priestern/ Amtleuten/ und Auffsehern

der

der Lappen/ gewisse und unterschiedliche aufgesetzte Berichte und Beschreibungen dieses Volckes und Landes/ wovon hernach sol gesaget werden/ erhalten. Hernach habe ich auch S. Excell. Kunstkamer/ auß derselben Mildigkeit/ vielerley Lapp. Sachen und Geräht/ die ich mit den meinigen zusammen gehalten/ empfangen/ damit ich durch eines jeglichen Beschauung und Berührung etwas gewisses von allen und jedē auffsetzen könte. Es ist mir ferner durch seiner Excell. Gewogenheit/ zu den Königl. Archiven ein freyer Zutritt verschaffet worden/ worauß ich viele zu diesem Wercke nöhtige Sachen überkom̄en. Hat sonsten jemand von Lappischen Dingen einige Wissenschafft gehabt/ selbiger ist durch Vermittelung Seiner Excell. solches an mich zu berichten/ beweget worden. Endlich waren seine Excell. auch bereit weiter zu gehen/ und alle Hindernüß mit eigenen Unkosten zu heben/ wann meine Blödigkeit mich nicht gehämmet hätte derselben solches anzumuhten. Schencke also gegenwärtige Arbeit S. Excell. nicht/ sondern gebe sie nur als eine Schuld wieder. Mit dieser einzigen und höchsten Bitte/ daß S. Excell.

selbe mit ihrer Geneigenheit billigen wolle. Und wiewol mir derselben hoher / fürtrefflicher / und reiffer Verstand einige Furcht einjaget / lebe ich doch guter Hoffnung/sie werde ihrer besonderen und ungewöhnlichẽ Gewogenheit nach/ damit sie bißhero meine wenige Verrichtungen dann und wañ untergestützet und befestiget/auch anjetzo beglücken. Von welcher/wann ich allhie ein weniges anführen wolte / würde ich für so viele Wolthaten undanckbar seyn? solte ich aber viel davon beybringen/würde ich wider die Gesetze und Masse gegenwärtiger Schrift handeln/daß es also billiger seyn wird / alles miteinander biß auf bequämere Gelegenheit zu sparen / unterdessen aber mit einem demühtigen Stillschweigen den Fehler der Undanckbarkeit/ oder Grobheit/loßzukauffen. Insonderheit da selbe jederman dermassen bekandt/ daß sie auch bey einigẽ Haß und Neid zu wege bringen. Welche beyde Laster mich vielleicht schon längst ungetretten hätten/ wann ich nicht durch eben dieselbe Gütigkeit und Gnade/so mich bloß und einzig aller erwähnten Wolthaten würdig gemachet/ wider alle Anläuffe gedachter Feinde wäre gewaffnet

net worden. Es ist S. Hochgeb. Gräfl. Exc: wol bewust was ich meyne/ nemlich die unfehlbare gewisse und grosse Gunst-Bezeugungen die ich von derselben bißhero genossen/ und so viel und hoch sind/ daß so ich nichts mehr als selbe allein besässe/ ich nicht mit Unrecht S. Excell. meinen Erhalter und Befoderer zu nennen hätte. Doch sind auch andere unzähliche Ursachen mehr warumb ich seiner Excell. jederzeit verpflichtet lebe. Als daß selbe jederzeit/ nach dem ich auß Göttlicher Schickung in diese Oerter gelanget/ ein gutes und geneigtes Urtheil von mir gefället/ mich nicht unwürdig geschätzet/ derselben Herrn Vattern sel. einen tapfferen Helden/ in einer öffentlichen Rede zu loben/ und ihme den letzten Ehrendienst zu erweisen; meine Academische Arbeit zum öfftern mit ihrer Gegenwart beehret; mit ihrem Ansehen und Stimme/ bey S. Königl. Maj. mir neue Ehre erlanget/ meine Besoldung gemehret/ meine Güter erweitert/ auch meiner Frauen zu ihren künfftigen Tagen einige Ergetzlichkeit und Unterhalt verschaffet. Endlich daß sie ihre Herren Söhne meiner Aufsicht vertrauet/ und mit dieser Erkiesung ein fürtrefftreffliches Zeugnüß / von meinem Leben und Wandel gegeben. Damit aber solches wohlgemeyntes Urtheil von meiner Person nicht für ein Fehler / oder geschwinde unbedachte Gewogenheit möge geschätzet werden / habe ich mich allezeit so viel an mir gewesen / und ich gäntzlich hoffe / darzuthun / bemühet. Ob auch andere damit vergnüget / muß ich zweiffeln / falß mir nicht unbekandt / wie die jetzige Zeit so künstlich und geschickt im Verläumden sey / auch wol der Unschuld selbst nachstelle / und wañ sie nicht anders kan mit Argwohnen schade. Es mag sich aber der Neidplagen wie er wil. Doch wird er den guten Wahn / so seine Excell. von mir gefasset nicht schwächen (wie ich solches schon erfahren) und so lange derselbe unverletzet / wil ich diese zwar beschwerliche / aber weiter keinen Schaden zufügende Possen mit tapfferem Gemühte / und daß ihme alles guten bewust / verachten. Werde mich auch so lange ich lebe / dahin befleissigen / daß man nicht sagen köñe / ich habe ein widriges erwiesen. Wohin dann auch diese Arbeit / wo nit im Wercke selbsten / doch im Wünschen und Absehen gerichtet. Welche demnach seine Gräffl.

Excell. wie meine andere Sachen annehmen/ und als ein Pfand eines unterthänigst gehorsambsten / und für so viel erzeigte Wolthaten/ danckbaren Gemühtes/ halten wolle. Gott der Allerhöchste schütze S. Excell. Seiner Königl. Maj. dem gantzen Reiche/ den freyen Künsten/ und endlich allen rechtschaffenen Gemüthern zum Nutzen und Frommen / noch viel Jahre bey guter Gesundheit. Gegeben zu Upsall den 1. Maji im Jahr M. DC. LXXIII.

Seiner Hochwolgebohrnen Excellentz

Unterdienstlichst gehorsambster

Joannes Schefferus Königl. Jur. Nat. & gent. Honorarius, wie auch Eloqv. & Polit. Skyttischer Professor.

Geneigter Leser.

Als mich zu dieser Arbeit veranlasset/ solches habe allbereit anderswo angezeiget / nemblich / als der Hochgebohrne Graffe Herr Magnus Gabriel de la Gardie, dieses Reichs und der Academi Cantzler &c. gesehen/ daß bey ausländischen Völckern vielerley von denen Lappen erzählet werde/ davon das meiste einem Mährlein als der Warheit ähnlicher! Theils auch die Schwedische Nation verhaßt zu machen/ und derselben den Ruhm/ den sie so viel Jahr hero durch ihre sieghaffte Waffen erlanget/ abzuschneiden/ erdacht worden! Hat er dem Vatterlande zum Besten für gut befunden/ daß die Sitten/ Natur/ und Eigenschafften dieses Volckes und deß Landes so es bewohnet/ durch die Feder der gantzen Welt kund

An den geneigten Leser.

kund gethan würden. Welches er dann mir anbefohlen/ nicht zwar als wann ich der Geschickteste hiezu wäre/ dann warumũ solte ich läugnen/ daß andere solches fürzunehmen viel tüchtiger sind? sondern weil ich mich willig und gerne dazu erkläret. Wolte anjetzo nicht mehr wünschen/ als daß dem Begehren eines solchen Mannes ein Genügen geschehen wäre. Dann daß es in allem erfolget kan ich nicht einmahl hoffen/ als der ich an diesen Oertern/ alwo die Lappen selbst frembde sind/ frembde bin. So gar schwer ist mir alles von ihren Sitten und Natur zu erforschen/ geworden. Dannoch habe ich mich bemühet/ alles miteinander/ was von ihnen jemals geschrieben/ zusammen zu tragen. Da ich dann einige/ nur neulich eben deßwegen verfertigte Schrifften/ zu Rahte gezogen. Von denen insonderheit alhier erwähnet müssen werden die Arbeit deß H.M. Joannis Tornæi, Pfarrh. und Probsten zu Torna/ wie auch deß H. Sam. Rheen, ehmals Lappischen Predigers in Pithalappland/ der sich anjetzo in Bothnien aufhält/ so mir zugeschicket worden. Nebst deme ist mir auch deß Olai Petri Niurenii Werck von dessen beyden Söhnen Zacharia und Erico mitgetheilet. Endlich habe ich mich bey den Lappen selbst/ wie auch bey anderen/ so in diesen Oertern gewesen Rahts erholet. Und solcher gestalt habe ich alles mit grossem Fleiß gegeneinander gehalten/ und die widrige Meinungẽ/ so viel möglich gewesen/ mit einander zu einigen getrachtet. Hieselbst sind nit wenige Irrthümer der Scribenten entdecket worden/ in dem ich der Warheit und glaubwürdigen Leuten eiffrigst gefolget/ daß ich wol mit Warheit sagen mag/ daß allererst durch mich die Lappen und ihr Land der Welt kündig worden. Zu dem Ende auch dasjenige so ich durch Worte nicht recht fürstellen köñen/ mit Figuren/ die ich nach dem Leben gezeichnet/ abgebildet. Weiter habe ich auch die eigene Worte der meisten Scribenten so ich gebrauchet/ angezogen. Zu erst zwar/ damit einem jeglichẽ kund möge seyn weine ich gefolget/ hernach damit ich niemand seines verdienten Lobes beraube. Und obwol die Schwed.Sprache/ in welcher solches aufgezeichnet/ den Frembden ins gemein unbekandt/ habe ich mich beflissen/ damit niemand/ als wañ ich etwas nach eigenẽ Belieben erdacht/ argwohnen möge/ daß ein jeder wo nicht von sich selbst/ doch durch andere Sprachkündige vernehme/

):( ):(3   wie

An den geneigten Leser.

wie getreulich ich alles in das Lateinische übersetzet. Ich weiß zwar daß unterschiedliche meine Leichtgläubigkeit/ sonderlich in den Sachen so man von den Zauberkünsten dieser Leute insgemein erzählet/ anklagen werden. Jals heutiges Tages sich nicht wenig finden/ so da/ damit man sie für verständiger als wie andere achten möge/ alle solche Dinge für lautere Träume/ und alter Weiber Mährlein schätzen. Es sey nemlich ungereimt daß der Teuffel sich einen so verachteten und geringen Menschen dermassen unterwerffen solte/ daß er auff dessen Wincken und Gefallen so viel wunderliche Händel verrichte. Deßwegen sie auch gedachte Lappen außfodern/ von ihnen Probstücke begehren/ den Teuffel zu sehen wünschen. Wann diese Leute aber den Teuffel zu seyn glaubeten/ und daß derselbe so viel und grosse Künste ins Werck zu setzen vermöchte/ so keines Menschen Verstand begreiffen/ keine Gedancken fassen können/ und daß er mit unglaublicher Begierde die Menschen zu betriegen suche und sich bemühe/ auch einige bey anderen verachtete/ doch mit Christi Blut und Todt theur erkauffte Seelen in seine Fallstricke zu verleiten trachte/ würden sie sich von solchen unchristlichen Reden mässigen. Zwar kan ich nicht in Abrede seyn/ daß viel erdichtet und gelogen werde. Daß aber durch Teuffelskünste gar nichts mehr als was menschlichen Kräfften gemäß zu wege könne gebracht werden. Was ist solches anders geredet als der langen Erfahrung/ und der heiligen Schrifft selbst ihr Ansehen benehmen? Und warumb läugnen sie es dann endlich? Entweder daß es der Teuffel nicht thun könne/ der einen solchen klugen Verstand/ der so vieler tausend Jahre Erfahrenheit/ der die gantze Natur durchgegründet hat? oder daß er es nicht wolle/ so doch Tag und Nacht der Menschen Wohlfahrt nachstellet/ und ihme zu schaden sich äusserst bemühet? Allein sie lassen sich hiemit nicht vergnügen. Die er nemlich schon zuvor durch Boßheit bestricket/ begehret er durch Zeigung seiner Künste nicht dazu kommen zu lassen/ daß sie den Teuffel anheben zu glauben/ zu fürchten/ und wie sie von ihme abkommen mögen/ zu suchen. Daß sie also desto mehr verlangen solten/ diese Gegenwürffe auffzuheben/ und also närrische/ erdichtete und einfältige Meynungen zu verachten. Man darff selbige Schliche nicht verlachen/ sondern ein jeder sol billig die Göttliche Gnade

An den geneigten Leser.

de und Barmhertzigkeit anruffen/ daß er dafür bewahrt werde/ und nicht dadurch in Schaden der Gesundheit/ deß Lebens/ ja auch wol der Seeligkeit gerahte. Und wer wolte wähnen daß alle miteinander zu jeglicher Zeit dermassen solten an Sinn und Augen geblendet werden? Jals für etliche wenig Jahren viel Leute zu Stockholm mitten auff dem Marckte angesehen/ wie ein Bauerwagen mit Heu beladen nebst den Pferden durch einen Wirbelwind auffgehoben/ in die Lufft geführet/ und wieder nieder gesetzet worden/ wie solches alles ein Lappe einer gewissen Person/ so von ihme eine Probe seiner Kunst gefodert/ versprochen/ da alles übrige was umb und neben dem Wagen gewesen/ unget ührt verblieben. Da gewiß so vieler Menschen Augen dergestalt nicht haben können betrogen werden/ daß sie geglaubet/ der Wagen so auff der Erden stillgestanden/ wäre in die Lufft geführet worden/ obgleich der Lappe den jenigen so es von ihme begehret/ getäuschet. Und kan ich also denen/ so dieses alles für närrische und erdichtete Dinge halten/ nicht Beyfall geben/ und wil viel lieber in einigen Sachen gar zu leichtgläubig seyn/ als so vieler Menschen und Jahre Erfahrenheit in einen Zweiffel ziehen. Welches aber alles schon von anderen zur Gnüge außgeführet/ von mir aber deßwegen mit wenigen berühret worden/ damit ich mich von dem Argwohn als wann ich einige Sachen beygebracht/ so der Warheit zu wider/ befreyen möchte. Lebe wol/ und laß dir meine Arbeit befohlen seyn.

Namen der Scribenten denen wir in Verfertigung dieses Wercks gefolget.

Adamus Bremensis.
Albertus Magnus.
Arngrimus Jonæ.
Der Auctor von Herrødssagæ.
Der Auctor von Olaffssagæ.
Ein Schwed. ungenanter geschriebener Autor.
Bartholomæus Cocles.
Joh. Baazius.   Andr. Buræus.
Joan. Buræi geschriebene Werck.
Philip. Cluverius.
Damianus à Goes.
Andreas Frisius.   Hugo Grotius.
Sigism. von Herberstein.
Jo. Jonston.   Paul. Jovius.
Lomenius Graff zu Brien.
Magnus Olai ein Jßländer.
Joh. Magnus.   Olaus Magnus.
Seb. Munsterus.
Nicolaus Aronis.
Olaus Petri Niurenius geschrieben.
Casp. Peucerus.
Ericus Plantinus geschrieben.
Zach. Plantinus geschrieben.
C. Plinius.   Procopius.
Ol. Wormius.   Jac. Zieglerus.
Sam. Rheen geschrieben.
Saxo Grammaticus.   J. Cæs. Scaliger.
Servius.   Sigfridus Aronis.
Olaus Matthiæ Sirma ein Lappe.
Spirzi Nils ein Lappe.
M. Matth. Steuchius geschrieben.
Die Peutingerische Tafel.   Tacitus.
Joh. Tornæus geschrieben.   Is. Vossius.
Mith. Wexionius Gyldenstolpe.

Anzeiger
Der Capitel so in diesem Wercke enthalten.

I. Cap.	Von dem Nahmen Lappland	Pag. 1
II.	Von der Gelegenheit Lapplandes	9
III.	Von der Lufft und übrigen Beschaffenheit Lapplandes	17
IV.	Von der Abtheilung Lapplandes	26
V.	Von der Beschaffenheit des Leibes und des Gemühtes der Lappen	31
VI.	Von dem Ursprung der Lappen	46
VII.	Von der Religion der alten Lappen	63
VIII.	Von der Christlichen Religion der Lappen	70
IX.	Von etzlichen Heidnischen Gebräuchen so biß auff diese Zeit unter denen Lappen im schwange gehen	96
X.	Von den Heidnischen Göttern welche die Lappen anjetzo noch ehr:	106
XI.	Von den Zauberkünsten der Lappen	135
XII.	Von der Policey und Regiment der Lappen	167
XIII.	Von den Gerichten und Schatzungen der Lappen	179
XIV.	Von den Jahrmärckten der Lappen	188
XV.	Von der Sprach und Rede der Lappen	198
XVI.	Von den Wohnungen der Lappen	212
XVII.	Von den Kleidern der Lappen	239
XVIII.	Von der Speise und Tranck der Lappen	243
XIX.	Von den Jagden der Lappen	256
XX.	Von dem Gewehr und Werckzeuge so die Lappen auff der Jagd gebrauchen	276
XXI.	Von der Handarbeit und Künste der Lappischen Mañspersohnen	285
XXII.	Von den Geschäfften der Weiber bey den Lappen	294
XXIII.	Von den Geschäfften so den Männern und Weibern gemein	302
XXIV.	Von dem Müßiggang und Spielen der Lappen	310
XXV.	Von den Verlöbnüssen und Hochzeiten der Lappen	314
XXVI.	Von dem Kindbette und Aufferziehung der Kinder	333
XXVII.	Von den Kranckheiten/Todt/und Begräbnüssen der Lappen	349
XXVIII.	Von den vierfüßigen zamen Thieren der Lappen	363
XXIX.	Von den vierfüßigen wilden Thieren der Lappen	379
XXX.	Von den Vögeln/Fischen/und anderen Thieren	392
XXXI.	Von den Bäumen und Pflantzen	403
XXXII.	Von den Metallen in Lappland	408
XXXIII.	Von den Steinen/Edelgesteinen und Perlen	414
XXXIV.	Von den Wassern und Flüssen	418
XXXV.	Von der Erden und Bergen.	422

Beschrei-

Beschreibung Von Lappland

Das Erste Capitel.
Von dem Worte und Nahmen Lappland.

Appland hat bey denen Geschichtschreibern unterschiedene Nahmen. Joannes Magnus nennet es in der Vorrede seiner Gothischen Geschichte Lappien/ so er vielleicht auß dem Saxone Grammatico genommen/ welcher es in dem fünfften Buche der Dänischen Sachen/ mit gleichem Nahmen beleget. Andere/ unter welchen ist Olaus Magnus deß erwähnten Joannis Bruder/ in Außlegung der Landkarten von Scantzien. Jacobus Zieglerus in einem absonderlichen Buche von denen Mitternächtigen Ländern. Ericus Upsaliensis so vor diesen beyden/ und Andreas Buræus, so nach ihnen geschrieben/ nennen es Lapponien. Gleicher Gestalt habẽ die Einwohner dieses Landes nicht einerley Benennungen/ indeme sie von einigen Lappen (besiehe den Herrn von Herberstein in Beschreibung der Moßckau und Wexionium im vierten Buche von Schweden im 6. Cap.) Von anderen hergegen Lapponier genent werden/ welches Jovius in den Moßkovitischen Geschichten/ und Zieglerus in angezogenem Buche thun. Bey dem Cluverio in der Anleitung zu der Geographi führen sie den Nahmen Lappier und Lapponier/ welchem der Französische Graffe Lomenius in seiner Reise-Beschreibung folget. Gedachter Olaus Magnus nennet

nennet sie auch Lappienser/ und Herberstein zum öfftern Lopper/ vielleicht weil er sie also von denen Reussen nennen hören; besiehe Cluverum in Beschreibung deß alten Teutschlandes/ auß was für Ursachen aber Damianus à Goes in einem Brieffe/ so er an Joannem Magnum geschrieben/ sie Pilapier/ und ihr Land Pilapien nenne/ ist mir ohnbewust; Er möchte dan etwas von Pithalappmarck/ und denen Pithalappen oder Pithlappen/ so ein gewisser Strich von Lappland ist/ gehöret/ und also dieses Wort erdacht haben. So auch Peucerum, in seinem Buche von Weissagungen betrogen. Von denen Schweden werden sie Lapper/ und das Land selbst Lappmarck/ welches so viel in ihrer Sprache heist als Lappland/ oder der Lappen Land/ genent; Die Dänen und Norweger nennen es Lappland/ welches mit der Schwedischen Benennung einen Verstand hat. Diese letztere geben ihme auch den Nahmen Findmarck so auß deß Petri Claudii Beschreibung von Norwegen erhället/ also saget er im 38. Capit. udi de fiarder in Findmarken falde stora Elfvver ned af fielder, das ist: Von den obengelegenen Bergen lauffen viel gewaltige Flüsse in die Findmarck. Und bald darauff: udi Findmarken brugis & Laxfiskend paa Kongen uegne, das ist: In Findmarck ist ein Orth da die Lachse auf Königlichen Befehl gefangen werden. Daß er aber durch dieses Wort Findmarck Lappland verstehe/ ist auß dem gantzen Capitel zu ersehen. Woher aber Findmarck seinen Nahmen bekommen/ sol hernach angedeutet werden: Anjetzo wollen wir den Ursprung deß Nahmens Lappland erforschen/ warumb dieses Land also heisse/ hat man nicht rechte Gewißheit. Zieglerus meinet/ es stamme von dem Teutschen Lappe/ welches so viele bedeutet als einen tölpischen/ ungeschickten Menschen/ her/ weil die Einwohner gedachtes Landes also beschaffen. Lappland/ saget er/ hat von seinen Einwohnern den Nahmen. Es nennen aber die Teutschen/ ungeschickte/ bäurische Leute/ Lappen. Wie kan aber Lappland/ von denen Teutschen/ bey welchen es so späth bekandt worden/ seine Benennung überkommen haben? Gewiß wan wir die alten Geschichtschreiber der Teutschen durchblättern/ finden wir nicht das geringste Merckzeichen in ihnen deß Nahmens Lappland oder Lappmarck. Zudeme nennen es die Teutschen nicht alleine

also/

Von dem Worte und Nahmen Lapplands.

also/ sondern auch die Schweden und Finnen/ derer Sprachen doch von der Teutschen so wohl als von einander selbsten/ weit abgehen. Ja auch bey den Reussen und Moßcowitern behält solches diesen Nahmen/ welche doch eine Sprache gebrauchen/ so von denen genanten allen unterschieden. Und wer wolte bejahen/ daß ein solcher Nahme/ mit welchem die Teutschen/ so von denen Lappen so weit entlegen/ auch mit ihnen keine Handlung getrieben/ oder Kundschafft gehabt/ dieses Volck beleget/ von so vielen Nationen/ die ihnen viel näher gelegen/ und in so viele Sprachen/ solte auffgenommen worden seyn? So sind auch die Lappen so gar tölpisch nicht/ welches Zieglerus in angeführtem Buche/ mit diesen Worten selbsten gestehet. Etzliche unter ihnen üben sich in Künsten/ sticken mit der Nadel und machen Kleider von Gold und Silber gewirckt. Also daß diese seine Meynung nicht bestehen kan. Wiewohl ich dem Wexionio auch nicht Beyfall gebe/ welcher dafür hält/ es komme dieses Wort auß dem Schwedischen her/ als wan die Lappen davon ihren Nahmen erhalten/ weil sie die Felle von Thieren anstat der Kleider brauchen. Gewiß ist es/ daß die Schwedische Wörter Lapper und Skinlapper/ von welchen er vermeinet die Lappen und Lappland (so ihme ein Land heisset/ in welchem die Leute sich mit Lappern oder Fellen behänget/ ihren Nahmen empfangen zu haben/ nicht Felle von den Thieren bedeuten/ sondern vielmehr Lumpen von denen Fellen oder Kleidern/ so die Griechen ῥάκος heissen/ und von den Fellen selbsten weit unterschieden sind. Dannenhero auch Olaus Petri Niurenius, so zu Zeiten Gustavi Adolphi von Lappland geschrieben/ dafür hält/ daß sie diesen Nahmen dahero bekommen/ weil auß ihnen jährlich viele mit zerrissenen und lumpichten Kleidern angethan/ in Schweden gelauffen. Auß Lappland saget er kam schon ehmals jährlich eine grosse Mänge Bettler/ in die benachbarte Mitternächtige Oerter auf die Dörffer gelauffen/ und weil sie insgemein mit lauter Lumpen behänget waren/ hat ihnen der Schwedische Pöbel einen Schwedischen Nahmen Lapp gegeben. Ich wil anitzo nicht sagen/ daß die Lappen nicht so häuffig nach anderen Oertern lauffen/ auch eben so lumpicht nicht einhergehen/ daß ihnen ein solcher Nahme mehr als den Finnen und dergleichen

Das Erste Capitel

Völckern könte oder muste zugeleget werden: Nur dieses muß ich erwähnen / daß die Lappen nicht allezeit / wie zwar Wexionius will / mit Fellen behänget /. sondern vielmehr und gewöhnlicher mit wollenen Kleidern angethan / einherzugehen pflegen / wie solches unten weitläufftiger erwiesen wird. Grotius in dem Nahmen-Register über die Gothischen Geschichtschreiber / meinet / daß sie von dem Worte Lopen oder Lauffen so genennet worden. Aber auch dieses ist nicht zu billigen / weil das Wort Loepa / so bey den Schweden lauffen heisset / mit einem einfachen / der Nahme aber der Lappen / mit einem zweyfachen P. geschrieben wird. Zudeme lauffen die Lappen nicht schlecht hin / sondern stossen sich auff dem Eise und Schnee / mit ihren hierzu absonderlich gemachten Schuhen / ohne alles Lauffen / durch die Schlüpferigkeit deß Eises am meisten befördert / in grosser Eile fort. Wiederumb andere vermeinen / es habe das Land nicht von den Einwohnern / sondern die Einwohner von dem Lande / den Nahmen bekommen: auff welche Weise auch die Norweger / die Esten und mehr Völcker so genent werden. Wohin auch Olaus Magnus ohne Zweiffel gesehen / wan er die Einwohner dieses Lapplandes / Lappmänner nennet / wie man sonsten die Nordmänner / Westmänner und Südermänner lieset: Also das Lappmänner nichts anders / als Männer / Einwohner / Besitzer / deß Lapplandes seynd. Das Land aber selbsten meinen sie / werde seiner Gelegenheit halben also genent / weil es das letzte und äusserste Theil von Scanzien sey / und derselben Insul gleich als ein Lappe oder Lumpe anhänge. Ja es finden sich etliche / so das Wort Lappu / auß Finland herholen und sagen / daß es so viel heisse als das äusserste eines Dinges / daß dannenhero Lappland also genent worden / weil es das letzte Land in dem Bothnischen Meerbusem sey: Joannes Tornæus: Lykare ær dett, att the skole nämbde uuare af dett Finska ordet Lappu, dett ær, ett slut, eller een ænda uppao nagot: Lyka som desse vvore ændan, slutet eller dhe aldrayttersta af alt folck, som dhe Nordiske orterna bebao. Das ist: Es ist glaubwürdig daß die Lappen so genennet worden von dem Finnischen Wort Lappu / welches einen Beschluß oder Ende eines Dinges bedeutet / als wären die Lappen der Beschluß und die letzten

von

von allen Völckern/ so gegen Mitternacht wohnen. Ob nun zwar diese Meinung nicht gar ungereimt/scheinet doch diese welche die Bedeutung deß Wortes Lapp bey den Lappländern selbsten/ als auch der vorgegangenen Sachen Umbstände/an die Hand geben/besser zu seyn. Bedüncket mir also/ daß Lappland nicht in Ansehen seiner Gelegenheit/ daß es nemblich das äusserste sey an dem Bothnischen Meerbusem oder von Scanzien/einen solchen Nahmen überkommen/sondern vielmehr von denen Einwohnern/ weil es die Lappen bewohnen/ also genennet worden. Falß/ so es von der Gelegenheit den Nahmen hätte nehmen sollen/ hätte man es Lapp nennen müssen/und die Einwohner Lapper? Oder aber so die Einwohner von dem Lande den Nahmen hätten nehmen sollen/ hätte man sie Lappmärcker müssen nenen. Dan von Lappmarck theilet man gar wol ab das Wort Lappmarcker/ weil aber die Lappländer niemals so geschrieben oder genant gefunden werden/ sind sie nicht Lapper von Lappmarck/ sondern hergegen ist Lappmarck von Lapp/ und in plurali Lapper genant worden. Das Wörtlein Lapp aber bedeutet in der Lappländischen Sprache/ so viel als einen verweiseten/ außgejagten/ im Elende lebenden Menschen/ welches ich von dem Hochgelahrten Herrn Zachar. Plantino, zu erst gelehret worden. Es rühren nemblich die Lappen von denen Finnen/ unter welchen sie entsprossen / her / aber hernach auß Finland außgetrieben worden/ wie im folgenden zu ersehen. Dieweil sie nun ihr Vatterland verlassen/und gleichsam in das Elend gezogen/ haben sie diesen Nahmen überkommen. Doch haben sie denselben nicht selbsten und gutwillig angenommen/dan sie sich/wie ich also fort darthun werde/ mit einem andern Nahmen benennen / sondern er ist ihnen von ihren vorigen Mitbürgern und Landsleuten zugeeignet worden. Dan also muß man auch das obgedachte Finnische Wort Lappu verstehen/ daß es einen solchen bedeute/ welcher an das äusserste Theil eines Ortes gekommen/ welcher in die abgelegensten Oerter vereiset/welcher an einen abgelegenen Ort verjaget. Dan ein Ding so man außjaget oder außtreibet/ wird ausserhalb deß Ortes / von deme es außgetrieben worden / versetzet. Dieweil nun das Wort Lapp so viel ist/ als ein Vertriebener/ Außgejagter/ wird man nicht leicht jemand unter denen Lappen/ so er nur ein wenig für andern ist/ finden/ so sich ohne Entrüstung mit diesem Nahmen wird belegen lassen/ Olaus Petri Niurenius an vorangezogenem Orte: so man jemand auß ihren Fürnehmsten einen Lappen nennet/ wird er sich darüber nicht wenig erzörnen. Welches der Herr Plantinus in der Vorrede deß Lappländischen Wörterbuchs/ so er mir neulich zugesand/ bestätiget. Und zwar schämen sie sich diesen Nahmen zu hören/ weil sie dadurch/ als Verlauffene/ auß ihrem Vatterland gejagte/ überzeuget werden. Hat also Lappland seine Benennung/ von diesen Außgetriebenen/ nicht zwar durch eigene Beliebung/ sondern durch Vorrückung und Beschimpfung der Finnen/ so ihnen diesen Nahmen zu erst gegeben/ und von welchen nachmals andere Völcker denselben auffgefasset/ bekommen. Die Lappen aber selbß nennen ihr Vatterland Sabmienladti, wie es die Umenser Lappen außreden/ oder Sameednan, wie es die Tornenser Lappen außsprechen/ von dem Wort Sabmi oder Same, welches der Lappen rechter Nahme in ihrer Sprache ist. Was dieses Sabmi bedeute/ und woher es die Lappen empfangen/ soll in folgenden erwiesen werden. Umb welche Zeit aber sie zu allererst für Lappen gescholten worden/ ist ungewiß. Daß es aber nicht gar lange sey/ ist darauß zu ersehen/ weil dieses Wort bey keinem alten Geschichtschreiber fürkomt. Tacitus gedencket zwar der Finnen/ aber der Lappen mit keinem Wort/ da doch jene dieser ihre nechste Nachbahren/ ja ihre Uhrheber gewesen. So lieset man auch bey dem Ptolomæo, Solino, Antonio, Augusto, Rutilio, und anderen gar nichts von ihnen. Es gedencken ihrer auch nicht (von Jornande, Paulo Warnefrido, will ich geschweigen) die jenigen Scribenten/ so in der alten Isländischen/ Norvagischen/ Gothischen Sprach ihre Schrifften verfasset/ als da sind welche die Geschichte deß Heraudi und Bosæ, Goetrici und Rolfi, deß Königs Olofs und anderer an den Tag gegeben. Adamus Bremensis, so ein gar fleissiger Geschichtschreiber gewesen/ und gar nichts fürüber gegangen/ was er von diesen Mitternächtigen Oertern auch nur mündlich erfahren können/ so auß seinem noch übrigen Wercke zu ersehen/ weiß von den Lappen nichts? Dem Sturleson/ so die Mitternächtige Geschichte in seiner Muttersprach verfasset/

sind

Von dem Worte und Nahmen Lappland. 7

sind sie unbekandt. Also daß ich durchauß die Meynung deß sonst gelehrten Cluverij, deme Grotius auß Leichtglaubigkeit beyfält/ nicht billigen kan/ wan er meinet daß schon in der alten Taffel so der Peutingerus heraußgegeben/ derer Lappen gedacht werde. Dieses sind seine eigene Worte im III. Buch deß alten Teutschlandes im XI. Capitel: In der Peutingerschen Taffel lieset man folgende Worte: LUPIONES SARMATÆ VENADI SARMATHE BASTARNI. Auß diesen/ haben die Bastarner ehemahls den gantzen Strich von dem Ponto an biß zu der Weichsel bewohnet/ ihre Nachbaren aber sind gewesen die Veneder an den Benedischen Meerbusem/ und dieser die Finnen wie ich unten weise: Auß welchem klar zu ersehen/ daß die Lupioner/ derer alhier gedacht wird keine andere/ als eben die jenigen Völcker/ so noch biß auff diesen Tag mit den Finnen zusammen gräntzen/ und von den Reussen/ Lopper/ von den Schweden aber Danen und Norwegern Lapper/ von den übrigen Teutschen Lappen genent werden. Man hält dafür es habe der Autor dieser Taffel noch vor dem Kayser Theodosio, das ist mehr dan sechshundert Jahr vor dem Adamo Bremensi gelebet. Wie hat es nun seyn können/ daß er als ein Frembder/ so von diesen Mitternächtigen Ländern gar weit entfernet/ auch der Geographi nicht wol erfahren gewesen/ wie von ihme Welserus abgemercket/ dannoch von denen Lappen und ihrem Lande Wissenschafft gehabt: Hergegen Adamus Bremensis, der diesen Lappen so viel näher gewesen/ alles gründlich/ von solchen Leuten die selbst diese Oerter besuchet/ erfahren können/ nichts davon gewust? Uber das werden die Lupiones in der gedachten Taffel Sarmatæ beygenahmt / die Lappen aber haben nichts gemeines mit den Sarmatis. Und wer hat jemals von denen alten Scribenten erwähnet, daß die Sarmatæ in die Mitternächtige Länder gekommen? Sind also die Lupioner, derer besagte Taffel gedencket / weit andere Völcker als die Lappen/ in deme dieser ihr Nahme / zu der Zeit / da der Autor dieser Taffel geschrieben / auch nicht einmahl bey den Gothischen/ Norwagischen oder Dänischen / das ist bey solchen Geschicht-

schrei-

schreibern/ die als der Lappen Nachbahren/ am meisten von ihnen hätten wissen können/ bekandt gewesen. Der Erste so von denen Lappen und Lappland etwas erwähnet scheinet Saxo Grammaticus zu seyn; Besiehe dessen fünfftes Buch. Die Zeit/ umb welche dieser Saxo gelebet und sein Werck verfertiget/ ist das M.CXC. nach Christi Geburt/ und ist also ohngefehr hundert und dreyzehen Jahr jünger als Adamus Bremensis, so umb das Jahr Christi M.LXXVII. gelebet. Muß also folgen/ daß umb diese verwichen Zeit das Wort und Nahme Lappland auffkommen sey. Dan obschon Saxo dieses Wort in Beschreibung der Geschichte Frothonis deß Dritten/ so mit dem Schwedischen Könige Alrico, noch vor Christi Gebuhrt sol gelebet haben/ gebrauchet/ folget doch hierauß nicht/ als wan schon dazumahl Lappland diesen Nahmen gehabt hätte/ sondern es nennet dasselbige gedachter Saxo also/ wie es hernach und zwar zu seiner Zeit geheissen. Dan ich gar nicht zweiffle/ es würde Adamus Bremensis dieses Land benennet haben/ wann dessen Nahme schon zu seiner Zeit wäre bekandt gewesen. Der andere so von Lappland etwas erwähnet/ ist Ericus Upsaliensis, welcher umb das Jahr Christi M.CD.LXX. oder fast 300. Jahr nach dem Saxone, und also für 200. Jahren geschrieben. Seine Worte lauten in Beschreibung deß Königreichs Schweden/ so er seinen Geschichten angefüget/ also: Das nechste Königreich so an Schweden und Reußland gräntzete war Finland mit denen anhängenden Ländern/ Tavastia/ Carelen/ Lappien/ Nyland. Nach diesem nennet und beschreibet Lappland Jacobus Zieglerus in obengemeltem Büchlein. Und auff diese Weise ist hernach dieses Land in gantz Europa bekandt worden/ dan ob gleich der Nahme Lappland bey dem Saxone schon lange zuvor gelesen wurde/ hat man doch vor der Zeit dieses Ziegleri, ausser Schweden und Finland/ was es für ein Land/ was es für Einwohner hätte/ gar wenig/ oder auch gar nichts gewust. Und dieses
sey geredet von dem Nahmen
Lappland.

Das andere Capitel.
Von der Gelegenheit Lapplandes.

WAs Lappland für eine Gelegenheit in vorigen Zeiten gehabt/ scheinet so gar helle nicht zu seyn. Saxo setzet es nahe an die Landschafft Jamtien mit die Worten: Die Landschafften Helsingen/Jarnbern und Jamtien/nebst beyderseits Lappland/ hat er dem Domaro zu verwalten eingegeben. Auß eben demselben ist zuersehen/ daß es sich biß an Helsingen und Finland erstrecket: Unter welche er es in kurtz nachfolgenden Worten setzet: Uber das/saget er/hat er ihme Helsingen/ nebst beyderseits Lappland wie auch Finland und Estland/-für einen jährlichen Tribut übergeben. Er setzet es gleichsam in die Mitten zwischen Helsingen und Finland / und giebet ihm von einer Seiten das Estland; von der andern Jempterland zu Nachbaren. Ericus Olai von Upsal/ aber hält Lappland für ein gewisses Theil von Finland/ in denen Worten so wir kurtz fürhero in vorigem Capitel angeführet haben. Und scheinet/ als wan er es zwischen Carelen und Nyland einfügen wolle/ weil er es zwischen dieselbe außdrucklich setzet. Olaus Magnus leget es noch über West-Bothnien, und saget daß seine benachbarten Oerter Scrickfinland und Biarmien seyn. Und zwar Scrickfinland setzet er zu letzte/ gegen Mitternacht/ Biarmien aber gegen Morgen/ unter diesen und zwar gegen Abend/Lappland. Dieses Olai Bruder Joannes, redet auff diese Weise / in der Vorrede seines Werckes: Schweden hat von Mitternacht zu einer Gräntze Biarmien/ so fast unter dem Norder-Pol gelegen/ und für deme/ wie Saxo bezeuget/ den Titul eines Königreichs geführet. An dessen Oestlicher Seiten liget das sehr grosse Scrickfinland, davon Procopius so häuffige Lügen fürbringet. Gegen Abend aber wird beyderseits Lappland ihme angehänget. Es sind aber nicht wenig/so da meynen/daß Scrickfinland nur in eines oder deß andern Gehirn erwachsen/ in Wahrheit nicht zu finden sey. Scrickfinland/saget Buræus in Beschreibung Schweden/so der Saxo Sialandicus, und andere auß denen Alten/ alhie wo gesetzet haben/ ist

B   ertich-

ertichtet. Und ist gewiß/ daß man heutiges Tages an denen benahm̄ten Oertern/ ein Land/ so einen solchen Nahmen führe/ nirgends findet. Doch kan man so schlechter dings eine Sache/ die von so vielen gelährten Leuten/ insonderheit von dem Saxone, so der Mitternächtigen Länder grosse Kundschafft gehabt / so einstimmig beglaubet/ nicht verwerffen. Zu welchem komt/ daß sie es nicht bloß nennen/ sondern auch beschreiben/ der Einwohner Art und Natur/ Sitten/ Kleidungen/ die Beschaffenheit ihres Regiments/ und andere Dinge genau erzehlen. Wiewol bey denen beyden Magnis Joanne und Olao meines Erachtens an statt deß Worts Scrikfinnen, könne gelesen werden Scritofinnen. Buræus zwar will daß man lesen sol Skidfinnen, weil aber alle die Alten in dieses Wort den Buchstaben R einfügen/ kan seine Meynung/ ob es gleich im übrigen nicht so wie bey denen Alten geschrieben wird/ kaum statt finden. Dan Jornandes nennet sie Scretefennen, Paulus Diaconus, Scritobinen in dem er das f mit dem b verwechselt/ von welcher und dergleichen Buchstaben Verwechslung ich in einem absonderlichen Wercke zu handeln bedacht bin. Von dem Adamo Bremensi werden sie Scritefinnen genant. Die Griechen schreiben dieses Wort auff keine andere Weise. Zu deme erfordert die Sache selbst, daß sie also genennet werden/ dan Scritefinnen, sind solche Finnen/ so da in ihrer Sprache vom Springen den Nahmen führen/ wie Paulus Warnefridus bezeuget/ Sie gebrauchen/ saget er/ ein gebogenes Holtz/ mit welchem sie/ in gewissen Sprüngen/ das Wild erreichen. Darauß zu ersehen daß sie ihren Nahmen nicht von dem Worte Skidh oder hölzernen Schuhen/ sondern vom Springen oder schnellem Lauffen mit diesen Schuhen/ so bey denē Alten Skriida genant worden/ empfangen haben. Dieses bewähret ein alter Scribent/ welchen Wormius in seinem Wörterbuch pag. 46. anführet/ alwo er eine Art eines Eidschwures erzehlet/ in welchem Hafur schweret daß er so lange wolle Friede halten/ so lange Finnur Skiridar, die Finnen/ mit hölzernen Schuhen lauffen würden. Und zwar nennen sie noch jetzund die hölzernen Schuhe/ mit welchen sie über das Eyß lauffen/ Skridsko. Von deme nicht weit abgehet das Wort Skirida, so die Alten vor kriechen gebrauchet/ in dem man nicht wie sonsten

in

Von deß Lapplandes Gelegenheit.

in dem gemeinen Lauffen geschiehet/ einen Fuß umb den andern auff=
hebet: Sondern auff dem gefrornen und dicken Schnee gleichsam
kriechend sich forthilfft. Und vielleicht sind sie auch dieser Ursach hal=
ben von etzlichen Himantopodes krum Füsse genent worden. Dan
von keinem andern redet Adamus Brem wan er saget: Diese sind die
jenigen/ welche Solinus Himantopodes nennet/ auff einem Fuß
hüpffende. Solini Worte sind diese im 44. Cap. die Himantopodes
kriechen mehr mit gebeugeten und krummen Füssen/ als daß sie ge=
hen/ und helffen sich mehr durch niederfallen fort als mit auffgerichte=
tem Gange. So sich alles auff unsere Scritofinnen, woll reimet/
dan wer gehöret/ daß Skriida eben so viel heisse als kriechen/ wie könte
derselbe ihme die Scritofinnen anders einbilden/ als Leute so nicht wie
andere Menschen/ einen Fuß nach dem andern auffhebende/ einher=
gehen/ sondern vielmehr durch fallen und sich krümen wie die Schlan=
gen/ ihren Gang fortsetzen. Davon ich unten am bequämern Orte
mehr sagen werde. Dieses habe ich allhier deßwegen nur erinnern
wollen/ damit erhelle/ daß man diese Leute gar wohl Scritofinnen
und ihr Land Scritofinland oder Scritfinland nennen könne. Wie
auch daß man ein solches Land nicht so gar für ein ertichtetes Wesen
zu schätzen/ fals es noch auff den heutigen Tag Scritfinnen, das ist
solche Finnen welche mit höltzernen Schuhen/ über das Eyß lauffen/
gebe/ und daß man derselben Land gar recht Scritofinland nenne.
Kein ander Urtheil ist von Biarmien, so auch von etzlichen geläugnet
wird/ zu fällen: Dan auch dessen nicht wenig auß denen alten Scri=
benten erwähnen. Unter welchen derjenige Autor ist/ so die Geschichte
deß Heraudi und Boiæ in der alten Gothischen oder Jßländischen
Sprache verfasset/ und an vielen Oertern von Biarmaland redet: in
dem 7. Cap. aber außdrucklich dessen/ König Hereker, und dessen
Söhne Roerick und Siggeir benennet. Auff gleiche Weise wird
auch einer von dessen Königen bey dem Saxone im IX. Buche ange=
mercket/ so umb die Zeit deß Dähnischen Königs Regneri sol regie=
ret haben. Eben dieser Saxo setzet Biarmien nechst an Finland/ dan
er saget daß gedachter König zu dem Matullo, so dazumal in Finland
regierte/ geflohen sey. Wiewol nun die alten Scribenten so wohl deß

B 2   Biar-

Biarmien als deß Finnlands gedencken/ kan man doch nicht gewiß seyn/ob es von einander unterschiedene Landschafften gewesen. Zwar die beyden Brüder Olaus und Johannes Magni halten sie für unterschiedene Oerter/Procopius aber/Jornandes, Paulus Diaconus, und Adamus Bremensis gedencken zwar deß Scritfinlands, aber von Biarmien erwähnen sie gar nichts: Im Gegentheil ist denen alten Nordischen Scribenten Biarmien bekandt/keines weges aber Scritfinland. Saxo ob er gleich von beyden Oertern handelt/ lässet doch in der Vorrede seines Werckes/da er Scritfinlant nennet/ Biarmien auß/ und an andern Stellen/ gedencket er zwar von Biarmien, von Scritfinland aber mit keinem Worte. Dieses beweget mich/ daß ich fast dafür halte/ daß eine/ und dieselbige Landschafft/ von denen einheimischen Scribenten/ Biarmien, von Außländischen aber Scritfinland sey genennet worden. Worin mich auch dieses bestätiget/ daß wie Adamus Brem. Scritfinland nahe an Helsingen leget/ eben also der Autor so die Geschicht deß Heraudi und Bosæ auffgezeichnet/ das Biarmien setzet/ in dem er etzlicher Flüsse dieses Landes Erwähnung thut/ so sich in den Ganduischen Meerbusem/so heute zu Tage der Bothnische genent wird / und Helsingen gar nahe ist/ ergiessen. Wozu auch dieses kompt/ daß gleich wie die Scritfinnen eine Art Finnischer Völcker sind/welches dan so wol ihr Nahme erweiset/als auch das Zeugnuß eines alten Chorographi so Grotius anführet/ in dem er die Fennen, in Scritfenen und Redefenen theilet; Ebenermassen solches von denen Biarmern zu bejahen sey / theils wegen der nahen Angräntzung / davon oben gedacht/ theils wegen deß Wortes Jomala, unter welchem sie Gott geehret / wie der Autor der Geschichte deß Heraudi Zeugnuß ertheilet. Jomala aber ist ein Finnländisches Wort / und bedeutet noch heut zu Tage bey denen Finnen so viel als Gott. Man findet sonsten auch andere Dinge so die Biarmaländer mit denen Finnen gemein haben / als da sind/ die Macht in Pfeilabschiessen/die Zauberkünste/und dergleichen/wovon Saxo weitläufftig handelt. Also daß Biarmien oder Biarmaland scheinet eine Colonie Finlandes zu seyn/ dessen Einwohner von frembden Völckern/wegen der Gewohnheit über das Eyß zu lauffen/
Scrito

Scritofinnen genent worden. Ob dem nun zwar also/ daß Biarmien und Scritfinnland eine Landschafft gewesen/ bleibet dennoch diese Ungewißheit/ ob es ein absonderliches Land von deme / so hernach den Nahmen Lappland überkommen/ gewesen. In welcher Meynung dan sind/ Olaus und Joannes Magni, wie theils auß ihren Landkarten/ theils auß ihrer Beschreibung dieser Oerter erhellet. Auff solche Weise aber ist für Lappland kein Raum übrig. Dan wo sich Scritfinnland und Biarmien von einer Seite biß gegen Helsingen und Jemterland/ von der anderen wieder gegen Finnland erstrecket/ und/ wie schon oben gezeiget/ an diese Landschafften nahe angräntzen/ wo sie auch biß an den Bothnischen Meerbusem reichen/ wie ebenfalß erinnert worden/ so bleibet ja kein Platz für Lappland. Es irren auch Olaus und Joannes, wan sie Lappland unter Biarmien und Scritfinland gegen Mittag legen/ in deme die Alten Biarmien und Scritfinnland noch über die Gräntzen/ so sie zwar setzen/ von Lappland außstrecken. Und was einige glauben/ als wan das heutige von denē Schweden so genandte Trennes, allein das alte Biarmien gewesen/ solches ist falsch/ wie wir oben erwiesen. Buræus in Beschreibung Schweden: Die Landschafft so auff Schwedisch Trennes, auff Lappländisch Pyhinienni, auff Russisch Tarchana Voloch heute genandt wird/ halten etliche für das alte Biarmien, welches Wort von dem Finnländischen Varama, so ein bergichtes Land bedeutet/ herzukommen scheinet. Wo das blosse Trennes das alte Biarmien ist wo sind dan in selbigem die Flüsse so sich in den Bothnischen Meerbusem ergiessen? Wo gräntzet es mit Finland zusammen? Bin also der gäntzlichen Meynung/ daß die Landschafft/ so man itzo Lappland nennet/ von Biarmien und Scritfinnland gar nicht unterschiedē/ wie Joannes und Olaus meynen/ sondern eben dieselbe/ und von den Inwohnern zwar Biarmien, von denen Frembden Scritfinnia, hernach aber auß gewissen Ursachen Lappien/ Lapponien oder Lappland genennet worden sey. Man findet anjetzo in denselbigē Oertern kein Biarmien oder Scritfinland/ sondern all dasjenige so bey denen Alten unter diesem Nahmen jemals bekand gewesen/ solches führet heut den Namen Lappland. Gewiß ist es/ daß das jetzige Lappland seinē Anfang von Jempterland und Ingermanland nimt/ hernach in einem langē Striche beyderley Bothniē umbgiebet/und endlichen in den Gräntzen von Carelien und Finland geendiget wird/ und also in sich alle die Länder so gegen Mitternacht biß an das grosse Meer/ an das weisse Meer/ und den See Ladoga/ ligen/in sich begreiffe/ und dieses sind eben die Gräntzen deß alten Biarmien und Scritofinnlandes; Daß ich aber sage/es erstrecke sich biß zu dem grossen Meer/ist denen Alten nicht allerdings bekandt gewesen. Auch die beyden Magni Olaus und Johannes haben davon nicht gewisse Nachricht gehabt/ weil sie in diesen Plätzen Scritfinnland und Biarmien, so sie vor absonderliche und von Lappland unterschiedene Oerter gehalten gesetzet. Auch Damianus à Goes saget daß es sich biß an unbekandte Länder erstrecke/ welcher alles was er von Lappland gewust/von denen Magnis,mit welchen er bekandt gewesen/ erlernet. Dieses sind seine Worte in der Beschreibung von Hispanien: Lappland wird durch den Bothnischen Meerbusem von einander getheilet in das Ost-Lappland und West-Lappland/und liget zu äusserst an diesem Meer Tornia. Von Morgen berühret es das weisse Meer/ gegen Mitternacht aber begreiffet es unterschiedliche Landschafften/ und erstrecket sich endlich in unbekandte Oerter. Er nennet diese Oerter unbekand/weil er/was für Leute/in denen äusseren Mitternächtigen und am grossen Meer gelegenen Landschafften/sich auffhielten/nicht gewust. Auch die Alten haben nebst denen Scritfinnen, zu Einwohnern dieser Länder die Cynocephalos, Busios, Trogloditas, Pygmæos, Cyclopas, daß ich der Himantopodum anitzo nicht Meldung thue/gemachet. Heutiges Tages aber ist niemand so da zweiffele/ daß diesen gantzen Platz die Lappen bewohnen: indeme man/ wie auß denen Reisebeschreibungen so neulich herauß kommen/ daselbst keine andere Leute als Lappen angetroffen hat. Es bestätiget dieses ebenfalß Petrus Claudi im 27.cap. der Beschreibungen von Norwegen: Alt langst ved Siækanten, saget er/nord till Findmarken oc oester omigen/ hafvve siæfinnarne besatt alle jorde. Das ist :- Die am Meer gelegene Finnen/ (also nennet er einen Theil der Lappen/wie ich schö oben angemercket/und in folgenden weiter erweisen werde) bewohnen das gantze Ufer gegen Mitternacht/ und gegen Morgen. Eben dieses haben die jenigen/ so auf Königlichen

Be-

Von deß Lapplandes Gelegenheit.

Befehl im Jahr M.DC. an diese Oerter/ sie in gute Obacht zu nehmen gesand worden/ bezeuget. Unter welchen gewesen Aro Forsius, und Hieronymus Birckholten, so der König Carolus auß Begierde den gantzen Zustand von Lappland zu erfahren/ hiezu gebrauchet. Davon Niurenius im 3.cap. auf diese Weise redet: Carolus der IX. König von Schweden glorwürdigster Gedächtnuß/ hat auß Liebe zu der Wahrheit zu unterschiedlichen Zeiten/ zweene berühmte Mathematicos, M. Aronem Forsium einen Schweden/ und Professorem, und Hieronymum Birckholten, einen Teutschen/ nebst dazu tauglichen Instrumenten und nöhtigem Proviant außgerüstet/ Lappland und das äusserste feste Land von Scandinavien, durchzuforschen. Diese haben ihre Reise wol abgeleget/ und Bericht gethan/ daß über den 73. Grad der elevation deß Poli gegen Mitternacht kein festes Land ferner zu finden/ sondern das grosse Eyßmeer/ und daß das letzte Vorgebürg von dem festen Lande an dem grossen Meer/ Norkum, (er meinet Norkap,) nicht weit von der Festung Wardhus, sey). Von dem Lapponien aber/ so sich biß an das grosse Mitternächtige Meer erstrecket/ mögen andere Bericht thun. Ich habe mir von diesem Theil desselben/ so der Schwedischen Bottmässigkeit unterworffen/ alleine zu handeln fürgenommen. Es ist aber dasselbe sehr groß/ also daß es Paulinus in seiner Mitternächtigen Historie/ in einer Grösse mit dem gantzen Schweden/ so diesen Nahmen absonderlich führet/ hält. Lappland/ saget er im I. Buche im 16. Capitel/ ist an Grösse dem Königreich Schweden fast gleich. Andreas Buræus schätzet dessen Länge auff hundert und mehr Teutsche Meilen/ und die Breite nicht viel geringer. Seine Länge saget er/ erstrecket sich auf mehr als hundert Teutsche Meilen/ die Breite auff neunzig. Diese gantze Landschafft/ wie solches alle die jenigen so dieselbe beschreiben/ einhällig bejahen/ führet heutiges Tages den Nahmen Lappland. So man diese grosse Weite/ mit der Gelegenheit deß Himmels zusammen hält/ befindet man daß sie von dem 64. biß zu dem 71. Grad der Breite reiche/ die Länge aber wird in 27. und mehr meridiane getheilet. Andreas Buræus in Beschreibung von Schweden: Das grösse Theil von Lappland/ als da ist das Südliche und vom Meer abge-

abgelegene gehöret gantz zu dem Königreich Schweden. Ein weites Land/ so sich von dem 64. Grad der Breite/ biß an den 71. erstrecket. Also auch Wexionius im 1. Buch im 21. Cap. Die UmaLappmarck hebet sich ein wenig über dem 64. Grad an/ und erstrecket sich biß zu dem 71. und gehöret unter Schweden / wie Pontanus auß dem Buræo anmercket. Welches doch nicht allein von der UmaLappmarck/ sondern von Lappland ins gemein/ so weit es Schwedisch ist/ muß verstanden werden/ so auß Buræo, den er hie lobet/ ob er es gleich nicht so gar deutlich setzet/ zu ersehen. Und dieses haben gedachte Autores von der Breite. Die Länge erhellet auß denen Reise-Beschreibungen / welche dessen Anfang ohngefähr in den 38. das End in den 65. meridian setzen. Und dieses kan genug seyn von der Gelegenheit so wol deß gantzen Lapplandes ingemein/ als deß Theils so der Schwedischen Bottmässigkeit unterworffen ist. Damianus Goes ein Portugiesischer Edelman setzet in Beschreibung von Hispanien dessen Gräntzen auff folgende Weise: Lappland wird durch das Bothnische Meer in das Östliche und Westliche getheilet/ und ist dieses Meers äusserste Land Thornia. Von Morgen stösset es an das weisse Meer/ gegen Norden begreifft es unterschiedliche Landschafften/ und erstrecket sich an unbekandte Oerter. Gegen Abend liget es gleich gegen Eysland/ und gräntzet mit einem Theil von Norwegen: Von der andern Norwegischen Seite / wird es mit Schweden/ Finland/ und beyderley Bothnien umbgeben. Wiewol er von Olao Petri Niurenio im 2. Cap. getadelt wird/ daß er gesetzet/ als würde Lappland durch die Bothnische See getheilet. So dieses wahr ist/ saget er/ so muß man nothwendig ein Theil von Lappland in Finnland oder Ostbothnien/ ein Theil aber in Westbothnien suchen/ welches aber ungereimt. Dann/ daß das Bothnische Meer an keinem Orte Lappland näher als biß auff 18. biß 20. Meile berühre / ist auch Kindern bekandt. Wiewol auch dieses über die Zeiten deß Damiani nicht zu erstrecken/ in deme Niurenius an einem andern Orte selbst bekennet/ daß in vorigen Zeiten die Lappen ihren Sitz an dem Bothnischen Meer gehabt/ hernach aber vertrieben worden / davon ich auch unten reden werde. Es ist aber noch nöthig eine Taffel fürzustellen/ in welcher die Länge und

Von deß Lapplandes Gelegenheit.

und Breite der fürnembsten Oerter in Lappland angezeichnet / wie solche Sigfridus Aronis und Hioronymus Birckholten, im Jahr M. DC. nach Außsage Olai Petri Niurenii befunden.

	Longit:	Latit:		Longit:	Latit.
Uma	38, 0	65, 11.	Piala	41,40.	60, 15.
Pitha	40, 0	66, 14.	Siguar	38,35.	68,59.
Lula	40,30.	66,30.	Tingvvar	38, 0.	69,40.
Toerna	41,27.	67, 0.	Rounula	39,30.	69, 47.
Kimi	42, 20.	67, 1.	Koutokeine	42, 0.	69,17.
Lappiærf	42,33.	70, 9.	Waranger	45, 0.	71,35.
Antoware	44,4.	70,26.	Lanzord	45,35.	71, 26.
Tenokiile	46, 0.	70,50.	Hvvalsund	42,40.	71, 12.
Porsanger	44,2.	71,42.	Skrisœ	38, 50.	71, 18.
Porsanger	43,35.	71,35.	Trumsœ	35, 52.	70, 55.
Lingen	37,30.	70,30.	Andacæs	32, 0	70,30.
Troenees	32,30.	70,25.	Sergen	32, 20.	69, 3.
Euvenes	33,35.	70, 0.	Wardhuus	52, 0.	71, 55.
Titisare	37, 55.	69,40.	Norkaap	45, 30.	72, 30.

Anjetzo schreiten wir weiter / umb zu besehen die Art und Beschaffenheit dieses Landes: fügen aber zuvor hiebey an den Entwurff desselben in gegenwärtiger Geographischen Taffel oder Landkarten.

Das III. Capitel.
Von der Lufft / Natur / und Beschaffenheit deß Lapplandes.

BIßhero haben wir von der Gelegenheit deß Lapplandes gehandelt / anjetzo müssen wir auch die Art, Natur und Beschaffenheit dieser Landschafft ansehen. Die Gelegenheit lehret selbsten / daß sie dem Norder-Pol gar nahe lige. Dannenhero geschiehet es daß in etzlichen Monaten deß Sommers die Sonne daselbst gar nicht untergehet / hergegen deß Winters ebenfalß in etzlichen Monaten nicht aufgehet. So schon ehemals Zieglerus in seinem Buche von denen Mitternächtigen Ländern auffgezeichnet: Die Sonne saget er / ver-

C   bir-

Das dritte Capitel

birget sich daselbst/ und ziehet nach sich eine einige/ stätswährende und auffeinander fast durch 3. Monat folgende Nacht. Eben die Bewandnuß/ so er allhie der stetswährenden Winternacht zueignet/ hat es auch mit dem gleich so lange daurendem Tage/ zur Zeit deß Sommers: dan beydes hat eine Ursache. Dieses bezeuget gleichfals Petrus Claudi in der Beschreibung von Norwegen im 27. Cap. De sem der bo, hafvve om sommaren paa nogen maaneders tid altid dag, oc kunde udi klart uuær see Solen saa vvel om natten, som om dagen: oc om vvinteren nogen maaneder er idel morck natt. Das ist: Die daselbsten wohnen/ haben im Sommer etzliche Monate durch einen stetswährenden Tag/ und sehen die Sonne/ wo die Lufft heiter ist/ so wol bey Nacht/ als bey Tage; im Winter aber haben sie etzliche Monate durch eine stets daurende Nacht. Herberstein saget die Sonne gehe in 40. Tagen nicht unter: Sie erzählten auch (dieses sind seine Wort) daß in dem Lande/ so von denen wilden Lappen bewohnet wird/ umb die Zeit der sommerlichen Sonnen-Wende/ die Sonne in 40. Tagen nicht untergehe/ sondern allein ohngefähr drey Stunden lang in der Nacht gleich als mit einem Nebel überzogen scheine/ also daß die Straalen in etwas geschwächet/ doch so viel Liecht von sich geben/ daß man seine Arbeit dabey verrichten könne. Es kan dieses wohl seyn/ weil Lappland allenthalben nicht gleiche Bewandnuß hat/ in deme ein Theil desselben dem Norder-Pol näher/ das andere mehr entfernet ist. Aber auch von diesen erstrecket sich ein Theil mehr nach Morgen/ das andere mehr nach Abend/ dannenhero sich etzliche Oerter finden/ so auch nicht einmal so viel Tage die Sonne über ihrem Horizont oder Gesichtkreiß behalten. Ob aber zwar die Sonne im Sommer sich nicht unter die Erde verbirget/ so steiget sie doch auch nicht gar hoch/ sondern berühret dieselbe nur ein wenig. Wie sie dan hergegen im Winter sich auch nicht gar verlieret. Dannenhero/ ob sie gleich in Lappland/ eine stetswährende Nacht etzliche Monate durch haben/ so spüren sie dennoch alle Tage die Nähe der Sonnen/ in dem durch selbige diese Nacht wie durch eine Dämmerung erleuchtet wird. Daher saget Zieglerus in vorangezogenem Büchlein: In 3. Monaten haben sie nicht Tag/ sondern nur eine Demmerung/ so zwar helle

doch

von der Lufft/Natur und Beschaffenheit deß Lapplandes.

doch wenige Stunden / und dem Mondenschein gleich ist. Und Joannes Magnus im VIII. Buche am 36. Cap. Wan ihnen die Sonne entnommen ist / haben sie die Morgen-und Abend-Dem̃merung/ so die Nacht/ damit sie nicht gar unleidlich/ in etwas helle machen. Je weniger sie aber in dieser Zeit von der Sonnen ins Gesicht bekommen/ je herrlicher lässet sich der Mond sehen/ als welcher gar hoch steiget/ und mit seinem Liechte alles erleuchtet: Also zwar/ daß alle Arbeit/ so andere bey Tage fürnehmen/ in Lappland bey dem Mondenschein verrichtet wird. Joannes Magni an erwähntem Orte: Man hat Nachricht / daß ausser wenigen Tagen/ der Mond die nächtliche Verrichtungen / eben so wol als an andern Oertern die Sonne die täglichen/ befördere/ und Petrus Claudi: Om Winteren nagon maanader er der idel mærck nar, uden huis mannen Liuser for dennem, saa at deda æn ud at fiske ved maaneskin, oc giøre huis andet, de hafvve ude at bestille. Das ist: Im Winter ist daselbsten etliche Monat durch eine stockfinstere Nacht / dannoch wan der Mond scheinet/ fischen sie und verrichten alle andere Arbeit /so ihnen ausserhalb Hauses fürkomt. Aber auch zu der Zeit/ wan der Mond gar nicht scheinet/ ist es nicht so gantz finster/ sondern/ wan die Lufft nur heiter und klar ist/ dienen ihnen die Gestirne/ also daß die dicke Nachtfinsternuß in etwas gelindert wird/ und einige Arbeit kan verrichtet werden. So vermehret auch diese Klarheit gar sehr die hohe Weisse deß Schnees/ so den empfangenen Schein gar weit umb sich breitet. Olaus Magnus im III. Buche im 2. Cap. So etwa/ wegen deß neuen Lichtes/ der Mond nicht scheinet/können sie doch auch die Tagesgeschäfte durch Hülffe deß hellen Glantzes der Sternen verrichten. Und im IV. Buch am 9. Cap. saget er von denen Lappen: Sie verrichten ihre Arbeit theils bey dem Mondenschein / theils bey dem Lichte so von denen Sternen auff den Schnee fält. Ferner ist die Lufft in Lappland fast allezeit heiter/ und der Himmel klar / auch folgends nicht ungesund. Davon eben derselbige im I. Buch im andern Cap. also: Die Lufft in der Findmarck / und benachbarten Oertern/ ist jederzeit kalt/ helle/ und unschädlich. Deme Olaus Petri Niurenius im 9. Cap. beystimmet: Sie geniessen einer gesunden und reinen

C 2   Lufft/

Lufft / welche an diesen hochgelegenen Oertern mehr als sonsten gereiniget wird. Dieses ist etwas besonders / daß die Lufft gar geschwinde geändert / und wider Vermuhten / in gar kurtzer Zeit unterschiedlich wird. Die Winde sind in Lappland gar gemein und zwar hefftig. Es giebet allda / saget Olaus, raue und wütende Winde. Von einer gewissen Art / bin ich von solchen Leuten / so es selbsten erfahren / berichtet worden / die erhebe sich auß dem Meer / und wan sie zu wähen anfänget / so criege sie auch mitten im Sommer und Tage einen so dichen Nebel / daß man in die Ferne gar nichts sehen könne: Im Winter hergegen häuffe sie eine solche Menge Schnees zusammen / daß so jemand im platten Felde betroffen wird / er kein ander Mittel habe sich zu schützen / als daß er sich auff die Erde lege / mit einem Kleide bedecke / und so lange den Ungestüm deß Windes ertrage / biß er sich geendiget; Alsdann sich auß dem Schnee als auß einem hohen Sande wieder herfür arbeite / und / weil der Weg gantz verwehet worden / sich in das nächste Bauerhüttlein oder wo in ein Dorff begebe. Die meiste Macht aber der Winde spüret man auff denen Bergen / allwo sie zum öfftern was ihnen entgegen komt / ergreiffen / und an die abgelegenste Oerter / daß man keine Spur davon mercken kan / wegführen. Wider welches Ubel die Lappen kein ander Mittel wissen / als daß sie sich in die Hölen verbergen. Olaus Petri im 12. Cap. Die Lappen erzählen daß die Wolcken zum öfftern was sie auff denen Bergen antreffen /. hinweg führen / daß man nicht weiß wo es gestoben oder geflogen. Deßwegen die Bauren so daselbsten mit ihrem Viehe sich auffhalten / so lange biß der Wind über / in die Hölen und Felsen sich verbergen müssen. Was alhie die Lappen denen Wolcken zueignen / gehöret eigentlich denen Winden zu / so die Wolcken forttreiben. Der Regen fält alhier ein Jahr mehr als das andere / dannoch mitten im Sommer gar seltē. Olaus Magnus im 1. Buche im 2. Cap. Die Lufft dieser und der benachbahrten Oerter / lässet im Sommer wenig Regen zu. Hergegen fällt der Schnee desto häuffiger / und bedecket zu Winterszeiten das gantze Land; so aber grossen Nutzen schaffet / so wohl weil dadurch die duncklen Nächte in etwas erleuchtet werden / als auch der Wege halbē. Dan nach Olai Außsage im IV. Buch im 13. Cap. erleuchtet der Mond durch

von der Lufft / Natur und Beschaffenheit deß Lapplandes.

durch den Widerschein deß Schnees die hohen und gähen Felder/ daß die Reisenden/ der Berge Abfälle/ und die wilden Thiere desto besser meiden können. Und im 9. Cap. Im Winter ist alles eben/ daß man also bequem seine Reise fortsetzen kan. Ja es können alsdan auff dem gebahnten Schnee zwene Pferde mehr/ als sonsten zehen fortziehen. Es dauret dieser Schnee an etzlichen Oertern/ und sonderlich auf denen hohen Bergen allezeit/ und schmeltzet durch keine Sonnenstraalen. Petrus Claudi im 26. Cap. Ofvvan paa de hæijeste field ligger evig snee. Das ist: Auf denen Spitzen der hohen Berge liget der Schnee ewig. Samuel Rheen; Iden æfvverste dehlen af Lapmarkē ære snœde och ganska hœge field medh Snioe œfvertæcht, Winter och Sommar, den aldrig bortgaer eller foerimelter. Das ist: In dem höchstē Theil von Lappland findet man Berge so allmählich in eine gewaltige Höhe reichen/ so mit einem steten Schnee so wol im Sommer als im Winter bedecket ligen. In den niedrigen Theilen aber gehet der Schnee jährlich wieder hinweg. Es geschiehet auch nicht selte/ daß eine grosse Menge Reiffs die Lufft dermassen erfüllet/ daß man gar wenig sehen kan. So Olaus angemercket im 1. Buch im 20. Cap. Es findet sich/ saget er/ in denen Mitternächtigen Ländern ein solcher häuffiger Reiff/ und dermassen dicker Nebel/ daß die Lufft so finster wird/ daß die Reisenden die so ihnen entgegen kommen/ ob sie Freunde oder Feinde schwerlich erkennen mögen. Die Kälte ist deß Winters so scharff und hefftig/ daß sie von niemand/ er sey dan von Jugend auff dazu gewohnet/ kan erduldet werden. Sie überwältiget alles. Die allerstrengesten Flüsse gefrieren biß auf zwo/ drey und mehr Elen tieff. Die weiten Seen/ ja das ungeheure Meer wird so starck mit Eyß beleget/ daß man grosse Lasten darauf fortbringen kan. Im Gegentheil ist auch die Hitze deß Sommers übermässig/ welches vielleicht viel nicht glauben werde. Dan ob gleich die Sonnenstraalen nur von der Seiten abschiessen/ und also nicht starck genug eine Hitze zu machen/ scheinen; ist doch gewiß/ daß/ in deme sie etzliche Monat lang durch und durch beständig bleiben/ auch von keiner nächtlichen Kälte gemässiget werden ihre Krafft zunehme. Joannes Tornæus: Am Sommaren, nær Solen træder i Kræfvvetan, kommer dær een mækta stoor heeta, hvvilken uthan tuuifvvelder ut af fororsakas, att enæ dan Solen dem icke nedergaer, uthan heela natten igenom klaar skyner,

C 3   der-

derfoore inthe heller vværman foersvvinna kan, uthan vvarar æfvven sao am natten, som om dagen. Das ist: Im Sommer/ so bald die Sonne in den Krebs tritt/ entstehet eine grosse Hitze/ derer Ursach ohne Zweiffel ist/ weil alsdan die Sonne gar nicht untergehet/ sondern die gantze Nacht über gar helle scheinet/ also daß die Hitze niemals gelindert wird/ sondern Tag und Nacht währet. Diese Hitze wird dennoch in etwas/ durch die/ auß dem nahe ligendem Meere und dem Schnee so den Sommer durch in denen Winckeln und Hölen der Berge ligen bleibet/ herrührenden Dünsten/ wie Tornæus eben daselbst bezeuget/ gemässiget. Von dem Frühlinge und Herbste weiß man hie wenig/ falß in wenig Tagen auff die grosse Kälte/ die Hitze deß Sommers erfolget/ so daß es einem/ der davon nicht Wissenschafft hätte/ wie ein Wunderwerck fürkommen dörffte/ einen Platz/ da für zwo oder drey Wochen dickes Eyß und hoher Schnee gelegen/ so geschwinde grün und anmuhtig zu sehen. Samuel Rheen: Emellen dessen fiæl æro dahlar, i hvvilka vvæxer mykit græs oc ærter, som hasteligen i nogra vvekor oprinna. Das ist: Zwischen diesen Bergen findet man Thäler mit Graß und Kräutern wie überschüttet/ so in etzlichen wenigen Wochen außgesprossen. Insonderheit ist Anmerckens würdig was hievon Olaus Petri Niurenius im 9. Cap. auß eigener Erfahrung setzet. Im Jahr M. DC. XVI. saget er/ bin ich in das Kirchspiel Torno den 24. Junii kommen/ und habe in acht genommen daß dazumahl allererst die Bäume Knospen begunten zu bekommen/ und das Graß ein wenig auß der Erden herfür brach. Kaum war der folgende Monath zur Helfft gekommen/ da habe ich gesehen wie die Kräuter schon geblühet/ und die Bäume mit Blättern bedecket gewesen/ so daß es das Ansehen/ als hätte die Natur Wissenschafft von dem folgendem kurtzen Sommer gehabt; dieses so es mir ein ander erzehlet hätte/ würde ich nicht geglaubt haben. Der Acker ist in Lappland nicht gar fett/ doch auch nicht zu mager/ sondern ins Mittele. Ist aber mit Kieselsteinen vermischet/ und hin und her ragen grosse Steine und Felsen herfür/ durch derer Rauhe und Ungleichheit das Land Schaden nimt. Samuel Rheen. Lappland ær mehrendels ett ganska, stenogt land, med bærgh och

dah-

dahlar. Das ist: Lappland ist allenthalben steinicht/ voller Berge und Thäler. Joannes Tornæus: Lappland ær mæchta bærgachtig, ojæmpt, och faseligit. Das ist: Lappland ist sehr bergicht/ ungleich und raue. Die Erde ist an denen meisten Oertern sumpficht/ weich/ und weichend/ wegen der grossen Menge Pfützen/ Flüsse und Bäche/ und würde der jenige sich nur vergeblich bemühen / so allhie auff den Ackerbau etwas anwenden wolte. Olaus Petri zwar ist widriger Meinung/ sonderlichen von dessen Südlichem Theil. Ich wil erweisen/ saget er/ daß das Südliche Lappland/ so mit Bothnien unter einem Theil deß Himmels/ liget/ eben eine so gütige und gemässigte Lufft habe/ also daß ob es gleich den Ackerbau nicht treibet/ es dannoch eben so wenig ungeschlacht sey Korn zu tragen/ als das Westliche Bothnien. Aber solches wird er niemand überreden/ dan es muß bey der gütigen Lufft eine gleiche Erde und Acker sich finden. Daß aber die Erde allhie steinigt/ sandicht und felsicht sey gestehet er selbst im 12. Cap. Lappland/ sind seine Worte/ ist im Sommer steinigt und lässet sich nicht wol arbeiten/ anderswo ist es auff viel Meilen sandicht/ mit Fichten und Heydekraut dicht bewachsen/ an vielen Oertern felsicht / mit Sümpffen und Morasten überhäuffet. Nun schicket sich ein solches Land zum Acker gar nicht. Und ob man auch gleich hin und wieder schöne Wiesen antrifft / folget nicht daß man solches Land/ so da häuffiges Graß träget/ auch bepflügen und bauen könne. Sonsten wächset in Lappland das Graß in grosser Menge und Güte/ dadurch das Vieh viel eher und leichter gemästet wird/ als an einigem andern Orte: Es bringet auch viel Kräuter herfür/ wie auß Samuelis Rheënij angezogenen Worten zu erkennen. So hat man auch erfahren / daß allerhand außgesäete Gartenfrüchte/ trefflich auffgegangen. Es wachsen auch von sich selbst vielerley Gesträuche. Man findet über das häuffige und tieffe Wälder /insonderheit an der Norwegischen Seite und unten an denen Bergen/ die da Lappland von Norwegen theilen. Samuel Rheen: Nedan foer omroerde fiell begijnnes Skougland. Das ist: An dem untern Theil dieser Berge fangen sich die Wälder an. Dieses aber mercket er absonderlichen/ daß selbige Wälder nicht dichte/ sondern durchsich-

tig

tig sind/ doch ær det icke noegen falt, uthan loes skoug, saget er:
Das ist: Diese Wälder aber sind nicht gar dichte/ sondern mit hin
und her zerstreueten Bäumen besetzet. Häuffige und sehr hohe Berge und Felsen findet man in Lappland/ insonderheit gegen Norwegen/
welches von Schweden durch eine lange aneinander hängende Berg-
Wand abgesondert wird. Olaus Magnus im IV. Buch im 13. Cap.
Zwischen denen Königreichen Schweden und Norwegen ligen hohe
Berge Doffrini genant/ und andere mehr/ so ihre Gräntzen sind.
Samuel Rheen: Alle fiæll æro ganska hoega, och mehrendetz
hiskeliga Pao dæsse fiell vvarar slætt ingen skoug. Das ist: Alle
die Berge sind sehr hoch/ und erschrecklich/ auff derer Gipffeln nichts
wächset. Was er allhie von dieser Bergen Spitzen saget solches bejahet Petrus Claudi, und schreibet es denen ungestümen Winden/ von
denen sie recht können getroffen werden/ zu. Seine Wort sind diese
im 26. Cap. pao dse hoijelle fiæld ligger evvig snee, och vvinden
falder dier sao haordt pao, att dær kand ingen træd voxæ. Das ist:
Auff den hohen Bergen liget ein stetsdaurender Schnee/ und kan auch
wegen der hefftigen Winde/ kein Baum allda auffkommen. Es enden sich aber selbige Berge in sehr lustige Thäler. In diesen findet
man viele klare Springbrunnen und unzähliche Bächlein/ Lappland
hat unzählich viele Bächlein und Brunnen/ saget er. Und Johan.
Tornæus: Springande kællor ære hær hopetals tillfinna, hvvilka
mæchta reent och igenom klart vvaten giuta: Das ist: Man findet hie eine grosse Menge Springquellen/ so ein helles und klares Wasser geben. Diese ergiessen sich hernach in Flüsse/ die Flüsse in Seen/
biß sie endlich in den Bothnischen Meerbusem fallen. Samuel Rheen:
allestædes finnas små ælfver, som loepa neder. Das ist: man trifft
allenthalben Bäche an so von den Bergen herabschiessen/ so endlich in
denen grossen Flüssen sich vereinigen. Das Wasser ist gut. Olaus
Petri Niurenius im 9. Cap. Man hat in Lappland ein süsses heilsa-
sames/ klares/ und sehr gutes Wasser. In denen Wäldern giebet
es insonderheit Seen und Sümpffe. Skoglandt, saget er weiter/ære
monga træsk och siæor, Das ist: In denen Wäldern sind viel
Sümpffe und Seen. Alles dieses fasset kürtzlich zusammen Andreas

Bu-

Buræus, wan er von Lappland in seiner Beschreibung deß Königreichs Schweden also redet: Lappland so das äusserste unter denen Mitternächtigen Ländern ist/ ist sehr groß/ voll von Wildnüssen/ Bergen/ Sümpffen/ Seen und Flüssen. Gebauete Aecker hat es nicht/ hergegen an etzlichen Oertern reiche Viehewaide. Weiter hat dieses Land auch eine ansehnliche Menge wilder und zahmer Thiere / die man so wol im Winter als im Sommer bekommen kan. Von Vögeln ist es reichlich begabet. Die Fische werden in solcher Anzahl gefangen/ daß sich viele derer Einwohner derselben allein zu ihrer Speise bedienen. Von kleinem Wild ist es unglaublich vol/ also daß sie nicht allein zu ihrem eigenen Nutzen solche anwenden / sondern auch denen benachbahrten Völckern überlassen und ihren Handel damit treiben können. Von allen diesen soll in folgenden Capiteln absonderlich gesaget werden: Dieses thun wir an diesem Orte noch hinzu/ daß wie bißhero Lappland von denen Geschichtschreibern fürgestellet werden / eben auff solche Weise auch das alte Biarmien oder Scritofinnland beschrieben werde / welches dan/ was wir oben erwiesen/ daß alle diese Länder nicht ihrer Art oder Gelegenheit/ sondern nur dem blossen Namen nach unterschieden / weiter beglaubigen kan. Von Biarmaland redet Saxo im VIII. Buch folgender massen: In diesem Lande ist eine stätswährende Kälte/ ein tieffer Schnee / im Sommer eine grosse Hitze/ mit unwegsamen Wäldern erfüllet/ es träget keine Feldfrüchte/ an etzlichen Oertern hat es unbekante Thiere. Von Scritofinnland aber sind dieses Pauli Warnefridi Worte: Die Scritobinen sind auch im Sommer vom Schnee nicht befreyet. Uber das ist es in diesen Oertern mitten im Sommer die gantze Nacht durch helle und wie am Tage klar: Die Tage sind viel länger als anderswo. Im Gegentheil siehet man im Winter umb die Zeit der Sonnenwende / die Sonne gar nicht / ob schon einige Demmerung zu mercken / die Tage sind sehr kurtz/ die Nächte aber viel länger. Und noch vor ihme Procopius im II. Buche/ wie ihn Grotius übersetzet: Die Scritofinnen führen ein fast viehisches Leben. Die Männer bauen den Acker nicht / auch wissen die Weiber von keiner Arbeit. Im Jagen aber

aber sind diese so wol als jene geübet. Dan die Wälder und Berge ihnen eine unglaubliche Menge wilder und zahmer Thiere darreichen. Welches alles mit deme was wir bißhero von Lappland geschrieben/ übereinstimmet. Aber wir gehen weiter zu dessen Abtheilung.

Das IV. Capitel.
Von der Abtheilung deß Lapplandes.

LAppland wird nicht auff eine Weise abgetheilet. Saxo, so dessen zu erst erwähnet/ theilet es in zwey Theile/ in dem er von beyderley Lappland redet. Seine Worte im V. Buche sind: Uber das hat er ihme Helsingen nebst beyderley Lappland eingegeben. Und gleiche Worte führet er auch an andern Oertern. Ihm folget Joannes Magnus in der Beschreibung der Mitternächtigen Länder: Hernach/ saget er/ wird gegen Süden beyderley Lappland zusammen gefüget. Welche aber diese beyde Theile von Lappland sind/ berichten sie nicht. Doch halte ich dafür/ daß sie hierin ihr Absehen gehabt auff die Gelegenheit und also durch ein Theil das Ost-Lappland/ durch das andere das West-Lappland verstanden. Und so hat es Damianus à Goes, welcher es von Joanne Magno erfahren/ eingetheilet. Seine Worte sind: Lappland wird durch das Bothnische Meer getheilt in das Ost-Lappland und West-Lappland. Worauß zugleich beyderley Lapplandes Gräntzen/ nemblich der Bothnische Meerbusen/ erhellen/ also daß dasjenige so von einer Seiten an demselben gelegen das Ost-Lappland/ was aber von der anderen/ das West-Lappland genennet worden. Noch auff eine andere Weise wird es wegen der Natur und Beschaffenheit seiner Landschafften in das jenige Lappland so an dem Ufer deß grossen Meeres/ und in dasselbe so mitten im Lande/ von dem Meer abwärts gelegen/ abgetheilet. Jenes nennen sie Siœfindmarkē, das ist/ das am Meer gelegene Lappland/ dieses aber fiældfindmarkē, oder das Mittelländische Lappland. Jenes wird auch zuweilen bloß Findmarken, und dieses Lappmarken genennt. Auff diese Weise theilet es auch ab Petrus Claudi im 27. Cap. Alt langst saget er/ vved Sioekanten nord till Findmarken oc vester omigen hafvve Sioe-

fin-

finnarne besatt alle Jorde, oc paa det stoere field vvanke de Lappefinner, oc kaldis derfor Lappemark eller Wildfindland. Das ist: Einen langen Strich deß Mitternächtigen Ufers biß an Findmarck und gegen Morgen/ haben die Sioefinni oder am Meer gelegene Finnen ein/ in denē Gebürgen aber und platten Lande wohnen die Lappfinnen/ derer Land Lappmark oder Wildfindland das ist: das wilde Finnland. Er unterscheidet die Findmarck von der Lappmarck; Jene saget er/ sey ein Land am Meer gelegen und zum Meer gehörig/ diese aber ein Land so voller Berge/ Wälder/ Wild/ und zu dem innern Theil deß Lapplandes zu zählen. Und ist wol in acht zu nehmen/ daß er dieses Theil/ welches sonsten Lappmarck heisset/ Wildfinland nennet. Vielleicht/ weil dessen Einwohner sich von dem Wild so sie fangen nähren/ da hergegen die andern von dem Fischfange leben. Dan es folgen bey ihme bald darauff solche Worte: oc ære dśær mange tusende mænniskior, som dær lefvve, œs foede sig med Wild: das ist: Es finden sich daselbst viel tausend Menschen/ so von dem Fleisch wilder Thiere leben. Und gewiß ist es daß auch andere diese nur für rechte Lappen halten/ die von wilden Thieren/ und insonderheit von den zahmgemachten Reenthieren sich nähren. Dannenhero Sam. Rheen im 2. Cap. also redet: foer uthan desse lapper oc Scrickfinnar ære oc naogre andre fao rette Lapper, som foeda sig allena afreenar. das ist: nebst diesen Lappen oder Scrickfinnen (diese nennet Petrus Claudi Sioefinnen) finden sich auch rechte Lappen/ die sich nur allein von Reenthieren erhalten. Dieweil sich nun diese Art Lappen von wilden Thieren/ so auch bey denen Mitternächtigen Thieren Wild heissen/ nähren/ hat daher Wildfinland/ sonsten Lappland genant/ seinen Namen bekommen/ und wird entgegen gesetzet Findmarck/ dessen Einwohner von Fischen und zahmen Vieh leben. Es kan aber dieses Land seinen Namen auch wol von denen vielen Wäldern erhalten haben. Daher Olaus Magnus die Lappen offt Leute so in Wäldern sich auffhalten oder Waldleute genant. Wie auß der Uberschrifft deß 3.Cap. seines ersten Buchs zu sehen/ so diese ist: Von denen wilden Waldleuten/ da er doch in diesem Cap. von denen Lappen handelt. In folgendem Cap. aber saget er außdrücklich: Die Waldlappen

D 2 klei-

kleiden sich mit köstlichen Fellen unterschiedlicher wilden Thiere. Der Freyherr von Herberstein nennet sie wilde Lappen zum Unterscheid der Finnlappen / so er neben das Meer setzet / und von andern Sioefinner, das ist: am Meer gelegene Finnen genant werden. Seine Wort sind: er sagete / daß er zu etzlichen Völckern in Finlappland gekommen / welche ob sie schon in kleinen Baurhüttlein längst an dem Meer herab wohnen / und ein fast viehisches Leben führen / doch in etwas sittsamer als die wilden Lappen wären. Sind ihme also wilde Lappen / die nicht am Meer ihren Sitz haben / sondern von demselben gantz abgelegen in denen inneren Oertern und mitten im Lande wohnen / so er wegen ihrer viehischen Sitten wilde Lappen heisset. Sie fangē allmählich an / fähret er daselbst fort / durch tägliche Zusammenkunft mit denen Frembden / so Gewinstes wegen ihre Oerter besuchen / die angebohrne wilde Art abzulegen. In kurtz nachfolgenden Worten nennet er sie auch Wilde: er saget / daß er hernach zu denen Dikiloppen, welches wilde Loppen sind / nacher Dront / so 200. Meilen von der Duina gegen Mitternachtwärts gelegen / geschiffet wäre. Dikiloppi, ist allhie ein Mußcowitisch Wort: dan also nennen sie noch heutiges Tages / wie ich allbereit erwiesen / die wilden Lappen. Fürs dritte / wird auch Lappland in Ansehen derer Herren so dessen eintzele Theile besitzen / abgetheilet. Davon handelt Andreas Buræus in folgenden Worten: Das Südliche und grösste Theil von Lappland / so mitten im Lande gelegen gehöret gantz zu dem Königreich Schweden. Zu Norwegen aber wird der am Meer gelegene Strich / so Findmarck heisset / und dessen Einwohner den Namen Sioefinnen, das ist / am Meer gelegene Finnen / führen / und von dem blossen Fischfang leben / gezählet. Die übrigen so von dem Castcel Warhuus / biß an den Mund deß weissen Meeres wohnen / sind denen Reussen unterthan / und wird ihr Land auff Schwedisch Trennes, auff Lappländisch Pyhinienni, auff Russisch Tarchana Voloch genant. Von dieser Beherrschung unterschiedlicher Könige und Fürsten über Lappland werden wir umbständlicher zu handelen / Anlaß haben / wann wir in guter Ordnung biß auff die Art und Weise ihrer Policey werden gelanget seyn. Von denen Theilen aber so zu

Dennemarck und Reussen gehörig / wollen wir auch Gelegenheit nehmen an bequämeren Orte zu reden. Anjetzo müssen wir die Abtheilung deß Stückes von Lappland / so dem Königreich Schweden unterworffen / und von Buræo das Südliche und Mittelländische genant wird / besehen. Petrus Claudi giebet ihme den Nahmen Lappmarck / und verstehet das eigentlich und absonderlich so genante Theil von Lappland. Dan dieses wird in andere sechs kleinere Theile / die in ihrer Sprache *Marker* das ist / Gebiete heissen / unterschieden. Buræus nennet sie Aempter oder Vogtheyen. Ein jegliches unter diesen Aemptern hat seinen absonderlichen Nahmen / welche sind *Aongermanlandslappmark, Vmalappmark, Pithalappmark, Lulalappmark, Tornalappmark, Kiemilappmark.* Sam. Rheen im 1. Cap. den Svvenska, Lappmarken foerdehlas i Kiemi, Taohrnæa, Lulea, Pithea, Umea och Aongermannelands Lappmarker. Das ist: Das Schwedische Lappland wird getheilet in die Kiemische / Tornische / Lulische / Pithische / Umische / und Angermanlandische Lapmarck. Buræus zählet nur fünffe: Lappland saget er / wird in fünff Gebiete oder Aempter / so sie Lappmarcken nennen getheilet / und heissen solche *Vmalappmark, Pithalappmark, Lulalappmark, Tornelappmark,* und *Kimilappmark.* Diß Angermanlandische Ampt / fasset er mit den Umischen in eines / weil sie beyde von einem eintzigen Amptmanne regieret / und also für ein Gebiet ins gemein gehalten werden. Es haben aber diese Aempter ihren Nahmen von denen Flüssen / so durch ein jedes lauffen. Solches bezeuget Wexionius im 1. Buche im 21. Cap. von Schweden: Die Lappen so dem Königreich Schweden zinsbar sind / werden in 5. Aempter so nach denen Flüssen genant sind / abgetheilet. Sie liegen aber auff diese Art. Das Angermanlandische Ampt lieget nahe an Angermanland und Jempterland / hinauf folget das Umische / weiter das Pithische / und endlich das Lulische / alle nach Abend / und gehören von einem Theil zu dem Gebirge / welches Schweden von Norwegen scheidet / von den andern nach West-Bothnien. Weiter folget Tornelappmark, so nach Mitternacht lieget / und von dem äussersten Winckel deß Bothnischen Meerbusens / sich längst gegen

gen der grossen Nord-See / so von den Schiffleuten / Nordcaep genant wird / erstrecket. Auff diese kommet Kimilappmark, so von Mitternacht gegen Morgen reichet/ und endiget sich von einer Seiten an Ost-Bothnien; Von der andern an den Theil Lappland so denen Reussen zugehörig / von der dritten an Cajanien und Carelien. Aber auch diese Aempter werden in kleinere Theile unterschieden / welche die Schweden byar nennen. Sam. Rheen in obenangedeutetem Cap. desse Lappmarker, som kallas sochner eller Lapmarker, foerdchlas i aotskillige BYAR. Das ist: Diese Lappmarcken / so sonsten Vogtheyen oder Aempter heissen/ werden wiederumb in unterschiedliche Theile abgetheilet / so sie Byer nennen. Byar aber ist bey den Lappen so viel als bey denen Alten Dorffschafften oder pagi. So findet man bey dem Cæsar die Züricher Dorffschafften / imgleichen die Schwäbischen Dorffschafften / welche zwar nicht in etzlichen Bauer-Häusern / wie die heutigen Dörffer / bestunden / sondern gewisse Abtheilungen einer weiten und grossen Landschafft waren/ so die Griechen nomos genennt/ und schon ehmals in Abtheilung deß Egyptenlandes gebräuchlich gewesen. Solcher Dorffschafften nun oder pagorum giebt es in jedwederm Ambte unterschiedliche / außgenommen das Angermanlandische so für sich selbst eine Dorffschafft ist / und *Aosahla* genant wird. In der Umalappmark zählet man vier Dorffschafften: *Uma, Lais* oder *Raanby Granby* und *Vasteen*. In der Pithalappmarck sieben / *Graotreskby, Arfvveierfsby, Lochteby, Arrieplogsby, Wysierfby, Norrvesterby, VVesterby*. In der Lulalappmark fünffe: *Iochmoch, Sochjoch, Torpingaur, Zerkistocht*, und *Rautomjaur*. In der Tornelappmark achte: *Tingavvaara, Siggevvaara, Sondevvara, Ronolaby, Pellejerf, Kantekiemo, Avviovvara, Tenouthseiochki*. In Kiemilappmark eben so viel: *Enaraby, Sanbeaoby, Kiemikyla, Kouleierf, Kiedkajerf, Mansialka, Saodankyla, Kithilaby*. In diese drey und dreyßig Dorffschafften/ sind die Vogtheyen abgetheilet. Weiter finden sich in einer jeden Dorffschafft unterschiedene Familien/ so die Schweden rockar, die Lateiner focos, die Teutschen Feurstäte nennen. Ein jede familie

hat

Von der Abtheilung deß Lapplandes.

hat ihr gewisses und abgetheiltes Stück Landes in einer solchen Dorff=
schafft/ davon sie sich selbst/ und ihr Vieh unterhalten/ nicht zwar wie
sonsten ein Baurhoff/ sondern es begreifft ein solch Stückland zugleich
Bäche/ Seen/ Wälder/ und dergleichen/ so alles zu einer gewissen
Feurstäte gehörig. Dieser Feurstäte sind gemeinlich so viel in einer
jeden Dorffschafft als Familien/ so von ihrem Eigenen leben/ und et=
wa wegen Armuth keinem andern ihre Dienste anbieten dörffen.
Solcher Feurstäte hat die Dorffschafft Aosohla ohngefehr fünffzig.
In andern findet man mehr oder weniger nach dem sie groß oder klein/
einen weitern oder engen Umbfang haben. Alle diese Feurstäte oder wie
sie die Schweden nennen röckar, haben eigene Namen so allhie nicht
nöhtig zu erzählen. Und dieses ist die dritte Abtheilung von Lapp=
land/ so zwar nicht neu/ (ohne daß unter Carl dem IX. gewissen fami=
lien, gewisse Feurstätte zugeordnet worden) sondern schon in alten
Zeiten gebräuchlich gewesen/ so man daher mag schliessen/ weil denen
Lappen nur diese bekandt ist/ auch von denen Schweden/ so lange sie
Lappland unter ihrer Bottmässigkeit gehabt/ keine andere Abtheilung
angemercket worden ; Ja die Worte selbsten sind alt/ welches ich
darumb setze/ damit man gar offenbahr ersehen möge daß alles so bey
diesem Volcke anzutreffen/ angebohren/ und einfältig sey/ auch mit
ihren Alter wol übereinstimme.

Das fünffte Capitel.
Von der Beschaffenheit deß Leibes und Gemühtes der Lappen.

Die Lappen haben dieses für andern Mitternächtigen Völckern
besonder/ daß sie von Leibe gar kurtz seyn. Paulus Jovius in
Beschreibung von Reußland: Die Lappen sind von kurtzer
Statur. Zieglerus an offterwähntem Orte: Die Lappen sind
klein von Leibe. Damianus à Goes: Die Einwohner dieser Land=
schafft sind mittelmässiger Grösse. Dieses sagen von ihnen fremde
Scribenten; Eben dasselbe besahen die von Mitternächtigen Dingen
geschrieben. Olaus M. im 4. Buche cap. II. Diese Leute sind insge=
mein

gemein gar klein. Olaus Petri Niurenius: Die meisten unter denen Lappen sind mittelmässiger Statur. Solches bekräfftiget ebenfalß die tägliche Erfahrung/ dahero nur neulich der Graff Lomenius in seinem Reisebuch saget: Es ist ein Volck von sehr kurtzer Statur. Is. Vossius leget ihnen eine ungestalte Statur zu/ und so insgemein drey Elen außreiche. Die Lappen/ saget er in seinen Anmerckunge übei deß Melæ III. B. im 5. Cap. Samoijeden, und etzliche andere Mitternächtige Völcker sind von ungestalten/ und gleichwie auff einen Klumpen zusammen gewachsenen Gliedmassen. Doch sind sie auch nich Zwerge/ oder Leute einer Elen hoch/ sondern erreichen ins gemein drei Elen/ bißweilen etwas mehr mit ihrer Grösse. Er thut hinzu/ daß sie nicht Zwerge seyn/ damit er diejenigen/ so an diesen Oertern di Pygmæos geglaubet/ widerlege/ und daß diese kurtze Leute zu einem solchen Gedichte/ Ursach gegeben/ beweise. Von der drey Elen ho her Länge saget er weiter: Die rechte Grösse der Lappen ist dreyer Elen. Und in solcher Höhe/ findet man sie ins gemein: Wiewoh bißweilen etzliche in etwas grösser/ etzliche kleiner angetroffen werden Ich habe aber auch etzliche gesehen/ thut er hinzu/ so 4. Elen lang wa ren/ und also die rechte Länge eines Menschen hatten. Eben diese bestätiget Olaus Petri: Ich habe/ saget er/ unter dreyhunderten so mir auff einmahl zu Gesichte kommen/ etzliche gesehen so der Gröss wegen keinen andern Völckern nachgegeben. Doch sind dieser wenig Tornæus: Monga stoora nittas dæri intet, das ist: Viel lang Leute findet man nicht. Die Ursache dieser Kürtze saget Vossius, se die hefftige Kälte/ welches der Wahrheit gar ähnlich scheinet. Dan in dem die natürliche Wärme/ von der grossen äusserlichen Kälte be stritten wird/ und also alle ihr Vermögen/ sich wider dieselbe zu beschü tzen/ anwenden muß/ geschiehet es/ daß die rechtmässige Däuung verhindert wird/ und folgends der Leib kurtz bleiben muß/ und zu sei nem Wachsthum nicht gelangen kan. Hiezu hilfft/ meiner Meynung nach/ nicht wenig/ die Speise/ derer sie geniessen/ welche den Leib zu nähren und recht zu unterhalten nicht dienlich ist/ wie hievon unten mi mehrerm kan ersehen werden. Ob nun zwar die Lappen klein von Statur sind/ befindet man sie dannoch so ungeschickt/ wie zwar Vossius

mis.

Von der Beschaffenheit deß Leibes/und Gemühtes der Lappen.

wil/nicht. So auß ihrer Behändigkeit / und Geschickligkeit allerhand Geschäffte zu verrichten/erhellet. Gewiß ist es daß ein Mensche/ so krum gebogen/ungestalte Gliedmassen hat/solche Arbeit/ welche die Lappen bequem zu Ende bringen/ nicht fürnehmen kan. Ursachen allhie beyzubringen ist nicht nöhtig/ falß täglich von ihnen zu Gesichte kommen/ denen/ was die Ebenmaße aller Glieder belanget/ nichts mangelt. Aber auch die Ungestalt so Lomenius an ihnen in acht genommen/ haben wir bißhero nicht ersehen können: Welches schon andere für uns bekräfftiget. Ja Olaus Magnus nennet die Lappischen Mädgens/schön: Die Weiber saget er im IV. Buch im 11. cap. und Mädgens in diesen Ländern sind sehr fruchtbar und schöne; welche Schönheit ihnen die Weisse und Röhte/ als der Natur fürnehmstes Werck/ mittheilet. Und Joan. Tornæus: Kroppen ær dem hchl hasiter, och cliest quinfolken tæmlig vvæl skapade. Das ist: Sie haben eine weiße Haut/ und ihre Frauenspersohnen sind schöne genug. Welches ich dan selbsten gestehen muß/daß ich zum öfftern unter ihnen Weibspersonen von guter Gestalt gesehen. Dann diese nehmen die Gestalt so ihnen die Natur mitgetheilet besser in acht/ weder die Männer/ also daß es nicht Wunder/ wann selbe ungestale scheinen. Welchen Mangel ihnen nicht so wol die Natur/ als ihre Nachlässigkeit anhänget. Wozu auch die lange Kälte/die unfreundliche Lufft/ und der raue Wind wider welche sie sich nicht zur Gnüge mit Kleidern verwahren können/wie ingleichem der Rauch so ihre Katen/ darin sie wohnen/ jederzeit füllet/ nicht wenig helffen. Und eben dieses sind die Ursachen/warumb die Männer ins gemein schwärtzlicht anzusehen. Jovius an gedachtem Orte: Die Lappen sind kurtz von Statur/ von Gesichte schwartzgelbe. Und Petrus Claudi in Beschr. von Norwegen im 25. Cap. De ere megit sorte oc brune paa deris krop. Das ist: Sie sind ins gemein schwartzgelbe am Leibe. Welches dann nicht zu verwundern/ weil sie von Kind auff im Rauch liegen. Johannes Tornæus Probst zu Torn in seinem noch nicht gedruckten Tractat von denen Lappen saget: Die Farbe unter ihrem Gesichte ist unterschiedlich / ins gemein aber etwas röhtlich. Gleichwie nun die Lappen kurtz von Leibe/ so sind sie auch gemeinlich mager/

E und

und ist ein fetter Mensche unter ihnen gar seltzam. Petrus Claudi von ihnen: De ere maugre oc skrinde folk. Das ist: Es ist ein mageres/ und dürres Volck. Dann eben dieselbe Kälte/ so den Wachsthumb an ihnen verhindert/ ringert auch das Geblüte und den Safft. Noch ist zu mercken daß sie hurtig und leicht von Leibe sind/ welches sie der Enthaltung von dem Saltze zuschreiben. Olaus Petri: Sie essen nichts gesaltzenes/ dannenhero sind sie leichter von Leibe wie andere. Und dieses zwar ist die Beschaffenheit ihres Leibes ingesamt. Was gewisse Gliedmassen absonderlich belanget/ haben sie insgemein dicke Köpffe/ eine breite Stirn/ Katzenaugen/ die ihnen tieff im Kopffe ligen und stäts trieffen/ eine kurtze breite Nase/ dannenhero Jovius vielleicht Anlaß genommen ihnen ein zustossenes Gesichte zu zulegen. Die meisten haben offene/ grosse Mäuler. Johannes Tornæus fasset alles mit diesen Worten zusammen: Vader ægonen echafansichte æra dhe breda, med toma kinder, och langa hakar. Dhe hafvua stoora hufvuden, roeda och blocta oegen. Das ist: Sie haben ein breites Angesicht/ eingeschlagene Backen/ einen langen Kin/ grosse Köpffe/ röhtliche und trieffende Augen. Der Kopff ist mit kurtzen/ schlichten/ und wenigen Haaren bedecket; der Bart ist imgleichen kurtz und dem Haupthaar gleich. Die Farbe/ so in acht zu nehmen/ ist an beyden wider die Gewonheit anderer Mitternächtigen Völcker schwartz. Die Haar/ saget Tornæus, sind so wohl an denen Männern als Weibern schwartz und hart. Und an einem andern Orte: Dhe hafvua gemenligen svvart och stræfft haor, och hafvver jag aldrig ænnu sedt mehra æn en Lapp, med gaoldt haor. Das ist: Die Haupthaare sind insgemein dick und schwartz/ wie ich dann nicht mehr Lappen als einen einzigen mit gelben Haaren gesehen. Was ich von dem Bart gemeldet/ solches bejahet Buræus in einem geschriebenen Bu..e Sumla genant am 231. Blat. Lapper hafvua tunt och litet skieg. Das ist: Die Lappen haben kurtze und kleine Bärte. Die Brust ist gemeiniglich breit/ der Bauch klein/ die Füsse schlanck/ und zum Lauffen geschickt. Die Gliedmassen sind starck und grob/ und wie sie Damianus à Goes beschreibet/ voller Sennadern. Petrus Claudi: de ere megit sterke, re end andre menniskior, saa som

mand

Von der Beschaffenheit deß Leibes und Gemühtes der Lappen. 35

mand kand profvve paa deris buer, hvvilka en Norsk mand kand icke drage halfparten saa lenge op, som dse. Das ist: Sie sind viel stärcker als sonsten andere Leute/ welches man abnehmen kan/ daß sie einen Bogen/ den ein Norweger kaum auff die Helffte bringen mag/ spannen können. Nicht allein aber haben die Lappen starcke und feste/ sondern auch geschwinde und fertige Gliedmassen/ welches Zieglerus bezeuget: Die Lappen/ saget er/ sind so geschwinde von Leibe/ daß sie mit Köcher und Bogen versehen/ durch einen Reiff so nur eine Ele im Diameter hat/ springen. So er aber vielleicht von einigen Gaucklern mag gesehen haben. Die Lappen selbst wissen von solchen Kurtzweilen nichts. Unterdessen sind sie gewohnet/ mit anderen in die Wette zu lauffen/ über unwegsame Felsen zu steigen/ auff hohe Bäume zu klättern/ und dieses täglich. In Ansehen dessen saget Jovius: Die Lappen haben schnelle Füsse. Und Scaliger exerc. 213. Man weiß gar wol/ daß die Lappen von Leibe starck/ und auff den Füssen sehr geschwinde seyn. Wiewol sie nun aber starck/ und geschwinde sind/ dannoch gehen sie niemals mit auffgerichtetem Leibe einher/ sondern biegen denselben vorwärts/ so daher kommen soll/ weil sie in ihren Häusern so viel auff der Erden sitzen. Joh. Tornæus: Das Obertheil deß Leibes ist ihnen wegen vielen Sitzens gantz gebeuget/ und krum. Und an einem andern Orte: Dhe æra och kut-eker krokryggda. Das ist: Der Rücken ist ihnen gantz krum/ und gebogen.

Von der Beschaffenheit deß Leibes gehe ich weiter zu dem Gemühte/ da dan für andern zu mercken/ daß die Lappen zu allerhand Aberglauben geneigt seyn. Dann dieweil sie zwischen den Wäldern unter wilden Thieren wohnen/ auch keine Gemeinschafft mit andern haben/ und eine jedwede familie von denen übrigen abgesondert für sich lebet/ kan es leicht geschehen / daß sie in Aberglauben gerahten. Von welchen ich hie schweige fürhabens absonderlich davon unten zu handeln. Uber das ist es ein sehr furchtsames und kleinmühtiges Volck. Dieses Zeugnüß giebet ihnen in Beschreibung von Reußland Jovius: Die Lappen lauffen / so bald sie nur eines frembden Menschen oder Schiffes gewahr werden/ davon. Und Olaus Magnus L.IV.c.11. Diese Leute sind insgemein gar klein/ und verzagt. Die

E 2 heu-

Das fünffte Capitel

heutige Erfahrung besaget ein gleiches/auß welcher Jo. Tornæus von ihnen also: Till krigsvvæ sendet hafvver Lappen i alla sina dagar een skræk och fasa dragit. Das ist: Ein Lappe fürchtet sich allezeit für dem Kriege. Sam. Rheen: im 14. Cap. Lapparna æra et sedant folk, som stoersta deehlen till krigh alldeles oduglige æro. Ty hoos dem finnes ingen manlig frimodigheet, uthan æro gemeenligen foersagde och kleenmodige. Das ist: Die Lappen sind meistentheils zum Kriege gantz ungeschickt: weiln sie gar nicht behertzt/ sondern furchtsam und kleinmütig. Und solches rühret daher / weil sie wegen grosser Kälte/ auch Ermangelung guter und nährender Speise/wenig Blut und Lebensgeister bey sich haben. Daß aber die jenigen/ so mit häuffigem Geblüte und Lebensgeistern versehen sind/ für anderen tapfferer zu seyn pflegen/ solches ist eine alte Lehre / und jederzeit also befunden worden : Die aber hieran Mangel spüren/ befinden das Gegenspiel an ihnen. Darumb auch Bartholomæus Cocles in seiner Physiogn. c. 2. von denen die von Natur kalt sind/ saget: sie erschrecken und fürchten sich leichtlich. Auß dieser Ursach werden die Lappen auch von denen Schweden im Kriege allein nicht gebrauchet/ ob sie gleich auß allen ihren übrigen Ländern Volck pressen. Sie sind auch in vorigen Zeiten von keinem Könige darzu erfordert worden/ wie solches auß alten Uhrkunden/ und Soldaten Rollen zur Genüge kan dargethan werden. Daß also erlogen/ja einer Schmähkarten ähnlicher/als einer Geschicht ist/ wann etzliche geschrieben/ daß Gustaphus Adolphus Glorw. Gedächtnüß / viele Fähnlein Lappen unter seiner Armee gehabt. Aber man muste ja eine Entschuldigung so vieler Niederlagē/mit welchen dieser unüberwindliche Held seine Feinde so offtmals bezwungen/ erdencken. Denen Unverständigen hätte solches zwar etwas grosses und glaubwürdiges zu seyn / fürkommen mögen. Aber wer wolte glauben/daß ein Sieg durch Hülffe der Lappen könte erlanget werden/und so es ja hätte geschehen können/wer solte zweiffeln / daß die Feinde nicht bereit wären gewesen / ehe die Hölle selbst zu bereden und alle unterirrdische Geister auff ihre Seite zu bringen/als eine solche Niederlage zu leiden. Ist also dieses Fürgeben/ wie schon gesaget / ein ungereimtes Gedicht/ deme zu wider ist so wol die neulich in öffentlichen Schrifften gemeldete Zahl aller Fähnlein/ so er bey sich in dem Zuge gehabt/ imgleichen die Namen der Völcker und Obersten/ so unter demselben gedienet; als auch die Natur der Lappen/ welche für dem Kriege einen Abscheu träget. Wozu noch dieses kom̃t/ daß die Lappen ausser ihrem Vatterland nicht dauren können/ sondern alsofort in Kranckheiten fallen/ und wol gar sterben; dann sie unsere gelinde Lufft/ unser Saltz/ Brod/ und gekochte Speisen eben so wenig vertragen mögen/ als wir ihre an der Lufft getrucknete Fische und rohes Fleisch. Solches hat die Erfahrung zum öfftern bestätiget/ in dem auch in hiesigen Oertern kein Lappe/ ob er gleich durch grosse Geschencke dazu angereitzet wird/ gerne leben mag/ kan auch solches ohne Gefahr seines Lebens nicht thun. Je ferner aber der Ort/ wo sie hingebracht werden/ von ihrem Vatterland entlegen/ je eher haben sie dieses alles zu befürchten. Davon dieses Exempel bey dem Olao Maguo im XVII. Buche im 27. Cap. zu finden; Es sandte der Durchl. Fürst Steno Sture der Jüngere/ Friderico Hertzogen von Holstein sechs Stücke von diesen Reenthieren/ benebenst zweene Lappen einem Manne und dessen Weibe so auff dieselben acht solten haben. Nachdem aber diese alle/ so wol die Menschen als Thiere/ auß dem Lande/ darin sie gebohren worden/ in ein frembdes gekommen/ sind sie auß Ermangelung der Ruhe und vorigen Art zu leben/ in gar kurtzer Zeit mit einander gestorben. Dieses was ich von ihrer Zaghafftigkeit bißhero angeführet/ scheinet zu widerlegen Zieglern/ wann er also von ihnen redet: Es ist ein mächtiges Volck/ so lange frey gewesen/ und mit Norwegen und Schweden Krieg geführet. Ihme folget Scaliger wann er in der 213. exercit. saget: Es ist bekandt daß die Lappen sich tapffer gegen ihre Feinde halten. Gleicher gestalt lieset man auch bey dem Petro Claudi im 27. Cap. daß die Lappen ehemals frey gewesen/ und auch von Heraldo zugenant mit dem schönen Haar/ Könige in Norwegen/ der doch die übrigen Länder allesambt bezwungen/ nicht zum Gehorsam haben können gebracht werden; Und daß sie damahls einen König mit Nahmen Motle über sich gehabt. Es ist aber dieses alles/ was er von erwähntem Motle, und der Freyheit der Lappen fürbringet so beschaffen/ daß es einige Tapfferkeit mit nichten erweise:

E 3   Und

und ist miteinander auß deß Snorronis History/ so weitläufftig von dem Motle und dessen Zauberkünsten/ von seiner Tapfferkeit aber mit keinem Worte handelt/ wie auß der letzten Edition zu ersehen/ genommen. Auch hat vielleicht Zieglerus diesen Snorronem gebrauchet. Dann woher hat er wol etwas von der Freyheit dieses Volckes/ als eben auß dem Snorrone einen wahrhafftigen Geschichtschreiber/ wissen können? Dann zu seiner Zeit waren die Lappen schon unter Schwedischem Befehl. Es möchte dann seyn/ daß er die Lappen und Biarmar für ein Volck gehalten/ und jenen also zugeleget/ was er von diesen gehöret; Und zwar gedencket Saxo einiger Feldzüge so die Biarmier fürgenommen. Daß sie aber in denselben ihre Großmütigkeit sehen lassen/ davon hat er nichts; Ja er zeiget das gerade Widerspiel. Die Biarmaländer/ saget er/ gebrauchen an stat der Waffen verbotene Künsten/ und machen durch ihr Seegensprechen Ungewitter/ und Platzregen. Folget also nicht: Die Lappen sind lange frey gewesen/ darum haben sie sich auch durch ihre Waffen und Tapfferkeit geschützet/ und müssen also unter behertzte Völcker gerechnet werden. Und gesetzt daß die Biarmaländer unverzagte Leute gewesen/ kan doch solches niemand von denen Lappen auch sagen/ wo er nicht der Erfahrung so vieler Zeiten/ so biß auff diese Zeit beharret/ in ihrer Natur/ selbsten entgegen wil seyn. Uber das sind die Lappen über alle massen argwöhnisch. Dann weil sie ihre Unvermögenheit erkennen/ und sich also für jederman fürchten/ kan es nicht anders seyn/ als daß ihnen alles verdächtig fürkomme. Wexonius im 4. B. seiner Schwedischen History im 6. Cap. saget: Die Lappen sind bäurisch und argwöhnisch. Imgleichen Jovius: Die Lappen sind bäurische und sehr argwöhnische Leute. Auß dieser Geneigentheit zu dem Argwohn/ hat bey ihnen noch ein anderes Laster seinen Ursprung/ daß sie nemblich einander heimlich nachstellen: und solches/ weil sie das Ubel/ so sie ihnen nahe zu seyn argwohnen/ auch mit dem Tode und gäntzlichem Untergange dessen/ den sie fürchten/ zu verhüten/ sich bemühen. Daher sind bey ihnen die verbotene und zauberische Künsten mit denen sie/ auch umb eine liederliche Ursache/ einander Schaden thun/ entstanden. Davon Petrus Claudi diese Wort füh-

führet: Det skeer ōfte, at de blifva in byrdes vens, oc forgioere huer andre. Das ist: Offtmals geschiehet es/ daß sie untereinander uneins werden/ und einer den andern listiglich hintergehet. Und thut ein Exempel von einem hinzu/welcher/als er seinen Feind/so ihme mit gleichen Künsten versehen/widerstanden/ eine lange Zeit vergeblich zu beleidigen gesuchet/endlich einen grossen Stein/ unter welchem jener geschlaffen/durch Zauberey von einander gespalten und über ihn her geworffen. Sam. Rheen: At bedrifvva hemligen mord æro een part myckit begifne, hvvarfoere det i loendom och af dem noge skicer, das ist: Ein Theil unter ihnen sind zu heimlichen Todtschlägen fertig/und begehen derselben nicht wenig. Dahin auch Petrus Claudi sonder Zweiffel siehet/ wann er von ihnen also redet: De ære hastige, och een sinde folk, liege som dse hadhe een biorne natur. Das ist: Sie sind eiffrig/und zum Zorn/ als wann sie eine Bären Natur hätten/sehr geneigt. Durch die Bären Natur deutet er keine Großmüthigkeit oder Kühnheit an/sondern eine wilde Grausamkeit/von welcher sie/wann sie einmahl recht erzörnet worden/ nicht leicht abzubringen. Dieses letztere hat insonderheit an denen alten Weibern bey ihnen in acht genommen Johan Tornæus, so gar leichtlich zum Zorn sich reitzen lassen/und alsdann gleich wie unsinnig werden. Von ihren Weibern/ saget er/ist zu mercken/daß die meisten unter denselben/ wann sie alt worden/ keines weges etwas widriges ertragen können/ sondern so bald sie jemand mit einem unhöfflichen oder harten Worte anfähret/ mit einem Finger auff sie zeiget/ ihre Rede oder Gebährden hönischer weise/ nachahmet/ sie unversehens anrühret/ oder so nur ein Funcke plötzlich auff ihre Kleider flieget/fallen sie demselben/so hieran Ursach/ als wie unsinnig/in die Haare/reissen ihm selbe auß/ schlagen auff ihn mit Feuerbränden/oder was ihnen zur Hand lieget/ zu. Ja ob gleich ein fürnehmer und ehrbarer Mensche zugegen wäre/ scheuen sie in dieser Tollsucht/ sich gar nicht/ zu entdecken/ was sonsten die Natur zu verbergen besiehlet/ mit einem Worte/ sie sind alsdann gleich denen so in einer schweren hitzigen Kranckheit/alles Verstandes beraubet/darnieder ligen. Es haben auch etzliche an denen Lappen eine Begierde andere zu betriegen/ in acht genommen/ derer Ursache eben dieselbe/
welche

welche der vorerwähnten Laster/seyn kan. Dann ein großmühtiger Sinn hat einen Abscheu für dem Betrug/ Listigkeit/ und Täuscherey/ wie solches Aristoteles beweiset. Joan. Tornæus: sie sind gewohnet die Warheit zu verhehlen/und einander zu täuschen. Und anderswo saget er: Uthi all bestællning æro dhe klooka och ill fluge, uthi handell bedragelige. Das ist: sie sind in ihren Geschäfften listig und verschlagen/ im Kauffen wird man leicht von ihnen betrogen. Sam. Rheen: Lapperna æro i sin handell myki bedrægelige, das ist: Die Lappen sind in ihrem Handel sehr betrüglich und hinterlistig. Dahin zielet auch Zweiffels ohn Damianus, wann er von ihnen saget: in ihrem Umbtauschen sind sie geübet und verschlagen. Doch sind sie in alten Zeiten nicht so gesinnt gewesen/wo dem Jovio zu glauben: sie handeln/ saget er von ihnen/ in ihrem Umbtauschen mit Frembden auffrichtig. Und eben dieses zeuget Olaus Magnus im 4. Buch im 5. Cap. von ihnen: Die Lappen theilen das ihrige ohne Betrug mit/ und sind allein bemühet der Armuth zu entgehen/und den Reichthum zu meiden. Gewinn suchen sie nicht / und wissen in ihrer Kauffmanschafft von keinem Vortheil. Und bald hernach: in ihrem Umbtauschen verfahren sie auff guten Glauben. Weil sie aber vielleicht hernach von anderen betrogen worden/haben sie auch/auß Furcht der Uberschnellung / wieder zu betrügen angefangen. Dann dieses ist furchtsamer Leute Art/ daß sie dasjenige/ so sie einmahl zu fürchten gewohnet/ auff allerhand Weise/ wie sie nur können und wissen/ zu vermeiden suchen. Wie nun die Lappen betrüglich sind / so grosse Ergetzlichkeit haben sie auch davon/wann sie jemand betrügen. Dieses Lob leget ihnen Sam. Rheen zu: Nær the them bedregit hafvva bespotta the them, hvvilka the saoledes bedragit hafvva. Das ist: sie lachen die jenige/ so sie betrogen/ noch dazu höhnischer weise auß. Es gefält ihnen nemblich / daß/da sie in allen Dingen sich schlechter als andere befinden/ noch etwas übrig / darin sie andere übertreffen können. Wozu auch vielleicht dieses gehöret/ daß sie andere zu verspotten/ und in ihren Zusammenkünfften durchzuhecheln/ kein Bedencken tragen. Solches bezeuget eben derselbe mit folgenden Worten: Till sin næstes foerthal, æro the mykit begifne, sao att nær tvvoa

eller

Von der Beschaffenheit deß Leibes und Gemühtes der Lappen. 41

eller tree komma till samman, sao kunna theey annat æn foertah-
la. Das ist: sie sind so geneigt andere Leute zu schänden/ daß so bald
zweene oder drey zusammen kommen/ sie nichts anders thun/ als andere durchziehen und bespotten. Absonderlich aber beschimpffen sie
und reden übel von anderen Völckern: Und haben also auch die Lappen das Laster an sich/ daß sie nach Gewohnheit aller Nationen ihre
Eigene besser/fürtrefflicher/höher/klüger/und tugendhaffter schätzen/
als wie andere. Serdeles, saget er/foertahla the folk af andra nationer, lgifvvandes dhæm oeknampn eller till nampn. Das ist: insonderheit sind sie gewohnt andere Nationen durchzuhechlen/ und ihnen
Eckelnahmen zu geben. Zu deme sind sie über die massen geitzig/ und
fast unersättlich/ so auch auß der Furcht/ die ihnen ihre Armuht/ und
Mangel der Lebensmittel/einjaget/herrühret. Joh. Tornæus: Deres
natur bestaor ut af een omaottlig girigheet. Das ist: sie sind von
Natur sehr geitzig. Weiter hänget ihnen auch die Trägheit an/ daß
weil sie keine rechte gute Speise geniessen/ und also der Leib nicht nöhtige Nahrung hat/können sie auch die Arbeit nicht ertragen. Olaus
Petri saget daß sie so faul und zu der Arbeit verdrießlich seyn/ daß ihr
Land so an vielen Oertern zum Ackerbau könte zugerichtet werden/
deßwegen rauhe und wüste verbleibe. Die Liebe zu dem Müssiggang/
saget er/ verursachet daß sie den Feldbau und Viehzucht nicht achten.
Auß Trägheit wollen sie die Felder/ so an etzlichen Oertern Frucht zu
tragen geschickt sind/ nicht bauen. Bringen also ihr Leben in schänd-
licher Faulheit zu/ und wollen die Ungelegenheit so ihnen auß ihrem
wilden Leben zustosset/ lieber mit Gedult/ als Arbeit überwinden.
Auch in Herbeyschaffung ihrer täglichen Leibsnothdurfft sind sie gar
langsam/und werden nicht ehe zu der Jagd oder dem Fischfang schrei-
ten/ als biß sie der grosse Hunger/ und die Noth dazu treiben. Und ist
zu glauben/ daß auß diesem allem auch das Laster der Unbarmhertzig-
keit und Gottlosigkeit gegen ihre alte und krancke Eltern/ herrühre;
welche sie nicht nur verachten und liegen lassen/ sondern auch auffs
ärgste hassen. Und dieses theils darumb/ daß sie bey solchen noch etwas vermercken/ so sie lieber alsobald besitzen/ als lange erwarten wollen; theils/ weil es ihnen beschwärlich fält/ dieselbe/ weil sie von ihnen

F   keinen

keinen Nutzen haben / mit Essen und Trincken zu versehen. Wie mir dieses erzählet haben Leute / so es selbsten gesehen. Joh. Tornæus aber ist diesem zuwider. Foerældrarna saget er / haollas uthi tillboerlig woerdning och æhra, ja sao, at nær the aoldriga vvarda laota dem barnen, aldrig vvaordloesa, ut han till doededagarna medd stoersta aohaoga underdaolla och skioeta. Das ist: Die Eltern verehren sie mit gebührendem Gehorsam und Ehre / daß / wan solche nunmehro alt worden / sie dieselben nicht zu versorgen auffhören / sondern biß an ihren Tod mit grossem Fleiß pflegen und nähren. Dieses ob es gleich etwa bey denen Tornischen Lappen üblich / geschiehet solches doch mehr wegen guter Aufferziehung / als angebohrner Art und Natur / und ich habe selbst ein widriges an anderen gesehen. Noch ist ihre Geilheit übrig / von welcher Sam. Rheen also redet: The æro och inclinera de till andra stoora laster, doch særdeles till skioer-lefnat. Das ist: Weiter sind sie auch zu anderen grossen Lastern / absonderlich zu der Geilheit geneiget. Wexionius zwar hat das Widerspiel: Den Ehebruch / saget er / und Hureren hassen und straffen die Lappen. Was den Ehebruch betrifft / muß ich Wexionio Beyfall geben / daß man aber im übrigen deß Sam. Rheen eines glaubwürdigen Mannes / so schon von einer geraume Zeit her / unter denen Lappen lebet / Worte in Zweifel ziehen wolle / finde ich keine Ursach. Dann eben dasselbe eignet ihnen Herberstein zu / wann er saget: Ob die Lappen gleich kein Brod, Saltz oder andere Leckerspeisen geniessen / sind sie dannoch zu der Geilheit sehr geneigt. Dieses bestätiget die hefftige Begierde viele Kinder zu zeugen / davon ich hernach mit mehrern reden werde / imgleichen daß bey ihnen in einem Gemache alt und jung / Männer / Weiber / Jünglinge / Mädgens Tag und Nacht durcheinander ligen / so dan grosse Gelegenheit zu der Unzucht giebet. Zu deme so bezeugen solches die jenigen so an diesem und anderen Oertern Studierens halber sich auffgehalten / welche ihre Unzucht nicht bezwingen können / ja / als wann es nicht viel zu bedeuten / selbige außzuüben gar kein Bedencken getragen. Wiewol ich nicht vernenien wil / daß es an allen gleich eintreffe / weil der Unterscheid der Länder / oder die Aufferziehung ein anderes bey vielen verursachen kan. Dann von den Tornischen Lappen führet Joh. Tornæus diese Wor-

Von der Beschaffenheit deß Leibes und Gemühtes der Lappen. 45

Worte: Hurerey wird bey ihnen selten gemerckt/ so daß viele Jahr hinstreichen/ da kein einziges/ in unächter Ehe gezeugtes Kind zu der Tauffe gebracht wird. Hoordocus, lauten seine eigene Worte/ last och læn skelæger hoeres icke heller ofta hoos Lapparna, sao, at maouga aor toerloepa, at intet oæchta barn bars fram till Christendoom. Man wolte dann sagen/ daß es kein Wunder/ daß unter einem solchen unfruchtbahren Volcke/ gleich wie die Lappen sind/ ob sie schon der Hurerey ergeben/ doch wenig Kinder zur Welt gebohren werden. Und dieses ist es/ was man etwa an den Lappen zu tadeln finden möchte. Hergegen muß man auch/ viel an ihnen loben. Als zu erst/ daß sie ihr Ehebett unbefleckt erhalten. Davon Buræus also redet: Ehebruch spüret man bey den Lappen selten. Dieses bekräfftiget auch Olaus Petri: Den Ehestand halten sie für heilig/ und unverbrüchlich. Joh. Tornæus: Euthenskap haulla the æhrligit och gott, som andre rætta Christne. Das ist: Die Ehe halten sie/ gleich wie andere Christen/ ehrlich. Damianus à Goes: ihre Ehe halten sie rein/ und sind gar eyffersüchtig. Hernach ist unter ihnen der Diebstahl unbekandt: und besitzet ein jeder das Seine mit Frieden. Der Diebstahl saget Buræus, ist bey ihnen ungewohnet. Also auch Wexionius: Von Dieberey wissen sie nichts. Joh. Tornæus: Till stoeld och Tiufvverii draga the een styggelse. Das ist: Für dem Diebstahl haben sie einen Greuel. Und von diesen allen Olaus Magnus im IV. B. im 5. Cap. Sie halten es für eine grosse Sünde/ etwas stehlen. Dannenhero/ fähret Buræus fort/ lassen nicht allein die Lappen/ sondern auch die Kauffleute so ihre Waaren zu ihnen bringen/ dieselbe unter blossem Himmel/ nur mit einer Matten wider den Schnee zugedeckt/ ohne einigen Hüter liegen/ und reisen von selben ihrer Geschäffte halben nach anderen weit abgelegenen Oertern/ ohne Sorge/ daß solche weggetragen oder gestolen solten werden. Und zwar ist dieses höchst von nöhten unter solchen Leuten/ die keine versperrte Häuser oder geschlossene Städte haben. Dann so der Diebstahl bey ihnen im schwange gehen solte/ würde ja/ weil sie das Ihrige unverwahret liegen haben/ solches niemand sicher besitzen. Auch ist an ihnen zu loben/ daß sie gegen die Armen gutthätig sind/ solche auffnehmen/ und offtmals eine lange Zeit speisen. Joh. Tornæus: Dhe fattiga hysa dhæ gærna, och dem hoos sig i heelt, halft, fiærdendels aohr, meera eller och mindre efter foerraodet och lægenheeten uppehaolla, och sedan mædh egna reenar till een annan foera, das ist: die Armen nehmen sie gerne auff / und speisen solche ein gantzes / ein halbes / ein viertel Jahr / ein jeder nach Vermögen / und bringen sie mit ihren Reenthieren hernach zu andern. Sie sind denselben auch insonderheit mit ihren Reenthieren / welche sie ihnen zu der Arbeit und andern Nutzungen umbsonst darleihen / behülfflich. Samuel Rheen im 24. Cap. Emoolthe fattiga æro somblige afthem myckit vvarkundsan, sao att om een fattig lapp, somingen Reenar æger, kommer till the ryka och foermoegne Lapper, och begærar tvvoa treetyo, eller tingu rhenar, eller vvæyor till læns at molka oefvvar sommaren, eller att drifvva naogot arbete med, vvarder honom sellan afthem rykom foervvægrat. Das ist: Etliche unter ihnen sind gegen arme Leute sehr mitleidig und gütig / also daß wann ein armer Lappe / so keine Reenthier eigen hat / zu Reicheren und Begüterten kommet / und von selben zweene / drey / zehen / zwantzig Stück begehret / den Sommer durch die Milch davon zu geniessen / oder in der Arbeit zu gebrauchen / werden ihm solche nicht leicht versaget. Uber das sind sie gegen die Frembden freundlich / nehmen sie willig in ihre Häuser / geben ihnen zu essen / und erweisen demselben alle Gewogenheit. Dieses bezeuget Joan. Tornæus: Till att undfao eller befordra dhe fræmmande eller resende aro the myckit bevægna och vvilliga. Das ist: Sie nehmen die Frembden und Reisenden willig auff. Jngleichem Sam. Rheen am gedachten Orte: Emot the fremmande æro the myckit bevvaogne, och gærna meddehla och aflaota, alt hvvad i deras förmogenheet finnes: Spysandes them med then maat hoos them ær brukligh. Das ist: Gegen die Frembden sind sie gar willig / und gehen ihnen mit alle ihrem Vermögen / mit Speise und Tranck so gut sie es selbst haben / gerne an die Hand. Eine gute Anzahl Exempel dieser Freygebigkeit / so sie gegen Leute welche Schiffbruch erlitten / oder im Reisen geirret / erwiesen / kan man bey denen Scribenten / so die Mitternächtigen Schifffahrten beschrieben / lesen. Dahin vielleicht auch

Sca-

Scaliger in der 2. Exercit. im 13. Cap. gesehen/ wann er von ihnen auff diese Weise redet: Man weiß daß die Lappen gegen ihre Gäste auffrichtig sind. Und dieses sind die Tugenden so an denen Lappen ein Lob verdienen. Im übrigen ist es/ gegen andere Mitternächtige Völcker gehalten/ein unhöffliches Volck. In dessen Ansehen schon Jovius von ihnen also redet: Die Lappen sind über die massen bäurisch. Und Wexionius im IV. Buche am 6. Cap. Die Lappen sind bäurische Leute. Dennoch lieben sie die Reinlichkeit: auß welcher Ursach sie die Hände und das Angesicht zum öfftern mit Wasser waschen. Davon sind diese Worte deß Sam. Rheens im 14. Cap. Ehuruvvæl the altyd vvistas i roekekottor, haolla de sigh liikvvæl reene, tvvættandes sina hænder ock ansichten hvvar dagh ganska vvæl. Das ist: Ob sie schon im berauchertem Katen wohnen/ befleißigen sie sich doch der Sauberkeit/ also daß sie die Hände und das Angesicht alle Tage reinigen. Deme aber Joh. Tornæus zu wider ist: Mæstendeels æra dhe skaorfvvoga, efter dhe sig scillan tvvætta, och hufvvudet intet rychta eller borsta. Das ist: Sie sind insgemein krätzig/ weil sie sich selten waschen/ auch das Haupt nicht in acht nehmen und die Haare kämmen. So er vielleicht allein von denen Tornischen Lappen/ dann an den übrigen ein anderes zu sehen. Es sind die Lappen auch nicht so gar thum/ welches darauß erhellet/ daß sie alle ihren Haußgerahtselbst machen. Sie nähen selbst ihre Kleider/ ihre Schuh/ sie spinnen/ sie machen selbst allerhand hölzerne Geschirr und Werckzeug/ so sie zu der Reise/ zu der Jagd/ Vogelfang und Fischereyen benöhtiget seyn. Darunter nicht wenige recht künstliche Sachen/ wie an seinem Orte sol angedeutet werden/ zu finden. Und zwar brauchen sie dieselbe nicht allein/ sondern überlassen sie auch anderen benachbarten Völckern/ die solche von ihnen zu ihren Nutzen abnehmen. Sie machen/ saget Zieglerus, Schiffe/ Fässer/ und andern Haußgeraht sehr gut/ so die Benachbarten von ihnen holen. Daß sie ein gutes Gedächtnüß und gesunde Vernunfft haben/ bezeuget Joan. Tornæus: Sie sind von gutem Gedächtnüß/ und scharffsinnig. Und an einem andern Ort: At foerstaondet æro dhe godhæ, till minnet starka. Das ist: Sie haben eine gesunde Vernunfft/ und starckes Gedächtnuß.

nuß. Aber von allen diesen Stücken wollen wir hernach absonderlich und weitläufftiger handeln/ woselbst der geneigte Leser mehrern Bericht suchen kan.

Das VI. Capitel.
Von dem Ursprung und Herkommen der Lappen.

WOher die Lappen ihren Ursprung genommen/ auß welchen Ursachen/ und auf was für Art sie in diese Länder/ so sie jetzo bewohnen gekommen/ hat meines Wissens niemand angedeutet/ und ist auch schwer zu erzählen. Von denen Schweden können sie nicht hergekommen seyn/ weil ein Lapp und ein Schwede einander gar nicht gleich. Die Gestalt deß Leibes/das Gemüth/die Sprache/die Kleidung und alles ist an beyden gantz unterschieden. Ja ein Mensche der selbe nur einmal recht betrachtet/wird gestehen müssen/ daß sie nicht von einem Stam̅ herrühren. Gleichergestalt können sie auch von denen Reussen oder Moßcovitern nicht entsprossen seyn/ weil sie eben so wenig denselben als wie denen Schweden gleichen. Die Reussen sind insgemein lang/die Lappen hergegen kurtz. Die Reussen sind von starckem Leibe und dick/die Lappen mager und schmal. Die Reussen habē dicke Haar/ und starcke Bärte: die Lappen aber dünne Haar und wenig Barts. Die Reussen haben eine gute lebhaffte Farbe im Angesicht/die Lappen sind schwartzgelbe. Endlich hat die Reussische Sprach mit der Lappischen keine Virwandnüß. Dieses ist auch deß Tornæi Meynung wenn er in seiner Beschr. von Lappland also saget: uthaf Ryssarne kunna the icke heller vara, emædan Ryssenbygger sigh huus, brukar aoker och ængh, hafver fæ och bookap, huilket alt Lappen huarken æger, eller skioeter. Der till medh ær ingen gementhap emillan spraken. Das ist: Von denen Reussen können sie nicht entstanden seyn. Dann die Reussen bauen Häuser/ beschicken den Acker/ haben Viehzucht/ so die Lappen alls nicht achten. Zu dem haben auch beyderley Sprachen keine Aenlichkeit. Anjetzo sind noch von einer Seiten übrig die Norweger/von der andern die Finnen. Von denen Norwegern sind sie nicht hergestam̅et/ weil sich hie eben der Unterscheid/ so zuvor bey

Von dem Ursprung und Herkommen der Lappen.

bey denen Schweden angemercket worden/erdüget. Daß die Schweden und Norweger haben beyde einen Ursprung. Ist also leicht zu glauben daß sie von denen Finnen/ so noch übrig ihren Anfang haben. So
auch Wexionii Meynung ist im II. Buch im 15. Cap. da er saget. Die
Lappen sind/ wie ich schätze von denen Finen hergestammet. Und im III.
Buche im 27. Cap. Die Lappen scheinē daß sie von denen Fennen her-
kommen/und ist noch heute zu Tage in Finland ein Kirch-spiel so Lappio genant wird. Was allhie Wexionius von dem Kirchspiel Lappio
erwähnet/als wann davon die Lappen ihren Ursprung und Namen erhalten hätten/ ist eine Muthmassung ohne Grund/ und ist schon oben
widerleget worden. Daß er aber dieselben von denen Fennen herleitet ist
der Warheit ähnlich/und hat er andere gelehrte Leute/ so ihme hierinen
Beyfall geben. Unter welchen auch ist Conringius so in seinem Buche
von der Beschaffenheit deß alten Helmstäds diese Worte führet: Es ist
glaubwürdig/daß die Lappen auß Asien in das Mitternächtige Theil
Europä gekommen / und scheinen einen Ursprung mit den Finnen und
Samoieden zu haben. So kan es auch mit unterschiedlichen Gründē
erwiesen werden. Zu erst gibt solches der Name dieser beyden Völcker/.
so einerley ist/zu erkennen: Dañ ein Lappe wird in seiner Sprache genant
Sabmi oder Same, wie schon oben angedeutet; ein Finne aber Suomi,
wie solches bekandt/und schon Wexionius im 2. B. im 9. Cap. aufge-
zeichnet hat. Es sind aber diese beyde Wörter einerley und nur durch
beyder Nationen besondere Außredungs-Art unterschieden. Weiter
ist eine alte Tradition verhanden/ daß beyde Völcker einen Urheber/
welchen sie auch beyderseits Jumi nennen/gehabt. Joan. Tornæus: den
ena alderen efter dhen andra, uthafen gammal berættelse och in-
billningh, hafver kallat Lapparnas storfader eller Patriarch, Jumi.
Das ist: es ist eine lange Zeit hero/auß einer alten tradition und Meynung dafür gehalten worden daß der Lappen erster Anfänger und Urheber einer mit Namen Jumi gewesen. Von denen Finnen aber saget
er gleichergestalt: Finnerna hafva fordomdag ehrkundt Jumo foer
deras storfader. Das ist: Finnen haben ehmals den Jumo für ihren
Stammvatter gehalten. Muß also ein Urheber und Anfänger auch einerley Nachkommen haben. Dieses erweiset auch die Sprache.
Dann ob selbe zwar in allen und jeden nit übereinstimmet/ so ist sie doch/

48   Das sechste Capitel

in Ansehen deß Ursprunges einander ähnlich / so unten in einem besondern Capitel von der Lappländischen Sprache sol außgeführet werden.   Gewiß ist es daß die meisten Wörter einander fast gleich seyn. Als Gott wird von denen Fennen genant Jumula, von denen Lappen / Jubmal. Feuer heist bey den Fennen tuli, bey den Lappen tolle. Jenen ist ein Berg Wuori, diesen VVarra, und so ist es mit denen meisten beschaffen.   Dieses zeuget auch die Leibes-Gestalt und die Kleidung so beyden gemein ist.   Die Fennen haben zusammen gedruckte Gliedmassen ; Gleichergestalt auch die Lappen. An den Fennen sichet man schwartze Haar / breite und heßliche Gesichter / ebener massen auch an denen Lappen.   Und so ja etwas im übrigen ist / darinnen sie unterschieden / ist solches doch geringe / und so beschaffen / daß es entweder der Speise / oder Lufft in welcher sie wohnen / nicht dem Uhrsprunge selbst / zu zueignen.   Auch die Kleidung ist fast einerley : so auch auß dieser Abbildung eines alten Finnen / wie derselbe noch heutiges Tages in der Storekyrischen Kirchen in Ostbothnien / allwo der Mord so die Finnen an dem Bischoff Henrico verübet / abgemahlet stehet / zu ersehen.   So man dieses Finnen seine Kleidung mit der Lappen ihrer / welche unten im 17. Cap. abgebildet zu finden / zusammen hält / siehet man daß sie einerley.   Endlich so kommen diese beyde Nationen / was die Gemüthsart / und Natur belanget / wol mit einander überein. Wann die Fennen zu Hause bey den Ihrigen sind / halten sie viel von dem Müssiggang. Wexionius im 4. Buch im 6. Cap. Die Finnen sind ausserhalb ihres Vatterlandes viel arbeitsamer / als zu Hause. Die Lappen arbeiten gleichfals auch nicht / wo sie die höchste Noht nicht antreibet. Die Fennen / wie daselbst Wexionius bezeuget / sind in ihrem Fürnehmen beständig. Dieses sind auch die Lappen / insonderheit wo sie einige Argwohn eingenommen / oder beleidiget worden.

                                                              Die

Die Fennen sind dem Aberglauben/ und der Zauberey ergeben. Bey denen Lappen ist imgleichen nichts gewöhnlichers. Dahero von beyden ingesampt Olaus M. im III. Buch im 16. Cap. saget: Es waren die Mitternächtigen Völcker die Lappen und Finnen in dem sie noch Heyden/ der Zauberey dermassen anhängig/ daß es schiene sie hätten den Persischen Zoroastrem hierinnen zu einem Lehrmeister gehabt. Endlich findet man alle dasjenige/ so Tacitus von denen alten Finnen schreibet/ noch heute zu Tage bey denen Lappen. Sie haben weder Waffen noch Pferde/ saget er/ noch Häusser: Ihre Speisen sind Kräuter; ihre Kleider/ Thierfälle; Ihr Schlaff-Gemach die Erde. Auff ihre blosse Pfeile/ welche sie auß Mangel deß Eisens mit Knochen versehen/ trotzen sie: beydes Männer und Weiber erhalten sich von der Jagd. Diese folgen jenen allenthalben/ und nehmen ihr Theil von der Beute. Die Kinder verwahren sie unter den Aesten der Bäume/ wider die wilden Thiere und den Regen. Unter diesen verbergen sie sich alle jung und alt. Imgleichen beschreibet auch Saxo die Finnen dergestalt/ daß man alles auch denen Lappen zueignen kan. Seine Worte sind im V. Buche diese: Die Finnen sind die letzten gegen Mitternacht wohnende Völcker/ und haben ein schlecht bebautes Land. Mit den Pfeilen wissen sie für andern wohl umbzugehen/ welche sie im Streite gebrauchen/ der Zauberey befleissigen sie sich/ sind stäts auff der Jagd: gewisse Wohnungen haben sie nicht/ und schlagen ihre Hütten daselbst auff/ wo sie ein Stück Wild ertappen; sie gebrauchen krum gebogene Schlitten/ damit sie über die hohe mit Schnee bedeckte Berge fahren. Finden sich also gleiche Sitten/ gleiche Zuneigungen bey denen alten Finnen/ und heutigen Lappen/ also daß gar nicht/ was den Ursprung belanget/ zu zweiffeln/ daß sie ein Volck seyn. Wozu auch dieses komt daß noch jetzund die Lappen von denen Dänen und Norwegern Fennen genant werden. Als bey dem Petro Claudi in Beschreibung von Norwegen/ ist die Uberschrifft deß 28. Cap. welches von denen Lappen so Dennemarck unterworffen/ diese *Om Finnerne*, das ist: von den Finnen. Und auß dieser Ursach theilet er diese Finnen in zweyerley Arten/ und nennet die eine Siofinnar oder am Meer wohnende Finnen, die andere aber *Lappefinner*, das ist:

Finn-

Finlappen oder Lapfinnen. Eben derselbe saget im vorhergehenden Cap. von diesen Lappfinnen: Pa dhet stora hald vanha de Lappefinner ors kallas dherfoere Lappmark. Das ist: Oben auff dem Gebirge (so zwischen Schweden und Norwegen liegen/) wohnen die Lappfinnen/ daher wird dieses Theil Lappemarck genant. Dann die Lappfinnen sind allhie keine andere als die sonsten schlechter dings Lappen heissen/ und haben sonder Zweiffel diesen Namen daher/ weil sie von denen Finnen ihren Ursprung genommen. Ein gleiches kan mon auß dem Namen welchen die Reussen diesen Lappen geben/ abnehmen. Sie nennen selbe Loppen oder *Dikiloppen*, das ist Lappen oder wilde Lappen; Ingleichem *Kajienni*, und ihr Land Kajenschaja semla. Woher aber solten sie diese Benennung wol genommen haben/ als weil sie dieselben für Kajaner halten? Kajania aber ist ein Theil von dem grössern Finnland. Wexionius in Beschreibung von Schweden im I. Buch im 22. Cap. Das Groß Hertzogthum Finnland begreiffet in sich etzliche kleinere Fürstenthümer als Fenningiam, Tawastiam, beyderley Carelien, die Graffschafft Cajaniam &c. Halten also auch die Reussen/ die Lappen für Finnländer. Es möchte aber hie jemand einwerffen: Wie können die Lappen von denen Finnen entsprossen seyn/ da doch jene zaghaffte Leute sind/ diese aber wegen Tapfferkeit berühmt; Jene mager und dürr von Leibe/ diese aber ins gemein dick und feist? Deme zu antworten/ daß dieser Einwurff mit nichten die vorige Meynung umbstosse. Dann/ damit ich von dem letzteren zu erst handele/ weme ist unbekandt/ daß die Beschaffenheit der Leiber nachdeme die Speise beschaffen/ geändert werde? In Finnland werden vielerley Mittel den Leib fett zu machen/ gefunden/ derer die Lappen ermangeln. Mag also dieser Grund nicht bestehen. So kan auch das übrige/ was von der Finnen kriegerischen Art beygebracht worden/ keine statt finden. Dann es gar eine andere Gelegenheit in alten Zeiten/ da sie ihre Colonien in Lappland geschicket/ mit ihnen gehabt. Daher nennet sie auch Tacitus ein unbewehrtes Volck: Sie haben/ saget er/ weder Waffen/ noch Pferde. So gar/ wil er sagen/ sind sie zum Kriege nicht geneigt. Und auch heutiges Tages sind sie nicht so gar eifferig hierin: Dann es die Erfahrung zum öfftern erwie-

Von dem Ursprung und Herkommen der Lappen.

erwiesen/ daß wann sie sich haben sollen werben lassen/ sie davon gelauffen/ sich verborgen/ und mit allem Fleiß davon zu befreyen/ getrachtet. Wann sie nun etwa im Kriege wolgeübet befunden worden/ hat man solches nicht so sehr ihrer angebohrnen Art/ sondern vielmehr der Ubung und Unterrichtung/ derer sie mit sonderlichem Eiffer folgen/ zu zuschreiben. Dann was die Natur betrifft/ ist in diesen Dingen zwischen denen Lappen und ihnen ein geringer Unterscheid. Und was ist es endlich nöhtig daß wir diese Meynung widerlegen/ in dem die Lappen selbst/ derer eigenem Zeugnüß in dieser Sache nicht wenig Beyfall zu geben/bejahen/daß sie von denen Finnen herstammen. Dieser Meynung sind sie biß auff gegenwärtige Stunde / welche sie von ihren Vorfahren von langen Zeiten her überkommen / benennen auch die Führer/ so sie zu erst in Lappland geleitet. Davon diese Worte führet Olaus Petri Niurenius: Die Lappen leiten ihre Herkunfft von dem Mieschogiesche ab. Als ich geforschet/ wer dieser/ oder von wannen er gewesen/ haben sie mir geantwortet: daß sie auß Tradition ihrer Eltern und Vorfahren hätten/ daß dieser für langer Zeit auß Finnland in diese ihre Oerter gekommen wäre. Ein gleiches fast / ohne daß er den Namen dieses Führers ändert/ hat für etlichen Jahren Andres Andreson, ein Pithischer Bürger/ so hernach Oeconomus der Lappischen Schul worden / auß langer Beywohnung und Gemeinschaft mit den Lappen erfahren/ und dannenhero einen ungezweiffelten Beyfall erlanget. Dieser Andreas / sage ich/ gedencket eines mit Namen *Thins Kogreh*, welcher von denen Lappen für den ersten Führer ihrer Vorfahren in Lappland gehalten werde. Es erwähnet dieser Meynung auch Zacharias Plantinus in der Vorrede eines geschriebenen Buches/ so ich allbereit oben angezogen. Die Verständigen unter den unserigen haben bejahet/ daß sie auß Finnland/ von einem mit Namen *Thins Kogreth* geführet worden. Wiewol alle dieses/ was von ernanten beyden Außführern angemerckt worden/ gar neu zu seyn scheinet/ und nur von den letzten Außziehungen muß verstanden werden. Dann wer solte glauben daß die Gedächtnüß deß allerersten Außführers so unverruckt solte beybehalten seyn worden? und hat derselbe sonder Zweiffel noch für dem Saxone, welcher der Lappen

Das sechste Capitel

Meldung thut/gelebet. Weiter hat Saxo vor mehr als 430. Jahren geschrieben/zu welcher Zeit viel bey denen Fennen fürgelauffen/davon sie selbsten keine Gewißheit haben / wie wil man dann von denen Lappen einigen Bericht erholen. Zu deme macht die Sache der Nahme *Thins* so kein alt Finnisches Wort ist/verdächtig. Dann *Thins* ist eben der Name/ welchen die Schweden *Thinis*, die Holländer *Thiniur*, andere *Anthonius*, außsprechen. Daß aber dieses Wort bey denen Fennen noch vor eingeführtem Christlichem Glauben im Gebrauch gewesen/wird niemand erweisen. Nicht anders urtheile ich von der Ursach dieser Außziehung. Dann sie geben für daß ihre Vorfahren auß Verdruß über die unmässige Schatzungen und Beschwerung so ihnen angethan worden/ diese Reise über sich genommen. Davon Zach. Plantinus solche Worte führet. Man giebet für/daß sie zu erst wider den Willen der Obrigkeit diese Reise angefangen. Dann nachdem sie sehr gedrücket worden/ hätten sie ihre alte Wohnungen in Tavastien umb die Gegend von Brokarla und Rengoarvis verlassen/ und wären am ersten durch die ungeheure Tavastische Wildniß gangen/ auch sich nicht ehe niedergelassen/ als biß sie an das unbewohnte Südliche Ufer deß Boddischen Meerbusems/so an Ostbothnien stosset/gekommen. Daselbst hätten sie nach vielem herumb schweiffen ihren ersten Sitz genommen. Dieses alles aber ist dem Nahmen der Lappen zu wider. Die Lappen bekennen selbst / und ist auch oben erwiesen/ daß sie ihren Namen daher führen / weil sie außgestossen und außgejaget worden / wie sind sie dann freywillig der Beschwerung und grossen Steuer zu entfliehen/außgegangen? Worauff von ihnen geantwortet wird/daß sie hernach von denen ersten Oertern so sie nach ihrer Außziehung eingenommen/ an abgelegene getrieben worden. Dann so fähret gedachter Plantinus daselbst ferner fort: Ihre vorige Landsleute/entweder auß Zorn/ weil sie ihre alte Sitze so muhtwillig verlassen/ oder aber von Geitz und Mißgunst eingenommen und unsinnig/ überziehen diese Armen/ unter einem Führer mit Namen Mathias Kurk, mit einem schädlichen Kriege / machen sie nieder / berauben und plündern sie/ und treiben sie endlich auß der grossen und lustigen Gegend gantz hinweg: Also daß sie zu erst zwar an die beyde fischreiche Flüs-

se

se Torna und Kimi, endlich aber elender weise in die wüste Oerter/ da sie jetzunder wohnen/ weichen müssen. Auff diese Weise redet Plantinus auß der Lappen eigenen Bericht: und thut weiter hinzu/ daß gemeldeter Andreas Andreson bezeuget/ er habe eine alte Schrifft gesehen/ darin eines Lappischen Landvoigtes Kurck genant/ gedacht worden. Eben dieses findet man bey dem Olao Petri Niurenio, dessen Wort ob sie gleich etwas weitlaufftig/ wir allhie anführen wollen. Umb die Zeit der Geburt Christi/ saget er/ sind etzliche Finnländische Familien auß den Kirchspielen Birkala und Rengo durch den Tavastischen Wald/ an das Ostbothnische Ufer/ allwo jetzund die Oerter Nerpis und Mustasara gelegen/ damals aber von niemand bewohnet gewesen/ gelanget/ und haben daselbst ihren Sitz und Niederlage genommen/ auch allda ohne einige Beschwerung/ damit die Finnen in ihrem Vatterlande dazumahl gedrücket worden/ in gutem Friede eine grosse Menge Kauffwahren zusammen gesamblet/ damit sie jährlich nach ihrem Vatterlande gereiset/ und selbe ihren Landsleuten zu kauffe gebracht. Davon sie sich prächtig gekleidet/ wol gelebet/ grosses Geld und Gut erworben/ also daß ein jeder schliessen können/ daß sie recht glückselige Leute wären. Dieses verdroß die Tavaster, auß derer Land jene gezogen waren/ und erwähleten einen fürnehmen Mann mit Namen Mathias auß ihrem Hauffen zu einem Heerführer/ überfielen in grosser Menge ihre Landsleute/ plünderten ihre Häuser/ raubeten alles was ihnen fürkam/ und höreten nicht ehe auff/ biß sie dieselbe auß denen Oertern da sie wohneten/ biß an die Flüsse Chimi und Torne getrieben hatten. Nicht lange darauf/ als sie nach Verlauff weniger Jahre erfuhren/ daß diese vertriebene Leute bey gedachten Flüssen gar bequem lebeten/ überfallen sie dieselbe auffs neue/ und hausen dergestalt mit ihnen/ daß sie mit Verlust alles ihres Viehes und Güter/ etzliche Fischernetze außgenommen/ sich in die Wüsteneyen/ wo sie jetzund leben/ begeben müssen. Wer siehet aber nicht/ daß dieses alles für gar kurtzen Zeiten geschehen? Dann daß ich den Zunamen Kurcke, welcher gar neu/ und dem alten Adel unbekandt gewesen/ nicht berühre; Wer mercket nicht daß dieser Mathias erst lange hernach/

G 3 nach

nach dem Finnland schon zu dem Christlichen Glauben gebracht gewesen/ gelebet habe? Dann woher hätte er sonsten solchen Namen überkommen? fals unter so vielen Heydnischen Namen derer bey denen alten Geschichtschreibern und andern Gedenckschrifften/ dieser nicht zu finden. Daß aber die Lappen allererst so späte in die Länder welche sie anjetzo/ umb die Norwegischen Berge und Alpen herumb/ bewohnen/ sollen gekommen seyn/ist schwer zu glauben. Es müssen ja alsdann diese Länder vor der Ankunfft der Lappen öde und wüste gewesen seyn. Da doch gewiß ist/ daß auch vor Ankunfft der Christen die Biarmer und Skridfinnen alhie sich auffgehalten/ davon die letztere auch von denen Finnen entsprossen und ihre Abgeschickte sind/ wie der Nahme solches zeuget. Ja man lieset daß die Finnen selbst schon zu den Zeiten deß Norwegischen Königes Haraldi Harfageri oder mit dem schönen Haar und dessen Sohnes Erici Blodoexe, allhie gewohnet/die doch lange vor Ankunfft der Christen gelebet. Und Sturlesonius gedencket eigentlich deß letzteren/ und saget daß er auß Norwegen gegen Mitternacht zu erst in die Findmarck/ hernach in Biarmien einen Zug gethan. Dieses sind seine Worte am 56. Blat. Der næst seglade han Nord pao Finmarken, och alt till Biarmeland och holt en flachtning mot Biarmeland, och fick fæger, och itt stort byte. Das ist: Hernach richtete er seinen Zug gegen Mitternacht in die Finnmarck/und biß an Biarmien/ allwo er denen Biarmern eine Schlacht geliessert/ auch den Sieg nebst grosser Beute davon getragen. So er auß Norwegen gegen Mitternacht gerucket/ und zu Wasser nach der Findmarck seinen Zug genommen/muß ja dazumahl Finmarck an Norwegen gegräntzet haben/ es muß ja mehr Nordlicher/und am Meer gelegen/und also eben dasselbe Land so auch anjetzo Findmarck genennet wird/ gewesen seyn. Weil aber zu der Zeit schon die Finnen/ als von welchen es seinen Namen erhalten/ darin gewohnet/ kan es ja nicht von denen Lappen so auß dem Südlichen Bothnien durch Mathiam Kurken außgetrieben worden/ allererst eingenommen seyn. Auch haben die Lappen von dieser Außtreibung ihren Namen nicht empfangen: welchen sie schon zu deß Saxonis Zeiten geführet. Daß aber Mathias Kurke noch vor dem Saxone

gele-

Von dem Ursprung und Herkommen der Lappen.

gelebet/ wird nicht zu erweisen seyn. So kan man denen Brieffen oder Schrifften darin der Nahme Kurke sol benennet worden seyn/ auch nicht trauen: weil man zu der Zeit dergleichen Schrifften zu verfertigen nicht im Gebrauch gehabt. Müssen also einen andern Anfang dieser Lappischen Außziehung auß Finnland/ und andere Ursachen warumb man sie Lappen/das ist/Außgejagte genennet hat/erforschen. Ich halte deßwegen für gewiß/ daß die Finnen zu unterschiedenen mahlen in Lappland übergangen sind. Welches dann die unterschiedliche Benennung ihres Führers so von etzlichen/ Tins Kogre, von andern Mieschogiesche, genant wird/ zu erkennen giebet. Die erste und allerälteste Außziehung scheinet dieselbe/ so denen Biarmern ihren Ursprung gegeben/ zu seyn. Dann daß die Biarmer/ was ihre Vorfahren anlanget/ Finnen sind/ ist daher zu schliessen weil derer Götter Finnische Namen geführet/weil sie gleiche Sitten und Eigenschafften mit denen alten Finnen an sich gehabt/ weil sie von allen Frembden/ so von denen Biarmern nicht gewust/ oder doch an statt Biarmer/Skridfinnen/das ist/ Finnen die über den Schnee lauffen/ genant worden. Dann Biarmer sind sie von denen Finnen daher benennet worden/weil sie die bergichte Länder eingenommen. Darumb Buræus nicht uneben saget: Der Name Biarmien scheinet entstanden zu seyn von dem Finnischen Worte Varama, so eine bergichte Landschafft heisset. Die Frembden hergegen/ weil sie gehöret daß sie über den Schnee mit hölzernen Schuhen zu lauffen gewohnet/ und dieses von denen Mitternächtigen Völckern/ den Schweden und anderen att Skryda genennet wurde/ haben sie dieselbe an statt deß unbekandten Nahmens Biarmer/Skridfinnen genennet. Weil nun die Finnen und Biarmer einen Ursprung gehabt/sind sie auch zum öfftern unter der Bottmässigkeit eines Königs gewesen/ so an dem Cusone, welcher zu Zeiten deß Königs Holteri so wol über Finland als Biarmien regieret/zu ersehen: Davon bey dem Saxone Bericht zu holen. Was aber endlich die Ursache dieser Außziehung gewesen/ ist mir unbekandt. Man möchte dann sagen daß es auß Furcht für denen Schweden/so allbereit zu deß Königs Agni Zeiten den Finnen mercklichen Schaden zugefüget/ geschehen sey. Davon Sturleson in dem
Leben

Leben dieses Agni folgendes berichtet: Han drogh till Finland, och stridde met Froste Findernas Konge och stog honom med naogot affitt folck, och rofvade ryda ut hi Finland, och fick, ftort byte. Das ist: Er nahm dazumahl einen Feldzug in Finnland für/ allwo er dem Könige der Finnen Froste eine Schlacht geliefert/ den er auch überwunden/ und eine grosse Menge desselben Leute niedergemacht/ das Land geplündert/ und mit vieler Beute zurück gekehret ist. Die Die andere Außziehung ist vielleicht damals geschehen/ als die Reussen ihre Waffen und Herrschafft biß an den Ladogischen See zu erweitern angefangen. Dann wol kein Zweiffel ist/daß viele auß Furcht für der ungewöhnlichen Grausamkeit/ so die Reussen jeder Zeit außgeübet/ ihr Vatterland verlassen/ und nacher Lappland sich begeben. In welcher Meynung mich bestätiget/ daß die Lappen von denen Reussen/ wie schon oben angedeutet/ Kajenni genant werden/ so sie daher thun/ weil sie wissen/ daß selbe auß Cajania in Lappland übergangen sind. Woher aber hat solches den Reussen bekandt seyn können/ als auß eigener Erfahrung/ falß sich bey ihnen eine solche Unwissenheit aller Geschichten/ insonderheit die bey außländischen Völckern fürgelauffen/ befindet/ daß sie auch ihre eigene Begebenheiten nie auffzeichnen/ oder davon einen Bericht zu ertheilen wissen. Diese Erfahrung aber haben sie auß denen Kriegen/ so zwischen ihnen und denen Finnen/ fürnemblich den Carelern und Cajanern geführet worden. Auß diesem nun erhellet was von der Ursache gegenwärtiger anderen Außziehung gesaget ist. Die Zeit aber/ wann solche geschehen/ könte man in das sechste Seculum nach Christi Geburt setzen/ zu welcher die Reussen diese Länder zu beziehen/und ihre Herrschafft fortzupflantzen/ angefangen. Und dieses sind vielleicht eben die jenigen/ so von den Schweden/ Dänen und Norwegern ohne Zusatz Finnen/ weil sie von denen Finnen herstammen/ oder mit einem Zusatz / Sioefinnen oder Fieldfinnen, nach dem der Name Biarmer, welche von jenen an der Zahl übertroffen worden/ in Vergessenheit gerahten/ genennet sind. Insonderheit nach dem Haraldus Harfagerus König in Norwegen/ die Biarmer biß auffs Haupt geschlagen/ und fast gäntzlich außgerottet. Wovon Snorro am 56. Blate also redet: Der næst seglade han

Von dem Ursprung und Herkommen der Lappen. 57

han Nord pao Findmarken, ors alt till Biarmaland, och hoelten stachtningh medt Biarmaland, och sich sæger, och itt stort byte. Das ist: Von dannen schiffet er nach Findmarck und biß an Biarmien / allwo er eine Schlacht hielte / den Sieg und eine grosse Beute davon brachte. Er gedencket der Finnen so in Findmarck sich auffhielten nicht / sondern daß die Biarmer eine hefftige Niederlage erlitten / und so ist glaublich daß selbe nach diesem nicht wieder auffkommen können / sondern den Finnen welche endlich auch den Namen der Biarmer selbst unterdrücket / gäntzlich weichen müssen. Und dieses zwar sind die Züge so die Finnen fürgenommen / ehe ihnen der Name Lappen beygeleget worden. Zu derer Zeiten an diese Oerter niemand die Lappen / sondern die Finnen / Scritofinnen und Biarmer setzet. In folgenden Zeiten vernimt man auch allhie die Lappen. Weil aber Adamus Bremensis so umb das Jahr Christi M LXXVII. gelebet / derselben nicht gedencket / sondern zu erst Saxo Danicus, so umb das Jahr Christi M CC. geschrieben / scheinet es der Wahrheit ähnlich / daß in dieser Zwischen-Zeit / nach welcher sie Lappen genennet worden / die dritte Außziehung geschehen sey. In dem man nun die Geschichte so sich unterdessen begeben / ansiehet / wird sich kaum etwas finden / so denen Finnen zu einigem Außzug hätte Anlaß geben können / als einzig und allein die Heerfahrt / so König Erich der Heilige beygenamt, in Finland gethan / dadurch er dasselbe ihme Zinsbar gemacht / und zum Christlichen Glauben beweget. Dieser Zug fält in das Jahr M CL. Da dann allem Ansehen nach warlich nicht eine geringe Anzahl der Fennen zum drittenmal ihr Vatterland geraumet / und sich nacher Lappland begeben hat. Die Ursache so sie dazu bewogen / ist am Tage: weil sie nemlich unter eine frembde Bottmässigkeit gebracht / und zu einem solchen Gottesdienst / welchen sie bißhero / als der da von ihrem und ihrer Vorfahren Religion gantz unterschieden war / mit grossem Eiffer hasseten / gezwungen wurden. Dann beydes ist schwer zu ertragen / und also nicht Wunder / daß viele von ihnen sich hinweg gemachet. Auß diesem siehet man auch / warumb diese von denen anderen Lappen sind genennet worden. Die jenigen nemblich / so den Christlichen Glauben angenommen / und sich der Schwedischen Herrschafft unterworffen hatten / hielte diese für Abtrünnige / und für solche Leute /

so die Furcht für der Schwedischen Macht/ und der Abscheu für der Christlichen Religion auß dem Vatterland verjaget und ins Elend getrieben hätte. Insonderheit als der Königliche Befehl dazu gekommen/ durch welchen in der Wahrheit alle dieselben/ so ihre heydnische Mißbräuche nicht verschweren wolten/ außgestossen und verjaget worden. Daß sie also nicht ohne Ursache den Namen der Lappen/ den sie biß auf den heutigen Tag nicht vertragen können/ erlanget. Und dieses ist meine Meynung von dem Ursprung der Lappländer/ und ihren unterschiedlichen Außzügen in Lappland. Von derselben bringen mich auch nicht ab die gelehrte Leute/ so den Ursprung der Lappen auß Tattarien herholen. Dann gewiß ist es/ daß man von der Tattern Außzügen in Lappland nirgend wo etwas liesst. Hernach so bestehet der Tattern gantzes Leben in Rauben/ Kriegen/ und Beute machen/ wovon sie sich auch einzig nähren. Die Lappen hergegen leben von der Jagd/ von der Fischerey/ und haben einen Abscheu für dem Kriege. Weiter befleissigen sich die Tattern auf viel und gute Pferde/ derer sie sich im Kriege und zu ihrer Speise gebrauchen. Die Lappen im widrigen Theil wissen so gar nichts von Pferden/ daß sie auch nicht einmal in ihrer gantzen Sprache ein Wort haben/ so ein Pferd bedeuten könte. Endlich sind auch die Sprachen dieser beyden Nationen so sehr von einander unterschieden/ daß ein jeder leicht schliessen möge/ daß eine von der andern nicht herkomme. Und ob zwar gedachte Leute fürgeben daß sie gnugsame Kundschafft beyderley Sprachē haben/ und also gewiß seyn daß so wol die Finnische als Lappische von der Tatterischen entsprossen/ können wir ihnen doch deßhalben nicht Beyfall geben/ weil wir bey anderen/ so auch dieser Sprachen erfahren/ ein widriges finden/ wie auß den jenigen/ so unten von der Lappländischen Sprache sol gehandelt werden/ wird zu ersehen seyn.

Es folget auch nicht/ wie sie zwar wollen/ daß viel Lappländische Wörter anzutreffen/ die mit denen Finnischen keine Verwandnüß haben/ und daß auß dieser Ursache/ die Sprachen selbst voneinander unterschieden/ weil selbe Abweichung etzlicher Wörter von einander nicht von dem Unterscheid der Sprachen/ sondern vielmehr von Länge der Zeit/ so auch in den Sprachen änderung einführet/ herzühren kan.

Also

Also treffen sich viel alte Schwedische Wörter/ so mit denen heutigen nicht übereinkommen/ aber darumb hören dieselbe nicht auff Schwedische Wörter zu seyn/ oder machen eine andere Sprache. Was sie sonsten fürbringen/ damit sie erweisen daß die Lappen nicht von den Finnen entstanden/ weil jene von diesen fast allezeit angefeindet worden/ kan wenig gelten/ fals die Ursache solches Hasses bekandt und oben erzählet worden/ aber nicht von dem Unterscheid dieser Völcker herzu holen. Ein gleiches ist zu halten von einiger Ungleichheit der Sitten/ als daß die Finnen den Acker bauen/ gewisse Häuser auffbauen/ und andere Dinge/ so den Lappen nicht gebräuchlich/ verrichten. Dann die Lappen haben sich müssen zu der Beschaffenheit und Art deß Landes so sie bewohneten/ bequämen/ und also ablernen/ was ihnen niemals nützlich seyn würde. Sonsten scheinet es daß die letztere so auß Finnland gezogen/ zu erst in den tieffen Tavastischen Wildnüssen sich niedergelassen. Und bleibet die Gedächtnuß hievon biß auf den heutigen Tag an dem See/ welchen die Einwohner noch jetzund *Lappiakaivo*, das ist: Lappensbrunn nennen. Joan. Tornæus: Mitt uppao then stora Tavasta skogen ær till att see eelt liitet rund træsk, alt omkring ophoegt, och sao skapat saosom med menniskio hænder giort, huilket aobyggiarna kalla Lappiakaivo, det oer Lapparnas brunn. Das ist: Mitten in der Tavastischen Wildnüß findet sich ein kleiner rundbegriffener See/ allenthalben mit einem Damm umbgeben als wann er von Menschen Händen wäre bereitet worden/ welchen die Einwohner Lappiakaivo das ist: Lappensbrunn nennen. Als ihnen aber hernach nothwendiger Unterhalt gemangelt/ und auch die Finnen ihre Gräntzen allgemach biß an Tavastien so bißhero ungebauet und wüste gelegen hatte/ fortgerucket/ sind sie vielleicht gutwillig weiter biß gegen den Bothnischen Meerbusem gewichen/ allwo es für sie sicherer und mehr Lebensmittel fürhanden waren. Und dieses ist der Außzug davon die Lappen noch zu reden wissen/ wie auß deß Plantini Worten so oben angeführet/ zu erkennen. Dann daß diese ausgetriebene Lappen meistentheils an diesem Orte ihren Sitz biß auff die Zeit Magni Ladulaos Königs in Schweden/oder biß auff das Jahr MCCLXXII. und also mehr als hundert Jahr beständig gehabt/ſolches iſt bekandt auß einem anderen Bericht/welchen wir unter deß Joan Buræi, ehmals dieſes Königreichs Antiquarii, Schrifften angetroffen/und alſo lautet: I Konung Magnus Ladulaos tiid voro Lapparne ſitt ægit folk, och efter han icke kunne vvinna them under kronan, boed hanthem, ſom vville waoga, och komma them under, Svverikes krono, ſao wille han gifvva them, hina i hænder till egendom. Ty gingo Birkarlana till, ſom boolde i Birkala ſochn, och gaofvvo ſig in till them, och dagtingadhe med them pao ſao maonga dagar, eller tiid: och emillan, foerraskade them, och ſlogo maonga ihiæl, och vvunno them under ſig alt in till norra och vvæſtra ſidan, och ſingo ſao bref af Konungen, att the ſkulle hafwa Lapparna ſom æn tao boodde uth med Botnen, med allen ſkatten. Das iſt: Zu Zeiten deß Königes Ladulaos waren die Lappen noch frey / und weil er ſie ſelbſten der Kron nicht unterwürffig machen konte/verſprach er denen/ſo ſie anfaſſen/und unter der Kron Schweden Gewalt bringen würden / die eigenthümliche Herrſchafft über dieſelbe. Dadurch wurden die Birkarler, ſo in dem Kirchſpiel Birkarla wohneten/ bewogen/ſchlugen ſich zu den Lappen und unterredeten ſich mit ihnen etzliche Tage. Unterdeſſen überfielen ſie dieſelbe unverhofft / hieben ihrer viel danieder/ die übrigen brachten ſie unter ihre Gewalt / biß an das Mitternächtige und Mittägige Meer. Darauff erhielten ſie von dem Könige Brieffe/ in welchen ihnen die Lappen / ſo annoch in der Bothniſchen Gegend wohneten/zinßbar erkläret wurden. Hie wird öffentlich Meldung gethan / daß die Lappen noch zu der Zeit Königs Magni Ladulaos ihren Sitz an dem Bothniſchen Meerbuſem gehabt/und ſolches ſtimmet mit deme ſo oben erwähnet/ überein? Hernach hätten ihnen die Birkarler viel zu ſchaffen gemacht / und groſſen Schaden zugefüget: Alſo daß ſie gezwungen ihre alte Sitze zu verlaſſen / und andere zu ſuchen. Wiewol daſelbſt auch gedacht wird / daß ſie vorhero ehe ſie noch von denen Birkarlen verfolget worden/von den Tavaſtern unter der Anführung eines mit Namen Kurken, von dem Bothniſchen

Meer-

Meerbusem an weiter abgelegene Oerter wären gejaget worden: So aber/ wann man die Sache recht besiehet/ gar nicht alt zu seyn scheinet/ oder zum wenigsten in das Seculum darin Christus gebohren nicht kan gesetzet werden/ ob schon solches etliche vermeinen. Dann gleich wie es in solchen Dingen/ derer Wissenschafft der blossen Gedächtnüß anvertrauet wird/ herzugehen pfleget / also vermischen die Lappen auch/ daß Neue mit dem Alten/ und schmieden auß vielerley Geschichten/ so sich zu unterschiedenen Zeiten Erici Sancti, Magni Ladulaos und anderer Könige vor und nach ihnen/ zugetragen/ eine zusammen/ welche dann recht auß einander zu wicklen sehr schwer fält. Olaus Petri handelt hievon weitläufftig und saget unter andern: Ich habe eines *Mathiæ* gedacht/ so ein Führer der Finnen gewesen/ und die Lappen biß in die äusserste Mitternächtige Wüsteneyen zu weichen gezwungen hat. Von diesem geben etliche für daß er auß dem Edlen Geschlecht der *Kurker*, so in Finnland berühmt ist hergekommen/ und nach dem er die Lappen überfallen/ selbe so lange gedränget/ biß sie ihme jährlichen *Tribut* zu geben versprochen. Nach dem er aber dieses beschwerlichen Zuges überdrüssig worden/ habe er mit etlichen Einwohnern des *Tarvastischen* Kirchspiels *Birkarla* einen Tausch fürgenommen/ und an Statt der ihme unterworffenen Lappen gewisse Dörffer in Finnland erhalten. Daher auch in der Wahrheit die Lappen jährlich biß auff das Jahr 1554. den gesetzten Zinß denen *Birkarlern* gezahlet/ und niemand anders mit ihnen zu handeln als diesen *Birkarlern* frey gestanden/ und sind annoch etliche alte Leute im Leben welche zeugen daß sie die Schrifften und Verträge der *Kurker* bey dem Joan Nilson zu *Ersnæs* in dem *Lulischen* Kirchspiel/ so sie in Verwahrung gehabt/ gesehen. Es ist aber dieses alles dermassen beschaffen/ daß man es mit nichten (wie zwar Buræus will) zu den Zeiten so also fort auff Christi Geburt gefolget / ja nicht einmahl dahin/ als König Magnus Ladulaos gelebet/ bringen kan. Es wäre dann gläublich/ daß die bey dem Olao Petri so genante Tavasthier keine andere als eben dieselbe / die von Buræo Birkarler genant werden/ falß auch in Tarvasthien Birkarler wohnen/ und daß diese zu ihrem Führer gedachten Kurkium erwählet/ und unter dessen Anleitung die Lappen auß den Gräntzen deß Ostbothnien außgetrieben/ und ihnen zinßbar gemacht hätten. Weiter daß erwähnte Schrifften nicht deß Kurken, sondern deß Königs Ladulaos wären/ darin er denen Birkarlern nachgegeben Zinse zu nehmen von denen Lappen/ und eine absonderliche Freyheit/ Handel mit ihnen zu treiben ertheilet. Dann ob gleich der Kurkius ein Führer dieser Finnen gewesen/ ist er doch nur von ihnen selbst erwählet worden/ und hat also ihme allein die Lappen nicht zu eignen/ zinsbar machen/ vielweniger selbe Gerechtigkeit über sie anderen schencken/ oder übergeben können. Dann es sind die Tarvastier entweder freye Leute gewesen/ und haben also/ was sie erobert/ für sich selbst behalten: Oder aber/ wo sie unter eines anderen Herrschafft gelebet/ haben sie/ dasjenige/ so demselben zugehöret/ keinem anderen zu übergeben Fug und Macht gehabt. So ja aber die Birkarler dem Kurkio einige Dörffer oder dergleichen eingeräumet/ scheinet dasselbe nicht auß einem Vertrage/ umb daß er ihnen dafür den Tribut übergeben/ sondern wegen seiner Mühe und Unkosten so er in dem Kriege angewandt/ geschehen zu seyn. Man mag aber von dem Kurkio und Tarvastiern halten was man wil/ so bleibet doch gewiß/ daß die Lappen ihren Ursprung nicht von denen Reussen/ weder von denen Tattern/ sondern von den Finnen haben/ welche sie außgestossen/ und nach öfferer änderung ihrer Niederlassung/ an die Oerter wo sie anjetzo wohnen/ zu weichen/ Ursach gewesen. Weiter ist auch dieses glaubwürdig/ daß wegen deß letzten Außzuges die jenigen so ehemals Fennen geheissen/ von denen Schweden/ die ein grosses Theil davon unter sich gebracht/ hernach Lappen genennet worden. Dann nach dem die Schweden von denen Finnen erfahren/ daß diese Außgetriebene/ die Christliche Religion nicht haben annehmen wollen/ und deßhalben andere Oerter zu suchen gezwungen worden/ auch deßhalben Lappen von denen Finnen genennet würden/ haben sie ihnen eben denselben Nahmen zugeleget. Von diesen haben denselben die Dänen und Saxo, hernach Zieglerus so in Schweden gelebet/ alsdann Damianus à Goes von dem Johanne und Olao Magno empfangen. Und auff solche Weise ist dieser Nahme zugeleget worden allen denen Völckern so den gantzen

Strich von dem Bothnischen Meerbusem an biß gegen Mitternacht bewohnen; Insonderheit als diese Länder unter die Schwedische Beherrschung gelanget/ die sie alle mit einander/ außgenommen ein klein Theil an dem Norwegischen Ufer/ welches seinen alten Nahmen Finnland behalten und noch ein anderes Theil gegen das weisse Meer gelegen/ so von denen Reussen Cajania genennet wird/ unter dem Titul Lappland begriffen. Unterdessen nennen die Reussen diese letzten auch Lappen/ so sie ohne Zweiffel von den Finnen gelernet.

Das VII. Capitel.
Von der Religion der alten Lappen.

NAch dem wir bißhero von dem Ursprunge der Lappen weitläufftig gehandelt haben/ wird von nöthen seyn zu der Betrachtung dieses Volcks an sich selbsten zu schreiten. Für allen Dingen aber müssen wir zu erst von ihrer Religion/ nicht allein wie sie anietzo beschaffen/ sondern auch wie sie vor Einführung des Christlichen Glaubens bestellet gewesen/ handeln; und zwar so kan anfänglich niemand in Abrede seyn/ daß sie Heyden und Ungläubige gewesen: Dann alle die Mitternächtigen Völcker dazumahl in der heydnischen Finsternuß geschwebet. Weil aber alle Heyden nicht einerley Religion haben/ so ist zu zweiffeln was die Lappen für einen Gottes-Dienst beobachtet. Möchte aber wol bald darauff bejahen/ daß es eben derselbe gewesen/ welcher bey denen alten Finnen im Gebrauche/ fals die Lappen von denen Finnen hergestammet und also auch sonder Zweiffel derselben Religion beybehalten. Was es aber für eine Bewandnüß mit der alten Finnen ihrem Gottes-Dienst gehabt/ solches ist/ weil keine Urkunden oder Schrifften in welchen dieser Völcker Begebenheiten dargestellet werden/ fürhanden sind/ schwer zu ermässen. Müssen also von den alten Biarmern, so eine uralte Colonie sind von den Finnen in Lappland abgeschicket/ und Scridfinnen, wie auch von denen überbliebenen Gebräuchen so noch heutiges Tages unter den Lappen und Finnen im Schwange gehen/ einigen Unterricht entlehnen. Da wir dann alsofort zu Anfangs befinden/ daß sie einen Gott mit Nah-

Nahmen Jumula geehret. Hievon lieset man diese klare Worte in der Geschicht des H. Olai Königs in Norwegen/ I gardenon das ist: Der Biarmier Gott / Jumula genant / stehet in einem Kasten. Ein gleiches findet sich in der Geschicht des Herrodi im 7. Cap. allwo er von einem Tempel redet: Ther er gofg ad god, thed er Iomala heiter. Das ist: In denselben ist der Gott Jumula berühmt. Auß welchen Worten zugleich zu ersehen/ daß dieses Wort Jumala oder Jomala/ denen/ so angezogene Geschichte verfasset nicht gebräuchlich gewesen; falß sie dasselbe als ein sonderliches und den Biarmern allein bekandtes Wort anführen. Weil aber diese Scribenten entweder Gothen, oder Norweger und Jßländer gewesen/ kan man leicht schliessen daß solches nicht ein Gothisches/ sondern eines anderen Volckes seyn müsse. Ferner ist eben dieses Wort noch heutiges Tages bey denen Finnen im Gebrauche / also daß kein Zweiffel / es müsse auch von denen Finnen hergekommen seyn. Massen was die Griechen Θεὸς die Lateiner *Deus* die Schweden/ Gothen und andere von ihnen herrührende Nationen, Gott oder *Gudh* noch anitzo heissen/ dieses nennen die Finnen Jumula. Wird also noch heutiges Tages Gott bey denen Finnen/ vielleicht auß Beybehaltung der alten Gewohnheit/ nach welcher sie in gar alten Zeiten ihren ob gleich falschen Gott/ so benennet / Jumula genant/ und erscheinet darauß leichtlich/ daß dieser Jumula auß Finnland naher Biarmien/ weiter zu den Lappen/ so auch auß Finnland entsprossen/ und mit den Biarmern ein Volck zuletzt geworden/ gelanget sey. Weiter scheinet es daß die Lappen noch einen andern Gott/ den die Schweden Thor genant/ verehret haben. So dann theils darauß erhellet/ weil sie noch unter ihren heutigen Göttern/ wie hernach soll angezeiget werden/ einen mit Nahmen Torus haben; Theils auch/ weil sich in der Zahl deren Götter/ so die alten Finnen/ und absonderlich die Tavastier angebetet/ auch der Turrisas so eben dieser Torus ist/ zu erkennen giebet. Es gedencket dessen Sigfridus Aronis, so ein Gedichte von denen Finnischen Göttern auffgesetzet / und aus ihme Mich. Wexionius im X. Buch im 1. Cap. mit folgenden Worten: die *Tavastier* ehreten den *Turrisas* einen Gott der Kriege/ und deß Sieges

ges. Der rechte Name dieses Gottes ist *Turris As*, das ist: Turris, Turrus, Torus; (auff so viel Arten wird gegenwärtiges Wort geschrieben/so in unserer Beschreib. von Upsal schon angemerckt wordē) ein Fürst der Asaren, oder Asiatischen Völcker; dann alle die Völcker/so unter diesem Turras in uralten Zeiten auß Asien in die Mitternächtige Länder gezogen/sind Asen genant worden. Und haben die Finnen hernach diesen Führer unter dem Nahmen deß Turris Asi verehret. Welches dann mit deß Arngrimi Jonæ Meynung noch mehr bestätiget wird. Dieser schreibet/daß die Finnen für langer und undencklicher Zeit einen König gehabt mit Namen Torrus; so einer auß denen Vorfahren deß Königes Nori, von dem Norige, das ist/Norwegen seine Benennung sol empfangen haben/daß es so viel als Noririge, das ist/ein Königreich deß Nori geheissen/gewesen. So dann denen alten Königen/daß sie ihnen ihrer Götter Nahmen zugeeignet/nicht so gar ungewöhnlich: in dem sich auch bey den Griechen viele Joves und Neptuni eräugen. Kan also imgleichen gedachter König Torrus, von dem alten Torro oder Thurro, so von denen Finnen als ein Gott gehalten worden/seinen Namen genommen haben. Wie nun diesen Turro, Torro, oder Tor die Finnen angebetet haben / also ist auch vermuthlich nebst der Sprache und anderen Gebräuchen/dieser Gottesdienst in Lappland auffgekommen. Nebst diesen zween Göttern Jumala und Thor, ist auch sonder Zweiffel die Sonne von ihnen mit Göttlicher Ehr beleget worden. So daher zu schliessen/weil sie noch anjetzo dieselbe unter die Zahl ihrer Götter rechnen. Zu deme ist die Anbetung der Sonnen bey allen heidnischen Völckern zu allen Zeiten üblich gewesen. Und so die meisten davon die Sonne ihres hellen Glantzes halben damit sie alles erleuchtet/ oder wegen ihrer Wärme/ dadurch sie alles häget/ ob sie gleich in einem solchen Lande/dessen Lufft gemässiget/wohnieren/verehret; Wie vielmehr haben selbe wol die Lappen / so eine geraume Zeit über in einer stätswährenden Nacht / und hefftigen Kälte wandelen / für göttlich geschätzet. Und diese sind die allerältesten und fürnehmsten Götter der Lappen. Ob sie nun auch noch andere und geringere gehabt / ist ungewiß.

J   Dies

Dieweil aber die Finnen biß auff diese Stunde noch unterschiedliche andere ehren/ auch nach dem Zeugnüß deß Wexionii ehmals angebet haben/ ist wol nicht zu zweiffeln/ daß solcher Gottesdienst auch mit ihnen in Lappland übergangen. Dieses sind Worte gedachten Wexionii, so er im X. Buch im 1. Cap. auß dem Sigfrido Aronis anziehet. Es sind schon für dem bey denen Finnen nachfolgende kleine Götter bekant gewesen/ als Rongotheus so zu der Saat deß schwartzen Korns; Pellonpeko, der Gerste/ Wieracannos, deß Habers/ Glück gegeben. Der Gott Egres solte die Küchen-Kräuter/ Erbsen/ Rüben/ Flachs und Hanff beschützen. Uko mit einem Weibe Roune gut Wetter machen: Kækre das Vieh für den wilden Thieren schützen: Hyse über die Wölffe und Bären herrschen/ Nyreke zu dem Fang der Eichhörner/ und Hyttavanes der Haasen Gedeyen geben. Nun ist ja wol zu glauben/ daß ebenfals die Lappen/ etliche auß der Zahl dieser Götter/ insonderheit die jenigen/ derer Hülffe sie zu ihren Geschäfften/ als da waren die Jagden/ Viehzucht und dergleichen benöhtiget/ hochgehalten haben. Die übrigen aber/ weil sie keine Aecker gebauet/ oder Getreide gesäet/ sind weil sie ihnen wenig Nutzen schaffen konten/ hindan gesetzet worden. Ob sie dieselben aber unter gleichem Namen verehret/ hievon findet man in ihren alten Gedächtnüssen/ oder unter heutigen Gebräuchen keine gewisse Nachricht. So kan man von der Art und Weise/ auff welche sie ihren Gottesdienst verrichtet/ nichts umbständliches setzen/ man möchte dann selbe auß der heutigen Manier/ so sie hierin beobachten/ schliessen. Weil wir aber hievon unten absonderlich zu handeln gesonnen/ wollen wir an diesem Orte einzig ihren Gott Jumula besehen. Denselben stelleten sie nun für als einen Mann/ so auff einem Altar sasse/ auff dem Haupt eine Krone mit zwölff Edelgesteinen gezieret/ umb den Hals aber eine güldene Kette tragend. Und also beschreibet ihn der alte Scribent so die Geschichte deß Herrodi auffgezeichnet im 7. Cap. Their komu d stalle theim, sem Jomali sata. Af honum toku their koronu med XII. gimsternum sette, oc men thad, sem kastadi thriu hundrud markur gulls. Das ist: Darauf kamen sie zu dem Altar oder Stuel/ auff welchem der Gott Jumula sasse: und nahmen ihme die Krone so mit zwölff köstlichen Steinen versetzet war von dem Haupte/ wie

auch

Von der Religion der alten Lappen. 67

auch eine Kette/ so 300. Marck Goldes wog. In dem Leben deß H. Olai wird auch der Ketten gedacht: Sidan rann Carli at Jumalum: han sa, at digurt men it var a halsi hanæum. Carli riedi till auxina, oc hic i sunder tygill, er vvar aptan a halsinom, oc menit var fest vid. Das ist: Hernach lieff der Carolus zu dem Jumala, an dessen Halse er eine dicke Kette wahrgenommen/ und hieb den Riemen/ damit dieselbe an dem Halse fest gemachet/ mit einer Axt von einander. So wird dieser Ort übersetzet. Ob aber das Wort *Men* eigentlich eine Kette und nicht vielmehr ein Halsband heisse/ stehe ich im Zweiffel. Gewiß ist es/ daß so wol eine Kette als ein Halsband umb den Hals herumb gethan wird; wie ich dieses in einem absonderlichen Buche/ von den Ketten/ erwiesen habe. Dieser Zierraht *Men* aber wird durch Zwischenfügung eines Riemens an den Halß gehänget. Daher auch dieser Riemen zu erst mit einem Beil hat müssen zerschnitten werden/ als man den Zierrath *Men* von dem Götzenbilde Jumula herunter haben wollen/ so nicht nöhtig gewesen/ wann es eine Kette gewesen wäre. Darumb halte ich gäntzlich dafür / daß es eine güldene künstlich außgestochene und mit Edelgesteinen versetzte Bulla oder Knopff gewesen. Daher auch in der Geschicht deß Herrodi, dessen Wehrt/ und nicht das Gewicht/ wiewol mit den Ketten zu geschehen pfleget/ erzählet wird. Diese Bulle nun war an einem Riemen fest gemachet/ und hing biß auf die Brust dieses Götzenbildes Jumulæ herab/ wie man sonsten noch heute zu Tage unterschiedliche güldene Sachen an einem Bande fest gemacht/ anzuhängen gewohnt ist. Daher auch Wormius in seinem Wörterbuch: *Men* saget er: ist ein rundes Stück Gold / so an dem Halsbande hänget/ und wird also genant von dem Wort *Moëne*, oder Mond/ dessen Runde es nachahmet. Es sey nun wie ihm wolle/ so sehen wir daß dieser Jumula unter einer menschlichen Gestalt/ mit einer Krone gezieret/ verehret worden: wie es der Verfasser des Lebens S. Olai anzeiget. Und ist also in diesem Stücke und was die übrige Gestalt betrifft/ nicht gar ungleich dem Schwed. Thoroni gewesen/ wie auß meiner Beschr. von Upsal kan ersehen werden. Gewiß ist es/ daß derselbe auch sitzend/ eine Krone mit 12. Sternen versetzet/ auf dem Haupte tagend/ abgebildet worden. Dannenhero ich auf die Gedancken gerahten/ daß die Biarmer und Lappen unter zwey unterschiedlichen Namen einen Gott angebe-

J 2   tet/

tet/oder doch zween Götter miteinander vermischet. Den wahren und höchsten Gott zwar/von deme sie theils auß der Vernunfft/theils auß dem Gerüchte und Tradition ihrer Vorfahren/einige Wissenschafft gehabt/haben sie Jumula genennet. Nach dem aber der Name deß Tori berühmt zu werden/angefangen/haben sie denselben auch Torum beygenahmt/oder deß Tori Namen dem Jumulæ beygeleget. So auch daher zu ersehen/weil die Lappen die Eigenschafften/so sie anfänglich dem Jumulæ zugeeignet/anietzo dem Toro zuschreiben. Unter welchen sind/die Gewalt und Herrschafft über die geringere und fürnemlich über die schädlichen und bösen Götter/über die Lufft/Blitz/Donner/Gesundheit der Menschen/Leben/Tod/und dergleichen Dinge. Worauß dieser Jumula zubereitet gewesen/weiß man nicht. Doch vermeyne ich daß er auß Holtz geschnitzet gewesen. Dann in der Geschicht võ dem H. Olao wird gelesen/daß der Carolus ihme mit der Art auff einen Hieb das Haupt abgeschlagen/so nicht füglich hätte geschehen mögen/wann er auß Golde oder Silber gegossen wäre gewesen. Vard hauggthad sua mykir, at haufut braut af Jumalunum. Allwo er von dem Hieb/dadurch er den Riemen/an welchem die güldene Bulle fest gewesen / von einander theilen wollen/redet/und hinzuthut/der Hieb war so starck/daß davon der Kopff deß Jumulæ herunter geschlagen würde. Weiter ist auch in der Geschicht deß Herrodi befindlich/ daß man den Jumula mit Feur zu Aschen verbrant habe / darauß zu schliessen daß er von Holtz müsse gewesen seyn. Epter thetta bera their ut gull oc gersemar enn logdu til di hofid, oc brendu alt till osku. Das ist: Nach diesem trugen sie das Gold und andere kostbare Schätze herauß/den Tempel aber nebst all denen übrigen Sachen so darinnen waren/steckten sie an und verbranten solche. Da er dann den Tempel/den Gott Jumula, dessen Kirchen-Zierrath/das Gold und etliche andere kostbare Sachen außgenommen/verstehet. Durch das Gold aber deutet er an den Gottesdienst/mit welchen sie den Jumula verehreten in dem sie ihme in eine grosse und kostbare güldene Schale/so er in dem Schoß hielte/so viel Gold legeten/so viel ein jedweder vermochte/ und solches zwar als eine heilige Gabe und Gott gewidmetes Geschencke. Urhnian saget der Autor der Geschichte vom Herrodo, hans toku their gullbolla so storan, dsioret menn haufdu nogad dreka, the ful-

lur

lur var latin. Han var oc fullur af rauda gulli, das ist: Auß seinem
Schooße nahmen sie hinweg eine grosse güldene Schaale/ die so viel/
als vier Männer wegtragen konten/fassete. Und diese war vol von kla-
rem Golde. In der Geschicht deß H. Olai wird gesagt/daß diese Schaale silbern/und mit Silber gefüllet gewesen/mit diesen Worten: Thoris
weik aptur till Jumala, oc tok silfur bolla, er stot in kniaum hanum:
han var fuller af silfer nenigum. Das ist: Der Thorerus kehrte wiederumb zu dem Jumula und nahm die silberne Schaale so in seinem
Schooße stund und vol silberner Müntze war/hinweg. Da dañ in acht
zu nehmen daß auch an vorigem Orte/ durch das Gold/ die güldene
Müntze/wie allhier der silber Müntz gedacht wird/müsse verstanden
werden. Ferner ist zu wissen daß die silberne Schaale/derer allhie nebst
der silber Müntze gedacht wird/an statt der güldenen / so lange für deß
Olai Zeiten hinweg gekom̃en/hingesetzet wordē/fals die Biarmer nach
jener Schaalen Verluß so viel Mittel nicht gehabt/eine gleichgültige
wiederumb herbey zu schaffen. Es ehreten aber die Biarmer diesen
Abgott nicht ohne Unterscheid an allen Oertern/ sondern an diesem al-
lein/wo der Tempel auffgerichtet gewesen. So dañ auß der Geschichte
deß Herrodi kan geschlossen werden / allwo dieses Tempels als eines
unbekandten/und an einem abgelegenē Orte zwischen dicken Wäldern
aufgebauet/erwähnet wird. Dañ also redet daselbst ein Baurmädgen:
Hier iskogi thessum er hof mikid, thet a Harekar Konger, sa er hier
rædefyrir, ther er gofgad god, thad er Jomala heiter. Das ist: in diesem Walde ist ein ein schöner Tempel/so dem Könige Harcker zugehö-
ret/ in demselben stehet der Gott Jomula, welcher weit und breit geehret wird. Dieser Tempel aber war nicht wie sonsten andere mit einem
Tache und Wänden versehen/sondern als wie mit einem Gehäge oder
Zaun umbschlossen. Dañ das Wort Hof/so allhie gebrauchet wird/
bedeutet noch heute zu Tage einen Ort so rund herum̃ umbfasset ist/ob
er gleich vō oben offen: Also bedeutet das Wort Monshoff dē Circkel/
so den Mond umbgiebet/ohne Zweiffel der Gleichheit halbē so derselbe
mit den Kronen oder Umkreisen hat so man ehmals umb die Köpffe der
Götter gemahlet oder geschnitzet. Und keine andere Gelegenheit hat es
mit den Tempeln der alten Römer gehabt/dañ auch selbe offen gewesen.

Daher führet Festus diese Worte: Ein Tempel ist ein Ort/so von allen Seiten offen ist/oder von welchem alle Theil können gesehen werden. Wann es ein verschlossener Ort gewesen wäre/ hätte man ihn ja von allen Theilen nicht sehen mögen. Und auf diese Weise war der Tempel/ darin der Gott Jumula angebetet wurd/ auch in dem Walde zugerichtete Their komo fram i rioder nokurt! i riodreno var mikit skidgarde, oc hurd firi lælt. Das ist: Sie kamen zu einem geheiligten Walde/ in welchem ein hoher umbfangener Hoff war mit einer geschlossenen Thür/ saget hievon der Verfasser der Geschicht deß H. Olai. Durch diese Thür wurden die jenigen so nicht geheiliget waren/von dem Tempel abgehalten. Es erhellet auch auß angezogenen Worten/daß erwähnter Tempel in dem Walde gestanden. Dann bey denen Alten gemeiniglich die Götter in geheiligten Wäldern wohneten/doch also verwahret/daß der Ort/da der rechte und heiligste Sitz eines Gottes war/ durch gewisse Gräntzen und abgebaucte Plätze/ oder Höffe von dem übrigen Walde unterschieden und abgesondert blieb. Und dieses ist es was wir von dem Jumala, und dessen alten Gottesdienste so bey denen Biarmern üblich/erforschen können. Was aber Thoronem betrifft/ so liesset man von ihme/ ingleichem von der Verehrung der Sonnen und einiger anderen Götter nichts/ so nicht zu den Zeiten/ als der Christliche Glaube schon in diese Länder kommen/ und den Aberglauben so noch anitzo unter ihnen im schwange gehet/könte gezogen werden: davon wir in nächst folgendem Capitel handeln wollen.

Das VIII. Capitel.
Von der Christlichen Religion der Lappen.

WJe sonsten alle andere Völcker nach langer heydnischer Blindheit endlich das Licht der Christlichen Religion bestrahlet/ also ist es auch mit denen Lappen ergangen. Von dieser Erleuchtung sind wir Vorhabens in diesem Capitel zu reden: Da dan für allen Dingen zu forschen/ wann und zu welcher Zeit der Schall von der Christlichen Lehre in diesen Ländern gehöret worden. So aber gar schwer seyn wird zu ergründen/ fals davon nichts auffgezeichnet zu befinden.

Der

Von der Christlichen Religion der Lappen.

Der Herr Plantinus zwar berichtet/ daß die Lappen selbst fürgeben/ als wann zu erst im vorigen Seculo bey ihnen einige Nachricht von dem Christlichen Gottesdienst erschollen/ und schliesset hierauß/ sie müsten auß Finnland/ehe noch die Finnen zum Christlichen Glauben gebracht worden/außgezogen seyn. Seine Worte hievon lauten in der Vorrede also: Es ist gewiß/ daß da im vorigen Seculo zu erst das Evangelium diesen Barbarischen Leuten fürgetragen worden/ sie von der Christlichen Religion so gar keine Wissenschafft gehabt/ daß sie auch bekennet/ sie hätten davon ihr Lebetage das geringste nicht gehöret. Daß aber dieser ihrer Rede jemand glauben solte geben/ ist unvonnöhten. Dann es im Gegentheil bekandt/daß sie allbereit zu den Zeiten Zieglers/ so umb den Anfang deß vorigen Seculi gelebet/ und mit bey der Holmischen Niderlage durch den Tyrannen Christianum verübet/ gewesen/ auch solche beschrieben/ nicht allein von der Christlichen Religion gewust/ sondern auch auß ihnen etzliche derselben angehangen. Ja es redet hievon Zieglerus dergestalt/ daß es scheinet/ als wann solche schon lange für dem ihnen nicht so gar unbewust gewesen. Die Christliche Religion/ saget er/ nehmen sie ihren Königen zu gefallen unterweilen an. Er saget/ ihren Königen/ damit man wissen möge/daß sie nicht allein zu Christierni Zeiten/und in vorigem Seculo,sondern auch in denen Seculis die noch für ihme gewesen schon von dem Nahmen Christi/ und der Christlichen Religion Bericht und Wissenschafft gehabt. Und warlich/ wer wolte glauben/ daß so viel Christliche Könige so wenig Sorge/ damit die Christliche Religion auch in Lappland möchte eingeführet werden/ getragen/ oder solche heydnische abgöttische Leute unter ihrer Herrschafft ohne einige Bemühung selbe von diesen Greueln zu dem wahren Glauben und Gottesdienst zu bereden/ solten gedultet haben. So ist ja auch vorhanden der Brieff deß Königs Erici auß Pommern gebürtig/ darin er das Upsalische Consistorium ermahnet/ daß Priester nacher Lappland die Einwohner desselben zu unterrichten geschicket möchten werden. Auß welchem Grunde auch hernacher Carl der IX. sein und deß Königreichs Schweden Recht über die Lappen gegen seine Nachbahren zu erweisen sich unterfangen. Wann er unter andern also saget:

Sao

Das achte Capitel

Sao hafvver och Konung Erich at Pommeren, o anfett att han vvar foa vvæl Konungi Dannemark och Norige, som Sverige, I krifvvet Vpsala capittel till att the skulle foer aordna præster uthi Lappmarken. Das ist: Auch König *Ericus* aus Pommern/ ob er gleich so wohl ein König von Dennemarck und Norwegen/ als von Schweden war/hat dennoch an das Upsalische *Capitul* einen Brieff abgeschicket/ damit solches Priester in Lappland abordnen möchte. Ja was will man davon sagen/daß ihre Nachbahren die Birkarler so Finnischen oder Schwedischen Herkommens gewesen / für lange Zeit schon Christen geworden? Daß sie mit denselben Handel getrieben: Daß sie ihnen schon von Königs Magni Ladulaos Zeiten her/ wie wir allbereit oben erwähnet/und in folgendem noch weiter vernehmen werden/ das ist für mehr als 400. Jahren/Tribut gegeben. Kan deßhalben nicht bestehen/ was von kurtz verlauffenem seculo beygebracht wird. Hergegen halte ich für gewiß/ daß schon von den Zeiten Königes Magni Ladulaos her/ jederzeit sich unter denen Lappen etzliche befunden/ welche entweder in der Warheit Christen gewesen/ oder doch solche zu seyn sich gestellet. Dann dazumahl ist Lappland von denen Schweden unterthänig gemacht und zu ihrem Königreiche gebracht worden/ wie hernach soll erwiesen werden/ da dann sonder Zweiffel nebst der Herrschafft über die Lappen/zugleich auch die Christliche Religion sey eingeführet worden. Und so unsere Muthmassung von deren Außzuge der Lappen auß Finnland/wegen des Krieges den Ericus der Heilige angefangen/ und wegen der eingeführten Christlichen Religion/ wahr ist/so haben sie ja schon zu der Zeit etwas von Christo/ und der Christlichen Religion gehöret/ ob sie dieselbe gleich verachtet und verstossen. Insonderheit bestätiget mich in meiner Meynung dieses/daß ihre Benachbahrten iederzeit die Finnen gewesen; daß aber solche in so vielen hundert Jahren denen Lappen nichts von dem Christlichen Glauben zu wissen gethan/kan kein Verständiger sich überreden lassen. Bleibet es also dabey/daß die Lappen schon für mehr als 500. Jahren das ist von den Zeiten des heiligen *Erici* an/ von dem Christlichen Nahmen/Kundschafft gehabt/doch so lange sie noch frey gewesen/ diese Christliche Lehre nicht annehmen wollen. Nach dem sie aber unter die Bottmässigkeit der Schweden gerathen/

haben

Von der Christlichen Religion der Lappen.

haben sie auch entweder freywillig/und/wie Zieglerus saget/ihren Königen zu gefallen/ oder auß anderen Ursachen die Christliche Religion angenommen. Weil dieses nun unter dem Könige Magno Ladulaos, so im MCCLXXVII. Jahr nach Christi Geburt regieret/fürgegangen/ist leicht zu ersehen / umb welche Zeit der Christliche Glaube bey denen Lappen zu erst bekandt geworden. Und dieses sey hievon genug geredet. Nun müssen wir auch weiter nachforschen/was es für eine Art und Beschaffenheit mit dieser Christlichen Religion unter ihnen gehabt. Die Christliche Religion/saget Zieglerus, verlangen sie nicht/fliehen dieselbe auch nicht gäntzlich; sie sind derselben auß judischem Hasse feind/nehmen sie doch unterweilen ihren Königen zu Liebe an. Und zeiget also klärlich/daß sie keinen Eiffer oder Begierde zu dieser Religion empfunden/auch dieselbe nicht auß der Ursache angenommen/daß sie besser als ihre alte/oder zu der Seligkeit nöhtig/ sondern nur zum Schein und äusserlich/damit solche ihnen/desto grössere Gewogenheit von ihren Königen zu geniessen/ und die Straffe so ihnen zustossen möchte/ wann sie sich widerspänstig erzeigen würden/ abzuwenden / behülfflich wäre. Und hieher gehöret/ daß sie ihre Heurathen in Gegenwart eines dazu erbetenen Christlichen Priesters geschlossen/ daß sie ihre Kinder auf Christliche Weise tauffen lassen. In diesen zwey Stücken beruhete diese ihre Religion/so deßhalben auch alleine von Olao Magno gedacht werden. Dañ die offentliche Predigten deß Göttlichen Wortes/und übrige Unterweisung in denen fürnembsten Stücken deß Christlichen Glaubens ist ihnen zu der Zeit fast unbekandt verbliebe. Davon Zieglerus mit Worten Zeugnüß giebet: Die meisten unter denen Prälaten liessen die Fürsorge / damit das gemeine Volck im Christlichen Glauben unterrichtet würde/unterwegen. Eben dieses wird auch auß den alten Verzeichnüssen der Bischthümer/ und der Leute so unter ein jegliches gehörig/abgenommen. Fals darin gar nicht Erwähnung geschicht deß Lappländischen Bischthums oder Kirchspiels/noch einiger Kirchen oder auch einiger Lappen so zu einem derselben gehörig. Ja/ wañ diese Prälaten ihr Ampt in acht genommen hätten / warumb wäre es von nöhten gewesen/ daß König Ericus das Consistorium zu Upsal ermahnet hätte/ daß sie Priester nacher Lappland schicken solten. Es bemühet sich zwar Olaus dieses/ und alles andere so Zieglerus von

K die-

Das achte Capitel

dieser Sache beybringet zu widerlegen/ doch muß er selbsten in seinem IV. Buch im 19. Cap. gestehen/ daß die äusserste Mitternächtige Völcker in so vielen verlauffenen Zeiten und Seculis zu dem Christlichen Glauben vollenkommentlich nicht geruffen wären; das ist/ Gottes Wort und das Evangelium nicht gehöret hätten. Auß welcher Ursach er weiter daselbst im 17. Cap. nur hoffet/ daß es dermaleins geschehen werde/ daß auch diese Völcker Christen werden und Gottes Wort anhören würden. Und so ist der Zustand der Christlichen Religion bey denen Lappen biß auf die Zeit Gustavi gewesen: nemblich gar erbärmlich/ und wenig von dem Heidenthum als nur dem blossen Nahmen/ und etzlichen äusserlichen Gebräuchen/ mit welchen die Lappen ihren Aberglauben beschönigten/ nach/ unterschieden. Daß also nicht unbillig Damianus à Goes, ein Freund derer beyden Magnorum deß Johannis und Olai geklaget/ daß in denen Lappischen Ländern weder Gottes noch Christi Erkäntnuß zu befinden. Und was gedachter Olaus im 4. Buch im 17. Cap. schreibet/ daß durch getreuliche Ermahnung der Catholischen Priester ein grosses Theil der wilden Menschen (so nennet er die Lappen) beweget worden/ und noch weiter gute Hoffnung verhanden sey/ daß sie alle mit einander nach abgelegtem Aberglauben die Christliche Religion wol würden annehmen/ muß auf die Weise/ wie oben angedeutet/ verstanden werden. Was ist aber hernach/ als Gustavus zum Regiment gelanget/ geschehen? Auf welche Frage ich wol kühnlich antworten darff/ daß gleich wie durch das gantze Königreich also auch in Lappland/ dazumal genaue Auffsicht der wahren Religion halben gehalten worden. Dazu halff nun gar viel/ daß die Lappen/ so bißhero mehr den Birkarlern, als denen Königen/ so ihrer auch deßhalben nicht grosse Acht hatten/ gehorsamet/ von Gustavo unter Königliche Fürsorge und Regierung/ wie hernach weiter sol angezeiget werden/ genommen. Und ist zugleich angeordnet worden/ daß selbe zu gewissen Zeiten deß Jahres zusammen kommen/ und nicht allein denen Königlichen Bedienten den Tribut liefern/ sondern auch zugleich die Predigten anhören / und in der Gottesfurcht sich unterweisen lassen solten. Davon gedencket Buræus in Beschr. von Schweden mit folgenden Worten: Im Winter/ um die Zeit wann sie den Tribut erlegen sollen/

wer-

Von der Christlichen Religion der Lappen.

werden sie an gewisse Oerter / gleich als wie die Heerden versamblet. Daselbst befinden sich auch die Priester so ihre Kinder tauffen / ihnen die Hauptstücke deß Christlichen Glaubens fürtragen/ und was sie das vorige Jahr von der Unterweisung behalten/ erforschen. Dieses ist also zu erst von dem Könige Gustavo angeordnet worden/ dann die Könige so vor demselben regieret nahmen von denen Lappen keinen Tribut/ daher auch keine gewisse Zusammenkünffte dazumal im Gebrauche gewesen. Hievon aber gedencket Olaus mit keinem Worte/ so er ohne Zweiffel würde gethan haben wann es im Gebrauche gewesen wäre. Ja er schreibet im Gegentheil daß die Lappen wann sie ihre Kinder haben wollen tauffen lassen/ sind gezwungen worden solche mehr als 200. Italiänische Meilen weit zu einer Christlichen Kirchen zu bringen. Sie wohnen/ saget er/ mehr als zweyhundert Italiänische Meilen võ einer Christlichen Kirchen entfernet/ dahin sie dann der weiten Abgelegenheit halben selten kommen. Doch sind sie zu gehorsamen willig/ ob sie gleich der grossen Weite wegen das gantze Jahr über mehr nicht als ein oder zweymal dahin reisen / da sie dann ihre ungetauffte junge Kinder so sie in Körben oder Kobern verwahret auf dem Rucken tragen/ zur Tauffe mit sich bringen. Haben also die Lappen dazumahl in ihrem Lande keine Versammlungen gehalten/ es besuchte sie kein Priester / ihre Kinder wurden nicht in ihren eigenen / sondern in denen benachbahrten Kirchen der Schweden / nemlich der Angermanländer/ Helsinger und dergleichen/ welche alhie Olaus Christliche Kirchen uñ solche Kirchen da der Lappen Kinder getauffet werden/ nennet / in die Christliche Kirche aufgenom̃en. Und so sie nicht von sich selbsten dieses alles thaten/ und gutwillig ihre Kinder zur Tauffe brachten/ war niemand der sie deßwegen schalte. Solches kan auß dem Schreiben Gustavi deß Ersten/ so zu Holm im Jahr 1559. den 24. Julij abgegangẽ/ ersehen werden/ alwo dieser löbliche König klaget/ daß so viel Lappen nicht getauffet wären. Os æhr foerekomnet, huru ænnu en stor part ibland eder vara skal , som sig icke hafuva laotet doepa. Das ist: Man hat uns fürgebracht/ daß viel unter euch zu finden/ die sich noch nicht tauffen lassen. Hierzu hat der Aberglaube so unter ihnen schwebete / daß derselbe welcher in seinen Männlichen Jahren getauffet würde / sterben müste / nicht wenig geholffen.

K 2   Sie

Sie vermeinen/ saget Peucerus, daß so jemand in seinem männlichen Alter getaufft wird/ ein solcher gemeiniglich den 7. oder 8. Tag nach der Tauffe sterbe. Hernach aber zu den Zeiten deß Königs Gustavi sind zugleich mit denen Königlichen Bedienten/ so den Tribut abfordern solten/ Priester unter die Lappen geschicket worden/ welche ihre Kinder daselbst getauffet/ und die Alten in der Christlichen Religion unterrichtet. Und zwar haben sie ihnen nicht bloß fürgeprediget: sondern es muste ein jedweder von denen Lappen nach embsiger Anhörung der Predigten/ Rechenschafft geben von dem was er gehöret/ und in einem absonderlichen Examine würcklich zeigen/ wie weit er zugenommen. Und auff die Zeit haben sie angefangen das göttliche Wort mit Nutzen zu hören/ und ein recht Christliches Leben zu führen. Daß auß dieser Ursache vielleicht nicht unbillig etliche besahen: Es wäre ihnen das Evangelium allererst im nächst verlauffenem Seculo verkündiget worden/ da sie zuvorn wenig oder nichts davon gewust. Und dieses um so viel mehr/ weil zu gedachter Zeit Königs Gustavi zu erst gewisse Prediger abgeordnet/ so die Lappen in der Christlichen Lehre unterweisen möchten. Welches außdrücklich in dem zwar angezogenem Schreiben gezeiget wird/ da erwähnter König Gustaphus I. befielet/ daß sie den zu ihnen abgeschickten Herrn Michael fleissig und mit Andacht hören sollen/ und diesen halte ich/ zum wenigsten nach der Religions-Besserung/ für den allerersten/ den die Lappen im Jahr MDLIX. zu ihrem Seelsorger erhalten. Weil die Worte etwas lang fallen/ wollen wir sie nur Teutsch allhie anziehen: Damit nun so wal die Lappen als andere unsere Unterthanen diese Göttliche Wissenschafft/ und ihrer Seelen Seligkeit erlangen mögen/ haben wir diesem unserem getreuen H. Miichaeli anbefohlen/ und befehlen ihm auch Krafft gegenwärtigen Brieffes/ daß er allen möglichen Fleiß anwende/ damit durch andächtige und Christliche Erinnahmungen und Unterweisungen/ die vorgedachte Lappen zu der wahren Erkäntniß Gottes/ zu der Tauffe und Christlichen Religion gelangen mögen ꝛc. Aber weit ein grösserer Fleiß ist hierinnen in folgenden Zeiten Königes Caroli, Königes Gustaphi Adolphi, und der Königin Christinæ gespüret worden. Dañ dazumal sind die beyde Stützen/ ohne welche die Religion nicht bestehen oder wachsen mag/ nemlich öffentliche Kirchen und
Schu-

Schulen/ so damals allererſt in Lappland auffgerichtet/ hinzu gekommen. Die Kirchen zwar hat der König Carolus IX. am erſten zu bauen anbefohlen/ ſo Olaus Perri bezeuget: Carl der IX. ſaget er / hat gnädigſt verordnet/ daß in einer jedweden Marck eigene Kirchen angerichtet wurden/ und hat in jeglicher Marck beſondere Prieſter/ ſo auff Königliche Unkoſten ſolten beſoldet werden/ beſtellet. Imgleichen Buræus in ſeiner Beſchr. von Schweden: König Carl der IX. hat in Lappland Kirchen/ in denen der Gottesdienſt verrichtet wurde/ zu bauen angeordnet. Balius im VII. B. ſeiner Kirchen-Geſchichte im 5. Cap. Carolus der IX. König in Schweden hat in Lappland Kirchen auffbauen laſſen. Und Joannes Tornæus: I Konung Carl den IX. effterſte regiments tiid begynte kyrkior allarfoerlt byggias i TorneLappmark. Das iſt: Faſt am Ende der Regierung Königes Carl deß IX. hat man zu erſt Kirchē in Lappland zu bauen angefangen. Dieſer benennet auch derſelben etliche als Tenotekis und Jukasjærſt, derer jene im Jahr MDC. die andere aber drey Jahr hernach auff Königliche Unkoſten erbauet. Dieſem Exempel hat die Königin Chriſtina gefolget/ und nachdem an dieſem Orte eine Silbergrube entdecket worden/ durch einen öffentlichen Brieff umb das Jahr MDCXL. vier unterſchiedliche Kirchen als zu Arwitzierf, Arieplog, Silbojoch und Nalafiell zu bauen anbefohlen. Und von der Zeit an ſind auch in Lappland Chriſtliche Kirchen angerichtet/ und befindet ſich anjetzo in Aongermanlappland eine ſo *Aoſala* genant wird / in Umalappland eine mit Namen *Lykſala*, in Pythalappland vier / ſo da heiſſen *Graatrask, Arvvitzierfs, Storaſvvavvyks* und *Arieplogs* Kirchen. Alhie war auch ehmals die fünffte/ mit Namen *Silbojochs* Kirche/ ſo aber vor etzlichen Jahren von denen Dänen eingeriſſen und mit Feuer verwüſtet wordē. In Lulelappland iſt nur eine/ *Jochmoch* genant. Die andere/ ſo ehmals allhie geweſen und den Namen Nafrilocht führete/ iſt für weniger Zeit durch ein unverwahrtes Feuer abgebrant. In Tornelappland findet man drey Kirchen *Juckochſierfs, Rounala* und *Enotaches* Kirche. In Kimalappland eine einzige mit Namen *Enare*. So ingeſampt an der Zahl/ dreyzehen machen/ und biß auff die heutige Stunde/ die beyden Silbojochs und Nafrilochts außgenommen / in gutem Stand ſind/

und von denen Lappen besuchet werden. Wie hievon umbständlichen Bericht ertheilet Samuel Rheen, in seiner Beschreib. von Lappland/ so ich schon zum öfftern angeführet. Alle diese Kirchen sind von Königen erbauet/unter welchen/wie allbereit angezeiget/ Carl der IX. den Anfang gemacht/und solches auf eigene und der Kron Unkosten. Welches Jo. Tornæus bekräftiget/wañ er von diesem Kirchenbau folgender gestalt redet. Och skedde detta alt, pao Cronones omkostnao. Das ist: es wurde derselbe auff der Kron Unkosten volführt. Die einzige Rounalische Kirche/ in Tornelappland ist auß eigenem Beutel von dreyen Brüdern/so võ Geburt Lappen/erbauet/und mit einer Glockẽ gezieret worden. Derer Andacht dañ und Eiffer nicht ein weniges Lob verdienet/falß sie alle den Zeug und Zubehörung so zu gedachtem Bau nöhtig/auß Norwegen mit ihren Reenthieren holen und an gehörigen Ort bringen müssen. In der Tornalappmarck/ sind Worte deß Joan. Tornæi, lieget mitten zwischen denen Bergen/welche Schweden von Norwegen scheiden/ein Dorff mit Namen Rounala, darin dazumal einige wolbegüterte Lappen wohneten. Unter diesen waren drey Brüder/ehrliche und fromme Leute/welche als sie gesehen daß hin und wieder in Lappland Kirchen gebauet wurden/haben sie ebenfals/cuß Liebe und Eiffer zu Gottes Wort/auffihre Unkosten in gedachtem Dorffe eine Kirche auffzurichten angefangen. Das Holtz dazu musten sie auß Norwegen/einen weiten/und sehr beschwerlichen Weg her holen. Endlich haben sie auch für ihr Geld eine Glocke añ dieselbe herbey geschaffet. Dieses Exempel ist umb so viel mehr Lobens und Andenckens würdig/weil demselben heutiges Tages gar wenig/ auch auß denen/so da für sittsame/bescheidene/und sonderliche Gottesfürchtige Leute angesehen seyn wollen/ nachfolgen/ vielweniger so ein gleiches thun/ oder diese Brüder zu übertreffen sich bemühen. Im übrigen ist das Ansehen erwähnter Kirchen schlecht/ doch mit allem/was zu dem Gottesdienst erfordert wird/versehen: sie sind auß Brettern und höltzernen Balcken/wie in Schweden die Häuser aufgebauet werden/zugerichtet. Bey einer jedwedern ist ein Glockenthurm nebst etzlichen Wohnungen für die Priester/wie auch für die Leute so im Winter von weit abgelegenen Oertern zu der Kirchen kommen/welchen daselbst zu

gute

Von der Christlichen Religion der Lappen. 79

gute ein Feur / umb sich zu erwärmen und zu erquicken / angezündet wird. Und dieses zwar hat zu erst/wie mich däucht/die Königin Christina umb das Jahr M DC XL. verordnet/falß zuvor die Priester zu gewissen Zeiten im Jahr von anderen Plätzen zu einer jedweden gereiset. Die Worte ihres Diplomatis so sie in gedachtem Jahr außgefertiget/ lauten also: Wy ville och then foererdning gioera laota, att med hvvart Præstebool gode och doglige huus maogo upfættias &c. ther emot skola Præster vara foerplichtade, hvvar med sitt foerordnade Præstebool stadigt blifvva boande. Das ist: Es soll auch Anstalt gemacht werden/daß bey einer jeglichen Kirchen düchtige und nützliche Häuser auffgebauet werden mögen ꝛc. Hergegen sollen die Priester gehalten seyn bey ihren zugeordneten Kirchen beständig zu wohnē. Die Schulen sind/wie ich dafür halte zu erst von Gustapho Adolpho angerichtet worden/ und zwar in der Stadt Pitha, noch vor dem 19. Jahre dieses Seculi. In welchem Jahr/Nicolaus Andreæ, Pfarrherr zu Pitha ein Ceremonien-Buch verfertiget/ in dessen Vorrede er deßhalben gedachtem Könige öffentlich dancket/und hinzu thut/daß er dieses Ceremonien-Buch auß dieser Ursach ihme zuschreibe / damit die gantze Welt solch Christliches Fürnehmen erkennen möge. Seine Worte/wie sie auß dem Schwedischen übersetzet/sind folgende: nemblich er schriebe dieses Ritual dem Könige zu / damit alle und jede hohe und niedrige Stände deß Königr. Schweden/ ja die gantze Christenheit ersehen möge/was für ein grosses Mitleiden seine Königl. Majest. gegen die Lappen trage/ und wie dieselbe auß Königlicher Gnade einige Schulen angerichtet/ in welchen der Lappen ihre Kinder im Worte Gottes/und freyen Künsten solten unterwiesen werden. Es bezeuget imgleichen Olaus Petri daß König Gustaphus ein Schule in Lappland angeordnet/und deutet an daß ihn hiezu fürnemlich beweget habe/ weil er gemercket/ daß die Schwedischen Priester/ wegen Ermangelung der Sprache wenig Nutzen unter den Lappen geschaffet: und daß die jenigen so:von denen Lappen (welches dessen Herr Vatter. König Carolus verordnet /) in Upsal unterrichtet worden/ nachdem sie eine andere Art der Speisen daselbst gewohnet / wann sie wiederumb in ihr Vatterland gekommen/ nicht gar lange lebeten.

Seine Worte hievon sind an dem Orte/ alwo er von dieser Verordnung redet/ folgende: Die meisten von ihnen / als der Lufft und Speise ungewohnet/ sterben ins gemein an diesen frembden Oertern. Die übrigen aber so bey dem Leben bleiben/ lassen sich die gute Speisen und Kleider belieben/ und begehren nicht leicht wieder in ihr Vatterland zu kehren und demselben zu dienen. Als man nun auff diese Art nichts verrichten mögen/ so hat endlich unser gnädigster König *Gustavus* der Grosse/ durch Göttlichen Segen/ mit mehrererm Eysser und Verstande die Sache also gemittelt/ daß von denen Lappen eine gewisse Anzahl in der Nächst an Lappland gelegenen *Pithi*schen Schule/ etzliche Jahre durch erhalten solten werden/ damit solche nicht/ wie zuvor geschehen/ durch plötzliche Veränderung der Lufft und Speise Schaden hätten. Und dieses ist die erste Schul in Lappland gewesen/ über welche gedachter Pfarherr zu Pitha, Nicolaus Andreæ Auffsicht gehabt/ wie auß der erwähnten Zuschrifft zuersehen. Damit nun aber die Unterrichtung der Jugend desto besseren Fortgang haben möchte/ ist gedachtem Andreæ von dem Könige Gustavus Adolpho selbst/ anbefohlen worden/ einige nutzbahre und hiezu nöhtige Bücher in die Lappische Sprache zuübersetzen/ welches er an dem angezogenen Orte mit diesen Worten bestätiget: Es ist mir von eurer Majestät aufferleget worden/ daß ich einigen Außzug auß Göttlicher Schrifft und der alten Vätter Büchern machen/ und in die Lappische Sprache übersetzen möge/ damit auß selben die Lappen von ihrer ewigen Seligkeit und Christlichem Wandel unterrichtet würden. Dann zuvor niemand von denen Lappen lesen oder schreiben können / auch keine in ihrer Sprache geschriebene Bücher gehabt: So dazumahl allererst auffkommen. Und zwar ist das erste Buch/ wie ich dafür halte ein A B C. Buch/ so man denen Kindern fürzugeben pfleget/ in deme zugleich auch die fürnembste Stücke der Christlichen Religion/ als da sind die 10. Gebot/ die 3. Artickel des Christlichen Glaubens/ das Gebet des Herrn und dergleichen andere begriffen/ gewesen/ so gemeldeter Andreæ zusammen gefasset/ wovon er also redet: Auß dieser Ursach hab ich Gott zu Ehren/ und zum Auffnehmen der Lappen gegenwärtiges A B C. Büchlein/ nebst denen

Stü-

Stücken so mit denselben insgemein herauß gegeben werden/ zusammen getragen und verbessert. Es möchte dann jemand schliessen/ weil er saget: Er habe es verbessert/ es wäre albereit fürhin einiges dergleichen Werck herfür gegeben worden/ falß kein Ding/ so nicht schon fürhero würcklich da ist/ verbessert mag werden. Wie wohl es scheinet/ daß er dieses selbst gethan/ und erwähntes Buch so er ehmahls verfasset/ von neuem wiederumb fürgenommen/ und darin etzliche Dinge so die Lappische Sprache betroffen/ gebessert habe. Und ist er gewiß der Erste gewesen/ so ein Ceremonien- oder Ritual-Buch in Lappischer Sprache außgehen lassen/ so zu Holm bey Ignatio Meurer im Jahr M DC XIX. mit diesem Titul gedrucket worden: Een lii ten saongebook, huruledes messan skall haollas, læsas, eller siungas pao lappeske. Stælt och sammansat af Nicolao Andreæ, Pastore in Pitha. Daß ist: Ein Gesangbüchlein/ auff was Weise die Messe zuhalten/ wie man beten und singen soll/ in der Lappischen Sprache. Verfützet durch Nicolaum Andreæ, Pfarrherrn in Pitha. Und dieses sind die ersten Bücher gewesen so in der Lappischen Sprache herauß kommen/ damit auß selben die Lappen den ersten Anfang und Grund der Christlichen Religion erlernen könten. Hernach sind einige anders gefolget/ unter welchen ein Hand-Buch ist so Johannes Tornæus auß der Schwedischen in die Lappische Sprache gebracht/ in deme die Psalmen Davids/ die Sprüche und der Prediger Salomonis/ das Buch Syrach/ der Catechismus Lutheri/ allerhand geistliche Gesänge/ die Evangelia und Epistelen/ nebst denen Collecten, die Geschichte des Leydens Christi/ die Zerstörung Jerusalem/ ein Ceremonien-Buch/ und endlich unterschiedene Gebete begriffen sind/ wie er dieses in der Beschreibung/ von Lappland selbst andeutet. Damit aber die Lappen ihre Kinder desto williger zu der Schule schicken möchten/ hat Ihre Königl. Majestät Gustavus Adolphus gewisse Gelder bestimmet/ davon theils denen Knaben Speise und Kleider geschaffet/ theils denen so dieselbe unterrichten/ und auffertziehen würden/ gewisse Verehrungen solten außgetheilet werden. Auch dieses zeiget an die Zuschrifft des erwähnten Nicolai Andreæ, alwo er unter andern also redet: Damit aber solches desto füglicher geschehen möchte/ hat euere Majestät eine an-

L sehn-

sehnliche und ruhmwürdige Summa Geldes bestimmet/davon theils die Lappische Jugend mit Speise/Kleidern/uñ anderen nöhtigen Mitteln versorget/theils ich selbst für meine unterthänige Dienste/Sorgen und Arbeit/mit einem Geschencke soll verehret werden. Durch diese Hülffe nun sind die Lappen bewogen worden/mit grösserem Eyffer der Christlichen Religion Beyfall zu geben: Insonderheit da sie solche in ihrer eigenen Mutter-Sprache zu erlernen Wege und Mittel gesehen. Dann für deme gebrauchten ihre Lehrer/wie schon oben berichtet habe/die Schwedische Sprache/so auch Baazius in seiner Kirchen Hist. im VII. Buch im 15. Cap. mit folgenden Worten zeuget: Es ist zwar König Carl der IX. etzliche Kirchen auffbauen/allein es mangelte an Priestern/so denen Lappen in ihrer Mutter Sprache das Göttliche Wort fürtrügen/ und selbst waren sie anderer Sprachen unkündig. Wie auch Olaus Petri. Die Geistlichen/saget er/predigten in der Schwedischen Sprache/wie sie die Lappische nicht wusten/und wie wol die Lappen gar wenig davon verstunden/meineten jene doch sie hätten etwas grosses verrichtet. Und also fasseten zwar die Lappen etwas/doch dergestalt/daß sie selbst nicht wusten/was es ware/das sie gelernet hatten/wie hievon Nicol. Andreæ an vorigem Orte berichtet: Etzliche unter ihnen/saget er/so wol alte als junge Leute beteten auf Schwedisch daher/wusten aber selbst nicht was es war. Bißweilen stund der Priester auff dem Predigstuel/und unter demselben ein Dolmetscher/ welcher so viel als möglich dem Volcke/ was der Prediger gesaget/erklärete. Samuel Rheen: Nær prædikan haolles af en hvvenfk præst, maoste tolhen stao nedan foere i predik stolen, och uthtolka, pao Lappisko, hvvad han predikar. Das ist: Wann ein Schwedischer Priester prediget/muß der Dolmetscher unten an der Cantzel stehen/und auff Lappisch dem Volcke fürsagen/was der andere geredet. Hernach aber haben sie durch Hülffe der erzählten Bücher selbst zu verstehen angefangen/was sie beteten/ und die Prediger/so sie unterrichteten/fasseten auch endlich die Lappische Sprache/und verwalteten in derselben den Gottesdienst. Ja es hat die Lappische Jugend selbst dermassen in freyen Künsten uñ der Christlichen Lehre zugenommen/daß man unterschiedenen Pfarr-Dienste und

und Schul-Aempter anvertrauen können. Hievon führet Baazius diese Worte: Es hat König Gustavus Adolphus der Grosse ihre Kinder in die Schulen gelocket/ allwo er sie biß zu ihrem männlichen Alter unterhalten/ und nachdem sie in freyen Künsten einen Grund geleget auff die Upsalische Academi geschicket/ da sie die Göttliche Wissenschafft und Lehre vom Christlichen Glauben gefasset/ hat er sie weiter zu Predigern einsegnen lassen/ damit solche ihren Landsleuten den Weg zu der Seligkeit zeigen/ und ihnen das Wort GOttes in bekandter Sprache außlegen mögten. Olaus Petri gedencket Insonderheit von dreyen/ die auff solche Weise unterrichtet worden/ und dannenhero die ersten Prediger auß denen Lappen gewesen. Dann also fähret er an obigem Orte/ wo er von Anrichtung der Pithischen Schule redet/ ferner fort: Nach deme sie nun algemählig der frembden Lufft gewohnet/ hat sie gedachter König Gustavus Adolphus so lange auff der Academi mit allem versorget/ biß drey auß ih: ein Mittel tüchtig befunden worden einen Kirchen-Dienst anzunehmen. Welche auch noch anitzo / ein jeglicher an seinem zugeeigneten Orte/ das Wort Gottes in der Lappischen Sprache fleissig und auffrichtig/ nebst dem rechten Gebrauche der H. Sacramenten/ fürtragen/ und auff diese Weise ist ihnen endlich die Christliche Religion recht kund worden/ also daß ihrer eine grosse Anzahl dieselbe nicht sonder inniglicher Freude angenommen und beliebet haben. Davon Nicolaus Andreæ folgenden Bericht ertheilet: Endlich sind auch die Lappen fast am Ende der Welt/ durch Göttliche Gnade Gliedmassen der Christlichen Kirchen/ durch die Tauffe und Predigt des Heil. Evangelii geworden / und haben diese Nachricht von CHristo bekommen/ daß er so wol ihnen als denen übrigen Christen umb seines bittern Leidens und Sterbens willen ihre Sünde vergeben und das ewige Leben schencken wolle. Diese Sache machet sie so freudig/ daß sie deßwegen fast iederzeit frolocken. Und so viel haben wir von der Fürsorge Gustavi Adolphi und daher entspringender Erweiterung der Christlichen Religion unter denen Lappen zu reden gehabt. Gleich wie aber alle Dinge einen schwürigen Anfang haben / also ist es alhie auch mit der Fürtragung des Göttlichen Wortes/ uñ anderen hiezu gehörigen Sachẽ daher gangẽ.

Das achte Capitel

Insonderheit schaffete dieses grosse Mühe/wie man die Schule/und zwar ausserhalb Lappland erhalten / und die Lappische Jugend solche zu besuchen bewegen möchte. Hat deßwegen zum andernmal der Wolgebohrne Herr Joan Skytte, Freyherr in Duderhoff und Reichsraht bey Ihrer Königl. Maj. Gustavo Adolpho angehalten/und/welches diesem fürnehmen Manne zu unsterblichem Lobe gedeyet/von neuem zu wege gebracht/daß von der Zeit an eine Schule/und zwar in Lappland/in der Umischen Marck oder Gebiet/nahe bey der Kirchen Lycksal angestellet worden/ die auch dannenhero die Lycksische Schule geheissen/wie unten auß dem Zeugnüß/ deß daselbsten angestellten Examinis wird zu ersehen seyn. Gleiche Rede führet hievon Olaus Petri, wann er von Gustavo Adolpho saget: Seine Königl. Maj. haben für rahtsam und nöhtig erkennet/ daß in Lappland selbst eine Schule angerichtet würde/allwo sie in der angebornen Lufft beharren/ihre Landesspeise geniessen/ und bey der von Jugend auff gewohnten Lebensart verbleiben könten ꝛc. Diesem Königlichen/wolgemeynten/und weisen Beginnen ist die göttliche Güte nicht zu wider gewesen sondern hat solches weiter durch den wohlgebohrnen Herrn Joan Skytten, Freyherrn und Reichsraht befordert ꝛc. Dieses ist nun die andere Lappländische Schule / so durch einen Königlichen Gewaltsbrieff bestätiget worden/und zwar zu der Zeit als König Gustavus Adolphus mit einem weitläufftigen Kriege in Teutschland beschäfftiget war/welcher dannoch nicht verhindert daß S. Königl. Maj. auch nicht für die Lappen/ und Außbreitung deß Christlichen Glaubens unter ihm im Jahr MDCXXXII. gesorget hätte. Gedachter Brieff/ lautet also: Wir Gustavus Adolphus von Gottes Gnaden/ der Schweden Gothen und Wenden König ꝛc. deuten hiemit an/ob wol unser geliebter Herr Vatter/Carl der IX. glorwürdigster Gedächtnüß dazumal König in Schweden/als auch wir selbsten/ nach dem wir durch Göttliche Schickung den Königlichen Thron befestigen / allen Fleiß angewand/ daß unsere Unterthanen/so in denen äussersten Mitternächtigen Ländern wohnen/ und Lappen genant werden/ in Wissenschafften und freyen Künsten / wie auch in der rechten Religion und Gottesdienste unterrichtet würden/ haben doch die jetzige schwürige Zeiten/ da wegen der grossen und vielen Kriege fast alle Künsten danieder ligen/unser Christliches

Von der Christlichen Religion der Lappen. 85

liches Fürhaben nicht zulassen wollen. Damit aber dannoch dieser wolgemeynte Fürsatz nicht gar zu Wasser werde/bestimen und verordnen wir unsern und deß Königreiches Schweden lieben und getreuē Raht/ OberStatthaltern über Lieffland/ Ingermanland und Carelen/den wolgebohrnen Herrn Joan Skytten, Freyh. in Duderhoff ꝛc. zu einem Directorn der Lappländ. Schule so in Uma sol angerichtet werden: Wie er dann sich selbsten dieses Werck zu befordern/und/so ferne Gott seinen Segen dazu geben würde/zu einem erwünschten Ende zu bringen/anerboten. Sol also die Auffsicht über diese Schule jederzeit bey der Skyttischen familie erblich verbleiben. Damit aber ferner so wol der Præceptor an dieser Schule/als die Schüler/ etwas gewisses haben/davon sie leben mögen/verehren wir dieser Schule alle die Zehenden/so deß Umischen Kirchspiels Eingepsarꝛte jähꝛlich nacher Uma in das Kornhauß zu liefern schüldig sind/ doch also daß der gewöhnliche Abgang davon jedesmal verbleibe. Diese Saat-Zehenden/und andere Einkünffte/ so wolgedachter H. Johann. Skytte durch seinen Fleiß zu dieser Nutzung zusamen bringen kan/sol er zu benenter Schule nohtwendigen Unterhalt/anwenden doch dergestalt/ daß die höchste Verordnung / und zukünfftige nöhtige Einrichtung bey uns/ der Kron/ und unserm Nachfolger verbleibe. Zu mehrer Versicherung/haben wir uns mit eigener Hand unterschrieben/ und das Königliche Insiegel auffdrucken lassen. Gegeben in alten Stettin in Pommern den 20. Junii im Jahr Christi MDCXXXI. Dieses ist das diploma oder Gewaltsbrieff/ durch welchen eine Schule in Lappland und zwar in Umalappmarck angerichtet worden. Dann daß zuvorn allda keine gewesen/ ist darauß zu ersehen/ daß gesaget wird/ daß diese Schule sol angerichtet werden. Und hat solche auch dieses für der alten besagten Schule besonders gehabt/ daß sie zu einem Oberauffseher nicht einen Priester/sondern einen Reichsraht bekommen/und also ein grösser Ansehen erlanget: daß weiter denen alhie Lehrenden und Studierenden nit allein eine gewisse Besoldung und Unterhalt/sondern auch ein Mittel/ davon selbe könte gehoben werden/ verstehe die Umische Zehenden zugeeignet worden. Man hat zwar auch fürheꝛo schon etwas dergleichen/ wie auß obigem zu ersehen/gehabt/weiln aber noch keine rechte Anweisung gewesen/ woher man es nehmen solte/ verzögerte sich die Außzah-

L 3

zahlung zum öfftern/ und wurde zu rechter Zeit nicht entrichtet. Hier=
auß entstund nun eine grosse Schwürigkeit/ so dieses Fürhaben zum
öfftern hinderte. Endlich ist auch hie Raht geschaffet und geordnet wor=
den/ daß sie etwas gewisses haben solten. Als ferner auch solches nicht
zureichte/ ist dem Wohlgeb. H. Joan Skytten zugelassen worden/ daß
er/ so er einige andere Mittel/ die hiezu dienlich verschaffen könte/ selbe
herbey zu bringen gute Fug und Macht haben möchte. Da dann auch
dieser löbliche Herr seiner sonderlichen Gottesfurcht/ und Liebe nach/
zu denen freyen Künsten keinen Fleiß gesparet/ sondern durch solchen
fünfftausend Thaler silber Müntze/ das ist/ über drey tausend Reichs=
thaler/ theils auß eigener/ theils anderer guten Freunde Mildigkeit/
zusammen gebracht/ welche Summa er der Königin Christinæ zum
Gebrauch in den Kupffergruben dergestalt eingehändiget/ daß an statt
der Interesse die Umische Schule jährlich diejenigen Einkünffte/ so
sonsten auß etzlichen Dörffern deß Umischen Kirchspiels an die Krone
überlieffert worden/ heben möchte. In welches Begehren die Durch=
läuchtigste und mildeste Königin also fort gewilliget/ und zween Jahre
hernach darüber/ durch die Herren Vormündere deß Reichs/ derer
allhie nicht sonder höchstem Ruhm muß erwähnet werden/ einen neuen
Gewaltsbrieff auffrichten lassen. Die Worte desselben/ weil sie nicht
jederman bekandt/ lauten folgender massen: Wir Christina von Got=
tes Gnaden/ der Schweden/ Gothen und Wenden erwählte Königin
und Erb Fürstin/ Groß Fürstin in Finnland/ Fürstin in Esthen und
Carelen/ Fraue in Ingermanland deuten hiemit an/ welcher massen/
der Durchl. König in Schweden unser geliebter H. Vatter sel. Ge=
dächtnuß auß sonderlicher Liebe zu der Gottesfurcht/ und Begierde
die Kirche Gottes zu erweitern/ insonderheit daß die Barbarische Leu=
te/ so in denen äussersten Mitternächtigen Ländern wohnen/ zu völli=
ger Göttlicher Erkäntnuß und zu dem wahren Christenthum möch=
ten bekehret werden/ in der Umischen Marck eine Schule auffzurich=
ten/ angeordnet/ und zu einem Directoren deß gantzen Werckes/ un=
sern und deß Königreichs Schweden getreuen Raht/ Präsidenten
deß Königlichen Hoffgerichts zu Juncöping in Gothland/ Cantzler
der Universität Upsal/ ꝛc. unseren lieben/ den Wolgebohrnen Herrn

Joan

Joan Skytten, Freyherrn in Duderhoff/ Herrn in Groensiæ, Stroem-
srum und Skytteholm, Rittern/ ersehen habe/ auch nach dessen Tode
die Verwaltung gedachter Schule seinen Erben verliehen/ und zum
Unterhalt derselben Schule die Zehenden/ so jährlich nach Uma in der
Kron Kornhauß gelieffert worden/ bestimmet. Diese heilsame Verordnung unsers Herrn Vatters sel. Gedächtnüß bekräfftigen wir/
nicht allein/ Krafft dieses Brieffes / sondern thun auch jederman zu
wissen/ daß der Wolgeb. Her: Joan Skytte, zu dem Nutzen der Lappischen Schule einiges Geld so sich auff fünff tausend Thaler silber
Müntze belaufft/ theils auß eigener/ theils anderer frommer Hertzen
Freygebigkeit/ zusammen gebracht/ und solche gantze Summa der
Kupffergruben Compagni dargezählet/ demühtigst uns ersuchend/
daß diese Summa in dieser Compagni uns und der Krone zu gute beybehalten werde / und daß wir an statt der Interesse solches Geldes/
jährlich achte von hundert/ der Lappischen Schule die Nutzung der
Dörffer in Nordland einraumen möchten/ also daß die Bauren dieser Dörffer ihre Pflichte benanter Schule erlegen solten. Dieses
alles billigen wir gnädigst/ und räumen selber Schulen anstatt eines
Unterpfandes den Genies auß diesen unseren/ und der Kron/ in dem
Kirchspiel Uma und Westbothnia gelegenen Dörffern/ ein/ als in
Roebæk 12. Vorwercke $\frac{5}{16}$. Stæksioe zwey $\frac{1}{16}$. Klabbiler drey $\frac{7}{16}$. Bag-
gaboelet zwey $\frac{17}{16}$. Kuddis zwey $\frac{5}{16}$. Bræneland zwey $\frac{11}{16}$/ diese Vorwercke sollen jährlich der Lappischen Schule ihren ordentlichen
Schoß/ wie auch den so ihnen bißhero ausserordentlich auffgeleget
worden/ überlieffern/ und solches sollen die Bauren so in benanten
Vorwercken sich auffhalten/ so lange wie die erwähnte Summa der
5000. Thaler/ welche der Compagni außgezahlet ist/ an uns behalten werden/ zu thun schuldig seyn/ auch nicht ehe unterlassen/ als biß
wir selbige Summa gantz und gar der Lappischen Schule wiedergege-
ben. Befehlen also unseren Beamten/ und allen denen so daran gele-
gen/ daß sie das fürgeschriebene Unterpfand keines weges dieser Schule/ ehe
und bevor das erlegte Geld ihnen wieder außgezählet worden/ entziehe/
weder einige Unbilligkeit/ oder Vorgriff/ wider gegenwärtiges unser
Edict gedachter Schule zufügen/ noch von anderen zufügen lassen.

Zu mehrerer Bestätigung dieses Instruments/haben sich mit eigener Hand unsere respective Herren Vormundere und Reichsverwaltere unterschrieben/und das Edict mit dem Königlichen Insiegel befestiget. Gegeben zu Holm 5. Nov. 1634. Dieses sind Worte deß Königlichē Gewaltsbrieffs/wie selbe bey dem Baazio befindlich. Die Reichsrähte aber so sich unterschrieben/sind folgende: *Gabriel Oxenstierna* Gustavs Sohn Reichsdrost/ *Iacobus de la Gardie*, Reichs Marschalck/ *Carolus Caroli Gyldenhielm* Reichs Amiral, *Petrus Banner* an statt deß Reichs Cantzlers/ *Gabriel Oxenstierna*, Reichs-Schatzmeister. Dieses ist nun die Schule/auß welcher hernach biß auff diese Zeit tüchtige Köpffe entsprossen/so die Lappen je mehr und mehr in dem Christlichen Glauben unterwiesen haben. Fals in solcher eine nicht geringe Menge auß der Lappischen Jugend/mit gehörigem Fleiß/aufferzogen/und in freyen Künsten/wie auch in der Gottseeligkeit unterwiesen worden. Welches dann das Zeugnüß deß Examinis so in demselben Jahre/als sie mit vorerwähnten Königlichen Wolthaten versehen worden / angestellet ist/zu ersehen. Die Worte/so hievon daselbst befindlich erzählet Baazius im VIII. Buch im 5. Cap. folgender gestalt: Wir Unterschriebenen/ zeigen hiemit an/daß wir von unserm und der Uniischen Kirchen Pfarherrn den Ehrw. und Wolgelahrtē M. Olao, erfordert worden dem Examini der Lappischen Jugend/so sich zu der Lykfische Schule in der Umalappmarck hält/ beyzuwohnen. Bezeugen dem nach daß wir dieser Bitte Folge geleistet/und wie die Lappischen Knaben von ihrem Rectore, vorgemeldtem unserm Pfarherrn examiniret worden/angehöret. Zuerst haben die Knaben ingesamt deutlich und recht etzliche in die Schwedische Sprach übersetzte Psalmen/wie es sonsten in denen Kirchen gebräuchlich/gesungen. Hernach haben sie das A B C Büchlein/ in welchem nicht allein die Buchstaben/sondern auch der gantze Catechismus/ als nemlich/ das Vatter unser/die 3. Artickel deß Christlichen Glaubens / die Zehen Gebott / mit den Worten der Einsetzung der Sacramenten der Tauffe und deß Heil. Abendmahls/wie auch die Gebete so vor und nach dem Essen gesprochen werden/ ingleichen die Morgen-und Abend-Gebete befindlich/ auswendig daher gesaget. Eben dasselbe Buch haben sie/ nach der in anderen Schulen fürgeschriebenen Weise/alle daher gelesen. Die so

etwas

etwas klüger unter ihnen / sageten deutlich und ohne stammeln die Catechismus-Fragen über deß H. Lutheri Außlegung deß Catechismi/ außwendig daher. Uber das lasen sie auch die Sonntäglichen und Fest-Evangelia/ so in der Schwedischen Sprache gedrucket sind. Und mit erzählter Schulübung waren alle Knaben bemühet / biß auff achte so etwas träger/ und langsamer im Lernen waren/ welche dannoch auch so viel ihnen möglich/ den anderen nachzukommen trachteten. Anjetzo heben diese Knaben an die Haubtstücke deß Catechismi in der Lappländischen Sprache zu lernen/ damit sie den Grund der Gottesfurcht ihren Landsleuten dermaleins in ihrer Muttersprache fürtragen mögen. Und weil solche Schulübung / und daher entstehender Nutzen unsere Meynung übertroffen / in dem wir erfahren/ daß diese ungeschlachte Jugend in gar kurtzer Zeit durch Göttliche Gnade den Grund der seligmachenden Religion / damit sonsten gelehrige Knaben eine gute Weile zu thun haben / gefasset / hat man dafür Gott billig schuldigen Danck zu sagen/ welcher zu dieser Arbeit seinen Seegen gegeben. Ingleichen sind auch höchst zu rühmen die Gottsfürchtige Hertzen/ so diese Schule angestellet / mit Unterhalt versehen / und biß auff diesen Tag sich derselben noch annehmen: Denen nach Göttlicher Verheissung / sonder Zweiffel an statt einer Belohnung / Gottes Seegen nicht ermangeln wird. Daß dieses alles dergestalt zugegangen / bekräfftigen wir mit unserer eigenen Hand und Siegel. Gegeben und geschehen an vorerwähntem Orte im Jahr 1634. Jacobus Andreæ Buræus, Petrus Jonæ, Andreas Haquini, Jacobus Nicolai, Olaus Olai. Auß welchem Zeugnüß zu ersehen/ wie diese Licksische/ oder vielmehr Licksalische Schul mit einer nicht geringen Anzahl auß der Lappländischen Jugend besetzet gewesen. Es erhellet auch auß demselben/ daß die Lappen so gar ungeschickt zum Studieren nicht sind. Weiter so erscheinet auch hierauß ihre Sorgfalt/ dasjenige zu fassen/ welches zu ihrer Seeligkeit nöhtig. Endlich ist auch hierauß abzunehmen die Bereitwilligkeit der Lappen selbst / als welche so gerne ihre Kinder zu der Schule halten. Daher dann zu ersehen / daß es mit der Christlichen Religion anjetzo in Lappland eine andere Bewandnüß / als in vorigen Zeiten/ habe.

In dem die Könige von Schweden grössere Sorge dafür tragen/und sie mit Kirchen/Schulen/Büchern/wie auch Lehrern so sie unterweisen können/und Predigern versehen. Zu deme verstehen ihre Prediger auch die Lappische Sprache / ja sie sind auß ihren eigenen Landesleuten und Kindern. Dieses bezeugen heutiges Tages ihrer viele. Unter andern Sam. Rheen wann er im 23. Cap. also saget: I UmaoLappmark ær een Lapp præstther Lapperne i deras Christendom wæll informerade vvarda. Das ist: In der Umalappmarck ist ein Lappländischer Priester oder Pfarzherr/ alwo die Lappen gar fein in der Christlichen Religion unterwiesen werden. Und weiter von Pithalappmarck: I Pithea æro tree Pastores ther och Lapperna wæll underviste warda i Lhudzord. Das ist: In der PithaLappmarck sind drey Pfarzherzen alwo die Lappē gleichergestalt in Gottes Wort wol unterrichtet werden. In der LuleLappmarck gehet es etwas schwüriger zu/weil daselbst die Lappen gantz zerstreuet sind. Dannoch bemühet sich der einzige Priester / so deß Ortes ist / so viel ihme möglich. I Luhlea saget er ferner/ ær allenast een Lappræst, ther han allena med moedo och stort besvværkan Gudstiensten foerrætta, foer ortens wiida begriipelse skull. Das ist: In der LuhleLappmarck ist nur ein einziger Priester/welcher alleine gar schwer/was zu dem Gottesdienste gehörig/bestreiten kan/wegen der weitläufftigen und weit von einander gelegenen Oerter/so sich alhie finden. In der TorneLappmarck und KimaLappmarck hat man gleicherweise Lappische Prediger/mit welchen die Schwedischen Priester selbiger Oerter/jährlich eine Reise zu denen Lappen/so an den äussersten Plätzen wohnen/thun/und selbe in ihrem Christenthum unterrichten. Davon Samuel Rheen folgender gestalt redet: I Taornea Lappmark diit reser Pastor Tornensis een gaong om aohret, att doepa barn, och informera them i theras Christendom. Sammaledes reser och Pastor, i kimi up i des Lappmark en gaongom aohret sampt med Lappræsten. Das ist: Der Tornische Pfarzherz reiset jährlich die Tornalappmarck durch/tauffet die Kinder / und unterweiset die Lappen in der Christlichen Lehre. Ein gleiches thut auch jährlich der Kimische Priester. Von alle diesem meldet auch Olaus Petri Niurenius, so zu den Zeiten Gustavi

Adol-

Von der Christlichen Religion der Lappen.

Adolphi gelebet/ folgender gestalt: In der Umalappmarck ist eine Kirche/ein Prediger/und eine Schule/ auß welcher jährlich etliche an die abgelegene Oerter / derer Einwohner zu unterrichten/ geschicket werden. In der Pithalappmarck findet man an dreyen unterschiedenen Oertern Kirchen und Pfarrherren/ welche heute zu Tage auff Königliche Unkosten unterhalten werden. Und weil in diesem Strich die Lappen von den Kirchen nicht gar zu weit abwohnen/ kommen sie zum öfftern zu dem Gehör Göttliches Wortes zusammen. Die Luhla Lappmarck hat stäts ihre Kirche und Prediger so von Geburt ein Lappe ist/ und über das zu einem Auffseher den Luhlischen Probst / so fleissige Auffsicht auff sie hält/ also daß dieses Theil wol versehen/ und ist nur neulich ein Ort/ durch deß Pfarrherrn Fürsorge / entdecket worden/ alwo sie den gantzen Sommer durch / wie auch im Winter zu gewissen Zeiten/ zu Anhörung deß göttlichen Wortes sich versamlen können. Die übrigen beyde Theile als Tornalappmarck und Chimalappmarck/ so an Grösse die vorige weit übertreffen/werden nur einmal im Jahr/ wann sie nemlich im Monath Februario den Jahrmarkt halten/ von ihren Predigern besuchet. Welche den Gottesdienst in der Finnischen Sprache/ die sie in etwas verstehen / verrichten. Solcher gestalt zeugen angeführte Scribenten von dem Fleiß der heutigen Lappländischen Priester/ und ihrer Sorgfalt/ so sie/das Lappische Volck im Christlichen Glauben zu unterweisen/anwenden. Insonderheit nachdem sie einen gewissen Lohn für ihre Arbeit/ und Mittel davon sie sich und die ihrigen erhalten können / überkommen. Dann auß den Zehenden so die Lappen der Kron von denen Reenthieren zu lieffern schuldig sind / wird das dritte Theil den Predigern außgefolget. Sam. Rheen: Reenar theskole uthgioera, deelas emellan Cronan och kirkioherden, sao att Cronen tagar tvvao delar, och præsten trediedeeren. Das ist: Die Reenthiere/ so sie an statt deß Schosses geben müssen/ werden unter die Kron und Priester dergestalt getheilet / daß jene davon zwo Theil / diese das dritte empfangen. Imgleichen so gehöret denselben ein Theil von den Kleidern und Fischen/ die sie der Kron lieffern. Lapparna, saget er weiter/ gioera i tiende till Cronan och præsten antingen 2.paar skoor,eller een hvvit ræf,eller ett halfft pund giæddor, huilket bxtes itu emel-

M 2 lan

lan Cronan och præsten. Das ist: Die Lappen geben ihren Zehenden der Kron und dem Priester / endweder zwey Paar Schuh / oder einen weissen Fuchs / oder ein halb Pfund Hecht / so hernach unter die Krone und Priester in zwo gleiche Theile gesondert wird. Wie nun diese und andere Wolthaten / so sie von denen Königen empfangen / die Priester anfrischen / also befindet sich anjetzo bey denen Lappen eine grössere Bemühung / damit sie täglich im Christlichen Wandel und Lehre zunehmen mögen. Dahin anfänglich zu zählen / daß sie die Priester willig hören und mit aller Ehrerbietigkeit auffnehmen. Dann / wañ selbe zu ihnen kommen / grüssen sie solche mit gebogenem Haupte / führen sie in ihre Häuser / tragen ihnen Speise für / und erweisen ihnen allerhand Willfährigkeiten / nennen sie endlich auß Ehrerbietigkeit ihre Herren. Davon vorangezogener Sam. Rheen also redet: Sie lieben die ihnen fürgestellete Prediger / und nennen sie Herrai, das ist / Herren. Und Wexionius in Beschreibung von Schweden im IV. B. im 5. Cap. Die Lappen ehren ihre Priester / und schaffen dieselbe / wañ sie umb Weihnachten Kirchen-visitation halten mit ihren Reenthieren von einem Ort zu dem andern. Wann sie in ihre Hütten kommen / haben sie solche mit weichem Birckenlaub / und darüber gespreiteten Reenthier-Fellen zum Sitzen zugerichtet. Dann lauffen sie alle mit geneigten Häuptern auff Russische Weise herzu / und grüssen sie mit diesen Worten: Saa tervve tulemast Lappinmaa, das ist / seyd uns wilkommen in Lappland. Der Tisch ist ein Brett so auff die Erde geleget wird / die Gerichte / dröge Fische / und truckenes Fleisch von den Reenthieren / dessen Zunge sie an dem Feur braten / die Knochen aber erwärmen und von einander schlagen / deß Marckes halben so sie gerne essen. Brod und Saltz bringen die Priester selbst mit / wie auch den Wein (dann das Bier verdirbt von der hefftigen Kälte /) die Lappen aber setzen ihnen in einem höltzern Gefäß Wasser für. Weiter so feyren sie auch die Fest und Sontage. Olaus Petri: In Heiligung deß Sabboths sind sie einig. An welchen Tagen sie auch keine schwere Arbeit fürnehmen. Dhe haolla sig ifraon alt arbete poco the dagerna, saget Tornæus von den Tornelappen / das ist: sie enthalten sich an diesen Tagen von aller Arbeit. Ja sie lassen alsdann auch ihr Vieh ruhen.

Von der Christlichen Religion der Lappen.

ruhen. Viel auß ihnen heben den Tag führer schon an zu feyren/ welches alles Sam. Rheen mit diesen Worten andeutet: Sie feyren alle Sonn=und Festtage/enthalten sich daran von aller schweren Arbeit/sonderlich zu der Zeit/wann ihnen das Wort Gottes fürgetragen wird. Und solches haben sie nicht allein am Sontage im Gebrauch/ sondern auch am Sonnabend / da sie imgleichen keine grosse Arbeit für die Hand nehmen. An dem Sontage lassen sie auch ihr Viehe und Reenthiere ruhen. Es finden sich auch viele/so an diesen Tagen ihr Vieh nicht einmahl melcken wollen. An diesen Tagen/saget er/wollen sie ihre Reenthiere nicht melcken/. sondern lassen sie frey und müssig dahin gehen. Wann die Predigt gehalten wird/ hören sie fleissig zu/ und singen mit/ so man geistliche Lieder singet/ da dann merckwürdig ist was Tornæus von den TornaLappen meldet: Her uthinnan beviisa the sig gudeligen saa att the tæfla sin emellan hvvem af them bættre kan siunga. Das ist: sie sind in diesem Stucke/ so gottsfürchtig/ daß sie auch miteinander streiten/ wer unter ihnen am besten singen könne. Die Heil. Sacramenta empfangen und gebrauchen sie auch mit höchster Ehrerbietigkeit. Von der Tauffe meldet eben derselbe: Das Sacrament der H. Tauffe halten sie in hohen Ehren. Auß welcher Ursache sie dieselbe auch nicht auffschieben/ sondern die Kindbetterinnen nehmen die allererstgebohrne Kinder/ acht oder vierzehen Tage nach der Geburt/ und bringen sie zum öfftern gar einen weiten Weg/ zu dem Priester. So ebenfals Sam. Rheen bezeuget im 12. Capitel: Was die Tauffe ihrer Kinder betrifft / saget er / eilen sie damit so viel sie können/ also daß die Lappischen Kindbetterinnen / acht oder vierzehen Tage nach der Geburht eine lange Reise über das höchste Gebürge/ grosse Seen/ und tieffe Wälder mit ihren Kindern zu dem Priester fürnehmen. Mit nicht wenigerer Ehrerbietigkeit erzeigen sie sich gegen das Heilige Abendmahl / und gegen die Beicht und Loßsprechung von Sünden. Olaus Petri: So viel man äusserlich abmercken kan / empfangen sie die Loßsprechung von Sünden / und das heilige Abendmahl mit grosser Andacht Zumahl da sie anietzo gewahr werden / daß sie solches nun allererst wahrhafftig überkommen.

M 3   Dann

Dann zuvor/als die Päbstler selbiges ihnen außspendeten/wurd ihnen daßselbe ohngesegnet hingereichet. So auß des Petri Claudii Worten/welcher schreibet/daß es also in Norwegen gebräuchlich gewesen/ abzunehmen und dahero zu schliessen/daß es damit in Schweden nicht anderes dahergegangen sey. Altarens sacrament bleff dennom uthi Pao vvedomés tiid, och en lenge der efter gifvvet vuiet och usacriret, som man mente. Das ist: Das Sacrament des Altars wurd ihnen von den Päbstlern/wie man dafür hielte/ohne Einsegnung gereichet. Von der heutigen Andacht hergegen berichtet Sam. Rheen: Zu der Beicht wie auch zu dem H. Abendmahl kommen sie mit grosser Andacht. Und Tornæus saget von den Thornensischen Lappen: Altarens och doepelsens sacramenter vværda dhe hoegt, aldeles saosom andra Christne. Das ist: Die Heil. Sacramenta halten sie sehr hoch/gleich wie andere Christen. Aber auch die übrigen Stücke des Christlichen Wandels verabsaumen sie nicht. In dem sie sich von Schweren/Fluchen/Gotteslästerung/und dergleichen gäntzlich enthalten. Dieses ist an ihnen zu loben/saget er ferner/daß sie sich für schrecklichen Schwüre/Fluchen und dergleichen hüten/und davon wenig wissen. Gegen die Armen sind sie Gutthätig/wie ich an einem anderen Orte Meldung gethan/auch zugleich erwiesen daß der Diebstal ihnen meistentheils unbekandt. Untereinander leben sie gar friedlich/besuchen einander/und schwätzen gar freundlich zusammen; Insonderheit so sie eines Herkommens, oder mit einander verwandt sind. Davon eben derselbe: sie ersuchen einander zum öfftern/und solches sonderlich wo sie mit Freundschafft oder Schwägerschafft verbunden sind. Und dieses alles thun sie darumb/weil ihnen nunmehr die Christliche Religion mit aller ihrer Beschaffenheit/und was sie von einem jedweden erfordert/so wol im Glauben/als in denen Wercken und gantzem Leben/kund worden. Davon offt erwähnter Rheen also redet: Die Lappen wissen nunmehro gar wol/daß ein GOtt sey/der Himmel und Erden erschaffen/und daß wir alle durch den Tod dessen Sohnes erlöset worden/und bald hernach: Die Lappen glauben einen einigen GOtt in dreyen Personen/Vatter Sohn und Heil. Geist. Wie sie nun erzählete Stücke auß Befehl der Christlichen Religion in acht ha=

haben/ also fliehen sie und meiden alles/ so zu ihrem alten Aberglauben gehörig. Die Trummelen schaffen sie ab; die Götzen/Klötze/ und Steine/welche sie ehmals als Götter verehret zermalmen und zerbrechen sie. Es erzählet hievon Joan Tornæus ein artiges Exempel auff folgende Weise. Es wohnete in der Torne=Lappmarck in einem Dorffe Pældojærf genant ein Lappe/ mit Nahmen Petrus Pævix ein frommer und begüterter Mann / dieser betete im Anfange mit alle den seinigen/den Götzen Seitan an. Nun begab es sich auff eine Zeit/ daß ihme viel von seinen Reenthieren absturben: Dahero er seinen Seitan umb Hülffe wider dieses Ubel anrieff. Allein sein Gebet war umbsonst: und die Reenthiere wolten nicht auffhören zu sterben. Endlich nimbt er mit seinem gantzen Hause eine Reise für an den Ort alwo der Seitan auffgerichtet stund / führete zugleich mit sich eine nicht geringe Menge truckenes Holtzes. Als er dahin gelanget streuet er rings umb das Bilde/ grüne Zweigen von den Fichten/opffert demselben die Häute/ Hörner und Hirnschedel von etzlichen Reenthieren/fält mit seinen Haußgenossen nieder/und ruffet den Seitan umb Hülffe an/und bittet daß er doch mit einem Zeichen seine wahre Gottheit zu erkennen geben wolle. Als er aber kein Zeichen siehet/nachdem er fast den gantzen Tag mit höchster Andacht zugebracht/stehet er mit den Seinigen auff/wirfft das truckene Holtz auff den Götzen/zündet dasselbe an/und verbrennet also den Seitan. Als ihn aber deßwegen seine Nachbahren tödten wolten/sprach er: Ist Seitan ein Gott so wird er wol selbst Rache an mir üben. Darauff ist Pævix ein so eiffrige Christe geworden/ daß/ da ihme andere mit Zauber=Künsten gedräuet/ er die drey Glaubens Artickel/ das Vater unser / und dergleichen gesungen; alle die Götzen daselbst niederzuwerffen gesand. Wegen dieser Verrichtung hat derselbe Sohn/mit Nahmen Wuollaba/ auß Furcht der Nachstellung so ihme seine Landsleute zugedacht/ in Norwegen fliehen müssen. Wie nun dieser seinen Seitan, also hat ein anderer Lappe Clemmet genant in Tenobii wohnhafftig seine Trummel weg geworffen/ nach dem er zu unterschiedenen mahlen zwar von dem Priester dazu ermahnet worden/ solches aber nicht thun wollen. Dann als dessen Mutter in eine schwere Kranckheit gefallen/ hat er sie durch

seine

seine Trummel davon befreyen wollen; weil aber nichts desto weniger die Mutter gestorben/ hat er die Trummel in kleine Stücke zerschnitten/ sagend/ sie wäre ja doch nirgends zu nütze. Sehen wir also hierauß daß die Christliche Religion nunmehro bey denen Lappen in besserem Wehrt/ und höher gehalten werde / als wol bey ihren Vorfahren geschehen. Worauß dann auch gleichfals erhället/ was für Mühe diejenigen hierin anwenden müssen / so mit ihrem Ansehen/ Raht / und Hülffe die gantze Sache befordern helffen. Wiewol auch auff diese Weise nicht alle und jede alte Gewohnheiten und aberglaubische Gebräuche außgerottet worden/ wie in dem folgenden Capitel sol außgeführet werden.

Das IX. Capitel.
Von etzlichen heydnischen Gebräuchen/ so biß auff diese Zeit unter denen Lappen im schwange gehen.

WAs es für eine Beschaffenheit mit der Christlichen Religion unter denen Lappen habe/ ist hoffentlich zur Gnüge in vorigem Capitel angezeiget worden. Und ist auch wol kein Zweiffel/ daß so wol die gottseeligen Könige als Prediger allen Fleiß und Mühe angewand haben/ welcher gestalt die alten heydnischen Gebräuche/ und was ihnen anhängig / außgerottet werden möchten. Allein es ist noch viel überblieben/ so weitere Außmusterung bedürfftig. Wovon vorangeführter Sam Rheen im 24. Cap. seiner Beschreibung von Lappland diese Worte hat: Dhet finnes hoos them ænnu myken vvidskepelse, och grofwa willfar elser. Das ist: sie haben noch viel Abgötterey an sich/ und grosse Irthum. Daher sie auch bey vielen in diesen Argwohn gerahten/ als wann die meisten nur äusserlich sich als Christen anstelleten/ im Hertzen aber noch Heyden wären. Dan so fähret er daselbst fort: Ehuru-vvæll the vvillia synas dyrka, tiena, och troo pao Gudh, doch lyk vall ælska the myket sina foerfæders vvilfar eller. Das ist: Ob sie schon angesehen wollen seyn / als wann sie Gott ehreten und an ihn glaubeten/ so belieben sie doch ihrer Vorfahren Irthümer gar sehr. Und auff diese Weise redet er auch von denen

Von heidnischen Gebräuchen / so noch bey den Lappen im schwange rc. 97

nen Norwegischen Lappen Petrus Claudi: Endock att the sielfvva foera theras barn ut till præsterna, och laota dennom doepa, och somma komma om aohret ut till kirker, och hoera predikan, och annamma och sao altarens Sacrament: sao bevvysa the doch med theras afguderii, att sao dant ær icke uthan skroempteri. Das ist: Ob sie wol ihre Kinder zu den Predigern bringen / sie tauffen lassen / jährlich auch zur Kirchen kommen / die Predigten anhören / und das Sacrament deß H. Alters empfangen / so zeiget doch ihre Abgötterey zur Genügen / daß solches alles nur zum blossen Schein geschehe. Ob man nun zwar von allem und jeden solches nicht glauben kan / und die Erfahrung ein Widriges erweiset / bleibet es doch dabey / daß viele unter ihnen den Christlichen Glauben nicht mit rechtem Ernst / sondern nur äusserlich bekennen. Warumb sie aber so ungerne ihren Aberglauben und heidnische Gebräuche verlassen / finden sich vielerley Ursachen. Die eine ist schon alt / und erwähnet derselben zu seiner Zeit Zieglerus, daß sich unter denen Lappen so wenig Christen befinden / haben die Prälaten schuld / so entweder die Fürsorge / damit dieses Volck im Glauben unterrichtet würde / gar auß der Acht gelassen / oder denselben als er ein wenig empor kommen / in deme sie unter dem Fürwand der Religion / allerhand Aufflagen eingeführt / wiederumb unterkommen lassen. Es konten nemlich die Lappen so ohne dem nicht reich waren / nicht ertragen / daß sie durch dieses Aufflegen der Priester noch ärmer solten gemachet werden. Welches zwar Olaus Magnus im 4. Buch im 19. Cap. eine gottlose und sündhaffte Rede nennet! aber nichts beybringet / daher das Widerspiel zu ermässen wäre. Dann was er allda von den Priestern so in denen Mitternächtigen Ländern gelehret / von seinem Bruder Johanne / welcher in das äusserste Jempterland gereiset / alda den Armen viel Almosen außgetheilet / und mit grossen Unkosten das Saltzkochen angestellet / schreibet / solches alles benimbt dem Zieglero, so in anderen Sachen insgemein glaubwürdig seinem Ruhm nicht. Und ist diese Hinderung durch Königliche Sorgfalt und Freygebigkeit / wie auß obigem zu ersehen / anjetzo gehoben. Die andere Ursache / ist die Weitläufftigkeit dieses Lapplandes / davon eben derselbe / doch mit besserm Fuge als zuvor /

N

vor / im 14. Cap. solche Worte führet: Dieses hält wohl fürnemlich die Lappen auff / daß sie so weit voneinander getheilet wohnen / und bißweilen wol mehr als zwey hundert Italiänische Meilen von den Christlichen Kirchen entfernet sind. Wiewol nun aber auch diese Verhinderung auffgehoben zu seyn scheinet / in deme unterschiedene Kirchen mitten unter ihnen auffgerichtet / können doch die Prediger der ungeheuren Wüsteneyen wegen nicht jederzeit zu allen gelangen. Wie dann in vorigem Cap. angezeiget worden, daß der Luhlische Priester / wegen der vielen und abgelegenen Plätze / gar schwer und mit grosser Mühe / sein Ampt verwalten könne. Und solches die Hindernüssen von einer Seiten. Von der andern findet sich die Geneigenheit dieser Leute zu dem Aberglauben. So dann / über deme was wir schon oben angemercket / die stündliche Erfahrung erweiset. Und läst wol / als wann solches anfänglich daher rühre / weil sie in rauen und ungeschlachten Ländern / mitten zwischen Wäldern / und wilden Thieren leben. Hernach weil sie wenig Gemeinschafft mit Frembden haben / und meistentheils eine jedere Familie für sich ein Stück Landes besitzet / so von anderen weit und bißweilen etzliche Meilen abgelegen. Endlich weil sie fast stätig dem Jagen ergeben, welche Lebensart dann insgemein zu allerhand Aberglauben / und auch wol Teuffelskünsten geneigt ist. Dann weil solche Leute gar wenig Hülffe und Raht von anderen zu gewarten haben / als greiffen sie zum öfftern zu ungebührlichen und bösen Mitteln / und begehren jener Mangelung menschliches Nutzens / von dem Teuffel Hülffe und Glück. Wozu sie desto mehr angereitzet werden / weil ihre Ubelthaten niemand in Acht nimbt / und also keine Straffe besorgen. Daß sothaner gestalt / Samuel Rheen unter die Ursachen / warumb noch anjetzo unter denen Lappen der Aberglaube dauret / auch die erwähnte nicht unbillig rechnet. Att the booi sælben, pao viida aflægne orter, i fraon andre menniskors omgiænge. Das ist: Weil sie zwischen rauen Gebürgen wohnen / und sich an solchen Oertern so ferne von Leuten abgelegen / auffhalten. Die zweyte Ursache ist diese / daß sie von ihren Vorfahren meynen / selbe wären auch wol so klug gewesen / daß sie gewust, was sie für Götter ehren solten. Ja sie dencken es erfodere ihre Schuldigkeit / daß sie von denselben Gebräuchen und Satzungen nicht abgehen /

und

und sie damit einiger Unwissenheit oder Ruchlosigkeit beschuldigen. So sie dann mit den übrigen Heiden gemein haben/ von welchen Cicero saget/ daß sie vermeynen man müsse alle Götter der Vorfahren mit allem Fleiß ehren und behalten. Und Sam. Rheen: The ælska myket sina foerfæders vvildtareller, och beropa, sig ther pao myket att theras foerfæder, dem de kalla gambla foerældrar sao och sao lefvvat, och sao danna seder brukat och oefvvat hafvva. Das ist Die aberglaubische Gebräuche ihrer Vorfahren halten sie sehr wehrt/ und wenden für/ daß ihre Vorfahren/ so sie ihre Altvätter heissen/ auch nicht anders gelebet/ und solche Gebräuche in acht genomen/ denen sie folgen müssen. Hiezu kommet die dritte Ursache/ nemblich die eingewurtzelte Gewohnheit. Diese/ weil sie fast an statt eines Gesetzes ist/ kan gar schwer abgeschaffet werden. Ja selbe weichet ins gemein weit von der Beschaffenheit der rechten Religion ab/ und leitet die Leute in solche Finsternüß/ daß sie nicht erkennen mögen/ was der Wahrheit ähnlich/ oder nicht. Auß welchem Grunde dann gar wol an vorgedachtem Orte Sam. Rheen fortfähret: emædan the afoalder hafvva lefvvat i ett grufvveliget moerker och will farrelle. Das ist: Weil sie von undencklichen Zeiten her in grausamer Finsternüß und Irrthum gelebet haben. Auß welchen und anderen Ursachen folget/ daß bey denen Lappen noch viel auß dem Heidenthum übrig von allerhand Aberglauben und Boßheit/ so in solcher kurtzen Zeit nicht völlig hat können außgereutet werden. Welches wir ebenfals an den meisten Bauren und gemeinen Leuten nicht nur in Schweden/ sondern auch in Teutschland/ Franckreich und übrigen Königreichen befinden/ bey denen noch viel verhanden/ so auß dem heidnischen Aberglauben und ruchlosem Leben seinen Ursprung genommen/ und keines weges kan abgeschaffet werden. Es können aber solche Mißbräuche so noch unter denen Lappen im schwange gehen/ fürnemlich unter zwo Haupttheile gebracht werden. Im ersten kommen die aberglaubische/ heidnische und gottlose Gewohnheiten für: Im zweyten/ die Zauber- und Teuffels-Künste. Dorten finden sich etzliche nichts wehrte/ närrische und kindische Fratzen/ etzliche aber auch so gar gottloß und heidnisch sind. Dieser Art ist zu erst/ daß sie gewisse Zeiten in acht nehmen/ und etzliche Tage

N 2 für

für glückseelig/etliche hergegen für unglückselige halten. Unter diese zählen sie Catharinen/S. Marci Tag den sie Cantepaivæ nennen/und Clementis Tag; deßwegen arbeiten sie an denselben gar nicht/ und enthalten sich insonderheit von dem Jagen. Da sie dann zweyerley Ursachen beybringen/ nemlich/ daß ihnen die Bogen brechen/ und das gantze übrige Jahr kein Glück haben würden / wann sie alsdann der Jagd obliegen solten. Davon Sam. Rheen also redet: sie nehmen etliche Tage/als Catharinen/Marci oder Cantepaivæ, ungleichen Clementis Tag insonderheit in acht/ an denen kein Lappe jagen oder ein Wild schiessen wird/weil sie vermeynen/daß alsdann sie das gantze Jahr kein Glück haben/ und ihnen auch ihre Bogen zerbrechen würden. Gleicher gestalt halten sie auch den ersten Tag in Weihnachten für unglücklich/ an welchem kein Haußvatter auß seinem Hause oder Hütte gehet/ auch nicht einmahl die Kirche besuchet/sondern allein seine Kinder und Gesinde dahin schicket. Solches bezeuget eben derselbe mit diesen Worten: An einigen Festtagen verüben sie allerhand aberglaubische Possen/ als insonderheit am ersten Weihnachts-Tage an deme die Haußvätter ungern zu der Kirche kommen/ sondern schicken allein ihre Kinder und Gesinde dahin. Die Ursache ist/ weil sie sich für gewissen Gespensten oder Göttern/ so alsdann mit grossem Hauffen in der Lufft herumb schweiffen sollen/welche sie zu erst mit Opffern versöhnen müssen/ fürchten. Ich halte aber gäntzlich dafür/ daß dieser Aberglaube seinen Anfang genommen auß übelem Verstande der Prediger/ so ihnen ehmals erzählet/ daß zu der Zeit/ als Christus gebohren worden/die Engel in grosser Menge vom Himmel gestiegen wären / und denen Hirten eine hefftige Furcht eingejaget hätten. Hernach geben sie auch auff etliche Anzeigungen Achtung. Unter andern mercken sie ab / was ihnen deß Morgens für ein Thier begegnet / darauß sie von der Verrichtung selben Tages und ihrer Geschäffte Fortgang schliessen. Von welcher Sache schon ehmals Zieglerus in Beschr. von Lappland: Was ihnen deß Morgens/wann sie auß dem Hause gehen für ein Thier begegnet/ von deme nehmen sie eine Abmerckung/ was ihnen deß Tages zustossen werde. Sie lassen auch nicht zu/daß ein Weib zu derselben Thüre herauß gehe/ dadurch

der

der Mann auff die Jagd gegangen/ und meynen daß derselbe alsdann kein Glück haben werde/ wann ihme ein Weib auff den Füssen folget. Sie halten es für ein groß Versehen/ wann das Weib auß ihrer Hütten zu der Thür/ dadurch der Mann selbiges Tages auff die Jagd sich begeben/ herauß kreucht. Und dieses zwar sind die aberglaubischen Gewohnheiten/ so nebst anderen vielen unter ihnen annoch üblich. Folgende aber sind zugleich leichtfertig und heidnisch/ und gehören zu der zweyten Art. Als daß sie fürs erste nicht mit solchem Eiffer/ als es sich wol gebühret/ sondern gemeinlich fast gezwungen besuchen. So von ihnen Sam. Rheen zeuget: Det skeer med tuaong att the skola komma till kioerkian, och Gudz ordz hoerande. Das ist: Sie kommen zu der Kirchen fast gezwungen/ und hören die Predigten nicht willig an. Weiter/ daß sie etlichen Artickeln der Christlichen Religion gar schwer Glauben beymessen/ insonderheit den/ so von Aufferstehung der Todten/ die Vereinbahrung Leibes und der Seelen/ und der Seelen Unsterblichkeit handelt. Viele unter ihnen halten dafür/ daß so wol der Menschen/ als Thiere Seelen sterben/ und wollen sich nicht überreden lassen/ daß nach diesem ein anderes Leben zu erwarten. Damit aber an diesem meinem Außspruch niemand zweiffle/ wil ich deß zuvor benenten Scribenten eigene Worte hievon anführen: Lapparna ære ænnu sao grofvve, att the icke vvillia trovden Articulen om kioettsens upstaondelse, och att siæl och kropp skola aoter sammanso gade warda pao den yttersta dagen, vthan mena, fœh nades och menniskiones anda, wara ena handa. Das ist: Die Lappen sind annoch so thumb/ daß sie den Artickel von der Aufferstehung deß Fleisches/ von Vereinigung der Seelen mit dem Leibe/ von Zukunfft deß jüngsten Tages nicht glauben wollen/ sondern vermeynen die Seele der Menschen und deß Viehes sey einerley. Und im 28. Cap. Lapparna æra maonga i den willfarande mening, att the framledne doede iche shola upstas. Das ist: Viel unter denen Lappen stecken in dem Irrthum/ daß die Todten nicht aufferstehen werde. Dannenhero hat sich auch in der Tornelappmarck ein Lappischer Priester/ mit Namen Georgius, unter sie begraben lassen/ damit er sie in dem Glauben von Aufferstehung der Todten befestigen möchte/ wie

wie solches Joan. Tornæus anzeiget. In dieser Kirche (er redet von Rounala) habe ich einen alten Lappischen Priester begraben lassen/ weil er auff seinem Todbette befohlen/ daß man ihn unter den Lappen solte zur Erden bestätigen/ damit er auff solche Weise bey ihnen den Glauben von Aufferstehung der Todten/ und daß sie mit ihme zugleich im jüngsten Tage aufferstehen würden/ davon er ihnen bißhero so viel fürgeprediget hätte/ bekräfftigen möchte. Dannoch so thut Sam. Rheen an vorigem Orte hinzu/ daß sie vermeynen/ es bleibe nichts destoweniger nach dem Tode etwas übrig/ so sie selbsten/ was es wäre nicht wüsten. So dann die eigentliche Meynung der Heiden ist/ welche daher ihre Manes oder Geister der Verstorbenen zu erdichten Anlaß genommen. Men att nogot ær quar efter doeden, troo theo. Das ist: sie glauben aber daß etwas nach dem Tode übrig verbleibe. Zum dritten setzen sie nebst den wahren Gott/ und Christum/ ihre falsche Götter/ und verehren solche auff gleiche Weise/ als wann Gott und der Teuffel wol übereinstimmeten/ oder doch ein jeder davon ein Theil der göttlichen Ehre haben müste und wolte. Es finden sich aber bey denen Pitha- und Lule Lappen etzliche so sie grössere/ etzliche so sie kleinere oder Thordoen Storjunkaren und Sol neuen. Sam. Rheen im 25. Cap. Theras foernæmsta afgudar æro desse tree, Thor eller Thordoen, Storjunkaren, och Solen, das ist: Die Fürnemhsten unter ihren Göttern sind diese drey/ Thor oder Thordæn, Storjunkaren und Sol. Damianus à Goes schreibet/ daß sie das Feur/ und steinerne Bilder verehren. Diese Leute/ saget er/ halten das Feur und steinerne Bilder für ihre Götter. Selbige steinerne Bilder aber sind keine andere als die so sie ihrem Storjunkaren zu Ehren auffgesetzet/ wie auß folgendem wird zu erkennen seyn. So stelleten sie auch durch das Feur die Sonne für. Dann daß sie das Feur selbst als einen Gott solten geehret haben/ ist falsch/ und von niemand sonsten auffgezeichnet. Joan. Tornæus im 7. Cap. Es sind etzliche unserer Kirchenlehrer/ so da wähnen/ als wann die Lappen nach Art der Morgenländischen Völcker das Feur verehreten. So ich aber/ wiewol ich allen Fleiß angewandt/ weder auß einiger alten Tradition unter denen Lappen/ weder auff andere Weise/ erfahren können. Was von heidnischen Gebräuchen so noch bey den Lappen im schwange ꝛc. 103

er allhie für Lehrer verstehe/ ist mir ohnbewust/ er müste dann den Paulinum meynen/ der doch was er etwa hievon beybringet/ bloß auß dem Damiano genommen. Peucerus thut das Holtz hinzu. Seine Worte in dem Wercke von der Vorherkündigung sind folgende: Sie haben bißhero an statt der Götter Steine und Holtz angebettet. Nemblich das Holtz/ auß welchem sie den Thorum gebildet. Diese drey gröſsere Götter sind den Pitha- und Luhlelappen eigen gewesen. Die Torna- und Kimalappen aber haben an dieser Stelle andere so sie insgemein Seitas genent/ verehret. Davon und zwar vom Storjunkare saget Joh. Tornæus also: Storjunkaren vveta intet Tornao och Kemi Lappar af. Das ist: Die Tornischen und Kemischen Lappen wissen von den Stoerjunkare nichts. Im Gegentheil hat er von den Seitis im 7. Cap. folgendes: Die Höltzer und Steine beteten sie an/ und so viel familien, ja fast so viel einzele Lappen waren/ so viel Götzen hatten sie auch nebst dem See gesetzet. Unter diesen befand sich ein fürnehmster und höchster/ welchen die gantze Dorffschafft für den übrigen allein ehrete. Diesen/ wie auch alle andere nenneten sie Seitas. Wiewol glaublich/ weil das Wort Seita einen jeden Gott insgemein bey denen Lappen bedeutet/ daß sie unter diesem Namen den jenigen/ welchen die Luhlelappen Tiermes oder Aüke, das ist/ Donnernder oder Großvatter/ so von anderen Thorus genant wird/ ehren/ insonderheit was den gröſseren Seita, so gleichsam der übrigen Haupt/ belanget. Die kleinern aber können gar wol eben dieselbe seyn/ welche die Lulischen Stoerjunkare nennen/ und also kein Unterscheid sich unter denen Göttern selbst/ sondern nur in blosser Benennung bestehe/ in dem die Tornalappen einen allgemeinen Namen die anderen einen absonderlichen Namen ihnen zulegen/ also daß jene so wol die gröſseren als die kleinern insgemein Seitas, diese aber die gröſseren Tiermes oder Aüke, die kleineren Storjunkare heiſſen. Gewiß ist es/ so man die Weise deß Gottesdienstes ansiehet/ daß selber so wol bey denen Tornalappen als denen übrigen eine Gleichheit habe/ wie solches hernacher weiter sol dargethan werden. Ausser den gröſseren/ so wir albereit erzählet/ haben die Pithischen/ Luhlischen/ und benachbahrte Lappen noch einige kleinere Götter. Gleicher gestalt/ finden sich bey den Tornalappen/ wie schon erwiesen/ diese Art/ ob sie schon

einen

einen Namen mit den grösseren führen. Außgenommen einen den sie WiruAccha, das ist/das Lyffländische alte Weib nenneten. So meines Haltens/ eben derselbe ist/ von deme Olaus Petri Niurenius im 19. Cap. folgender gestalt redet: Der Kimische Gott Viresaka genant/ hatte die Figur eines menschlichen Angesichtes/ so oben auff einem abgehauenem Baum stund. Da dann an statt der Kimischen/ der Tornische/ und für *Viresaka vvirku* oder *vviru Acha* stehen solte. Mitten in der Tornamarck/ saget Joh. Tornæus: war für dem berühmt der Seita mit Namen WirkuAcha, so ein Lyffländisch altes Weib bedeutet. Diesen beteten alle die umbliegende Lappen an/ und opfferten demselben eine geraume Zeit/biß ihn die Tornischen Birkarler, denen dazumahl mit den Lappen Handel zu treiben/ erlaubet war/zerstöreten. Ob sie nun wol dieses Götzenbild umbgekehret/ und ferne von der vorigen Stelle hinweg gebracht/ hat man doch solches in kurzem wieder daselbst gefunden/ anjezo aber ist es gantz verfaulet. Seine Gestalt war nicht menschlich/ sondern wie ihre übrigen Götter/ ein blosser Klotz. Und dieses ist der einzige Gott/den die Tornelappen unter einem absonderlichen Namen angebetet/ so heutiges Tages gantz vernichtet/ und in Vergessenheit gerahten. Die anderen führen mit denen grösseren Göttern einerley Namen. Und wiewol Tornæus nicht angemercket/ wer diese kleinere sind/ oder zu was Ende sie ehmals geehret worden/ kan man doch einige Muthmassung auß deme/ so von anderen Lappen auffgezeichnet/ entlehnen. Dann sie ehren zu erst die/ welche wir zuvor Manes oder Geister der Verstorbenen/ benennet. So daher erhellet/ weil sie sich vor den Verstorbenen/ nach dem Zeugnüß Sam. Rheens, fürchten/ und also glauben/ dasjenige was nach dem Tode überbleibet/ sey der Beswandnüß/ daß es ihnen schaden könne. Eben auff die Weise/ wie die Römer hievon gewähnet/ davon Servius über das dritte Buch Æn. Virgilii: *Manes* sind die Seelen/ die da/ nachdem sie von dem Leibe geschieden/ noch nicht andere Leiber bezogen. Sie sind aber schädlich. Sam. Rheen führet diese Worte: Att nogot ær quar effter doeden, troo thee, hvvarfoere the och sky myket foer the doeda. Das ist: Sie geben für daß etwas nach dem Tode überbleibe/

von heidnischen Gebräuchen so noch bey den Lappen im schwange ꝛc.

bleibe/und dahero fürchten sie sich sehr für den Todten. So auch Peucerus am 203. Blat bekräfftiget. Insonderheit werden sie von den Seelen ihrer verstorbenen Verwandten geschrecket und geplaget. Solches ist auch daher abzunehmen/weil sie ihnen opfferen. Welches ein anderer ungewisser Scribent den ich bey mir geschrieben habe meldet. The offra doeden, eller the framledne doede. Das ist: Sie opffern dem Tode / oder den Todten. Von den Opffern aber sol hernach Bericht geschehen. Ferner so ehren sie auch etliche andere Gespenste oder Geister / von denen sie sagen / daß solche auff den Hügeln/Bergen/Flüssen und Seen herumb schweiffen/nicht anders/ als wie ehemals die Römer ihre Faunos, Sylvanos und Tritones. Sam. Rheen: Troll mena the vvara allestoedes i fiællen, i bærg och sioear. Das ist: Sie vermeynen / daß sich auff den hohen Gebirgen und in den Seen gewisse Geister auffhalten. Endlich erdichten sie noch eine Art / entweder guter oder böser Engel / so sich in der Lufft/zumahl in der Weihnacht spüren lasse/worvon schon etwas angemercket worden. Wohin auch Sam. Rheen siehet/ wann er an dem Orte alwo er von ihren Opffern gedencket/unter andern saget: det the vvillia gifvva det om kring vvan draude juhlafolket som the tao mena skola færdas omkring i luften. Das ist: Dieses opffern sie dem alsdann herumschweiffenden Juhl-Heer/ von Juhl/das ist/das Weihnachtfest benennet wird/wie sie es jetzunder erklären : denn für Alters war es so viel als das neue Jahr / wie ich solches in der Beschreibung von Ubsal mit mehrerm angezeiget. Weil sie nun dafür halten/ daß umb diese Zeit eine grosse Menge derselben Geister und Engel in der Lufft sich auffhalten/haben sie denenselben gedachten Namen zugeeignet. Und dieses nun sind die Götter/ denen die Lappen biß auff heutigen Tag nebst dem wahren Gott und Christo Ehrerweisen. Von welchen wir im folgenden Capiteln absonderlich handeln wollen.

O

Das

Das X. Capitel.
Von den Heydnischen Göttern/ welche die Lappen anjetzo noch ehren.

IN vorigem Capitel ist erwiesen worden daß die Lappen noch heute zu Tage drey grössere und für anderen mächtigere Götter anbeten. Der erste ist Thor oder Thordoen auf Schwedisch/ das ist Donner. In der Lappischen Sprache wird er genant Tiermes, welches Wort alle dasjenige/ was da einen Knall und Geräusche von sich giebet/ bezeichnet. Daß dannenhero/ so man das Wort recht ansiehet dieser Tiermes eben derselbe ist/ den die Lateiner den donnernden Jupiter nennen/ und übereinkommet mit dem Gott Tarami oder Tarani, das von in meiner Beschr. von Upsal gehandelt habe. Insonderheit weil sie in der absonderlichen Benennung Tiermes den Donner heissen/ von dem sie wähnen daß er durch eine besondere und fürtreffliche Krafft deß Himels Lebe. Sam. Rheen im 25. Cap. Thor eller thordoen haolla thewara ett lefvvandes ting, som sao dundrar i himmelen. Das ist: sie vermeinen daß der Thorum oder Thordoen, das ist/ der Donner ein lebendiges Wesen sey/ und im Himmel donnere. Was die Lappen Tiermes nennen/ heisset ihme Thor und Thordoen oder Donner und bedeutet die Krafft/ dadurch es donnert. Und ist nichts anders/ als der donnernde Gott. Darumb nennen sie ihn auch Aijeke, das ist auff Lappisch soviel als Grosvatter/ Eltervatter. Dieser wann er donnert/ heist er Tiermes, welches Wort eine Gleichnüß hat mit der Scythen Tharami, oder der Schweden Tor und Toron. Diesen Tiermes nun oder Aijeke, dessen sie auß dem Donnerknalle / und Blitzen kündig worden/ und ihn also Tiermes genant/ ehren die Lappen/ weil sie glauben daß in seiner Gewalt der Menschen Leben und Tod/ Gesundheit und Kranckheit beruhe. Sam. Rheen: Denne Thor mena the hafvva macht oetvver menniskiones hælsa och sundheet, liif och doedh. Das ist: Dieser Thorun (den sie nemblich Aijeke oder Tiermes nennen) hat ihrer Meynung nach Gewalt über der Menschen Gesundheit und Kranckheit / Leben und Todt. Weiter so legen sie ihme

Von den heydnischen Göttern/welche die Lappen noch ehren. 107

ihme einige Bottmässigkeit zu/ über die schädlichen Geister/ so in den Hölen/ Gebäuen und Seen sich spüren lassen/ so er zu Zeiten bestraffe und mit den Blitzen erschlage / gleicher weise wie bey denen ältern Lateinern von dem Jupiter geglaubet worden/ daß er die boßhafftigen und schädlichen Menschen mit seinem Blitzen straffe. Thordoens, saget er weiter/ æmbete haolla the vvara, att doeda och dræpa alla troll. Das ist: Sie halten dafür das Ampt und Recht deß Donners sey/ daß er alle böse Geister niederschlage und umbbringe. Zu dem Ende eignen sie diesem Thoroni oder Tiermes auch einen Bogen zu/ mit welchem er die Pfeile abschiessen könne/ so ein Regenbogen seyn sol. Regnbogan kalla the Thors bogan, ther med han skall skiuta och dræpa alle troll, som them nogon skada vilia tillfoga. Das ist: Den Bogen deß Thoronis nennen sie einen Regenbogen / damit er die bösen Geister/ so ihnen Leid zufügen wollen/ tödtet. In ihrer eigenen Sprache heisset er, Aijeke dauge, das ist: der Bogen deß Großvatters oder deß guten und wolthätigen Gottes/ der sie als seine Kinder beschütze und wider die bösen Geister beschirme. Ferner tichten sie auch/ daß er einen Hammer habe/ den sie Aijeke wetschera nennen/ mit deme er den Geistern die Köpffe und Hälse zermalme/ dessen ich von dem Olao Mathiæ, so ein Lappe von Geburt/ berichtet worden. Weil die Lappen nun von diesem Tiermes so viel Wolthaten erwarten/ daß er nemblich den Menschen das Leben schencke/ sie bey Gesundheit erhalte/ ja daß ohne seinen Willen der Tod ihnen nicht schaden könne/ weil sie vermeynen/ daß er die Geister so ihnen auff der Jagd/ im Vogelfang/ Fischereyen hinderlich/ vertreibe/ und wann sie jemand Schaden verübet/ mit verdienter Straffe belege/ ehren sie denselben auch für allen andern. Auff ihn folget der Storjunkare. Dieses Wort ob es wol nicht in Lappland/ sondern in Norwegen entsprossen/ gebrauchen es doch die Lappen / wie solches Sam. Rheen klärlich anzeiget: Detta ordet Storjunkare ær tagit af thet Norriska tungomaolet, emedan the kalla sina Landshoefdingar junkare, altsao kalla Lapparna sine afgudar Storjunkare. Das ist: Das Wort Storjunkare ist auß der Norwegischen Sprach entlehnet/ dann die Norweger nennen ihre Befelchshaber oder Landvögte Junkare,

O 2

kare, welcher gestalt auch die Lappen ihre Götter Storjunkare heissen. Da er dann deutlich zu verstehen giebt/ daß die Lappen selbst dieses Wort im Gebrauche gehabt. Wiewol es scheinet / daß solches etwas späte geschehen/ und zwar nach dem ihrer etzliche unter der Norweger Bottmäßigkeit gerahten. Gewiß ist es daß sie eben denselben Gott sonsten auch Stourra passe, das ist / den grossen Heiligen nennen / so dann auß dem Gesang/ welchen sie bey dessen Opffern hören lassen/ und hernach sol angeführet werden/ zu ersehen. Sie halten nemlich diesen Gott gar hoch/ und erweisen ihme mehr Ehre als denen übrigen Göttern. Und ist ihre Meynung daß er deß Aijecke oder Tiermes Statthalter / und als königlicher Befehlhaber sey. Sam. Rheen: The haolla honom foer Guds junkare eller Staothaollare. Das ist: sie halten ihn (den Storjunkare,) für einen Statthalter Gottes. Und weil sie ihn für Gottes Verwalter achten/ nennen sie ihn Storjunkare, so eben so viel ist als ein grosser Verwalter/ und der höher ist als ein ander königlicher Amptmann; Altsao kalla Lapparna sine afguder Storjunkare som æra stoerre æn andra Landshoefdingar. Das ist: Die Lappen nennen ihre Götter Storjunkare, die stoerre das ist grössere als andere Amtleute sind. Weiter so ehren sie diesen Storjunkare darumb/ weil sie vermeynen daß durch dessen Hülffe fürnemblich die Menschen viel gutes geniessen. Und zwar weil sie glauben daß unter seiner Herrschafft und Wilkühr alle Thiere sind: und daß Aijeke oder Tiermes die Götter/ die Teuffel und die Menschen beherrsche; der Storjunkare aber gebiete dem Vieh und wilden Thieren/ welche dann ohne seinen Beystand nicht können gefangen werden. Davon offterwähnter Sam. Rheen auf diese Weiß: Storjunkaren tillkrifvva the then machten, att the sægia honom, saosom en Guds Staothaollare, hafvva macht utoef vver alla diur, som ære bioernar, vvargar, ræfvar, ottrar, rhenar, fiskar och foglar, att han kan gifvva god lyka dem attfaonga. Das ist: Dem Storjunkare eignen sie diese Gewalt zu/ daß er als ein Statthalter Gottes/ allen Thieren als den Bären / Wölffen/ Füchsen/ Fischottern/ Reenthieren/ Fischen und Vögeln gebiete/ und mache daß sie gefangen werden. Da er dann außdrucklich bejahet/ daß die Lappen

dafür-

dafür halten / daß die wilden Thiere dem Storjunkare zugehören/ und auff sein Zulassen und Willen mögen gefangen werden. Weil sich nun die Lappen von diesen fast allein nähren und kleiden / verstehet ein jeder leichtlich / wie hoch sie es ihnen angelegen seyn lassen / diesen ihren Storjunkare zu ehren. Und diese zweene Götter / deren einer die Menschen / der andere die Thiere regieret / einer das Leben der Menschen erhält / der andere nöhtige Speise und Unterhalt verschaffet / sind der Lappen eigene. Von dem Storjunkare thut einen andern Bericht Tornæus, so doch wann man ihn recht besiehet / von dem was fürhero gesaget / wenig abgehet. Seine Worte lauten also: Von dem Storjunkare berichten sie / daß er sich von den Fischern und Vogelfängern zum öfftern sehen lasse / und zwar in der Gestalt eines langen und ansehnlichen Mannes / mit schwartzen Kleidern / auff die Art wie sonsten die Edelleute pflegen gekleidet zu seyn / angethan / mit einer Büchsen in der Hand / und Füssen so den Füssen der Vögel gleich. So offt er sich aber entweder an dem Ufer oder in ihren Schiffen sehen lasset / so vielmahl habe er auch den Fischfang befordert / auch die fürüber fliegende Vögel mit seiner Büchse herunter geschossen / und sie denen Anwesenden geschencket. Sie erzählen weiter daß er zum erstenmahl auch anderen / ausser den Lappen auff diese Weise bekandt worden / daß als ein Königlicher Amptmann bey dem Berge fürüber gereiset / auff welchem der Storjunkare seine Wohnung hat / habe derselbe Lappe so ihme den Weg zeigen sollen / still gehalten / und den Handgriff seiner Art in das Eiß gestecket / die Art aber rund herumb gekehret / und gesaget / er thue solches demjenigen / so allda wohne / wegen vieler Wolthaten / zu Ehren. Welches dann mit vorgemeldetem übereinstimmet / weil sie gleichergestalt den Storjunkare zu einem Herrn der wilden Thier / der Fische und Vögel machen / auch sagen daß die Lappen dieses alles von ihme überkommen. Deme auch nicht zuwider / daß allhie nur eines Berges / darauf er wohne / gedacht werde. Dann gedachter Amptmañ bey mehrern Bergẽ nicht fürüber gereiset / also daß der Lappe von mehrern zu reden nicht Ursache gehabt. Aber auch von seiner Kleidung und Gestalt so viel als von seinem Ampte haben sie ihn benennen können / fürnemblich in dem Luhlelappland / so an Norwegen gräntzet.

Und

Das zehende Capitel

Und weil er sich in eben einer solchen Gestalt in Torna- und Kiema-Lappmarck nicht sehen lassen/ kan es geschehen seyn/ daß sie ihn auch unter solchem Namen nicht geehret / sondern insgemein Seita genant/ und ihme den Nutzen so sie auß dem Vogelfang/ Fischereyen/ und Jagden gehabt/ zugeschrieben. Wir fahren fort ihren dritten Gott den sie mit allen Heiden gemein haben/ zu betrachten. Selbst nennen sie ihn Baiwe oder die Sonne. Diese ehren sie/ zu erst/ weil er ihnen Licht und Wärme giebet. Olaus Magnus im III. Buch im 2. Cap. Sie beten die Sonne an so ihnen des gantzen Sommers durch leuchtet/ und sagen derselben Danck/ daß sie ihnen das Licht für die erduldete Finsternüß und Wärme wider die hefftige Kälte herbey bringet. Hernach weil sie dieselbe für einen Uhrheber halten alles deßjenigen so da gebohren/und gezeuget wird. Sam. Rheen: Solen haolla the foer een moder foer alle lefwande diur. Das ist: Die Sonne halten sie für eine Zeugmutter aller Dinge. Insonderheit glauben sie/ daß die Sonne ihre Reenthiere erwärme/ und derselben Junge zunehmen und wachsen mache. Solen haolla the conservera theras reenfoster, och meddela them then naturlige vermen, att the vvælmao triifvvas. Das ist: Sie meynen die Sonne erhalte die junge Reenthiere / und theil ihnen die natürliche Wärme mit/ daß sie zunehmen. Weil sie nun der Sonnen so viel Wolthaten zuschreiben/ fürnemblich da sie an so kalten Oertern wohnen/ alwo die natürliche Wärme leicht geringert/ und zu Zeiten gar entnommen wird/ sie auch ihre beste Nahrung von den Reenthieren haben: so deucht en sie hinwieder der Billigkeit gemäß zu seyn/ daß sie dieselbe bestermassen ehren. Hiezu kommet/daß sie mit der Sonnen Wiederkunfft/ auch den Tag wieder erlangen/ welcher durch deren Zurückgang nicht zwar nur etzliche Tage / sondern viele Wochen lang entnommen gewesen. Da sie dann diese Wolthat umb so viel höher schätzen/ so viel länger sie derselben ermangeln müssen. Alle diese Götter/ so wir bißhero erzählet / ehren sie dergestalt/ daß sie einen jeglichen absonderlich auff eine gewisse Art verehren. Welche darin bestehet/ daß sie erstlich besondere Oerter erwählen/und zu eines jeden Gottesdienst bestimmen/hernach ihnen zu Ehren an solchen Oertern

von den heidnischen Göttern/ welche die Lappen noch ehren.

tern gewisse Bilder und Seulen auffrichten; endlich unterschiedlich Opffer thun. Der Ort/ da sie den Thor oder Tiermes ehren/ ist gemeinlich gegen dem hindern Theil deß Hauses über/ doch so weit davon als man mit einem Pfeil schiessen mag/ gelegen. Daselbst richten sie von Brettern gleich als einen grossen Tisch auff/ so auff etlichen Füssen ruhet/ darauff setzen sie hernach ihre Götzen. Selbiger Tisch ist gestellet wie ein Altar/ mit Zweigen von den Bircken und Fichten rund umbgeben. Deßgleichen ist auch der Steig so von dem Hause biß zu diesem Heiligthum führet/ mit Zweigen und Laub von benanten Bäumen geschmücket. Sam. Rheen: the upresa een lafvva baak foer sine kottar, tree alnar hoeg fraon jorden, och upsættia vvackert bioerk och grahn riis rundt kring om Lafvvan. Item the stroe och bioerkriis alt ifraon sina kottar in till Laafvvan pao marké. Das ist: Hinter den Häusern richten sie ein Gerüste auff 3. Elen hoch von der Erden/ umb welches sie rund herumb Bircken und Fichtenzweige stellen/ und mit dergleichen Zweigen bestreuen sie den gantzen Weg von dem Hause biß an das Gerüste zu. Dienet den Lappen also ein solches Gerüste oder Stockwerck an statt eines Altares/ die Zweige aber geben einen Tempel oder Capelle ab/ allwo sie das Bild ihres Thors aufrichten. Fast auf gleichen Schlag redet Joh. Tornæus von dem Seitha der Torn- und Kimischen Lappen Gott/ daß es scheinet derselbe sey einerley mit dem Thorone, und nur den blossen Namen nach von ihme unterschieden gewesen/ nur daß er von dem Stockwerck nichts erwähnet. Seine Worte sind diese: Ihre Götter Seithas genant/ stellen sie neben den Seen und Teichen an gewisse Oerter. Wobey sie in Acht nehmen/ daß der Ort wo sie ihn hinsetzen/ schön grün und lustig sey. Im Sommer zieren sie so wol den Götzen als den gantzen Platz mit grünen Zweigen/ im Winter aber mit klein zerschnittenen Fichten-Zweigen/ und so offt selbe vertrucknet und verwelcket/ legen sie frische wieder in die Stelle. Es möchte dann jemand diese Seitas für die Stoorjunkare nehmen/ weil gesaget wird daß sie an die Seen und Teiche gesetzet werden/ welcher Ort wie ich bald hernach anzeigen werde/ den Stoorjunkaris gehörig. Wiewol ich halte daß die Seitæ nicht nur neben die Seen/ sondern auch sonsten an andere Oerter gesetzet/ und also

bey-

Das zehende Capitel

beyderley Götter unter einem Namen genommen worden/ wie wir schon oben angemercket/ und daß Tornæus sie so genaue nicht unterscheiden wollen. Nun ist der Tempel deß Thoronis oder Tiermes, und der Sonnen einerley. So besagter Rheen im 25. Cap. alwo er von dem Opffer/ das sie der Sonnen bringen/ meldet. Huilket the uphængia baak omkottan, ther the och offra Thoren. Das ist: Sie hängen selbiges hinter ihrem Hause/ wo sie zugleich dem Thoroni opffern/auff. An keinem andern Ort verehren sie die Sonne/ als wo sie den Thorum anbeten/ sondern opffern so wol der Sonnen als dem Thoro auff einem Tisch oder Getäffel. Darauß ich argwohne/ daß dieses nur den blossen Namen nach unterschiedene Götter sind/ und daß eben derselbe Gott/ wann er umb das Leben/ Wolfahrt/und wider die Anläuffe der Geister angeruffen wird / *Tiermes* oder *Aijeke*, wann sie aber von ihme Licht/ Wärme/ und was sonsten den Leib wider die Kälte schützet oder bewahret/ bitten/ Baivve genennet werde. Der Ort aber / wo der Storjunkare geehret wird/ sind gewisse und besondere Berge/wie auch die Ufer der Seen: Dann sie haben einige Gebürge dazu sonderlich geheiliget/und zwar fast eine jede familie hat einen gewissen und zu diesem Gottesdienste erwähleten Ort. Von den familien redet ein ungewisser Scribent folgender gestalt: Huar och een familia eller flæckt hafver sinaStorjunkare staoandes i det landther the vvistas och boo. Das ist: Eine jegliche familie hat ihre eigene Storjunkare, so in derselben Gegend da sie sich auffhält/ auffgesetzet sind. Deßgleichen Sam. Rheen: Hvvar och een flæckt eller familia hafvver sitt besynnerliga oefferbærg. Das ist: Eine jegliche familie hat ihren besondern heiligen Berg. Und von diesen Bergen saget eben derselbe an einem andern Orte: Thesse Storjunkare upressa the i fiell eller bærgsklef vvor. Das ist: Diese Storjunkare richten sie in den Hölen der Berge auff. Diese Hölen aber sind nicht allezeit wolgelegen/sondern wol gantz unwegsam/dazu niemand gelangen kan. Themena saget er weiter: att Storjunkaren pao somblige orter skall hafvva sin boning, men foer fiællens stora hoeg skull, kunna the intet komma till samma ort. Das ist: an etzlichen Orten vermeynen sie zwar daß daselbst ihr Storjunkare wohne/ können aber wegen deß gähen Gebürges nicht dazu gelangen. Auß welchen Worten

von den heidnischen Göttern/ welche die Lappen noch ehren.

zugleich erhellet / warumb man diese Götter eben auff den Gebürgen ehren solle/nemblich weil sie alda ihren Sitz und Wohnung haben. So aber nicht allein von den Hölen der Bergen/sondern auch von den Usern der Seen und Flüsse zu verstehen/dann auch alhie haben sie besondere Oerter/da sie dieselben ehren. Auß welcher Ursache Samuel Rheen nach dem er von denen Bergen geredet/ hinzuthut: eller vid elfvver och sioear. Das ist: diese Storjunkare richten sie nicht allein in den Felsen und Hölen der Bergen auff/sondern auch nahe an den Flüssen und Seen. Daß sie aber an diesem oder jenem Orte wohnen/ nehmen sie wahr, von den Gesichtern/ so in solchen holen Bergen und Seen zuzeiten in der Nacht sich sehen lassen. Dahin auch oben erzähltes von einem Storjunkare so sich in Gestalt eines Edelmans mit einer Büchsen gezeiget. Sam: Rheen, Diese Storjunkare richten sie auf an den Bergen/in den Hölen/oder an den Usern/ther the i foerna tyden hafvva hoert nogot spokerii. Das ist: Wo sie ehmahl etwas von Gespensten gehöret. Sie meynen nemblich dz dadurch ein solcher Storjunkare seine Anwesenheit/und Gefallen so er zu diesem oder jenem Orte träget offenbare/wehwegen sie denselben auch heilig halten und ehren. Endlich nennen sie einen solchen Ort/so es ein Berg oder Felsen ist *Passevvarra*, das ist/ den heil. Berg. Dieses bezeuget eben derselbe Sam: Rheen. The fill, ther the thesse Storjunkare uplatt hafwa Kalla the allai gemen Passewari, dhet ær, helge bærg, eller Storjunkare, fiel. Das ist: alle die Felsen/ wofelbst sie diese Storjunkare auffgerichtet/nennen sie *Passevvari*, das ist: Heilige Berge / oder des Storjunkare Berge. Ja sie halten dafür daß man ihnen nirgend wo gewisser und füglicher den Gottes-Dienst erweisen könne/ dessen Ursach auß dem fürhergehenden leicht herzuführen. *Themena*, saget Sam: Rheen, att the pao saodanne ohrter en synnerlig tienst sina afguda belæten gioera. Das ist: an diesen Oertern meynen sie/ könne man den Göttern, auff eine besondere Art dienen. Weiter pflegen sie den Ort/wo sie den Storjunkare ehren/mit gewissen Gräntzen/ wie weit derselbe heilig seyn sol/ abzumessen/ damit solches ein jeder sehen/ und ihn nicht etwa auß Unfürsichtigkeit entheiligen möge/ und also von dem Storjunkare wegen unterlassenen Dienste/ und Entheiligung eines so heiligen Ortes gestraffet werde.

P   Sam:

Sam. Rheen: The hafvva viſſa græntzemæren huru viida Storjunkarens græntzor æro. Das iſt: Sie haben gewiſſe Merckzeichen/ welche andeuten/ wie weit deß Storjunkare ſein Gebiet ſich erſtrecke. Und dieſes ſind die Oerter alwo der Storjunkare geehret wird. Weil aber eine jede familia, wie ich ſchon angezeiget/ einen gewiſſen Platz zu dieſem Dienſte gewidmet/beſitzet/kan es nicht fehlen/daß ſolcher Oerter nicht eine groſſe Anzahl in Lappland ſeyn müſſe. Und zwar zählet derſelben Samuel Rheen in dem einzigen Luhliſchen Gebiete/dreyſſig und mehr folgender geſtalt. Der erſte ſaget er/iſt an dem Fluß Waikijaur, faſt eine halbe Meile von der Lappiſchen Kirchen Jochmochs genant. Der andere an dem Berge Piædnackvvari, mehr als eine halbe Meile jenſeit derſelben Kirche. Der dritte auff einem Eylande deß Fluſſes Porkijaur, ſo anderthalb Meilen davon gelegen. Der vierte auff der Spitze eines ſehr hohen Berges Ackiakikvvari, das iſt deß Vatters/ oder deß Thoronis Berg genant/ fünff Meilen über Jochmoch nahe an Porkijaur. Der fünffte hart an dem Teich Skalkatræsk, acht Meilen von vorgedachtem Orte. Der ſechſte an dem Waſſerfall Muskoumokke, eilff Meilen von da. Der ſiebende oben auff einem ſehr hohen Felſen Skierphi genant. Die achte oben auff dem Berge Tiackeli. Der neunte an dem Berge Haoraoaos. Der zehende auff dem Gipffel deß hohen Berges Kaſta, neben Sabbut, einem kleinen See. Der eilffte auf einem Berge/eine halbe Meile von Wallawari. Der zwölffte auff der Spitzen deß ungeheuren hohen Berges Darrawaori, zwey Meilen von erwähntem Orte. Der dreyzehende nahe bey Kiedkiewari. Der vierzehende/bey dem See an Wirrijaur, welcher Ort Nobbel genant wird. Der fünffzehende bey dem See Kaskajaur. Der ſechszehende an dem Berge Enudda gegen Norwegen. Der ſiebenzehende an dem Berg Rarto auch gegen Norwegen. Der achtzehende auf dem Eylande deß Sees Luhlatræsk Hiertthulos genant. Der neunzehende auf einem hohen Berge gegen Norwegen ſo Skipoivve heiſſet. Der zwanzigſte an dem See Sauvo. Der ein und zwanzigſte bey Ollapaſſi einem Buſen deß Sees Stor Luhlatræsk. Der zwey und zwanzigſte bey dem See Lugga. Der drey und zwanzigſte auff dem Berge Kierkovvari. Der vier und zwanzigſte auf dem Ber-

von den heidnischen Göttern/ welche die Lappen noch ehren.

ge Koutom jaurbii. Der fünff und zwanzigste bey dem Wasserfall Sao. Der sechs und zwanzigste/ oben auff dem Berge Kaitzikiæ. Der sieben und zwanzigste bey dem See Ryggtræsk. Der acht und zwanzigste an dem Berge Piouki. Der neun und zwanzigste auff einem Eylande deß Sees Waikejaur, Lusbyshulos genant. Der dreyssigste auf einem Berge/ nahe bey dem Fluß Julao, waricluth genant. Aber auch dieses sind noch nicht alle heilige Oerter dieses Gebietes / sondern es finden sich derer über das viele andere/ so unbekandt bißhero geblieben/ weil die so der Abgötterey noch ergebn/ selbe mit allem Fleiß verschweigen/ damit sie nicht in Argwohn kommen / und also gestraffet werden. Eine weit grössere Anzahl eräuget sich in dem übrigen Lapplande/ welche aber weil man es ohne das leicht schliessen kan mit Stillschweigen übergangen werden/ damit der Leser durch Erzählung derselben keinen Verdruß schöpffen möge. Allen diesen Oertern nun so entweder dem Thoro und der Sonnen / oder dem Storjunkare geheiliget/ thun sie grosse Ehre an. Unter andern/ schliessen sie davon alle Weiber auß/ und lassen sie nicht dazu kommen. Und darff kein Weibesbild den Theil hinter dem Hause so dem Thoro geheiliget betreten. Sam. Rheen Baak om kottan faar intet quinsfolk lof till att komma. Das ist: Den Platz hinter dem Hause darff kein Weibesbild berühren. Eben dasselbe besaget er von den Gräntzen der Berge die dem Storjunkare geheiliget. The hafvva wissa græntze mæren, huru viida Storjunkarens græntzor æro, till huilket bærg manvvuxne quinnos personer sao aldrig lof att komma. Das ist: Das Gebiete deß Storjunkare ist mit gewissen Gräntzmahlen abgesondert/ zu welchen niemals ein mannbahres Weibstück kommen darff. So ja aber einige hiewider handeln solten/ den/ sagen sie/ würde alles Unglück über den Hals gerahten/ ja der Gott würde sie also fort tödten. Darumb thut er hinzu/ daß kein Weib zu denselben nahen/ oder innerhalb tretten dörffe/ sao frampt hhe doeden och annan olycka vvillia undflij. Das ist: so sie anders den Tod/ oder grosses Unglück verhüten wolle. Die Ursache warumb sie von diesen heiligen Oertern die Weibesbilder abtreiben/ scheinet wol keine sonsten zu seyn/ als daß sie selbe zu gewissen Zeiten unrein zu seyn schätzen. So daher auch erhellet / daß er sonderlich die

P 2   Manu-

Mannbahre benennet/ dann von der Zeit an da die Frauens-Personen einigen besondern Zufällen unterworffen werden/heissen sie mannbahr/weil sie nun die Zeit/ da eine jede dieses Geschlechtes solchen Zufall leidet/nicht gewiß erkennen können/ haben sie die Weiber alle miteinander von vorbesagten Oertern außgeschlossen/ damit ihre Götter nicht etwan durch derselben Unfürsichtigkeit möchten beleidiget werden. Unsere Muthmassung bestätiget Damianus à Goes,welcher saget daß die Lappen fürgeben/ die Teuffel können dasjenige so die Weibespersonen in besagter Kranckheit außlassen/nicht leiden. Dann nachdem er daselbst erwiesen/ daß die Lappen mit ihren Künsten ein Schiff mitten in vollem Lauffe auffhalten/thut er hinzu/ daß solches Ubel mit dem blossen Excrement einer Jungfrauen wann es an die Bäncke und Gänge deß Schiffes geschmieret würde/ könne abgewandt werden/ so er von den Inwohnern selbst gehöret. Wir schreiten aber weiter zu den Bildern oder Zeichen mit denen sie ihre Götter ehren und abbilden. Und zwar deß Toronis oder Tiermes Bild ist allezeit von Holtz daher er auch *muora Iubmel,* das ist/der höltzerne Gott/ genant wird. Und weil so wol die Tornische Lappen/ als die übrigen auch höltzerne Götter haben/ ist der Wahrheit ähnlich/ daß sie ebener massen den Tiermes anbeten/ob sie ihn schon Seitam nennen. Es gedencket dieser Sache Petrus Claudi in Beschreibung von Norwegen. En part,gioera sig ett stort træbælete, och lætia thet nogonstædes hen i en sula under elt field. Das ist: Etzliche schnitzen ihnen ein grosses Bild von Holtz/und setzen es an einem Berge in ein Höle. Das Holtz so sie hiezu gebrauchen ist Bircken. Sam. Rheen: So viel Opffer sie schlachten/ so viel Bilder richten sie auch dem Thor zu Ehren auff/ welche auß Birckenholtz zubereitet sind. Oder wie seine eigene Wortlauten: hao maonge reenar Lappen till offer slachtar, sao maonge afgudabelæten skall han upsættia Thor till æhrå, desse belæten giorde the af bioerk. Die Gestalt so sie ihme geben ist gantz ungeschickt/ ausser daß der öberste Theil einem Menschen-Kopffe gleichet. Dieses berichtet mich in einem Brieffe der Herr Matthias Steuchius: Mein Vatter hat es mir erzählet daß es grosse Balcken wären/ (nemlich die Bilder deß Thoronis, so fürher gehet)

so

so eine Gestalt wie eines Menschen Angesicht zu erkennen geben. Dieser deß Steuchii Vatter/ auß dessen Erzählung er solchen Bericht ertheilet/ ist Superintendent zu Hernösand; unter dessen Auffsicht ein groß Theil von Lappland/ was die Religion und den Gottesdienst anlanget/ beruhet/ also daß er hievon gute Wissenschaft haben können. Sam. Rheen thut weiter hinzu/ daß sie den Kopff auß der Wurtzel/ den übrigen Leib aber auß dem Stamm bilden. Desse belæte gioera the af bioerkat thesroot hufvrudet och baohlen af then andra delen. Das ist: Selbige Götzen machen sie auß Bircenholtz/ das Haupt zwar auß der Wurtzel/ den Leib aber auß dem übrigen Klotze. Dann weil die Bircken/ insonderheit die an sumpffichten Oertern wachsen/ gleichsam unten rund zuwachsen/ hernach die Wurtzeln außbreiten/ ist es nicht gar schwer/ dieses Untertheil zu einer Gestalt eines Menschen-Haupts zu bequämen. Damit es aber zugleich das Ansehen gewinne/ daß solches deß Toronis Bild sey/ bewehren sie dessen rechte Seite mit einem Hammer. Erwähnter Sam. Rheen fähret daselbst fort: med een hammar i handen, das ist: mit einem Hammer in der Hand. Dieser ist das Kennzeichen gleichsam/ wodurch er von andern unterschieden wird. In das Haupt stecken sie einen eisernen Nagel/ und ein Stuck Kieselstein/ daß es scheine als wann der Thor Feur schlage. Davon ein ungewisser und noch nicht gedruckter Scribent auf diese Weise redet: I af gudabelætens hufrud slao theen staolnagel eller spuik och itt stycke flintsten, ther med Tor skall slao eld. Das ist: In das Haupt deß Götzens stecken sie einen Nagel von Staal oder Eisen/ mit einem Säcklein Kieselstein/ womit der Thor Feur schlagen könne. Wiewol es scheinet daß die zu erst dieses angeordnet/ hiemit auff das Feur gesehen/ welches sie nebst der Sonnen/ unter dem Bildnüß deß Thoronis verehret/ und auff diese Weise wird der Thor bey den Lappen abgebildet/ so auß beygesetzter Figur klärlicher zu ersehen.

P 3   Ob

Das zehende Capitel

Ob sie nun zwar solcher gestalt den Thor fürstellen/ finden sich doch/ sonderlich in der Tornelappmarck/ so einen blossen Klotz anbeten. Das von saget Tornæus: Seiterna hafwa ingen skapnad eller figur, dhe af tra: æro antingen rotefaste stubbor, eller och paålar i jorden nedersatt. Das ist: Die Seitæ haben keine Gestalt oder Bildung. Dann die so von Holtz gemachet worden/ sind entweder Klötze mit der Wurtzel in der Erden befestiget/ oder auch eingesteckte Blöcke. Der Sonnen Bildnüß haben sie nicht/ vielleicht weil sie ohne das jederman siehet/ oder aber weil ihre und deß Thoronis Gottheit einerley ist. Den Storjunkare stellen sie durch einen Stein für. Sam. Rheen: Storjunkare æro stengudar, das ist: die Storjunkare sind steinerne Götzen/ und der geschriebene Autor. Ther med the bestryka the stenar, them the kalla Storjunkare. Das ist: damit bestreichen sie die Steine/ so sie Storjunkare heissen. Von einem solchen ist Petrus Claudi zu verstehen/ wann er in Beschr. von Norwegen von den Lappfinnen saget: Ihre Götter sind ein grosser Stein/ so sie in den Wäldern und Wüsteneyen greyen auffrichten. Oder wie er selbsten redet / somme hafvva en stor steen. Dieser Stein hat mit dem Thorone nichts zu thun/ dann selber wird auß einem Baum oder Holtze gebildet/ auch mit keinem andern Gott/ sondern stellet den Storjunkare allein für. So muß auch Damianus à Goes erkläret werden/ da er von denen Lappen redet: Sie haben an statt der Götter steinerne Seulen. Und Jacobus Zieglerus: ihre Götter sind steinerne Seulen/ so sie auff die Berge stellen. Da er dañ gar wol beyfüget / auff den Bergen/ dann dieses war der eigentliche Ort/ alwo/ wie wir schon gehöret / der Storjunkare verehret worden. Die Figur dieser Steine bildet einen Vogel ab / so anders dem Olao Petri Niurenio zu glauben. Die Götter der meisten Lappen/ saget er/ sind auß Stein gemacht/ und gleichen einem Vogel. Sam. Rheen aber eignet ihnen zu das Ansehen eines Menschen/ wie auch anderer Thiere. The hafvva antingen menniskors, eller nogot creaturs liiknelse. Das ist: Sie haben die Gestalt eines Menschen oder eines anderen Thieres. Es ist aber alles gantz ungeschickt / daß man die Gleichheit nicht erkennen mag/ und glauben sie es vielmehr daß es einige ähnlichkeit habe/ als daß sie es andere überreden könten. Unterdessen bilden sie sich doch ein/ es sey ihrem Storjunkare gewidmet/ weil sie diese oder jene Gestalt daran zu seyn nicht zweiffeln. Dann selbsten bilden sie die Steine durch einige Kunst nicht/ sondern wie sie ihnen an den Ufern der Seen und Flüsse fürkommen / so setzen sie dieselben an statt eines Bildes ihres Storjunkaren, auff. Storjunkare æro stenguder, huilka the finna i fiellen, eller ridsiocar. Das ist: Storjunkare sind steinerne Götzen/ so sie in den Hölen der Felsen und Berge oder an den Ufern finden. Solch eine Gestalt nun der Steine heben sie mit Verwunderung auff/ als die da nicht ohngefehr also gebildet/ sondern mit sonderlicher Fürsehung der Götter dazu bereitet worden/ daß sie ihnen geheiliget/ und zum Dienste gewidmet würden. Dahero richten sie auch dergleichen Steine auff / halten sie für derselben Bildnüssen/ und nennen sie *Kiedkie jubmal*, oder den steinern Gott. Weil aber diese Gestalt gar ungeschickt/ und unähnlich / darumb spricht solche Toræus ihnen gäntzlich ab. Die Seitæ, saget er/ haben kein Gestalt oder Bildung, welche entweder die Natur oder die Kunst ihn gegeben hat. Und sind diese steinerne Götzen nichts als ein gemeiner/ ungestalter

Das zehende Capitel

ter/ schwartzer/ häßlicher/ rauer/ Stein/ voller Löcher und von dem Wasser-Fall außgefreſſener Gruben. Dieſe Rauheit nun und außgefreſſene Löcher haben ohne Zweiffel Anlaß gegeben einige Geſtalt den Steinen anzutichten. Doch ſaget er daß man an einem Orte etliche wie Menſchen gebildet gefunden habe. An dem Orte/ ſind ſeine Worte/ wo ſich ein Fluß auß dem Tornarræsck ergieſſet/ lauft einem Eylande mitten im Waſſer-Fall Darra genant/ weilen ſteinerne Seitæ, in menſchlicher Geſtalt/ nach der Ordnung auffgerichtet/ gefunden. Der erſte iſt ſo hoch als ein langer Mann/ hernach ſiehet man vier andere in etwas kürtzer neben ihme ſtehen/ alle ſind ſie gleich als mit Hüten auff den Köpfen gezieret. Und weil es gar ſchwer/ ja nicht ohne Lebens-Gefahr zu geben wurde wegen der Macht des Waſſer-Falles/ ſo man einiges Schiff nach gedachter Inſul richten wolte/ haben die Lappen dieſen Ort ſchon längſten zu beſuchen nachgelaſſen/ alſo daß man anitzo nicht gewiß kan ſeyn/ ob und wie ſie geehret worden/ oder auff was für Art die Steine auff die Inſul kommen. Sie richten aber dieſe Steine nicht allein auff/ ſondern thun zu einem jeden mehr und mehr hinzu/ nach dem ſie/ halte ich/ wenig oder viel antreffen. Aus denen geben ſie dem Erſten den Titul eines Storjunkare, den andern nennen ſie deſſen Weib/ den dritten ſeinen Sohn oder Tochter/ die übrigen ſeine Knechte und Mägde. Sam. Rheen: wed ſomblige bærg finnes tuenne, trenne och flere ſtenar upreſta, och ſaodanna ſtenar Kalla the then foerſta Storjunkare, then andra hans Acte elle quinna, then treddie ſon eller dotter, och ſedan theflere ſtenarna, tiænare eller tiænarinnor. Das iſt: Auff etlichen Bergen wird man zwene/ drey auch mehr auffgerichtete Steine ſehen/ auß denen nennen ſie den erſten Storjunkare, den andern deſſen Ajike oder Weib/ den dritten ſeinen Sohn oder Tochter/ die übrigen aber ſeine Knechte und Mägde. Hierin ahmen ſie der Gewohnheit unter den Menſchen nach/ denn weil ſie geſehen daß auch die Königliche Amptleute ihre Frauen/ Kinder und Knechte haben: Und wollen deßwegen ihren Storjunkare oder Amptman des Toronis und Statthalter Gottes nicht geringer ſeyn laſſen. Dannenhero eignen ſie ihme dieſes auch alles zu. Das Bild aber eines ſolchen Storjunkare ſiehet alſo auß/ wie es die folgende Figur fürſtellet.

Fer-

von den heidnischen Göttern/ welche die Lappen noch ehren. 121

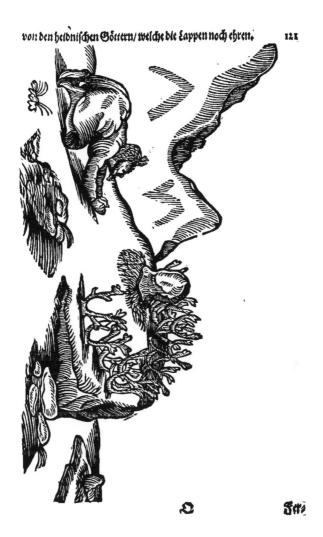

O   Jij

Ferner müssen wir auch ihre Opfere und andere Ehrenbezeigungen so sie ihren Göttern abstatten/beschauen. Von denen fürnemblich anzumercken/daß solche bloß von den Männern/keines weges aber von den Weibern verrichtet werden. Dann wie selbe zu keinem geheiligten Orte nahen dörffen/also sind sie auch von den Opfern gantz außgeschlossen. Sam: Rheen: Ingen quinnos person xr losligit till att offra. Das ist: keinem Weibe stehet es frey einiges Opfer zu thun. Hernach dz niemals ein Opffer geschichet/ehe und bevor sie von ihren Göttern versichert/dz ihnen solches gefalle werde/oder nit. Diese Erforschung geschiehet mit einem sonderlichen Instrument/so sie Kannus nennen uñ fast außsiehet wie bey den Alten die Trumeln gestaltet gewesen/dahero es auch insgemein eine Lappische Trumel heisset/von welcher wir unten mit mehrerem handeln wollē. Wañ sie diese Trumel gerühret/und dazu gesungen/so bringen sie dz jenige/was sie zu opfern gedencken/zu erst für den Thoronem, uñ so derselbe auff der Trummel durch den Ring andeutet/daß ihme das Opfer gefalle/alsdann wird es mit feyerlichen Ceremonien geschlachtet. Verachtet er aber dasselbe/gehen sie weiter damit zu der Sonnen und Storjunkare nach der Ordnung/biß sie einen antreffen/der durch ein unfehlbahres Zeichen zu verstehen gibt/daß es ihme anstehe/wie solches der geschriebene Autor weitläufftig also fürbringet. Wann die Lappen opfern wollen/ bringen sie das Opfer für den Storjunkare, und einer von ihnen schläget auff der Trummel/die übrigen so wol Männer als Weiber singen folgendes Lied: Maiide siæl Kak tun stourra passe seide. Das ist: Was magstu grosser Gott/wirst du das Opfer so ich dir bringe annehmen? Thun auch den Berg hinzu/da sie das Thier zu schlachten gesonnen. Wann der Storjunkare das Opfer billiget/so stehet der Ring auff der Trummel an der Stelle/wo deß Storjunkare Bildnuß gemahlet/unbeweglich. Gefält es ihme nicht/bringen sie das Opfer für den Thoronem und singen: Maiide Aiikik Ietti, maiide vverro. Das ist: Du aber O Vatter Gott (das ist Thorus) begehrestu mein Opfer anzunehmen? so nun der Ring an dem Bilde desselben still verbleibet/wird ihme solches Opfer geschlachtet. So verfahren sie auch mit den übrigen. Sam. Rheen thut aber annoch hinzu/ daß sie ein Haar auß dem Halse des Thieres reissen/uñ selbiges an den

Ring

Ring der Trummel fest machen. Wañ sie erforschen wollen/saget er/ob sie das Opffer dem Thoroni, Storjunkare oder der Sonnen thun solle/machen sie es folgender gestalt: Nachdem sie das Thier so sie aufopffern wollen hinter dem Hause/(da kein Weibesbild hinkommen darf angebunden/ ziehen sie auß dessen untern Theil des Halses ein Haar auß und machen es an einen von den Ringen/ derer sie unterschiedene an der Trummel haben/feste. Dañ schlagen sie auf die Trummel/und die Ringe bewegen sich und lauffen herumb/ so bald aber derjenige an welchen das Haar fest gemacht/ biß an das Bild Thoronis, Storjunkare oder der Sonnen/die auf der Trummel gemahlet/ gelanget/ stehet er daselbst unbeweglich/und deutet an/das Opfer sey diesem oder jene angenehm/ weichet auch von der Stelle nicht ab/ biß demselben Gott das Opffer versprochen worden. Was allhie von der Trummel erwähnet ist/ dessen gedencket auch Peucerus in seinem Wercke von der Wahrsagung am 252. Blat/wiewol mit andern Umbständen/ vielleicht weil es ihme also erzählet worden / oder weil er es nicht recht eingenommen. Sie haben/saget er/eine messinge Trummel/ auf welcher allerhand Figuren der vierfüssigen Thiere/ der Vögel und Fische/derer sie leicht können habhafft werden/gemahlet. Uber das haben sie einen messingen Frosch/an einen eisernen Trat fest gemachet/den sie mitten auf die Trummel schnur gleich hefften. Hernach wann sie einige Beschwörungen gebraucht/schlagen sie auff die Trummel/biß der Frosch auff eines von den gemahleten Thieren herunter springet. Was der Frosch nun für ein Thier berühret/dergleichen opffern sie ihren Göttern. Die Opffer bestehen aber insgemein auß Reenthieren/ zu Zeiten auch/ auß anderen/und bezeuget Spiri Nils, so ein gebohrner Lappe ist/daß bißweilē auch Katzen/ Hunde/ Schaafe und Hüner gebrauchet werden. I LuleaoLappmark saget er/dyrkas Storjunkaren medh aot skyllige offrar, saosom kattor, hundar, lamb och hoens, das ist: in der Lulelappmarck bringen sie dem Storjunkare unterschiedliche Opffer/ als Katzen/ Hunde/ Schaafe/ Hüner. Diesem ist auch nicht entgegen/ daß die meisten dieser Art Thiere in Lappland nicht erzogen werden/ sals sie dieselbe auß Norwegen holen/ so eben derselbe Spirri Nils zu verstehen giebet/ wann er hinzu thut: som the kioepa i Norrie. Das ist:

die sie in Norwegen einkauffen. Und Sam. Rheen im 21. Cap. Synnerligen kioepa Lapparna de creaturen, som the om hoesten ofra willia till sina afgudar. Das ist: Insonderheit kauffen sie solche Thiere ein (in Norwegen nemlich davon er in fürhergehenden Worten gedencket) die sie auff den Herbst ihren Göttern zu opffern beschlossen. Drittens ist auch zu mercken/ daß sie diese Opffer ins gemein im Herbste verrichten. So auch daher zu ersehen/daß in kurtz fürhero angeführten Worten gesaget wird/daß die Lappen allerhand Thiere einkauffen. Som the om hoestë oftra vvilla till sina afguder. Das ist: So sie auf den Herbst ihren Göttern zu opffern willens. Stellen sie also ihre Opffer fürnemlich und mit vielen Ceremonien in dem Herbst an/ vielleicht/ weil alsdann der Winter/ und die lange Nächte in derer sie ihrer Götter Hülffe am meisten nöhtig zu haben vermeynen/herannahet. Und ist auch wol keine andere Ursache/daß sie in eben derselben Zeit jährlich die Bilder deß Thoronis erneuē/wie ich nun weiter anzeigen werde. Daň über das/ so schon erwähnet/ nehmen sie absonderlich bey ihren Opffern so sie dem Thoroni bringen in acht/daß sie jährlich ihme ein neues Bild/und zwar 14. Tage für Michaelis auffrichten. Spiri Nils Foirton daghar foer Michaelis mæsse uthugge the sigh een ny trægudh. Das ist: 14. Tage für Michaelis machen sie ein neues Bild auß Holtz. Hernach/daß sie solches Bild auff gewisse Art einweihen und heiligē/ nemlich mit dem geschlachteten Opffer/ mit dessen Blut und Fett sie dasselbe mahlen/wie eben derselbe weiter andeutet. Bredhe vvydh træguden slachtathe reenen, sedan thaga the alla beenen uthur Reen, och smoeria alt oefvver sin afgud, bao de blood och Reenflaolt, den de sedan tillijka medh beenen i jorden ned ergrafvva. Das ist: Bey dem hölzernen Bilde schlachten sie ein Reenthier/ dessen Gebeine sie alle zusammen lesen/ mit dem Blut aber und Schmeer das Bild beschmieren. Endlich vergraben sie das Thier nebst den Gebeinen in die Erde. Dieses ist die feyerliche Einweihung deß Thoronis, so alle Jahr wiederholet wird. Wiewol sie mehr als eines pflegen aufzurichten/ nemlich so viel Reenthiere sie schlachten. Sam. Rheen: so viel Reenthiere ein Lappe zum Opffer schlachtet/ so viel Bilder richtet er auch dem Thor zu Ehren auff. Weiter richten sie diese Bilder in der Ordnung einen nach dem andern/ hinter ihrem Hause/ auff dem Getäffel / davon oben geredet worden / auff / und opffern ihnen alsdann. Die Gebräuche aber so sie dabey in Acht nehmen / sind / wie genanter Scribent anmercket / folgende: Zum ersten / binden sie das Schlachtopffer / so sie vermittelst der Trummel erkant daß es dem Thoroni anstehe / hinter ihrem Hause an. Die Reenthiere aber so sie dem Thoroni auffopffern sind insgemein Männlein. Das angebundene Reenthier schlachten sie darauff / und durchstechen ihm das Hertz mit der Spitzen eines scharffen Messers / oder wie er selbst redet: Reen sticka the medheen kniif igenom hiertat; alsdann samlen sie das Blut / so nahe bey dem Hertzen (blodet, som ær nærmast hiertcot) in ein Gefäß / mit deme sie alsofort den Thoronem beschmieren. Wann sie hernach den Götzen auffgerichtet (dessen Bild sie erneueren / wie ich gesagt / so offte sie opffern /) und das Gerüste gezieret / tretten sie mit Ehrerbietung hinzu / und verehren das Bilde / so sie zuvor am Haupte und Rucken mit Blute besprützet / die Brust aber mit etzlichen creutzweiß über einander gemachten blutigen Strichen bezeichnet. Trælbellet en smœria the med rehblodh, saget der geschriebene Autor. Sam. Rheen thut hinzu: sampt medh nogro kors pao thes broest. Das ist: mit etzlichen Creutzen auff der Brust. Hinter das Bild deß Thori setzen sie die Hörner deß geschlachteten Reenthieres / wie auch die fürnembsten Knochen von dem Haupte / und dann die Füsse. Vor dasselbe aber eine Schachtel auß Birckenrinden gemacht / in welche sie ein Stücklein Fleisch von einem jedwedern Gliede deß Reenthiers legen / (et liitet styke kioett afhvvar ledemoth,) und etwas von dem Fett überhergiessen. Wovon der geschriebene Autor kürtzlich saget: Hornan upsættia the pao Thora lafvvan, sampt the foern embste bené. Das ist: Die Hörner setzen sie oben auff deß Thori Gerüst / nebst den fürnembsten Knochen. Das übrige Fleisch gebrauchen sie in ihrer Haußhaltung. Und solcher Gestalt opffern die Lappen dem Thoroni. Wann sie aber dem Storjunkare einiges Opffer so auch meistentheils in Reenthieren / und zwar männliches Geschlechts bestehet / schlachten wollen / so ziehen sie zu allererst (wie dieses alles Sam. Rheen bezeuget) einen rohten Faden durch dessen rechtes Ohr / hernach binden sie es hinter dem Hause an dem Orte / wo sie das Opffer Thoronis sonst anzubinden pflegen / an / weiter schlachten sie es / und fangen das Blut so nahe

nahe bey dem Hertzen/ auff. Alsdann nimbt der/ so das Opffer verrichtet/ die Hörner/ benebenst den Knochen auß dem Kopffe und dem Halse/ wie auch die Füsse und Klauen/ und träget es alles an den Berg so dem Storjunkare, deme das Opfer zu Ehren geschlachtet wordē/ geheiliget ist. Wañ er zu dem H. Stein gelanget/ entblösset er mit aller Ehrerbietigkeit sein Haupt/ darauf neiget er sich/ beuget die Knie/ und erzeiget dem Storjunkare allerhand Ehre/ alsdañ beschmieret er den Stein mit dem Blut und Fette deß Opffers. Hinter den Götzen stellet er die Hörner. So viel findet man bey dem Sam. Rheen/ deme der geschriebene Autor noch hinzuthut/ daß sie an das rechte Horn das männliche Glied deß Reenthiers binden / an das lincke aber einen rohten Faden mit Zinn überzogen / und ein klein Stücklein Silber fest machen. Hornen, och the foernembste halfse och hufwud benen bæra the till Storjunkare, huilka the honom till æhra opsættia. Kring om hoegra hornet binde the det ting, der med reen foeroekar naturē, och kring om det vvænstare hornet binda de rætt færgat garn med teen anspunnit, item itt liitet styke soelvver. Das ist: Die Hörner und fürnembste Knochen deß Kopffs und Halses tragen sie zu dem Storjunkare, und richten dieselbe ihme zu Ehren auff. Umb das rechte Horn binden sie das Glied / damit das Reenthier sein Geschlecht vermehret / umb das lincke aber einen rohten Faden der mit Zinn umbwunden ist/ und ein klein Stücklein Silbers. Auff gleiche Weise wird auch der Seitas geehret/ daß es scheinet/ der Tornische Gott sey nur dem blossen Namen nach von den Luhlischen und Pithnischen Göttern unterschieden. Joan. Tornæus. Die Lappen kommen zu gewissen Zeiten/ als an den Festtagen / oder wann sie in Unglück und Schaden gerahten/ bey ihren Seiten zusammen. Da sie dann ihre beste Kleider anziehen/ für dem Götzenbilde ihr Gebet und übrige Andacht verrichten. Uber das opffern sie allerhand Thiere/ und was das Beste an ihren Reenthieren ist/ als das Fleisch/ Fett/ wie auch das Fell/ die Hörner und Klauen. Und siehet man noch heutiges Tages/ an denen Oertern/ wo für dem die Seitæ angebetet worden/ hochauffgeworffene Hauffen dieser Sachen. Worauß zu ersehen/ daß der Gottesdienst der Seiten und Storjunkare übereintreffe.

Die=

Diese Hörner findet man zu Zeiten rund umb die steinerne Götzen in grosser Anzahl/ eine über die andere in Gestalt eines Zaunes gestellet/ so die Lappen Tiorfvvigardi, das ist: einen mit Hörnern umbgebenen Platz nennen. Sam. Rheen: The kalla Tiorfvvigardi eller horngaord, ty rhet ær lyka som een gaord kring om Storjunkaren. Das ist: Sie nennen es Tiorfwigardi oder einen mit Hörnern umbzaunten Ort/ weil es das Ansehen eines Gehäges oder Zaunes hat. Bißweilen zählet man derselben Hörner bey tausend/ nach eben deßselben Aussage/ welcher auch zugleich anzeiget/ daß sie alsobald fornen an für diesen Zaun einen Reiff von Bircken-Zweigen geflochten auffhängen/ daran von einem jeden Glied deß geschlachteten Opffers Stücklein Fleisches fest gemacht sind. Item tagha the ett stiicke kioett af hvvar ledamoth af creaturer, som oftras, och sættia thett pao een cirkelruundt ovvredin bioerkqvist, hængiandes den ledan fram foer hornen. Das ist: sie schneiden uungleichen von einem jeden Gliede deß geschlachteten Thieres ein Stücklein Fleisch/ so sie an einen Reiff der von einem Birckenzweig gemacht worden/ hefften/ und fornen für den Hörnern auffhängen. Dieses nun hat sonder Zweiffel vielen Anlaß gegeben zu wähnen/ daß die Lappen auch die Hörner ihrer Reenthiere für Götter halten. Davon auch Johan. Tornæus folgender gestalt redet: Andere so die Sache nicht recht eingenommen oder verstanden/ erzählen daß in Lapplande benfalß die Hörner von den Reenthieren göttlich verehret werden. In welchen Irrthumb sie ohne allen Zweiffel daher gerahten/ weil noch anjetzo hin und wieder grosse Hauffen dieser Hörner anzutreffen. Warumb sie aber auff diese Gedancken gekommen/ mögen die jenigen entscheiden/ so da wissen/ daß diese Hauffen von denen Opffern so hin und wieder den Seitis geschlachtet worden/entstanden. Fals die Lappen in Gewohnheit gehabt/ daß sie zugleich die Hörner und Klauen auffgeopffert. Was sonsten von dem Opffer überbleibet/verzehren die Lappen zu Hause/ oder wie er selbst redet/kioettet foertæra Lapperne sielfue. Und dieses zwar ist die gemeine Art der Opffer/ so sie ihrem Storjunkare darstellen.

Uber

Uber welche sich noch zweene andere finden/ eine nemlich wann sie das lebendige Schlachtopffer hin zu dem Berge/ alwo das Heiligthum auffgerichtet/führen. Die andere/ wann sie an solch einem Orte da: hin sie der Höhe und beschwerlichen Weges halben nicht gelangen mö gen/ ihre Opffer thun wollen. Nach jener Weise schlachten sie das Opffer bey dem Götzenbilde/und wann alles verrichtet/kochen sie da: selbst das übergebliebene Fleisch/ insonderheit das jenige so am Kopffe und Halse sitzet; und verzehren es mit ihren guten Freunden so sie da: zu eingeladen/ welches Mahl sie deß *Storjunkars*-Mahl nennen: Die Haut aber lassen sie daselbst ligen. Dieses geschiehet nicht auff einem jedweden Berge/ sondern nur an sonderlichen und gewissen Oertern/ da er nemlich auff sothane Weise selbst begehret geehret zu werden. Sam. Rheen: Wiid naogra offerberg offra the lefvvandes reenar, huilka the slachta vviid offerbergen, och bruda sina vvænner till offer, the kooka och foertoera the kiorettet, huilka the kalla Storjunkares giæstebod, och siinnerligen det kioettet som ær wid bemelte offerberg i naogra aohr. Das ist: An etzlichen Oertern schlachten sie die Reenthiere nahe an den heiligen Bergen/ und verzehren das gekochte Fleisch daselbst mit guten Freunden/ welches Mahl sie ein Mahl deß Storjunkare nennen/ insonderheit nehmen sie hierzu das Fleisch so am Kopffe und Halse befindlich/ das Fell aber lassen sie bey den Bergen etzliche Jahr über liegen. Was die andere Art belanget/ wann sie nemlich wegen der Höhe deß Berges an gehörigen Ort nicht kommen können; alsdann werffen sie einen mit Blut bestrichenen Stein nach der Höhe/und verrichten also ihren Gottesdienst. The smoeria een steen medh dens reens blod, som Stoorjunkaren till æhra schlachtat vvarder, och kasta samma steen upp in emoth thett fiæll, ther the mena honom boo. Das ist: Sie bestreichen einen Stein mit dem Blute deß geschlachteten Reenthiers/ und werffen solchen in die Höhe gegen die Spitze deß Berges/ alwo sie vermeinen daß der Storjunkare wohne. Uber diese Opffer streuen sie auch jährlich unter die Steine so dem Storjunkare geheiliget/ frische Bircken= und Fichten= Zweige. Und solches zweymal im Jahr/das erste mal im Sommer da sie Bircken=Zweige hiezu gebrauchen/das andere mal im Winter/da

sie

von den heidnischen Göttern/welche die Lappen noch ehren.

Sam. Rheen: Siina Storjunkare mosta Lapparna aohrligen bewiisa den viirdnet, att the om winteren skola breda under them niit gra anriis, och om sommaren leggia under dem loef och graes, **das ist:** Die Lappen streuen jährlich diesen ihren Storjunkaren, im Winter zwar Fichten-Zweige/ im Sommer aber Bircken-Zweige und Graß unter. Womit übereinstimmet/ was ich zuvor von den Seitis auß dem Tornæo angeführet. In dem sie nun solcher gestalt ihre Andacht üben/ erforschen sie zugleich wie dieser Gott gegen sie gesonnen/ ob er ihnen gewogen oder feind sey. Dann so der Stein wann sie das Laub unterlegen/ im Auffheben geringe/ hoffen sie es werde ihnen dieser Gott gnädig seyn/ ist er aber schwer und wichtiger als wie sonsten/ so fürchten sie sich/ als der über sie erzürnet sey/ und damit sie ihn wiederum versühnen/ versprechen sie ihme einige Opffer zu schlachten. Nær the, fähret er fort/ foer nimma, stenarna vvara tunga emot naturen, ær elt tecken, att Storjunkaren ær obliid och misgunstig. Aere stenarna emoot foerrige wanen lætta, ær et tekn, att Storjunkaren ær them bliid och gunstig, och att foerrebyggia Storjunkarens ogunst, maoste the honom losvva & serdeles offer. Das ist: Wann die Steine über ihre Natur schwer sind/ halten sie selbes für ein Zeichen/ daß der Storjunkare über sie zürne/ sind sie aber leicht/ so ist es ein Zeichen daß er ihnen gütig sey/ damit sie nun desten Zorn stillen mögen/ versprechen sie ihme einige besondere Opffer. Dahin auch Peucerus am 282. Blat zielet: Wann sie auff die Jagd/ oder Fischfang zu ziehen entschlossen sind/ oder sonsten einige Geschäffte fürnehmen wollen/ befragen sie ihre Götter zufoderst dergestalt/ daß sie nach gewissen Beschwerungen versuchen/ ob sie dieselbe von ihrer Stelle weg heben können. Folgen diese willig/ so ist es ein Zeichen/ daß sie damit zufrieden/ und guten Fortgang geben wollen/ lassen sie sich aber gar nicht bewegen/ erkennen sie hierauß daß sie erzürnet sind. Allein dieses geschiehet nicht allemal/ oder bey allen Geschäfften/ sondern nur/ wie ich erwiesen/ wann sie ihnen Graß unterstreuen wollen. Sonsten erforschen sie den Willen ihrer Götter durch eine Trummel/ wie anderswo gehandelt worden. Noch ist die dritte Art ihrer Opffer übrig/ wann sie nemblich der Sonnen selbe bringen.

Diese nehmen sie nicht auß denen Männlein/sondern es müssen Weiblein seyn/und zwar so noch jung/ Sam. Rheen: The offra henne ungreenar, och serdeles the, som æro at vvaiio koenet. Das ist Die Opffer so sie der Sonnen schlachten sind junge Reenthier weibliches Geschlechtes. Die Ceremonien so sie dabey in acht nehmen sind gleich mit den schon erzählten/außgenommen daß sie durch das rechte Ohr einen weissen Faden ziehen / zum Zeichen daß es ein Opffer sey der Sonnen/wie sie an den übrigen Opffern so den Storjunkare gewidmet/ einen rothen Faden hiezu gebrauchen. Sam. Rheen: The siiy een huit traod igenom rheens noegra oera, till en beteknelse, æt offret skall Sohlen tillhoera. Das ist: Sie ziehen durch das rechte Ohr deß Reenthiers einen weissen Faden/ zum Zeichen daß dieses Opffer der Sonnen gewidmet sey. Hernach flechten sie einen Reiff auß Weyden/ nicht auß Bircken-Zweigen / an welche sie einige Stücklein Fleisches hefften / und selbe auff ein Gerüste hinter ihrem Hause stellen. Nær rheenen ær slachtat, taga the ett litet stycke kioett af alla des ledamoetar, thet the sættia pao een ovvredin wiidia,som ær so vviid, som ett half tunna band, huilket the uphængia pao een hoeg lafvva baak om kotten, ther the och offra Thoren. Das ist: Nach dem sie das Reenthier geschlachtet / nehmen sie von einem jeden Gliede ein Stücklein Fleisches/ und hefften selbiges an einen Reiff von Weyden geflochten/der so groß ist/ als die Reiffe mit welchen die halbe Bier-Tonnen gebunden werden/ den sie auff dem Gerüste hinter ihrem Hause / an dem Orte wo sie auch dem Thoroni opffern auffhängen. Es ist solches zwar nicht eben dasselbige Gerüst/wo der Thoro stehet/sondern selbigen fast gleich: und darinnen nur unterschieden / daß allhie kein Bild / auch keine Hörner auffgerichtet werden. Dann weil die Thiere gar jung/ ermangeln sie annoch der Hörner. Damit aber gleichwol etwas sey/ so die Sonne abbilde/ stellen sie die fürnembsten Knochen deß Opffers auff besagtem Gerüste / in einem runden Kreiß umbher. Alle the foernembste been loeggia the i cirekelvviis pao lafvvan. Das ist: Die fürnembsten Knochen stellen sie auff dem Gerüst in einem Kreiß herumb. Und auff solche Art thun sie der Sonnen ihre

Opf-

Von den heidnischen Göttern/welche die Lappen noch ehren.

Opffer. Sonsten ehren sie über diese drey grössere Götter/ noch etzliche kleinere/ wie ich schon oben angezeiget/ insonderheit die Seelen der Verstorbenen und das Juhl-Heer. Den Seelen der Verstorbenen eignen sie keinen absonderlichen Nahmen zu/ sondern nennen sie insgemein Todte oder Abgestorbene auf ihre Sprache Sitte. Sie richten ihnen auch keine Bilder auff wie dem Thoroni oder Storjunkare. Nur einzige Opffer bringen sie selben. Da sie dann zu erst bemühet sind/ den Willen deß Verstorbenen durch ihre Trummel zu erfahren/ ob ihme das Opffer angenehm seyn werde. Dieses geschiehet/in dem sie die Trummel rühren/und also dazu singen: Maijte werro jabmike site. Das ist: Was für ein Opffer gefält euch ihr verstorbenen Seelen. Wann also der Ring das Opffer angezeiget/ so ihnen gefällig/ ziehen sie durch das rechte Ohr deß Thieres/ welches geschlachtet sol werden/einen schwartzen Faden. Sam. Rheen: Igienom reenens hoegra oera, som saoledes offras skall till doeden, vvarder siidel een svvart traod. Das ist: Durch das rechte Ohr deß Reenthiers so da geschlachtet sol werden/ ziehen sie einen schwartzen Faden. Der geschriebene Autor, so auch deß angezogenen Gesanges erwähnet/ schreibet daß dieser Faden umb die Hörner gebunden werde/und auß Wolle gemachet sey. The reenar och creatur som offras doeden, om theras horn maoste bindas een svvart ulle traod. Das ist: Die Reen- und andre Thiere / so den Verstorbenen geschlachtet werden/ müssen einen schwartzen wollenen Faden umb die Hörner gebunden haben. Wann sie solcher gestalt das Opffer gezeichnet/ schlachten sie selbes ab. Das Fleisch davon verzehren sie / biß auff wenig Stücke vom Hertzen/ und Lunge/ deren sie jedes in drey Theile zerschneiden/ auff so viel Stöcke stecken/ und hernach wann sie dieselbige mit dem Blute deß geschlachteten Thieres bestrichen in die Erde vergraben. Davon der geschriebene Autor also redet: The taga ett styke af hiertat och lunga, tet de soender skæra i tree dehlar: och sættia them pao trenne spoed, them the medh blood bestry, kaoch sammaledes i jorden, alt i een kysta, giort som een ackia, neder-

R 2 græfvva.

græfvva. Das ist: Sie nehmen etwas von dem Hertzen und der Lungen/ schneiden es in drey Theile/ so sie lauff drey mit Blut beschmirete Stöcklein stecke/ un also gleicher Weise in der Erden/ in einem Kästlein/ in Gestalt eines Lappischen Schlittens zusammen gefüget/ vergraben. Wann er saget/ gleicher Weise siehet er auff das jenige so fürhero von den Knochen gemeldet worden. Dann sie pflegen alle Knochen auß dem geschlachteten Thier herauß zu nehmen/ und in die Erde zu verscharren. Alla beenen nedergræfvva the i jorden saget er/ Das ist: Alle Knochen verscharren sie in die Erde. Sam. Rheen: Te sanka alla beenen tillhopa, och gioera en kista, ther uti the leggia them och nedergræfvva. Das ist: Hernach samlen sie alle Knochen zusammen/ legen sie in ein dazu gemachtes Kästlein/ und vergraben sie unter die Erde. Weil aber dieses insgemein bey ihren Leichbegängnüßen gebräuchlich/ wollen wir unten/ da wir von selben handeln werden/ weitläufftiger reden. Anitzo ist nur zu mercken/ daß diese Weise die Seelen der Verstorbenen zu befriedigen/ bey allen Lappen so noch dem alten Aberglauben ergeben sind anitzo in Acht genommen wird. Das Juhl Heer so sie Juhla folket nennen/ belangend/ ist zu wissen daß sie demselben gleicher Gestalt keine Bilder oder Denckmahle zu Ehren setzen. Der Ort wo sie verehret werden/ ist hinter ihrem Hause ein Baum/ so etwa ein Schußweges davon abgelegen. Der Gottesdienst bestehet in einigen Opfern/ von welchem Samuel Rheen folgender massen redet: Den Tag für dem Weinacht-Feste/ so sie auch das Juhl-Fest nennen/ wie auch an dem Feste selbst/ nehmen sie ein abergläubisches Opfer für/ und zwar zu Ehren dem Juhl-Heer/ so umb diese Zeit in den Wäldern und auff den Bergen herumb schweiffen soll. Den Tag fürhero fasten sie/ oder enthalten sich vielmehr von allem Fleisch essen/ von den übrigen Speisen aber nehmen sie von einer jeglichen etwas und verwahren es fleissig. Ein gleiches thun sie an dem Feste/ daran sie herlich leben. Wann sie nun die abgesonderten Theile zween Tage übergehalten/ legen sie solche in ein Kästlein/ so auß Birckenrinden wie ein Schiff mit Segeln und Rudern gestaltet/ zubereitet/ und gießen dazu ein wenig fetter Suppen. Hernach hängen sie dieses Schiff mit dem Fleisch angefüllet/ hinter ihrem
Hause

Hause an einen Baum/ so etwa einen Schußweges davon im Felde stehet/für das Juhl-Heer oder Juhl-Volck/ so alsdenn in der Lufft/ in den Wäldern/und auff den Bergen herumb wandelt. So thane Art des Gottes-Dienstes und der Opfere sind nicht ungleich der Heidnischen Weise/damit sie ihre Genios oder Geister beschencket: Warumb sie aber dieselben in einem Schiflein darstellen ist ihnen so wenig bewust als mir und anderen. Doch scheinet es die Religion/ so von frembden Oertern zu ihnen gebracht worden/anzudeuten/(vielleicht weil sie zu erst den Hauffen der Engel/ so die Geburt Christi verkündiget/ also geehret haben) welches ihnen dann durch die jenige Christen/so für Alters sonder Zweiffel mit Schiffen an diese Oerter gelanget/fürgetragen. Und so viel sey geredet von der Abgötterey/ und dem aberglaubischen Gottesdienst/so noch anitzo/zwar nicht unter allen/ doch wie es die Erfahrung gibt/ bey vielen Lappen im Schwange gehet.

Das XI. Capitel.
Von den Zauber-Künsten der Lappen.

ES ist durch die gantze Welt/ so weit man nur den Nahmen der Lappen gehöret/eine gemeine Sage/daß sie der Zauberey sehr ergeben. Daß ich also nicht ohne Ursache an diesem Orte von ihren Zauber-Künsten/als dem zweyten und fürnembsten Stücke ihrer Gottlosigkeit/ und so noch nicht gäntzlich unter ihnen auffgehöret/zu handeln vorgenommen. Damit ich aber auch einiges altes Zeugnuß beybringe/hat albereit zu seiner Zeit solches Jacobus Zieglerus angemercket in dem er von ihnen saget: Sie vermögen mit ihrer Hexerey gar viel. Und Damianus à Goes: Sie sind solche grosse Zauberer/ daß sie unter vielen andern wunderbahren Sachen/ so ich übergehe/ ein Schiff mitte in seinem Lauff auffhalten kösten. Damit auch die einheimische Scribenten übereinstimmen. Olaus Magnus im III. B. im 16. Cap. Diese äusserste mitternächtige Oerter Finnland und Lappland waren unter dem Heydenthumb der Hexerey wegen so berühmt/als wann sie den Perser Zoroastrem zu einem Lehrmeister sier gehabt hätten. Und Petrus Claudi von denen Norwegischen Lappen: De æræ allelammen grumme trollfolk, huis lige jeg ike troor at hafvva nogenstedis verit, eller endnu findis iverden, och Lappefinner ere een part ærgere der med, end sioefinner. Das ist: Sie sind alle greuliche Zauberer/also daß ich glaube/ daß ihres gleichen auff dem Erdboden weder für dem gewesen/ noch anitzo zu finden. Und zwar sind die Lappfinnen schlimmer als die übrigen Finnen. Diesen Bericht ertheilen die Scribenten von den Lappen so für wenigen Zeiten gelebet; In solchem Geschrey sind auch die Biarmer der Lappen Vorfahren gewesen/ also daß es scheinet sie seyn alle gleich gut. Olaus Magnus im I. Buche im 1. Cap. Die Biarmer sind gar hurtig/ die Leute zu bezaubern. Falß sie mit den Augen wincken/ mit Worten/ und dergleichen schädlichen Possen ihrer viele dermassen zusetzen/ daß sie ihrer Sinne beraubet werden/ und wol gar Hand an sich legen. Davon man bey dem Saxone Exempel findet im 1. Buche/ da er unter andern saget: Damahls verwechselten die Biarmer ihre Waffen mit Zauber-Künsten/ und brachten durch ihr Seegensprechen Sturmwinde und einen hefftigen Platzregen zuwege. Ein gleiches lieset man bey dem Sturleson, und dem Scribenten der Geschicht des Heraudi. Ob nun zwar heute zu Tage die Lappen nicht so häuffig/ auch nicht so offentlich gedachte Künste treiben (dannenhero Buræus von ihnen saget: Die Lappen waren für dem mehr den Teuffels-Künsten/ als anitzo/ ergeben. Und bald hernach: Die meisten unter denen Lappen wissen von den Zauber-Künsten nichts mehr. Und vor ihme Peucerus: Heutiges Tages findet man so viel Zauberey nicht unter ihnen / als für dem/ weil der König aus Schweden ihnen solches gar hart untersaget/ so haben sie dieselbe doch auch gäntzlich nicht verlassen. So jemand dessen Ursachen zu wissen begehret/ mag man wol antworten daß über die schon oben erwähnte/ keine grössere zu finden/ als daß hiedurch ein jedweder sich gegen deß andern Nachstellung zuschützen suchet. Sie bekennen solches selbsten/ und zeuget von ihnen ein gleiches Petrus Claudi: Det ver dem tornoeden, att de alle och huer skulle kunde den Konst, eller blifvve de fortryllat oc forgiordt aff de andre. Das ist: Die Wissenschafft

schafft dieser Kunst ist ihnen höchst nöhtig/ weil sie dadurch sonsten von anderen gar zu viel Schaden leiden möchten. Darumb haben sie in selber ihre eigene Lehrmeister/ und die Eltern verlassen ihren Kindern in der Erbschafft dergleichen dienstfertige Geister und Teuffel. Tornæus: Somblige blifvva hærutinnan undervviiste, och af oefningen, foerdige giorde. Das ist: Viele werden in dieser Kunst unterwiesen/ und lernen sie durch die Ubung. Petrus Claudi: De satte deris boern till lære hoos Lapparne. Das ist: Sie geben ihre Kinder zu den Lappen in die Schule/ damit sie nemlich in dieser Kunst unterrichtet werden. Also erzählet Sturlesonius, daß Gumilda, eine Jungfrau/ von ihrem Vatter Odzor Huide, auf Halogaland wohnhafftig/ zu dem Motle Könige in Finnmarck/ das ist in das Finnlappische Norwegen sey geschicket worden/ *ut læra Finnekonst*, das ist/ die Finnische Kunst zu lernen. Er gedencket auch zweyer andern Finnen/ deren Zauberkunst er daselbst weitläufftig beschreibet. Diese Lehrmeister sind gemeiniglich die Eltern selbst/ so ihre Kinder hierin unterrichten. Tornæus: Dhe som igenom underviisning komma till trullkonsten, blifvva antingen af sin fader, eller naogon annan altiid styckeviislærde, oefvvade, och medhafde, nær saodan oefningh foerehafvves. Das ist: Die so in der Hexerey unterwiesen werden/ lernen solches stückweise von ihren Eltern oder anderen/ welche sie wast dergleichen zu verrichten anführen. Und solcher gestalt/ wo sie anders einen gelehrigen Kopff haben/ bekommen sie eine nicht geringe Wissenschafft in diesen Sachen. Dann nicht alle werden gleich geschickt dazu gehalten/ ja etzliche achten sie für gar untüchtig/ ob sie schon allen Fleiß an ihnen thun/ wie mir solches von glaubwürdigen Leuten erzählet ist. So dann auch Joan. Tornæus mit folgenden Worten bezeuget: Saosom Lapparna ike alla kunne vvara af lüka natur, sao ære dhe ike jullet lüka mæchtige i denna konsten. Das ist: Wie die Lappen nicht alle einerley Natur haben/ so sind sie auch dieser Wissenschafft nicht gleich mächtig. Von der Erbschaffe aber/ darinnen die Kinder auch einige Geister mit überkommen/ redet eben derselbe Tornæus also: Dæris gan gaar i arg, saa at en slect er rammare oc starkare i deris trolldoms konst end en anden. Das ist: Die

Die Teuffel sind bey ihnen ein Theil von der Erbschafft/ daher kommet es / daß eine familie die andere an Zauberkünsten übertrifft. Worauß zugleich erhellet / daß gantze familien ihre eigene gewisse Teuffel haben/ so von denen welche andere familien besitzen/ unterschieden/ und selben zum öfftern zuwider und feind sind. Nicht allein aber haben diese familien, sondern darin auch wol ein jeder für sich einige ihme zugethane Geister/ bißweilen einen/ zweene auch wol mehr/ etliche von denen sie wider die Nachstellung anderer Geister beschützet werden/ etliche/ mit denen sie anderen Schaden zufügen. So dann auß deß Olai Petri Niurenii Zeugnüß zu ersehen: Ein jeder von ihnen hat seine gewisse Geister/ so umb ihn seyn/ etliche drey/ andere zweene/ ein jeder zum wenigsten einen. Dieser verthädiget ihn allein: Jener füget anderen Schaden zu/ und kan ihme niemand widerstehen. Diese Teuffel nun überkommen einige durch viel Mühe und Bitten/ bey etzlichen stellen sie sich selbst/ und zwar noch in der Jugend ein. Davon Joh. Tornæus: gar merckwürdige Dinge erzählet: Es ist erschrecklich/ daß vielen unter ihnen die Hexerey gleichsam angebohren wird. Fals der Teuffel selbe/ wann sie noch jung/ und er mercket daß sie zu seinem Fürhaben dienlich seyn möchten/ mit einer Kranckheit beleget/ darin er ihnen vielerley Gesichte und Bildnüssen fürstellet / darauß sie nach Beschaffenheit ihres Alters/ was zu dieser Kunst gehörig/ erlernen. Bißweilen werden sie zum andernmal kranck/ da ihnen noch viel mehr Gesichter fürkomen/ auß welchen sie auch mehr/ als zum erstenmal fassen. Geschiehet es daß sie zum drittenmal angegriffen werden/ so dann mit solcher Hefftigkeit daher gehet/ daß sie sich auch deß Lebens verwägen/ alsdann erscheinen ihnen alle teufflische Fürbildungen/ darauß sie so viel als zur Vollenkomenheit der zauberischen Wissenschaft nöhtig/ völlig begriffen. Diese sind dermassen gelährt/ daß sie von weit abgelegenen Sachen ohne ihre Trummel Bericht ertheilen/ und hat sie der Teuffel so gar ein/ daß sie gedachte Dinge auch wider ihren Willen beschauen. Also kam neulich ein Lappe/ der annoch im Leben/ zu mir/ gab mir seine Trummel/ über welche ich ihn zum öfftern gestraffet/ und sagte gantz traurig/ ob er gleich selbe hinweg thäte/ auch keine andere verfertigen möchte/ würden ihme doch nach wie vor alle abgelegene Dinge völlig fürkommen. Führete mich auch selbst zum Exempel

an/

an/ und erzählete mir alles was mir auff der Reise nach Lappland begegnet/ wahrhafftig und mit eigentlichen Umbständen. Klagete dabeneben/er wuste nicht was er mit seinen Augen anfangen solte/sintemal ihme solches alles wider seinen Willen fürkäme. Was sonsten diese Zauberkünste an sich selbst betrifft/ können sie füglich nach Unterschied der Werzeuge so sie insonderheit dazu gebrauchen/ in zwo Ordnungen abgetheilet werden/ also daß die erste zwar die jenigen Arten begreiffe so da vermittelst der Trummel ihre Würckung erlangen/ die zweyte aber so im Verknüpffen/ Pfeil abschiessen/ Seegen sprechen/und dergleichen bestehet. Von der Trummel/ weil selbe den Lappen eigentlich und allein gebräuchlich/ wollen wir zu erst handeln. Sie nennen dieses Instrument kannus, wie solches Jo. Tornæus in seinem Büchlein von denen Lappen anzeiget: Ihr abergläubischer Götzendienst/ gebrauchet auch ein Instrument/ (sie nennen es kannus,) so die Gestalt einer Trummel hat. Weiter geben sie ihme den Namen Wobdas. So bey eben demselben Tornæo in Beschr. von Schweden befindlich: Af Lapparna sielfvva kalles det Quobdas och Kannus men af os Lapptromma eller rættare, treolstruma. Das ist: Die Lappen heissen es Quobdas, wie auch Kannus, wir aber geben ihme den Namen einer Lappischen oder auch Zauber-Trummel. Das Holtz dazu muß seyn von einer Fichten/ Tannen/ oder Bircken/ die an einem besondern Ort gewachsen/ und sich nach dem Lauff der Sonnen wendet. Sam. Rheen: Lapparnes trumbor ære giorde antingen af graan , tall , ellerbioerk doch maoste dettræ, af huilken trumben skall gioeras, vvara vvæxter pao & serdeels rum, saßom och effter solenes gaong rætt omkring, och icke emoot des gaong. Das ist: Die Lappischen Trummeln werden gemacht auß Fichten/ oder Tannen/oder einer Bircken/ doch muß derselbe Baum an einem besondern Ort gewachsen seyn/und sich schnur-gerade nach dem Lauff der Sonnen/nicht wider denselben kehren. Irret also Peucerus wan er am 297.Blat also saget: sie gebrauchen eine messinge oder ehrne Trummel. Wann allhie aber eines Baums gedacht wird der sich nach dem Lauff der Sonnen kehre / verstehen sie dadurch einen solchen an dessen Stamm die Adern dergestalt sich krümmen/ daß sie von unten biß oben an/ von der Lincken sich nach der Rechten wenden/ daher sie

S   wäh-

wähnen/ daß selbiger Baum der Sonnen/ so sie unter deß Toronis Bilde ehren/ angenehm sey. Es bestehet aber solche Trummel nur auß einem Stück Holtze / so von den halben Theil deß gespaltenen Stammes geschnitten/ und außgehölet wird/ also daß dessen Fläche die obere Seite/ darüber eine Haut gespannet wird/ die Runde aber/ die untere Seite nebst dem Handgriff abgiebet. Denn sie pflegen dieses Theil mit zwey länglicht außgeschnittenen Löchern dergestalt zu zurichten/ daß das Holtz so zwischen den beyden Löchern übrig bleibet/ an statt eines Handgriffes dienet. Das übrige Theil/ so mit dem Fell bezogen/ ist gestaltet wie ein länglichter/ unnd als ein Ey gestalteter Reif/ dessen Durchschnitt/ kaum eine halbe Ehle breit/ zum öfftern auch kleiner ist. Und zwar so wird nur ein einziges Fell auffgezogen. Olaus Petri: Sie beziehen nur das obere Theil dieser Trummel mit einem Fell. Dannenhero selbe Joh. Tornæus: mit den Heerpaucken vergleichet. Er saget nemlich/ es sey ein Instrument/ in Gestalt einer Trummel oder unserer Bukor, (so nennen die Schweden die Heerpaucken) ohne daß es etwas länglichter sey. Wiewol er an einem andern Orte meldet/ daß sie darin von den Paucken unterschieden/ daß sie nicht recht rund/ auch nicht so tieff außgehölet/ sondern etwas flächer/ und dann daß die Haut nicht mit eisernen Schrauben/ sondern mit hölzernen Zwicken fest gemacht. Wiewol ich auch einige gesehen daran das Fell mit Zwirn auß der Reenthiere Spanadern gemacht/ angenähet gewesen. Olaus Magnus leget ihnen den Namen eines Amboßes nicht wol zu/ im 3. Buch im 27. Cap. dann er daselbst gewiß von nichts anders redet/ wann er saget: er schläget mit gewissen Schlägen auff einen ehrnen Frosch oder Schlange/ auff den Amboße/ mit einem Hammer. Daher auch der unverständige Mahler/ so für dieses Capitel eine Figur gefüget / weiß nicht was für einen Schmiede-Amboß/ und darauff gelegte Schlange/ nebst einem hüpffenden Frosche/ und Hammer gemahlet / so doch der Natur und Bewandnüß dieses Dinges gar zu wider. Die Lappen gebrauchen keinen Schmiedes-Amboß/ sondern eine Trummel/ welche weil sie mit einem Hammer/ wie ich bald erweisen will/ geschlagen wird/ hat selbe Olaus einen Amböß benennet. Weiter so mahlen sie diese aufgespannete Haut mit allerhand Bildern/ und zwar mit rohter Farbe/ so sie auß der gestossenen/

nen/ und gekochten Rinde deß Erlen-Baumes zurichten. Jo. Tornæus: Skinnet ær alt oefvver med skapnader af allahanda ting oefvvær maolat, vvaraudes faergen, som der till brukat ær, roedlicht, och af ahlebark tagen. Das ist: Die Haut ist über und über mit vielen Figuren gemahlet/ dazu sie rohte Farbe/ so sie auß Erlen Rinden zubereiten/ gebrauchen. Sam. Rheen: trumban oefuerdrage the med skin, hvvaruppao the maohla med ahlbark, aothskillige figurer, das ist: Die Trummel überziehen sie mit einem Fell/ darauff sie mit Farbe auß Erlen Rinden gemacht/ vielerley Bilder mahlen. Was dieses aber für Bilder seyn/ erkläret er daselbst weitläufftig folgender gestalt: Mitten über die Trummel/ ziehen sie etliche Zwerchstriche/ auff welche sie ihre Götter stellen/ so sie für andern ehren/ als den Thoro, so ein Fürste der andern ist/ nebst seinen Dienern/ wie auch den Storjunkare mit seinen Auffwärtern. Und diese mahlen sie in dem obersten Felde. Hernach wird noch ein Strich gemachet/ von dem ersten gleich weit abgelegen/ doch nur biß auff die halbe Trummel. Hie befinden sich deß Herrn Christi und seiner Apostel Bilder. Was sonsten über diese Striche gemahlet/ sol die Vögel/ die Sternen/ den Mond bedeuten. Unter diesen Linien recht mitten auff der Trummel wird die Sonne gebildet/ als der Mittelste unter denen Planeten/ und auff derselben machen sie einen Bündel messinger Ringe/ so offt sie die Trummel schlagen wollen/ feste/ unter der Sonnen mahlen sie einige irdische Sachen und Thiere als Bähren/ Wölffe/ Reenthiere/ Fischottern/ Füchse, Schlangen/ wie auch Seen/ Flüsse und dergleichen. Und so ist diese Trummel beschaffen/ wie sie Sam. Rheen beschreibet/ und folgender gestalt entworffen hat.

Erklärung der Zeichen.

Auf der Trummel A bedeutet a. Thor. b. sein Diener. c. Storjunkare, d. sein Diener. e. die Vögel. f. die Sterne. g. Christus. h. seine Apostel. i. ein Bähr. k. ein Wolff. l. ein Reenthier. m. ein Ochs. n. die Sonne. o. ein See. p. ein Fuchs. q. ein Eichhorn. r. eine Schlange. Auff der Trummel B. a. Gott der Vatter. b. Jesus c. der H. Geist. d. S. Johannes. e. ein schwerer Todt. f. eine Ziege. g. ein Eichhorn. h. der Himmel. i. die Sonne. l. ein Wolff. m. der Fisch sik. n. ein Aurhan. o. Freundschafft mit den wilden Reenthieren. p. Anundus Erici,

(deme

140 Das eilffte Capitel

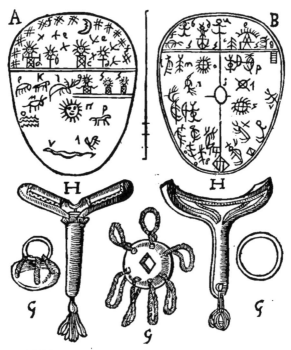

(deme diese Trummel gehörig) erschläget einen Wolff. *q.* Geschencke. *r.* ein Fischotter. *s.* Freundschaft mit andern Lappen. *t.* ein Schwan/ *u.* ein Zeichen anderer Leute Zustand zu erfahren/ und ob die Kranckheit zu heilen sey. *x.* ein Bähr. *y.* ein Schwein. *ß.* ein Fisch. *ij.* dieser träget die Seele zu der Höllen.   Sonsten nehme ich in acht/daß alle und jede Trummeln nicht auff einerley Weise gemahlet sind / und habe ich selbst 3. Stück in meiner Studierstube so auf eine andere Art zugerichtet. Deren eines in vorgesetzter Figur mit dem Buchstaben B. bezeich-

Von den Zauber-Künsten der Lappen.

bezeichnet/zu sehen. So beschreibet auch Joh. Tornæus eine dergleichē Trummel/ etwas anders/ dessen Worte dann hieben zu fügen nicht undienlich seyn wird. Die Figuren saget er/ sind abgetheilet in gewisse Felder oder Ländereyen/ deren fürnemlich drey sich erweisen. Die erste bedeutet das Nordland und viel andere Theile von Schweden/ und wird nach der mittäglichen Seiten auff der Trummel gemahlet/ und mit einem Striche von den übrigen Feldern unterschieden/ hält ins gemein eine von den nechsten Städten/ da sie jährlich hinzuhandeln pflegen/ in sich. Als zum Exempel/ auff den Trummeln so zu Torna oder Kiemi gemacht werden/ findet man die Stadt Torna sampt der Kirche/ den Prediger/ den Lappischen Amptmann/ und mit denen sie sonsten zu thun haben/ gemahlet. Imgleichen der Weg so von Torna zu ihnen gehet/ daran sie erkennen/ wann der Priester/ oder Ambtmann zu ihnen kommen werde/ und was daselbst fürlauffe. An der nordlichen Seiten ist Norwegen/ und was in selben enthalten/ abgebildet. In der Mitten dieser beyden Theile ist Lappland/ so den grösten Platz einnimbt. Da sind auch die Thiere/ so in diesem Lande befindlich. Hieselbst siehet man gemahlte Heerden der wilden Reenthiere/ Bähren/ Füchse/ Wölffe/ und allerhand andere wilde Thiere/bedeutend. Ob und wo sie anzutreffen. Wann sie zahme Reenthiere verlohren/ wo sie wieder zu finden. Ob die Kälber der Reenthiere lebendig bleiben werden. Ob der Fischfang mit dem Netze werde wol von statten gehet. Ob der Krancke die Gesundheit wieder überkommen werde/ oder nicht. Ob die schwangere Fraue eine leichte Niederkunfft haben werde. Ob dieser oder jener/ so oder so sterben werde/ und dergleichen andere Dinge/ davon sie gerne Bericht haben wollen. Woher dieser Unterscheid komme/ kan ich nicht gewiß sagen/ ohne daß ich berichtet worden/ einige Trummeln wären schädlicher und dienlicher zu der Hexerey als wol andere. Daher zu muhtmassen daß nach Unterscheid der Verrichtung etzliche Bilder ab-und zugethan/ auf etzlichen auch gantz und gar verändert werden. Solches recht zu verstehen/ habe ich allhie zwey andere/ so ich von dem Herrn Reichs-Cantzler zu sehen überkommen/ fürstellen wollen.

142 Das eilffte Capitel

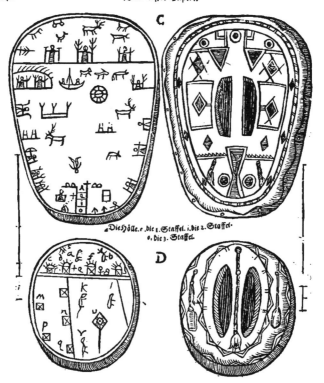

a. Die Hölle. e. die 1. Staffel. i. die 2. Staffel. o. die 3. Staffel.

a. Bedeutet die Vögel. b. schwartze Füchse/ c. den Gott Tiuur, d. den Gott Thoro, e. den Hammer Thoronis, f. den Storjunkare, g. ein höltzern Götzenbild. h. den Diener. i. Stern. k. Ochsen. l. Bock. m. Stern. n. Mond. o. Sonne. p. Stern. q. Stern. r. Wolff. s. nonas fiord das ist.

In

Von den Zauber-Künsten der Lappen.

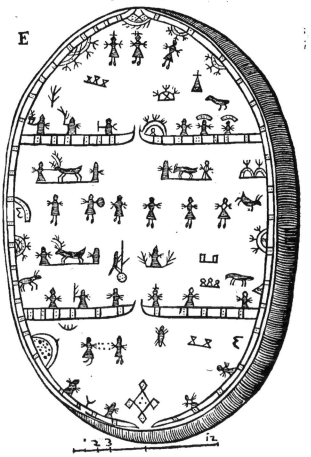

144   Das eilffte Capitel

In beyden siehet man so wol die rechte als umbgekehrte Seite. In beyden sind auch die Zeichen/nebst der Außlegung/wie sie mir fürgebracht worden/befindlich/ nicht minder als in der andern su oben mit B. bezeichnet.

Die umbgekehrte Seite der Trummel.

Von den Zauber-Künsten der Lappen.

Es hat mir aber nicht nur diese beyde Ihre Hoch-Gräffl. Excellentz zu sehen vergönnet / sondern auch die dritte mit E. gezeichnet/ deren gleiche an Grösse / wie ich dafür halte / kaum zu finden seyn möchte/ wozu auch die vierte gekommen / so mir von dem Hochwolgebohrnen Herrn Baron Henrich Flemming Obristen/ geschencket worden/ so mit F. bezeichnet.

Damit nun aber diese Trummelen mögen können gebrauchet werden/ sind zwey Stücke nöhtig/ ein Zeiger nemblich/ und ein Hammer; Jener der das begehrte Ding unter den Bildern auf der Trummel andeute/ dieser/ mit welchem die Trummel geschlagen werde. Ich nenne es einen Weiser/ was Sam. Rheen in kurtz fürhero angezogenen Worten/ ein Bündel ehrner Ringe heisset. Sie gebrauchen nemblich hiezu einen grossen ehrnen Ring/ an welchem andere kleinere hängen/ so dann gleichsam einen Bündel machen. Wiewol auch hier nicht allezeit einerley Art in Acht genommen wird. Unter meinen die ich habe ist eines auß dicken Kupffer in der Grösse eines Reichsthalers/ mit einem viereckichten Loche in der Mitten / und hat an statt der Ringe kleine ehrne Kettgen anhangen / so in die Runde zusammen gehen. Das andere ist ein messinger Ring/ an welchem an etzlichen Kettgen eine runde kleine kupfferne Platte hanget. Ich habe sonsten auch eines gesehen von Knochen gemacht in Gestalt deß Griechischen Buchstabens Δ, mit anhängenden Ringen/ wie auch andere Arten. Die Abbildung derer so ich besitze/ ist oben bey den Trummeln so mit A. und B. bezeichnet/ zu sehen mit den Buchstaben G. angedeutet. Weil sie aber auch nur gemeine Ringe hiezu pflegen zu gebrauchen/ (falß auch die Trummeln so ich von dem Herrn Reichs-Cantzler gehabt/ keine andere Zeiger haben/) so hat sie der geschriebene Autor den ich schon öffters angezogen/ auch nur schlechthin Ringe benennet: Ringen som ligger pao Spaotrumban stadnar ike, saget er/ das ist: Der Ring auf der Trummel stehet nicht feste. Olaus Magnus nennet sie Schlangen oder eherne Kröten. Weil sie selbe Ringe nemlich mit diesem Namen belegen/ nicht zwar als wann es rechte Kröten oder Schlangen/ oder doch so gestaltet wären / sondern weil sie durch solche Kröten und Schlangen/ dem Teuffel angenehme Thiere / und derer Bildnüssen

T er

er in seinen Verrichtungen offt anzunehmen pfleget / fürstellen. Peucerus am 282. Blat hat sie Frösche genennet. Sie haben einen Frosch von Ertz an eine eiserne Ruhte gebunden. Fals zwischen einem Frosch und einer Kröten ein geringer Unterscheid. Olaus Petri: In den Mittelpunct mahlen sie ihren Gott / worauff sie einen Frosch oder etwas anders von Messing gemacht / legen. Die Lappen selbst nennen es Arpa, wie solches Tornæus lehret: Der Weiser dhen dhe Arpa kallu, ær af allahanda, Koppar, I ærn, mæssing oc silfver lænkior samman fattat. Das ist: Der Weiser / den sie Arpa heissen / ist auß unterschiedlichen Ketteringlein / so auß Kupffer / Eisen / Messing / Silber / zubereitet werden / gemachet. Auß welchen Worten wir auch sehen / daß hiezu nicht nur Ertz / sondern auch andere Metalle gebrauchet werden. Das Instrument / womit sie die Trummel schlagen / wird ein Hammer genant / wie auß deß Olai Magni und Johan. Tornæi Zeugnüssen zu ersehen / in dem dieser saget / sie ruffen ihre bekandte Geister herbey / in dem sie auff das Fell mit einem kleinen Hamer schlagen. Es ist aber diß kein Schmiedehammer / wie der Mahler so die Bildnüssen in dem Olao verfertiget / gemeynet / sondern ein gewisses von den Lappen also genantes Instrument / auß einem Reenthier Horn bereitet / also daß die zwey vorneste Zancken so vie eine Gabel zugespitzet sind / an statt deß Eisens dienen / das übrige aber zu einem Handgriff. Die Gestalt deß gantzen Wesens / ist diese / so oben bey den Trummeln A und B mit dem Buchstaben H bezeichnet zu finden. Mit diesem Hammer schlagen sie auff die Trummel / nicht zwar dergestalt / daß sich davon ein starcker Thon hören lasse / sondern nur damit sie hierdurch den Ring so auff dem Fell befindlich bewegen / und solcher / nach dem er umb die gemahlte Figuren auff der Trummel gelauffen / weisen möge, was zu wissen begehret worden. Und also ist die gantze Lappische Trummel mit aller ihrer Zubehörung / mit dem Weiser / und Hammer beschaffen / und zwar bey denen Lappen so den Schweden zinßbar. Die Finnlappen zwar / so der Norweger ihre Nachbaren und dem Könige von Dennemarck unterthänig sind / gebrauchen auch eine Trummel / die aber von unserer in etwas unterschieden / wie solches auß der Abbildung / so bey dem Olao Wormio einem fleissigen und gelahrten

Von den Zauber-Künsten der Lappen.

ten Manne in Beschreibung seiner Kunstkammer im IV. Buche im 12. Cap. zu ersehen/erscheinet. Wiewol ich dafür halte/daß dieser Unterscheid darin bestehe / nicht zwar als wann diese andere Trummeln hätten/als wie die Schwedische Lappen; sondern daß deß Wormii Trummel einer andern Art gewesen/ und nur in gewissen Fällen gebrauchet worden. Die Lappische Trummel/saget Wormius, welche sie auff gewisse Weise schlagen umb allerhand Sachen zu erfahren/ und ihre Zauberey zu befördern/ist auß einem oblangen Stücke Holtz wie ein Ey gestaltet/außgehölet/in der Länge eines Fusses/zehen Untzen breit/worin sechs Löcher geschnitten/und hat einen Handgriff/daran sie mit der lincken Hand / von deme so darauff mit der Rechten schläget/gehalten wird. Weiter ist sie mit einer Haut so durch einige Adern fest gemachet/bezogen/welche Haut mit vielen wunderlichen und närrischen Bildern/ mit Blut oder anderen rohten Farbe überall bemahlet. Oben auff siehet man ein ablang geviertes Stück Ertz/ ein wenig eingebogen/ in Durchschnit fast zweyer Unzen/ an allen Ecken und in der Mitten mit einem ehrnen Kettgen versehen. Das Instrument damit sie auff dieser Trummel schlagen/ und von Knochen ist/hält in der Länge sechs Unzen/ an der Dicke ist es wie ein kleiner Finger / die Lateinische Figur T. fürstellend. Diese Trummel nun dienet den Lappen zu vielen Sachen/und verrichten sie damit ihrer Einbildung nach/nicht geringe Geschäffte. Derowegen halten sie dieselbe auch in Ehren/schliessen sie ein / und verwahren sie auff das beste/ wickeln sie in ein Lambsfell / nebst dem Ringe und Hammer / Sam. Rhen: Sin trumba skatta Lapparna hoegt, hafvva henna alltiid in svvept i skin, sampt sina ringar och hamvvar i et Lammskin foervvarade. Das ist: Die Lappen halten ihre Trummel hoch/ und haben sie stets nebst dem Ringe und Hammer/ in ein Lambsfell gewickelt. So lieset mein Exemplar; wiewol ich in einem andern das Wort Loomskin befinde / welches nicht ein Lambsfell bedeutet / sondern die Haut von einem gewissen Wasser-Vogel / so an diesen Oertern Loom genant wird / und in deß gedachten Wormii Buche am dreyhundert und vierten Blat beschrieben wird / auch mit mehrerm vielleicht von mir selbst/ in dem Verzeichnüß der seltzamen

T 2   Sachen/

Das eilffte Capitel

Sachen so ich in meiner Studierstube beybehalte / sol beschrieben werden. Uber das halten sie diese Trummel für heilig / und lassen sie deßwegen von keinem mannbahren Weibe anrühren. Sam. Rheen: Inge qvinfolk, som manvvuxne ær, faor komma vviid henne. Das ist: Keine mannbahre Weibesperson muß sie anrühren. Ja wann sie von einem Ort zu dem andern sol gebracht werden / so wird dieselbe zu allerletzt nach alle dem übrigen Haußgeraht / nach allen übrigen Leuten / von dem Mann oder Haußwirth / oder aber durch einen andern Weg da niemand sonsten reiset / dahin geführet. Trumban saget er weiter / foeras effterst, och icke trambst, och det af een mans, och icke qvinnes person: undertiiden vvarder hon och foerder pao den wæg, der ingen annan framrecher. Das ist: Die Trummel wird gantz zu letzte / nicht zu erste / von einem Manne / nicht von einem Weibe / zuweilen auch einen solchen Weg / da sonsten niemand reiset / geführet. Die Ursach füget er daselbst hinzu / weil sie befürchten / so jemand anders / und insonderheit eine mannbahre Weibesperson auff selben Wege der Trummel nachreise / solche in Gefahr ihrer Gesundheit / oder auch wol deß Lebens gerahte. Welcher gestalt es zum öfftern ergangen sey / so sie dann mit Exempeln darthun. Dieses Ubel meynen sie wahre drey gantzer Tage. Seine Wort sind folgende: The foere gifvva at om naogon mannvvuxen quinna skulle reesa oefvver samma wæg, pao huilken trumban vvohre framfoerd, foer æn tree dagers foerlopp, skulle hon antingen strax doe, eller naogot undt henne vvederfahres, som the med maonga exempel bewiisa skiedt vvara. Das ist: Sie geben für daß so ein mannbahres Weib denselben Weg wo die Trummel geführet worden / gehe / müsse sie von der Zeit an innerhalb dreyen Tagen / entweder schleunig sterben / oder in ein ander Unglück gerahten / so sie mit vielen Exempeln erweisen. Es begehret nemblich auch der Teuffel / daß man ihme mit Ernst diene / und lässet die Gesetze so er gegeben ohne Bestraffung / so ihme dann Gott zulässet / nicht verachten / daß man dahero an solchen Exempeln nicht so gar zu zweiffeln habe. Weil es sich aber dannoch begiebet / daß auch ein Weibesbild nothwendig eben denselben Weg wandeln muß / erweiset er sich in solchem Falle etwas gelinder / doch muß

Von den Zauber-Künsten der Lappen. 149

muß sie zuvor ihren Gehorsam zu bezeigen / einen Ring zu der Trummel/die selben Weg geführet worden/verehren. Sam.Rhen: I fall dær ænteligen sao fordrades, att een qvinnes person skulle reesa den wægen, hvvarest trumban vvore framfaren, sao maoste den qvinna een mæssings ring till trumban foeræhra. Das ist: So es sich zuträget/daß ein Weibesbild gezwungen wird eben dieselbe Strasse zu wandeln/durch welchen die Trummel geführet / muß solche einen meßingen Ring auff diese Trummel schencken. Weil sie aber/wie ich gesaget / vermeynen / daß sie durch Hülffe dieser Trummel vielerley Sachen zu wege bringen/ müssen wir anjetzo besehen / was dieses alles sey/und auff was für Weise sie sich hierin verhalten. Olaus Petri benennet dreyerley/ so theils zu der Jagd/zu dem Gottesdienst/und dan zu Erforschung abwesender Dinge gehörig. Sie gebrauchen/saget er/ Diese Trummel in dreyerley Verrichtung. Zu der Jagd/den Opffern/ und weit abgelegenen Sachen zu erfahren. Sam.Rheen gedencket insonderheit viererley; Das erste/ damit sie erfahren mögen/ was an anderen Oertern/ ob sie gleich weit abgelegen/ fürlauffe. Das andere, damit sie von glücklichem oder unglücklichem Außgange der fürgenommenen Geschäffte/ wie auch der Kranckheit/ so sie darin gerathen/gewiß werden. Das dritte/ damit sie die Kranckheit vertreiben. Das vierte / damit sie erforschen an waserley Opffer ihre Götter Belieben tragen/und was sie selben für Thiere schlachten sollen. Die Weise aber und Manier solches alles zu erfahren/ ist nicht durchgehends einerley. Doch pflegen sie zu erst in dergleichen Fürnehmen jederzeit in Acht zu nehmen / daß vor allen Dingen das Fell auff der Trummel wol außgedähnet werde so am Feur geschiehet. Olaus Petri: das Fell halten sie über das Feur damit es stramm werde. Hernach daß sie die Trummel nicht an einem Orte allein/ sondern rund umb den Weiser her/schlagen. Drittens/daß sie zu erst gantz leise/hernach immer stärcker/biß sie ihren Zweck erlanget/darauff schlagen. Davon Tornæus also redet: Er hebet die Trummel allmählich auff / bald hernach schläget er dieselbe rund umb den Zeiger/anfänglich zwar leise biß der Zeiger sich zu bewegen/ und zu hüpffen anhebet/ und wann er sich von dem Orte alwo er zuvor gelegen/etwas gegen die eine oder andere

T 3 dere

dere Seite abgegeben/ so schläget er je länger je stärcker/ biß er zu einem Zeichen gelanget/ von deme sie ihnen wahr zu sagen bestimmet. Auch dieses beobachten sie/ daß es nicht einer so da stehet/ sondern ein Niederknieender verrichte/ wie dann die übrige alle so dabey gegenwärtig/ ein gleiches thun. Den som uti vværket foerfaren ær, jæmpte dhe andre faller, dao pao knæ, tagandes trumman. Das ist: Der so der Kunst erfahren/ kniet nebst denen übrigen nieder/ und ergreiffet die Trummel. Was diejenigen Sachen/ umb welcher willen die Trummel geschlagen wird/ belanget/ ist davon die leztere in fürhergehenden schon erkläret worden. Daß wir also noch von den übrigen zu handeln/ und ist deren erste damit sie nemblich erforschen mögen/ was in weit abgelegenen Oertern geschiehet. Davon führet Olaus M. im III. Buch im 16. Cap. folgende Worte: Wann sie den Zustand ihrer Freunde und Feinde/ so gar weit/ bißweilen fünffhundert auch wohl tausend Meilen von ihnen sich auffhalten/ wissen wollen/ bekommen sie einen Lappen oder Finnen der dieser Sachen kündig ist/ geben ihm zur Verehrung ein leinen Kleid/ oder etwas Geld/ und bitten ihn daß er forsche wo ihre Freunde oder Feinde sich auffhalten/ und wie es ihnen gehe. Darauff er die gantze Weise dieses Handels fürstellet/ davon ich bald weitläufftiger reden will. Ein gleiches hat hievon Petrus Claudi in seiner Beschreib. von Norwegen/ da er der Finnlappen in Norwegen gedencket: De kunde oc fly naoget at vide, huad der skeer pao andra stæder laongt borte. Das ist: Sie können denen/ so da zu wissen begehren/ was an anderen weitabgelegenen Orten fürgehet/ solches anzeigen. Die Weise wie solches geschiehet/ thut er auch hinzu/ und füget hernach bey folgendes Exempel/ so in Bergen/ einer berühmten Handelsstadt in Norwegen sich begeben/ und öffentlich in einem Buche/ darin die Begebenheiten der Teutschen Kaufleute angemercket worden/ befindlich sey. Er saget daß ein Teutscher Kauffmanns-Diener/ mit Namen Johan Delling/ damals zu Bergen sich auffgehalten/ zu deme ein Norwegischer Finnlappe nebst einem so Jacob Smaofvend geheissen/ gekommen; da dann gedachter Johannes diesen Finnlappen gebetten/ er möchte ihm doch/ was sein Herr anitzo in Teutschland mache/ anzeigen. Der Finnlappe nachdem er solches zu thun versprochen/ habe als ein Truncener zu schreyen angefangen/

sey

sey unversehens in die Höhe gesprungen/ und nachdem er etliche mal in einem Kreiß herumb gelauffen/ auff die Erde gefallen/ allda wie ein Todter gelegen/ hernach als wann er wieder lebendig worden/ auffgestanden/ und ihme was sein Herr thäte/ angezeiget habe. Welches dañ zur Stunde in dem erwähnten Buche angezeichnet worden/ und hat man nachmals erfahren/ daß es alles dergestalt/ wie der Lappe erzählet/ dahergegangen wäre. Es ist dieses ein merckwürdiges Exempel/ und kan dannenhero desto weniger in Zweifel mag gezogen werden/ weil es einer öffentlichen Schrifft einverleibet worden. So bezeugen auch die jenige Historien/ so noch heutiges Tages in grosser Anzahl fürhanden/ eben dasselbe/ unter denen nicht zu vergessen was Johan. Tornæus von einem Lappen so noch anietzo bey Leben gedencket/ der ihme selbst/ alles dasjenige so ihme auf seiner ersten Reise nacher Lappland begegnet/ ehe er ihn noch einmal gekandt oder gesehen/ umbständlich angedeutet. Er erzählete mir/ saget er/ deutlich und wahrhafftig alles was mir auff der Reise nacher Lappland zugestossen. Ob es nun zwar alles dergestalt beschaffen war/ wie es der Lappe fürbrachte/ sagte ich doch zu ihme/ es wäre solches falsch und erlogen/ damit er dieser Teuffelskunst wegen sich nicht rühmen/ oder selben Glauben zustellen möchte/ als welcher wahr geredet. Man hat gar keine Ursach auch zum Schein nicht einmal/ dieses Exempel verdächtig zu halten/ oder einem solchen gar nicht abergläubischen Manne/ in einer Sache zumahl/ die ihme selbst begegnet/ nicht Glauben zustellen wollen. Die Weise aber auff welche sie diese Erforschung verrichten/ wird nicht von allen mit gleichen Umbständen beschrieben. Olaus Magnus ertheilet an vor angezogenem Orte davon folgenden Bericht: Er gehet nebst seinem Weibe und einem Gefährten/ in ein Gemach/ schläget mit einem Hammer und gewissen Streichen/ über einen Amboß/ auff einen ehrnen Frosch oder Schlange/ welche durch das Zauber-Gemürmel/ so er dabey hören lässet/ beweget wird/ in Augenblick fält er darauff zur Erden/ in eine Entzuckung/ und liget eine kleine Weile für todt. Unterdessen hat sein Gefährte fleissig acht/ damit ihn keine Mücke/ Fliege/ oder anderes lebendiges Thier berühre. Unterdessen wird sein Geist/ durch Krafft der Zaubersprüche/ von dem Teuffel an weit abgelegene Oerter geführet/ von dannen er

auch

auch gewisse Zeichen (als einen Ring oder Messer) seiner außgerichteten Reise und Befehls mit sich bringet/ und wann er auffstehet solche nebst andern Umbständen/ deine so ihn gedungen/ darstellet. Petrus Claudi führet hievon solche Worte: Er wirfft sich zu der Erden/ und lässet seinen Geist von sich/ wird einem Todten gleich/ und unter dem Angesicht gantz schwartz und gelb. Solcher gestalt liget er eine oder mehr Stunde lang/ nach dem der Ort/ von welchem er Kundschafft einholen sol/ weit oder nahe entlegen. Wann er nun wiederumb erwachet/ kan er alles erzählen/ was daselbst fürgehet/ was dieser oder jener thut/ und was man sonsten zu wissen begehret. Er gedencket hieselbst mit keinem Worte der Trummel oder deß Zauberspruches/ oder deß Gefährten/ noch der Zeichen/ daß er die Reise verrichtet. Es setzet nemblich ein jeder solche Umbstände/ so am merckwürdigsten zu seyn scheinen/ doch daß er die übrigen nicht außschliesse. Was die Trummel belanget/ ist hiervon auch auß der Ursache so ich oben allbereit erwähnet/ nicht zu zweiffeln. Folgendes/ so Olaus Petri angemercket/ ist etwas sonderliches/ daß sothane Trummel etwas anders gestaltet sey als die übrigen/ nemblich mit einem Handgriff so wie ein Creutz anzuschauen/ versehen. Die Trummel/ saget er/ ist zwar wie ich gesaget/ gestaltet/ allein der untere Theil ist wie ein Creutz in vier Theil unterschieden/ welches der Zauberer mit einer Hand anfasset. Alwo er deß Handgriffes so als ein Creutz gebildet/ gedencket. Und so ist es befindlich an der Trummel/ so ich auß besonderer Gewogenheit deß Hochwohlgebohrnen Herrn Barons Henrici Flemming Obristen über ein Finnländisches Regiment zu Fuß/ besitze/ wie nachfolgende Figur weiset.

Von den Zauber-Künsten der Lappen.

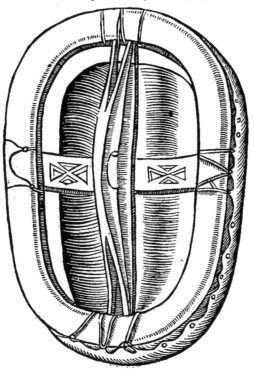

Er thut hinzu/ daß sie auch einige Knochen und Klauen von den Thieren daran hängen. An dem Instrumente/ saget er/ hängen sie mit Sehnadern angebundene Klauen und Knochen derer Thiere/ die sie gefangen. Was die Gefährten betrifft/ bezeuget davon Sam. Rheen eben daßselbe/ dessen Worte wie sie auß dem Schwedischen ins Teutsche übersetzet/ also lauten: Wann sie zu wissen begehren/ was an
fremb-

Das eilffte Capitel

frembden Oertern fürgehe / schläget ein Lappe die Trummel auf diese Weise: Er leget ein Hauffen zusammen gebundene messinge Ringe / so an einer messingen Ketten fest gemachet / an den Ort auf die Trummel / wo die Sonne gemahlet ist / hernach schläget er mit einem Hammer / so wie eine Gabel gestaltet und auß Knochen zubereitet ist / die Trummel also daß sich die Ringe auff der Trummel bewegen. Unterdessen / saget der jenige so die Trummel schläget gar laute dazu / welchen Gesang sie Jouke nennen. Wozu auch die anwesende Lappen so wol Männer als Weiber / jene mit heller Stimm / diese aber etwas leise / singen / so sie duura heissen. Und bestehet der Gesang in etzlichen gewissen Redensarten / so auff den Ort / von deme sie etwas erfahren wollen / gerichtet sind. Hie gedencket er der Trummel bey ihrer Hexerey / wie auch der Gefährten / und zwar nicht nur eines nebenst dem Weibe wie Olaus setzet / sondern unterschiedlicher so wol Weiber als Männer / so alle mit einander singen. Zudeme erwähnet er auch unterschiedliche Gesänge / davon der eine joiicke genant / und von deme so die Trummel schläget / der andere Duura und seinen Gefährten gebräuchlich ist / genennet wird. Worauff er auch von dem Niederfallen auff die Erde / dessen so die Trummel schläget redet: Nachdem er eine Zeitlang auf der Trummel geschlagen / fället er wie ein Schlummerender zu der Erden. Der geschriebene Autor saget: nederfalla och belwima. Das ist: Er fället nieder / und in Ohnmacht. Peucerus in seinem Buche von der Wahrsagung giebet für / daß ihn die Seel verlasse und er gleichsam sterbe. Nach dem der Beschwerer / saget er / mit gebräuchlichen Ceremonien seine beschworne Götter angesprochen fället er plötzlich nieder / und wird entseelet / so daß es das Ansehen gewinnet / als wann er wahrhafftig todt / und die Seele auß dem Leibe gewichen wäre. Fals in ihm kein Leben / kein Geist / noch einige Sinligkeit oder Bewegung übrig zu seyn scheinet. Petrus Claudi saget / daß er gitva sin andefra sig, das ist / seinen Geist und Seele von sich lasse / weil etzliche gewesen / so da geglaubet / daß die Seele wahrhafftig von ihm wiche / und hernach in den Leib wiederumb zurücke kehre / daher auch Olaus saget / daß der Geist eines solchen von dem Teuffel geführet / gewisse Zeichen von abgelegenen Oertern mit sich bringe. Wiewol

Von den Zauber-Künsten der Lappen.

wol solches sonder Zweiffel irrig und falsch / sintemal der Teuffel mit aller seiner Kunst nicht zu wege bringen kan/ daß die Seele so einmahl von dem Leibe geschieden / wiederumb in denselben kommen solte. Liget deßwegen dieser Trummelschläger nit ohne Geist oder Seel/ sondern es wird solche bloß võ dem Teuffel gehindert und gehalten/ daß sie ihre gewöhnliche Verrichtungen nit äussert / also daß er gleich wie ein Schlaffender/ oder in Ohnmacht ligender/ mit ungestaltẽ Angesichte/ anzusehen/ wovon auch d geschriebene Autor dieser Bericht giebet: The siunga længe alt in till des de beswima och falla neder som doede menniskor, arbete och sao ganska haort att svvetten af theras ansichte oc kropp uthspriker, das ist: sie singen gar lange / biß sie endlich in Ohnmacht fallen und niedersincken/ als wan sie gestorben wären. Insgemein arbeiten sie hierbey so hefftig/ daß ihnen der Schweiß zum Angesicht und gantzem Leibe herauß bricht. Er schläget aber die Trummel/ und darauff fällt er mit der Trummel so er fast auff den Kopf leget/ nieder / und zwar wie in beygefügter Figur zu ersehen.

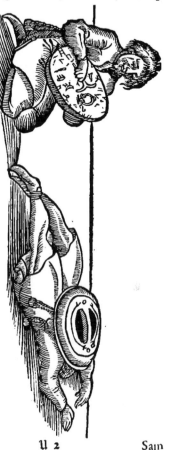

Sam. Rheen thut an diesem Orte hinzu/daß die anderen so wol Männer als Weiber zu singen nicht auffhören / sondern dieweil der andere liget / damit fortfahren / damit ihme nicht vielleicht dasjenige/weßwegen er abgeschickt worden / entfalle. I medler tiid maoste the, som till stædesæhr, man och qvinnor, continuera med sin saong, alt till des trumbs lageren opvacknar af sin sœmpn, huar med de skola paominna honom, huad hans begieren vvar, eller huad han vville vveeta. Das ist: Unterdessen müssen die übrigen / so da zugegen sind so wol Männer als Weiber/ stets in ihrem singen fortfahren/ biß der Trummelschläger wieder erwachet / damit sie ihn auff diese Weise erinnern/ was er haben will oder zu wissen begehret. Der geschriebene Autor thut hinzu / wo sie solches nicht thun/ sterbe der Trummelschläger immer hin / und erwache niemals wieder von seinem Schlaffe. The andre nærvvarande moeste siunga, sao længe han ligger Atsvvimat och paominna honom, huvad han begærade foer, æn han af svvimæde, elliest komer han sig alldrig foer. Das ist: Die übrigen so da zugegen sind müssen singen so lange er in der Ohnmacht liget / und ihn erinnern dessen was er zu wissen begehrte / ehe er in die Ohnmacht gerahten/ sonsten bekompt er sein Leben nimmer wieder. Eben dieses/sagen sie/geschehe/ so jemand ihn mit der Hand oder Fusse gleichsam auffwecken wolle. In Ansehen dieses treiben sie auch/wie Olaus anmercket/ die Fliegen und dergleichen von ihme mit allem Fleiß ab/und lassen ihn keines weges von einigem Dinge berühren. Dessen erwähnet auch Peucerus: Es müssen stätig welche umb ihn seyn/ so den niedergeworffenen und entseeleten Cörper bewahren/ dann wo solches nicht geschiehet/führen ihn die Teuffel hinweg. Welcher doch irret/wann er saget/daß die Teuffel den Leib wegführen. Dieses begiebet sich wol/ daß er nimmer wieder erwachet. Olaus Petri: Die Hüter/ so den niedergeworffenen und entseelten Leib in Acht nehmen sollen/ müssen wol zusehen / daß ihn nicht das geringste berühre/ sonst vermeynen sie/ könne er nicht wieder lebendig werden. Und also überkommet der Trummelschläger endlich / wann er in kurtzer Zeit seine Verrichtung geendiget/den Geist und das Leben zusehens wieder/und berichtet was man zu wissen begehret. Tao beginner trumbslagaren

ren foertælia, huad han med sin trumbslagh foerfarit hafvver, eller huru pao fierran orter tillstaor. Das ist: Alsdann hebet der Trummelschläger an zu erzählen/ was er durch sein Trummeln gelernet/ oder wie es mit den Sachen und Geschäfften an weit abgelegenen Orten bewandt sey. Peucerus saget/ daß solches / nach dem vier und zwanzig Stunden verlauffen/ geschehe; Allein es ist allhier keine gewisse Zeit bestimbt/ falß sie einmal geschwinder als das andere mal erwachen / nachdem die Reise so sie verrichtet lang oder kurtz gewesen. Doch ist die längste Zeit/ derer sie bedürfftig/ auch von den allerabgelegensten Oertern Bericht einzuholen/ von vier und zwanzig Stunden. Olaus Petri: Sie können auff alle begehrte Sachen/ ob sie gleich etliche hundert Meilen davon geschehen/ innerhalb 24. Stunden antworten. Endlich so bringet der Trummelschläger auch gewisse Zeichen mit sich daß er an dem benanten Orte gewesen/ und man ihme also gewissen Glauben beyzumessen habe/ wie oben auß dem Olao Magno ersehen worden. Welches auch Olaus Petri bestätiget: Zu mehrerer Bekräfftigung bringet er zu einem Zeugniß/ daß er die Bottschaft wol verrichtet/ ein Messer/ Schuh/ Ring oder etwas anders/ so deme/ der ihn gedungen/ wol bekandt / mit sich. Und dieses zwar ist der erste/ und fürnembste Nutzen oder Gebrauch der Trummel. Worauff der zweyte folget/ wann sie nemblich den Außgang ihrer Geschäffte erforschen wollen / ob sie eine glückliche Jagd haben werden/ ob das fürgenommene wol ablauffen werde. Dann auch dieses wollen sie durch Hülffe der Trummel erfahren. Da sie dann etzliche Ringe auff selbe legen/ und bey einem Gesange die Trummel schlagen. Kehren sich die Ringe nach der rechten Hand herumb / wie die Sonne laufft / vermuhten sie lauter Glück; wenden sie sich auff die Lincke/ gegen die Sonne / befürchten sie ein grosses Unglück. Sam. Rheen: nær the vveela och foer fara om lycka och olycka, leggia the sammaledes sin tillsamman bundna ringknippa pao Soolennes figur; om nu ringerna loepa rætt omkring, och effter soolennes gaong, nær the slac pao trumben, betyder det lycka, godt hælsa och vvæltrefnad, baode foer menniskor och andre creatur antingen the æro nær eller fierran. Men om ringerne ike loepa rætt omkring effter Soolennes gaong, thet betyder olycka, ohælsa, och alt ondt. Das ist: Wann sie den glücklichen oder unglücklichen Außgang ihrer fürgenommenen Geschäffte erfahren wollen/ legen sie dasselbe Bündel Ringe auff das Bild der Sonnen so auff der Trummel gemahlet. Lauffen nun die Ringe stracks nach dem Lauff der Sonnen auff der Trummel herumb / schliessen sie darauß gutes Glück/ Gesundheit/ Wachsthum und Auffnehmen/ so wol der Menschen als der übrigen Thiere. Wenden sie sich aber im Gegentheil wider den Lauff der Sonnen/ besorgen sie allerhand Unglück/ Kranckheit und zukünfftige Widerwärtigkeit. Die Ursache daß sie also schliessen ist am Tage. Dann sie halten die Sonne/ wie allbereit oben angedeutet worden/ für eine Ursach alles Wachsthums. Wann derohalben die Ringe und Zeiger ihrem Lauff nachfolgen/ deuten sie guten Wachsthum an/ in dem sie sich nach der Sonnen richten/ so mit ihrem Lauffe den Wachsthum befordert. Diese Art etwas zu erfahren gebrauchen sie in allen wichtigen Geschäfften/ als wann sie außreisen/ wann sie jagen/ wann sie von einem Ort zu den andern ziehen/ oder dergleichen etwas fürnehmen wollen. Wann sie auff die Jagd ziehen wollen/ geben sie über das Acht/ wohin sich der Ring auff der Trummel/ nach Morgen- oder Abend wärts wendet/ dann dahin nehmen sie auch ihren Weg/ und hoffen eine erwünschte Jagd. Olaus Petri: Wann sie auff die Jagd ziehen wollen / halten sie die Haut auff der Trummel an das Feur/ damit sie steiff werde/ hernach treiben sie mit dem Hamer den Frosch/ der in der mitten ist/ so lange herumb biß er endlich auff einem gemahlten Thier stille stehet/ und gegen Morgen oder Abend/ gegen Mitternacht oder Mittag sich drehet/ und also der Meister oder Jäger erfahre wohin er denselben Tag sich wenden/ und welchen Thieren/ Fischen/ Vögeln oder andern Wildprät er nachstellen solle. Fürs dritte brauchē sie auch die Trummel in den Kranckheiten/ und zwar auff zweyerley Weise/ erstlich wañ sie die Ursach derselben erforschen/ ob solche natürlich oder von einem bösen Menschen zugezaubert wordē. Sam. Rheen: Tao foernimmer trumbstagaren om siuk domen ærnaturlig, eller af spaodomb paokommen. Das ist: Der Trummelschläger erfähret also/ ob die Kranckheit natürlich sey oder ob sie angehexet worden. Zum andern weñ sie dadurch zu wissen begehren/ was für ein Opffer sie ihrē

Göt-

Göttern/insonderheit dem Storjunkare/ohne deſſen Hülff/ihrer Meynung nach die Kranckheit nicht kan geheilet werden / bringen ſollen. Dannenhero er daſelbſt hinzu thut: Sedan maoſte den ſiuka ut loſvva att vvillia gioera naogot offer afnogot creatur, antingen & Reenthiur, oxe, bock, wædur, eller nogot annat, och det till nogon vviſſ Storjunkare, ſaom ſtaor i detta, eller detta ſiellet. Das iſt: Hernach muß der Krancke ein Opffer von einem Thier/ als von einē Reenthier/ Ochſen/ Bock/ Widder oder dergleichen/ einem gewiſſen Storjunkar, ſo hie oder da auf einem Felſen wohnet/ verſprechen. Dieſes aber ſtehet nicht in deß Krancken Wilkühr/ ſondern der Trummelſchläger gebeut ſolches. Dan̄ er zeiget an was zu thun ſey. Huad trumſlagaren dæn ſiuka foeresſkritvver, det moſte hanc ſtrax, antingen offra och utgiſvva, eller foerplichta ſig till een vviiſſ tiid, huat han ut loſvvat hafvver, fulkomna. Das iſt: Was der Trum̄melſchläger dem Krancken befielet/ das muß er zur Stunde opffern/ oder muß es auf eine gewiſſe Zeit zu thun verſprechen. Der Trummelſchläger nemblich/ wie ich geſaget / erforſchet mit ſeiner Trummel/ was für ein Gott durch Opffer zu verſöhnen ſey/ was man opffern ſolle / falß nicht ein jedes/ auch nicht zu einer jeden Zeit/ dieſen Göttern gefällig. Daher entſtehet nun der Befehl/ nach deme ſich der Krancke zu richten. Auf dieſe Weiſe brauchen ſie die Trummel bey den Krancken. Die Ceremonien ſo dabey fürgehen/ ſind/ wie Sam. Rheen andeutet folgende: Wann ſie einige Kranckheiten mit der Trummel zu vertreiben gedencken/ verfahren ſie damit auff dieſe Weiſe. Der Krancke muß zu erſt dem/ ſo die Trummel ſchläget/ einen meſſingen und einen ſilbernen Ring geben/ und ſie beyde an deſſen rechten Arm ſtecken/ ſo er hernacher zum Lohn behält. Darauff nimbt der Trummelſchläger ſelbige Ringe/ und thut ſie zu den andern/ ſo in einem Bündel zuſam̄en gebunden und ſonſt allezeit/ wañ die Trum̄el ſöl geſchlagen warden/ dabey ſeyn müſſen. Hernach ſchläget er die Trummel und ſinget das gewöhnliche Lied dazu. Die Män̄er und Weiber ſo zugegen ſingen mit/ jene zwar mit ſtarker Stim̄e/ dieſe etwas leiſer. Alſo nimbt endlich der Trummelſchläger auß der Bewegung und Gelegenheit der Ringe ab/ was er zu wiſſen begehret. Und dieſes iſt der gewöhnliche Gebrauch der Trummel. Sonſten bedienen ſie ſich auch dieſer Trummel bey

ihrer

Das eilffte Capitel

ihrer Hexerey / wenn sie anderen Leuten an der Gesundheit oder auch wol am Leben schaden zufügen wollen. So aber nur etliche und nicht alle zu thun pflegen. Sam. Rheen: Maonge Lapper doch icke alle, bruucke denna trumbanat spao med. Das ist: Viele unter denen Lappen/ nicht alle / brauchen diese Trummel zu ihrer Zauberey. Und diesen Gebrauch allein vermeynen die meisten verbotten zu seyn / nicht die übrigen / durch welche niemand beleidiget wird. Joh. Tornæus: Dhe som dessa saker allenast soekia att vvetta, vvillia intet vvara roeknade liika med dem, som tillfoga andromskada ther medh. Efter som desse goera det somont æt, men dhe tvvert emoot. Das ist: Die so mit der Trummel dieses allein (was fürher erzählet worden) zu erfahren Verlangen tragen/ wollen nicht unter die/ welche anderen dadurch Schaden zufügen/ gerechnet werden; weil diese böses thun/ sie aber gutes. Wiewol nun aber dieser Gebrauch nicht bey allen im schwange / finden sich doch so ihnen zum öfftern fürnehmen. Und gedencket Joh. Tornæus daß im Jahr MDCLXXI. in Kieme-Lappland viel dieser Art angetroffen worden / nebst ihren sehr grossen Trummeln. Desse saget er / gaof vvo i fraon sig sina trumbor, lao stoora oc vviida at dhe der i fraon inte foeræs kunde, uthan maoste der up brænnas. Das ist: Diese brachten ihre Trummeln herbey/ welche so groß waren/ daß man sie nicht weg tragen/ sondern verbrennen müssen. Er thut auch hinzu ein Exempel gedachter Zauberey/ so sich also verhalten: Es war unter denen Lappen / saget er / ein alter Mann von 80. Jahren/ so da bekante er hätte in seiner Kindheit diese Kunst von seinem Vatter gelernet / und habe dadurch umb ein Paar Handschuh willen zu wege gebracht/ daß im Jahr MDCLXX. ein Kiemischer Baur in einem Wasserfall ersoffen. Dieser wird zwar deßhalben zum Tode verurtheilet / und gefesselt auß Lappland nach dem nächsten Städtlein in Bothnien geführet / allein als sie mit ihme unterwegen/ brachte er durch seine Kunst zuwege/ daß er im Augenblick todt bliebe/ da er doch frisch und gesund auff dem Schlitten war/ so er fürhero gesagt/ daß ehe er in die Hände deß Büttels kommen wolte / solches geschehen würde. Mit was für Ceremonien/ mit welchen Worten/ Gebährden / und Zeichen sie mit dieser Trummelhexen/ ist von nie-

Von den Zauber-Künsten der Lappen.

niemand auffgezeichnet worden. Und glaube ich wol / daß sie es selbst heimlich halten / auch solches niemand erlernen oder zu wissen begehre/ ohne grossen und starcken Argwohn einer abscheulichen Boßheit Und so viel wird hoffentlich gnug seyn geredet von der Lappischen Trummel / wenden uns deßhalben zu den übrigen Künsten / so von denen Lappen mit besondern Instrumenten verrichtet werden. Da dann zu erst uns fürkompt ein Strick mit etlichen Knoten Wind zu machen. Davon Zieglerus also redet: Sie haben einen Riemen in welchen drey Knoten geknüpffet sind / wann sie den einen aufflösen erregen sie einen mähligen Wind / wann sie den andern auffknüpffen wehet es gar hart / wenn sie aber den dritten auffmachen / so fängt es sehr an zu stürmen / wie die Alten den Blitz erwecken könten. Was allhier Zieglerus von denen Lappen setzet / selbes eignet Olaus Magnus im III. B. im 16. cap. den Finnen zu. Die Finnen saget er / pflegen unter andern heidnischen Irrthumern auch denen Kauffleuten so an ihre Seeufer durch widrigen Wind getrieben und nicht fortkommen könten / den Wind zu kauffe anzubieten / und für einen gewissen Preiß / ihnen einen Riemen mit dreyen Zauberknoten zu geben / mit dem Bericht / wann sie den ersten lösen würden / so solten sie einen mählichen Wind bekommen / würden sie den andern aufmachen / würde er starck wehen / würden sie aber den dritten loß machen / so würde ein solcher gewaltiger Sturm entstehen / so daß sie weder ihre Augen die Klippen zu verhüten auffthun / noch ihre Hände und Füsse die Segel zu regieren / noch das Ruder zu richten / wir den gebrauchen können. Hie schreibet er alles den Finnen zu / was zuvor Zieglerus den Lappen zueignet. Und ist gewiß / daß weder Sam. Rheen noch Joh. Tornæus so die neueste Scribenten seyn / in ihrer Geschichten davon mit keinem Worte gedencken. Es scheinet auch daß solches von ihnen nicht könne zu Wercke gerichtet werden / weil sie mitten im festen Lande wohnen / und von dem Meer weit abgelegen sind / kan derohalben dieses nicht ihnen zugeschrieben werde / sondern vielmehr den Norweg. Finlappen von denen Petrus Claudi außdrücklich saget: Hand kand oc gioere oc upucke, huilken vvind hand will. Das ist: Die Finnlappen können Wind machen welchen sie wollen. Welcher auch mercklich hinzu thut / daß sie die Winde insonderheit in ihrer Gewalt haben / die damals gewehet / als ein jeglicher von ihnen gebohren

X wor=

worden/ dieser zwar einen solchen/ jener einen anderen/ als wann von der Beschaffenheit ihrer Geburt/ diese teufflische Kunst/ ihre Würckung bekäme. Hand kand goera sonderlig den wind, som hafver bloest den tid han blef foed, das ist: Es kan ein jeglicher den Wind insonderheit erregen/ der damals gewehet/ als er geboren worde. Auf was für Art aber diese Kauffmanschafft zugehe/ beschreibet er eben daselbst mit folgenden Worten: De som kiæbe boer af hanem, dem antuorder hand & moere eller band, mæt tree knuder paa, oc naar hand uploeser den foerste knude, faar han passelig boer, oc loeser hand den andra knude, da faar hand saa sterck wind, som hand kand mestraade, mæn loeser hand den tredie knude, da gaar det ike af fuden skipbroede, oc mande miste. Das ist: Der Finnlappe giebet denen welchen er den Wind verkauffet einen Strick/ oder einen Band mit dreyen Knoten/ wann sie von selben Knoten den ersten aufflösen/ bekommen sie einen mäsigen Wind/ lösen sie den andern/ wehet er sehr hart/ doch daß sie noch außdauren können/ machen sie den dritten auff/ leiden sie Schiffbruch und die höchste Noth. Gleich wie nun diese Kunst insonderheit der Finnen und Norwegischen Finnlappen eigene ist/ also gehöret ihnen auch die andere Kunst/ so mit dieser verbunden/ eigentlich zu/ nemlich daß sie die Schiffe in ihrem Lauffe hämmen/ und mitten im Meer unbeweglich machen können. Auch dieses schreibet Damianus denen Lappen zu. Die Schiffe/ saget er/ hämmen sie mitten in ihrem Lauff also daß sie durch keine Macht deß Windes können fortgebracht werden. So auch Zieglerus anzumercken scheinet/ wan er saget: Dieser Kunst bedienen sie sich gegen die Schiffende nach Belieben/ so daß sie das Meer und die Flüsse stillen und unbeweglich machen/ auch wiederumb bewegen können/ nach dem sie jemand gewogen oder nicht. Nun ist es ja ohnlaugbar/ daß so das Meer gantz still/ man nicht darauff schiffen könne/ so aber durch keine andere Ursach/ als die schon angezeiget/ zu wege kan gebracht werden. So mächtig aber sind die Finnen dieser Kunst/ daß solcher nichts widerstehen kan/ als einiges excrement, so von einer Jungfer kömmet. Damianus: Dieses Ubel wird allein durch das excrement einer Jungfer so in dẽ Schiffe hin und wieder angeschmieret wird/ gehoben/ dann für demselben/ wie ich von den Einwohnern gehöret/ haben die Geister von Natur einen Absehen. Was dieses für ein excrement, möchte jemand zweiffeln.

Von den Zauber-Künsten der Lappen.

Ich zwar halte gäntzlich darfür/ daß hiedurch Sangvis menstruus verstanden werde. Falß auch bey denen Alten geglaubet worden/ daß selbes der Hexerey widerstehe und sie vertreibe. Davon Plinius im XXVIII. B. im 7. Cap. also redet: Ich halte gäntzlich dafür daß es nicht ungereimt sey/ die Pfosten des Hauses mit den menstruo zu bestreichen dadurch denen Zauber-Künsten Widerstand geschiehet. Endlich so gebrauchen die Lappen auch Pfeile / mit denen sie anderen so ferne von ihnen allerhand Schmertzen/ Kranckheite und Ubel zufügen können. Sie machen/ saget Zieglerus zauberische Wurffpfeile von Bley/ so nur eines Fingers lang/ diese werffen sie nach weit abgelegenen Oertern auff die/ an welchen sie sich zu rächen willens. Diese bekommen also fort am Schienbein oder Arm ein gifftiges Geschwür/ also daß sie mit grossen Schmertzen auch woll sterben. Es gedencket dessen auch Olaus Magnus, doch dergestalt/ daß es scheinet/ er habe dem Zieglero gefolget. Sie sind/ saget er/ nicht weniger mächtig einen Menschen durch unterschiedliche Kranckheit hinzurichten/ dann sie machen auß Bley zauberische Wurffpfeile/ eines Fingers lang/und werffen solche nach abgelegenen Oertern/ auff die/ an welchen sie sich rächen wollen. So dann des Ziegleri eigene Worte sind. Ich befürchte aber daß sie beyde betrogen worden/ und diese bleyerne Wurffpfeile ihnen selbst ertichtet die nirgend anzutreffen. Heutiges Tages weiß davon niemand. So schreibet auch Sam: Rheen hievon nichtes / viel weniger andere Scribenten, ja auch das gemeine Geschrey/ so doch auch die geringste Sachen außzubreiten pfleget/ weiß von diesen Pfeilen nicht. Und warumb sollen sie dann eben auß Bley seyn? Ich meyne daß der Zieglerus durch das Wörtlein Skott so noch heutiges Tages bey ihnen/ wann sie von dieser Sache reden/ gebräuchlich/ sey verleitet worden. Dann so bald ein Mensch oder ein Thier/ welches kurtz fürhero jederman frisch und gesund fürkommen/ durch eine plötzliche Kranckheit also überfallen wird/ daß es alle Krafften verliehret/ oder auch gar dahin stirbet/ meynet der Pöfel solches sey durch Zauberey geschehen / und nennet es Skott das ist: einen Wurffpfeil mit welchem sie glauben daß ein solcher getroffen sey. Weil nun Zieglerus von diesem Skott gehöret/ hat er selbst daher Anlaß genommen / gedachte zauberische und von Bley gemachte Pfeile zu erdencken. Aber solches ist unseren Scribenten

unbewuſt/und halten dafür/es geſchehe dieſes durch eine andere Kunſt.
Petrus Claudi nennet es *Gan*, daß da weggeſchicket wird/und ſaget daß
es die Geſtalt einer Fliegen habe/und der Teuffel ſelbſten ſey: daß ſie
dieſer Art unterſchiedliche in ihrem ledernen Sacke tragen / und alle
Tage gewiſſe davon außſchicken. Führet auch ein Exempel an/ſo zu
ſeiner Zeit folgender geſtalt ſich begeben. Dett hende foer faa aor, at
en mand, ſom endnu lefvver pao Helieland, droog pao fieldet, oc
foegte effter bioerne, och hand kom till een hæller, der ſand hand i
ſamme hæller & ſtoort grote billede, ſom war een Finnegudh, oc
ſtod derhos hannem Finnens Ganeske, oc der hand uplod ſamme
eske, da kroep den fuld af blaa fluer, huilke vare Finnes Gan oc Trol-
dom, ſom hand dageligen ud ſender. Das iſt: Es hat ſich für wenig Jahren zugetragen/ daß einer ſo noch am Leben/ in Helieland,
ſich auff die Norwegiſche Berge/ den Bären daſelbſt nachzuſtellen/
gemachet/und ohngefehr zu einer Hölen unter einem Felſen gerahten.
In dieſer Hölen oder Loche traff ſelber ein grob geſchniztes Bilde an/
ſo eines Finnen ſein Götze war / bey welchem deſſelben Finnen Ganes-
ka oder Zaubertaſche lag. Als er ſolche öffnete/ befand er ſie voll von
blauen kriechenden Fliegen / ſo deß Finnen Gan oder Geiſter waren/
die ihme in ſeinen Zauberkünſten auffwarteten/ von denen er täglich
etzliche außſchickete. Daß er mit dieſem Worte Gan nichts anders
als daſſelbe/ womit ſie anderer Leute Geſundheit und Leben ſchädlich
nachſtellen/deutet er alſobald darauff/mit ſolchen Worten an: Finnen
kan icke trifuis, udé han huer dag ſender en Gand ud, det eren flue,
eller trold aff ſin Ganeske elle Gan hiid, det er en ſkindpoſſe, ſom
hand hafvver dem udi, oc naar hand icke hafvver menniskan at forgioere, oc ſende ſin Gand udi (huilket hand icke gioer, uden hand
hafvver nogen ſag met hannem) da udſender hand den i uær och
rind, och laader den ranne paa menniskior, qveg, eller diur, eller
huar den kand, oc ſtundum ſencler han ſin Gan i fieldet, oc ſpren-
ger ſtoore field ud, oc foer en ringe ſags ſkyld, ſkinde de deris Gan i
menniſkior oc foergioer dennem. Dieſe ſeine eigene Worte ob ſie
gleich etwas lang/habe ich dennoch anführen wollen/ damit man nicht
gedencken möchte/es wäre meine eigene Ertichtung. Der Verſtand
aber ſolcher Worte iſt folgender: Ein Finne kan nicht ruhig leben/
wo

Von den Zauber-Künsten der Lappen.

wo er nicht täglich einen Gan/das ist/eine Fliege oder Teuffel/auß seiner Ganeske oder Ganhiid, das ist/ ledernen Tasche/ darin er sie verwahret/außschicket. Findet er keinen Menschen/dem er Schaden zufüge/und seinen Gan über den Halß schicke/ so er ohne Ursach nicht zu thun pfleget/ so lässet er solchen über den Wind auß/ daß derselbe nach Belieben über Menschen/ Viehe/ wilde Thiere / oder sonsten etwas wühte. Bißweilen schicket er den Gan auff die nächste Gebürge/und lässet ihn da die Felsen von einander spalten. Sie werffen aber ihren Gan auß liederlicher Ursache über die Leute/und lassen ihnen Schaden thun. Auß welchen Worten klar genung zu ersehen/ daß dieser Gan Menschen und Viehe Schaden bringe/ und zu dem Ende außgesand werde/und damit kein Zweiffel verbleibe/ daß dieser Gan nichts anders als das so Zieglerus einen Wurffpfeil heisset/saget er deutlich/ *de skiude deris Gan*, das ist / sie werffen ihren Gan wie einen Wurffpfeil von dessen Abschiessung das Wort *Skiuta* eigentlich gebraucht wird. Und dieses ist nun das dritte Stück ihrer Hexerey/ so sie nicht allein gegen Freinde/sondern auch gegen einander selbst/ auch gegen die/so ihnen in dieser Kunst gleich gewachsen/ gebrauchen/ dessen er ein merckwürdiges Exempel beybringet von einem Finnen so wegen seiner Erfahrenheit in dieser Kunst Asbioern Gaukonge genant worden; als deme einiger Zwistigkeit halben ein anderer Schaden zufügen wolte / und solches/ weil dieser Asbioern ihme zu mächtig/ nicht zu Werck richten könte; hat es sich endlich begeben daß dieser Asbioern unter einem Felsen geschlaffen. Darauff der andere seinen Gan geschicket/der den Felß von einander gespalten/auff den Schlaffenden geworffen/ und ihn also getödtet habe. Er meldet daß dieses zu seiner Zeit geschehen/ und zwar kurtz fürhero/als er sein Werck geschrieben. Ja zum öfftern vertreibet der andere mit seiner Kunst/was der eine zu wege gebracht. Welches eben selber Petrus Claudi anzeiget: de bedrifvva oc somme moegen arrigheet, med deris trolldom, saa at den ene skiuter eller sender sin Gan i & menniske, oc en anden bider den ud igien. Das ist : Etliche verüben grossen Muthwillen mit ihrer Zauberkunst/ also daß der eine seinen Gan auff einen Menschen loß lässet/ welchen der andere durch sein Gebot wieder außtreibet. Dieses ist etwas

X 3   son-

Das eilffte Capitel

sonderliches und wol zu mercken/ daß sie wähnen/ es könne niemand dieser ihr Gan Schaden zufügen/ wo sie nicht desselben Menschen Vattern Namen wissen. De hafvve icke mact saget genanter Petrus Claudi: at foergioere nogen, uden de vide hans faders naffn, das ist: sie können niemand Schaden thun/ wo sie nicht desselben Menschen/ den sie beleidigen wollen/ Vattern Namen wissen. Was sonsten für Krafft Pettus Claudi dem Finnischen oder Finnlappischen Gan zuleget/ dieses verrichten die übrige Lappen durch ihr Tyre, welches Tyre ein runder Ball ist/ so groß als eine Wallnuß oder kleiner Apffel/ von zarter Woll eines Thieres oder eines Baumes/ zusammen gerollet/ glatt allenthalben eben/nicht schwer/also daß er von innen hohl zu seyn scheinet/ hat eine Farbe als auß gelb/ grün und aschfarb zusammen gemischet/doch daß er fast bleichgelb anzusehen.   Dann so ist derjenige beschaffen/ welchen mir der Wohledle Herr Joan Otto Silverstroem Assessor in dem Bergwerck/ Raht und Fürsteher der Salbergischen und Fahlunischen Ertzgruben geschencket/ denselben/ weil er wenigen bekandt/ und noch nicht von jemanden abgebildet worden/ habe ich so viel müglich denselben eigentlich allhie fürstellen wollen.

Sie geben für von diesem Tyre daß er lebe und durch eine sonderliche Kunst sich bewege/daß so ihn jemand kauffet/ er selben/ weme er wolle/ auff den Halß schicken könne.   Sie bereden weiter so wol sich selbsten unter einander/als Freunde/daß sie hernach zugleich mit diesem Tyre, allerhand Schlangen/ Kröten/ Mäuse/ und dergleichen einem auffladen können/ die ihn grausam plagen.   Ferner daß dieser Tyre über die maßen schnell sey wie ein Wind/ oder abgeschossener Pfeil und Kugel/und so ihme auff dem Wege ein anderes Thier entgegen komme/

me / so gerahte selbes in das Unglück an deß andern statt / also daß er zum öfftern deß bestimbten Ortes verfehle / und einen Unschuldigen beleidige. Und finden sich gewiß noch zu dieser Zeit davon traurige Exempel. Weil aber solche hiebey zu bringen gar zu weitläufftig fallen dörffte / stehen wir allhier still / und nachdem wir woll alles oder doch das fürnembste / was zu der Lappen Religion / Gottesdienst / Aberglauben / Zauberey / und dergleichen gehörig / besehen / gehen wir weiter zu anderen Sachen.

Das XII. Capitel.
Von der Policey und Regiment der Lappen.

Nachdem wir die geistlichen und göttlichen Gebräuche so bey denen Lappen üblich / beschauet / müssen wir auch von ihren weltlichen Sitten reden. Diese sind insgemein zweyerley / nemblich allgemeine und dann besondere. Von jenen wollen wir zu erst handeln. Zu diesem gehöret nun die Beschaffenheit ihrer Policey und Regiments. So dann in alten Zeiten ehe sie Lappen genant worden / sonder Zweiffel also bestellet gewesen / daß sie niemand von ihren Nachbaren unterthan / sondern unter dem Regiment eines Königes / den sie auß ihren eigenen Mitteln erwählet / in gutem Wolstande gelebet. Auff solche Weise zwar war es mit ihnen bestellet zu denen Zeiten deß Haraldi mit dem Zunamen Harfagers, Königs in Norwegen / so umb eine Zeit mit Erico den Sieghafften / Könige in Schweden / der in dem neunhundertsten Jahre nach Christi Geburt regieret / gelebet: und ob gleich nicht eben mit allen / doch mit denen so der Nerweger Nachbaren sind / und nahe an dem grossen Meer wohnen / und insgemein Finnlappen heissen. Davon Petrus Claudi im 27. Capitel diesen Bericht ertheilet: I gammel tiidh hafde Lappfinner och Sioefinner dheras egen Konung baode foer Konung Harald Harfagers tiid, som tvvingade alt Norrig under sigh (undentagen desse Finner) och lang tiidh ther efter, och heet han Mottle, Find-Konge, som dher regerade oefvver, udi Harald Harfagers tiidh. Das ist: Die Lappfinnen und Siesfinnen oder am
Meer

Meer wohnende Finnen hatten in vorigen Zeiten ihren eigenen König/ so wol für als nach der Regierung Haraldi Harfageri, der gantz Norwegen unter seine Bottmässigkeit biß auf diese Finnen gebracht/ welcher König dazumal Mothle hieß. Es hat aber Petrus Claudi dieses sonder Zweiffel auß dem Sturlesonio, so diesen Zug deß Haraldi und die Verwüstung Biarmien, die durch ihn geschehen/ und wie die Finnlappen verschonet geblieben/ beschreibet. Dann also redet bey dem Sturleson, die Gumilda: Han sænde migh till Motla Finnckoning. Das ist: Er schickte mich zu dem Finnischen Könige Mottla. Es war nemblich dazumahl der Name Lappen noch nicht bekandt oder gebräuchlich/ wie ich anderswo erwiesen/ sondern es behielten diese annoch den Namen/ welchen sie von ihren Vorfahren empfangen/ gemein mit denen Völckern darauß sie entsprossen waren. Weiter ist es glaublich/ daß sie auch hernacher als sie allbereit den Namen Lappen empfangen / das ist/ nach dem sie auß ihrem Vatterlande außgezogen/ und die Länder an der anderen Seiten der Berge/ die Schweden von Norwegen scheiden / eingenommen / nicht anders gelebet. Gewiß ist es daß solche Leute so auß ihrem Vatterlande, einen neuen Sitz zu suchen außgegangen waren/ eines Führers benöhtiget gewesen. So ist auch nicht zu zweiffeln daß sie denselben / da sie solchen neuen Sitz gefunden und bezogen / für einen König auffgeworffen. So lange nun ein solcher König übrig/ ist es kaum glaublich/ daß sie unter eines andern Regiment solten gerahten seyn/ zumahl weil sich niemand zu der Zeit herfür thate / der ein solches/ flüchtiges/ armes/ zwischen Wäldern und Wüsteneyen in stäts daurendem Schnee und unleidlicher Kälte wohnendes Volck / mit Krieg zu überziehen im Sinn hatte. Solches bezeuget Paulus Jovius, und bekräfftiget der Moscowiter Außsage/ so bey selben befindlich. Wie die Lappen/ saget er/ recht beschaffen/ wissen die nechste Moscowiter nicht einmal / salß sie fürgeben/ daß es eine blosse Tollkühnheit sey, dieselbe mit wenigem Volcke zu überziehen/ hergegen niemand nützlich / auch nicht rühmlich / ein Volck so in höchster Armuth lebet/ mit einem grossen Kriegsheer überfallen. Sind also die Lappen eine geraume Zeit lang frey geblieben. Der erste König in Schweden so ihme dieselben unter sich

zu

zu bringen fürgenommen/ ist gewesen Magnus Ladulaos zugenant/ der umb das Jahr M CCLXXVIII. regieret. Solches lehret auch Joh. Buræus, in dessen geschriebenem Buche/ deme er den Titul Sumla gegeben/ nachfolgender alter Bericht zu finden : I Konung Magnus Ladulaos tidh vvoro Lapparna itt egitt folck. Och effter han icke kunne vvinna them under swerikes krona, boed han them, som wille waoga, och komma them under kronan, sao wille han gifvva them hina i hænder till ægendom. Das ist: Zu den Zeiten deß Königes Magni Ladulaos waren die Lappen freye Leute. Weil nun dieser sie der Kron Schweden nicht konte unterwürffig machen / hat er sie den jenigen/ so da sich unterstehen würde/ selbe zu bezwingen/ eigenthumlich zu geben versprochen. Es scheinet er habe die Unkosten diesen rechtmässigen Krieg zu führen/ nicht anwenden wollen/ insonderheit da er gesehen daß man sie nicht anders / als wie flüchtige wilde Thiere verfolgen müste/ dannoch hat er auch nicht ertragen können/ daß ein so nahes Volck/ welches fast mitten unter seinen Unterthanen wohnete / (dann sie damals wie ich oben erwiesen/ ihren Sitz an dem Ufer deß Bothnischen Meerbusems gehabt) dannoch der Kron Schweden gehorsam zu seyn sich wdgerte. Deßwegen er ein ander Mittel ergriffen / und hat einige privat Leute durch Einbildung eines sonderlichen Gewinstes / angereitzet/ die dadurch getrieben/ Fleiß anwenden möchten/ diese Völcker zu bezwingen. Es ist auch dieser Anschlag vollführet worden. Dann die benachbahrte Birkarler auß Liebe zu dem Gewinst/ haben sich der Sache unternommen/ und sie glücklich geendiget. Insonderheit ist merckwürdig was von einem dieser Birkarler, der Pfarrherr in Pitha mit Namen Andreas einem Bürger und Goldschmiede von Luhla erzählet/ so Joan. Buræus, der es mit angehöret/ in Schwedischer Sprache auffgezeichnet / und zu Teutsch also lautet: Einer von dene Birkarlern begab sich gantz allein in Lappland umb allda den Lappen wann sie auß Birkarlen nach Hause reisen würden (fals dazumals niemand an der Nordlicher Seiten gedachter Dorffschafft wohnete) nachzustellen/ legte sich mitten in den Weg und ließ sich von seinem Weibe mit Schnee bescharzen/ also daß die Lappen nicht anders als über seinen Leib gehen und reisen könten.

Y   Als

Das zwölffte Capitel

Als diese nun in der Nacht kamen/ vernahm er daß ihrer bey funfftzehen/ und zwar die Fürnembsten auß den Lappen waren. Darauff begab er sich in aller Eil durch einige Richtsteige eilend an einen solchen Ort/ da sie nothwendig vorbey musten/ zog sein Schwerd so er bey sich hatte auß/ und erstach einen nach dem andern (wie dann die Lappen wann sie reisen in einer langen Reihe daher ziehen) also daß niemand von denen nachfolgenden deß fürhergehenden Unfals merckete/ sintemal es Nacht/ auch einer von dem andern gar zu weit entfernet war/ biß der Letzte endlich die erschlagenen Cörper wahrgenommen/ und den Mörder angefallen: da dann ein hefftiger Kampff von beyden Theilen entstanden/ biß endlich der Birkarler mit Hülffe seines Weibes diesen letzteren auch ertödtet. Da nun auff solche Weise die fürnehmsten und mächtigsten von denen Lappen an die Seite gebracht waren/ haben sich die übrigen nicht groß gesperret. Man vermeynet auch daß sie von denen Birkarlern so der König Magnus sie zu bezwingen angereitzet/ unter dem Schein eines Stillstandes betrogen worden. Dann an selbem Orte folgender Bericht zu finden. Tyginge Birkarlarna till, som bodde i Birkala sochn, och gaofvvo sigh in till them, och dagtingade med them, pao sao maonge daghar eller tiidh. Och thes emillan foerraskade the them, och slogo maonga ihiæl, och wunno them under sigh, alt in till norra och vvæstra sioen. Das ist: Auß dieser Ursache (weil nemblich der König Magnus versprochen sie dem jenigen zu übergeben der sie bezwingen würde) begaben sich die Birkarler so in dem Kirchspiel Birkala wohneten zu denen Lappen und machten mit ihnen auff gewisse Tage einen Stillstand/ unterdessen da diese sich nichts versahen/ überfielen sie dieselben unverhofft/ hieben viel von nieder/ und machten die übrigen biß an das Mitternächtige Meer ihnen unterthan. Worauß zugleich erhellet/ daß ehe sie von denen Birkarlern der Kron Schweden unterwürffig gemachet worden/ einiger Krieg zwischen den Schweden und Lappen gewesen/ falß allhie einiges Stillstandes gedacht wird/ wie dann auch in fürhergehendem von dem Könige Magno gesaget wird. Att han icke kunne' them vvinna, under Kronan. Das ist: Daß er sie der Kron nicht unterwürffig machen können.

Und

Von der Policey und Regiment der Lappen. 171

Und dieses ist es vielleicht/ was Zieglerus von ihnen schreibet: Es ist ein mächtiges Volck/ so lange frey gewesen/ und den Schwedischen und Norwegischen Waffen widerstanden/ biß sie endlich bezwungen worden. Wiewol ich dafür halte/ daß solches nicht so sehr ihrer Macht halben geschehen/ als daß man sie nicht geachtet hat. So dan von denen Moscovitern so auch ihre Nachbahren sind / geschehen/ die sie wegen Mangels und Armuth/ nicht würdig geschätzet mit Krieg zu überziehen. Welches dann auch die Schweden sonder Zweiffel davon abgehalten/so auch darauß erscheinet/ weil sie hernach von dem einigen Kirchspiel der Birkarler bezwungen worden. Daß auch gesaget ist/ gedachter König Magnus habe sie der Kron nicht unterwürffig machen können/ muß man nicht verstehen/ als wann die Lappen denen Schweden an Macht überlegen gewesen/ sondern weil man unnöhtig und unnütze erachtet / sie mit einer gantzen Armee zu überziehen. Sind also die Lappen durch List von wenigen gemeinen Leuten / und durch schlechte Mittel / umb daß Jahr Christi M CC LXXVII. dergestalt unterthänig worden/ daß sie hernach denen Birkarlern und folgends der Kron Schweden gehorsamen müssen. Ob sie aber alle mit einander / auch die so da jenseit deß Norwegischen Gebürges am Ufer deß grossen Meeres gewohnet/ und Finnen oder Lappfinnen genant worden/ überwunden/ kan man so eigentlich nicht wissen. Wo man nicht auß vorangezogenen Worten / daß sie nemblich biß an das Mitternächtige Meer bezwungen worden/ solches schliessen wolte. Es sey dem aber wie ihm wolle / so ist doch gewiß / daß die Schweden zu erst die Lappen unterthänig gemacht. Deren Exempel hernach andere Benachbahrte gefolget/ so daß davon ein Theil die Moscoviter/ das andere die Norweger eingenommen. Und ist darauß erfolget/ daß sie endlich dreyen unterschiedenen Königen gehorsamen müssen. Andreas Burzus: Die Lappen gehorsamen heutiges Tages den Königen von Schweden/ von Norwegen und von Rußland. Petrus Claudi in Beschreibung von Norwegen: Nu ære Sioefinnerne den Norske kronen undergifvven, och Fiellde finnarne ære tre Kongar skattskylldige. Das ist: Anitzo sind die am Meer gelegene Finnen der Kron Norwegen unterthan / diejenigen aber so im

Y 2 Ge-

Gebürge wohnen/ erlegen ihren Tribut dreyen unterschiedenen Königen. Die anderen Könige gehen uns diesesmal nicht an. Was Schweden belanget/ ist gewiß/ daß schon vor etlichen hundert Jahren her von Tidisfioerden an biß Walangar, auch die Lappfinnen oder am Meer wohnende Finnen ihnen gehorsamet. So auch auß Königes Caroli deß Neunten Befehl so er seinen Abgesandten nacher Dännemarck mitgegeben/ zu ersehen/ da er saget: Det ær nogsampt bevviisligit, att Svveriges Crono hafvver af aolder ifraon Titisfiorden och till Walanger hafft halfparten uthi all rættigheet, sao vvæll andelig som vverdzlig, baode uthlagor, saakfall, landfolk, Fiskerij liika emoot Dannamarcks och Noriges crono. Das ist: Es kan zur Gnüge erwiesen werden/ daß die Kron Schweden von langen Zeiten her/ von Tidisfioerden an biß nacher Walangar die halbe Gerechtigkeit besessen aller/ so wol Geistlicher als Weltlicher Einnahme/ Zölle/ Straffen/ Leute und Fischereyen belangend / in Ansehen der Kron Dännemarck und Norwegen. Von Malanger aber an biß nach Waranger haben sie das dritte Theil ingehabt/ so daß die Norweger ein Theil/ und die Moßcoviter das andere besessen/ biß endlich im Jahr MDXCV. auch das Theil so denen Moscovitern ehmals gehörig gewesen/ durch einen öffentlichen Vertrag an sie gelanget. Das übrige so im Gebürge und da herumb liget/ haben sie jederzeit allein ingehabt/ besitzen es auch annoch/ und herrschen darüber von den Zeiten Königes Magni Ladulaos und also bey vier hundert Jahr e her. Anfänglich zwar ist diese Regierung dergestalt beschaffen gewesen/ daß nach Versprechen Königs Magni die Birkarler über die Lappen herrscheten/ ihnen Schatzung aufflegeten/ mit ihnen Handel trieben/ und allen Nutzen von ihnen für sich genossen. Dem Könige aber musten sie jährlich wegen Erkäntnuß der höchsten Gewalt / eine gewisse Anzahl Felle lieffern. Davon bey gedachtem BURÆO dieser Bericht zu finden. Birkarlarna fingo sao breef af Kong. M. att the skulle hafvva Lapparna, som æn tao bodde uth med Bottnen, med allan skatten och Laxfisken, allenast att the goffvvo kronan naogra timber graoskin till een vvederkænnelse. Das ist: Die Bir-

Birkarler erhielten von seiner Königl. Maj. einen Brieff darin ihnen die Lappen / so dazumahl noch am Gestade deß Bothnischen Meerbusems wohneten / unterwürfftig gemacht wurden / und zwar mit allen Schatzungen und Lachsfange / doch daß sie zum Zeichen der Unterthänigkeit der Cron eine gewisse Anzahl von den grauen Eichhörner Fellen geben solten. Und dieses ist es was Olaus Magnus im IV. Buche im 10. Capitel von denen Lappen saget: Sie haben Ambtleute die mit einhelliger Bewilligung bestimmet sind / und Bergchara, das ist / Bergmänner genennet werden / die sie ehren / und ihnen köstliche Peltzereyen und allerhand Fische / so wol der Schatzung halben die sie der Kron Schweden lieffern müssen / als auß Freygebigkeit einhändigen. Er nennet diese Birkarler Ambtleute oder Fürsteher der Lappen / auß denen Ursachen / die wir bereits oben erwähnet. Und ist gewiß / daß sie dazumal / wie hiernach folgen sol / niemand sonsten der wegen der Kron die Auffsicht über sie gehabt / als diese erkennet. Dahero auch Zieglerus saget daß sie Könige genennet worden. Sie erwählen / saget er / auff ihr eigenes Gutdüncken einen Fürsteher / den sie König nennen / doch bestätiget und verehret selbigem die Kron Schweden seine Gewalt. Dieser träget zum Zeichen seiner Königlichen Würde ein rohtes Kleid. Diese Fürsteher ist nun niemand anders als einer von denen fürnehmsten Birkarlern. So daher zu erkennen / weil er saget / daß solcher ein rohtes Kleid trage. Welches dann Olaus außdrücklich den Birkarlern an vorigem Orte zueignet. Diese erkennet man für andern an ihrem rohten Kleide. War also dazumahl über die Lappen einer auß diesen Birkarlern gesetzet / und zwar anfänglich / als sie noch an dem Gestade deß Bothnischen Meerbusems wohneten / ein eintziger. Hernach als sie weiter gerücket / und in gewisse Lappmarcken unterschieden worden / hat eine jede derselben ihren eigenen bekommen. So ich daher schliesse / weil in den Brieffen Königes Gustavi deß Ersten die Luhlischen / Pythischen und Tornischen Birkarler / so denen Lappen fürgesetzet / benennet worden. The Birkarla uthaf Luhla och Pytha haf-

Das zwölffte Capitel

vva icke hoegre skatt gifvvit udaff dhe Lappar, som the randa ut-hoefvver; Das ist: Die Luhlischen und Pythischen Birkarler haben keine grössere Schatzung von denen Lappen/ über welche sie die Auffsicht haben/ erleget. Und bald darauff: The Birkala som boendes ære i Tornoe hafvva och gifvvit sao myckit. Das ist: Die Birkarler so zu Torna wohnhafftig haben auch so viel gelieffert. Sind also andere Birkarler oder Birkaler zu Torna, andere zu Pitha, andere zu Luhla gewesen/ auß welchen die Pythischen/ Luhlischen/ und Tornischen jede ihren Fürsteher oder Amptman erwählet/ den sie einen König geheissen/ und der zum Zeichen seiner Gewalt ein rohtes Kleid getragen/ und solches zwar wie hernach sol angezeiget werden/ biß auff die Regierung Gustavi des Ersten. Und solches ist vielleicht die Ursache/ daß da Zieglerus nur von einem redet/ Olaus vieler gedencket. Es herrscheten aber diese über die Lappen/ mit selber Bewilligung nahmentlich dazu erwählet/ wo anders dem Zieglero, und Olao Glaube beyzumessen. Doch also daß ihre Gewalt von dem Könige auß Schweden bestätiget wurde/ und er selbst wegen Lappland der Cron unterthan und schatzbahr verblieb. Es möchte aber alhie jemand fragen/ wer diese Birkarler, durch welche die Cron Schweden ihnen Lappland unterwürfftig gemacht/ gewesen. Bey dem Buræo werden sie *Birkarnarla* som bodde i Birkala sockn. Das ist: Birkarler so in dem Kirchspiel Birkala gewohnet/ genent. Olaus Magnus nennet sie *Bergchara* und dolmetschet es Bergleute nemblich von Berg so einen Berg und *charar* oder *Karar* welches so viel als Männer ist. Die Amptleute/ saget er/ werden mit einhelliger Bewilligung des Volckes erwählet und Bergchara das ist Bergmänner genent. Er thut aber die Ursach dieser Benennung nicht hinzu/ ist auch gar schwer zu errahten. Ja ich glaube kaum/ daß er sie mit Fuge also nennen könne. Dann woher/ und von welchen Bergen solten sie wol solchen Nahmen führen? Von den Norwegischen Bergen vielleicht/ an welchen dazumahl keine gewohnet. Sonsten sind keine Berge/ von denen man sie hätte benennen mögen/ zu dem sind die Birkarler des Königes in Schweden Unterthanen gewesen/ und auß Schweden in Lappland kommen. Endlich sind diesen auch die öffentlichen

Brieffe

Brieffe zu wider/ in denen niemals Bergeharli, wie sie Olaus heisset/ sondern Birkarleboa befindlich. Solches bestätiget der Brieff Canuti Joanson Schwedischen Truchsesses/ so im Jahr M. CCC. XVIII. geschrieben/ in welchem sie außdrucklich also genent werden. In der Versamlung zu Telga, ist zwischen den Helsingern und Birkarlaboen also geschlossen worden. Und bald darauff: Von diesen so alda zu wohnen gesonnen/ sie mögen Birkarler seyn oder andere etc. Wie auch: Es ist beschlossen worden/ daß niemand die wilden und herumb schweiffenden Leute/ so ins gemein Lappen genant werden/ in ihrem Jagen hindern soll/ wie auch die vorgedachten Birkarleboa so zu ihnen reisen. Sind also die Birkarler nicht/ wie Olaus wil/ Bergleute. Von dem Kirchspiel Birkala hat man gute Nachricht/ fals solches Olaus Petri Niurenius in das Tavastische Ampt rechnet/ und wird auch in den Landkarten benent gefunden. Daß aber König Gustavus der Erste in obenangezogenem Briefe unterschiedlichen Orten diese Birkarler zueignet/ geschichet dahero/ weil von denen Tavastischen Birkarlern hernach etliche entsprossen/ so in bemeldeten Städten über die Lappen die Auffsicht gehabt/ und mit ihnen gehandelt. Und weil ihnen allein frey gestanden mit denen Lappen zuhandeln/ nennet sie daher Buræus Kauffleute. Alwo auch die Kauffleute/ die Birkarler genant werden/ ihre Wahren feil bieten. Und kurtz vorhero: Die Bothnischen Einwohner/ sonderlich die da Birkarler genant werden/ kauffen im Sommer von denen Kaufleuten so zu ihnen schiffen allerhand den Lappen nöhtige Waaren ein/ welche sie im Winter wenn die Seen und Flüsse gefroren/ in Lappland bringen. Alhie nennet er die Birkarler Kaufleute/ so denen Lappen auß den Bothnischen Dörffern und Städten nöhtige Sachen zubringen/ und zwar nicht nur auß einem Kirchspiel/ sondern auß gantz Bothnien. Man möchte dann wähnen/ daß sie zu erst in dem Kirchspiel Birkala gewohnet/ hernach weiter gerucket/ und in allen Dörffern und Städten die Gerechtigkeit so ihnen König Magnus anfänglich eingeraumet/ beybehalten hätten. Verstehe/ daß sonsten niemand als sie über die Lappen herrschen/ von ihnen Schatzung nehmen/

mit

mit ihnen handeln und dergleichen/ dörffte. Dieses alles haben sie gar lange frey gehabt. So man auß kurtz vorhero angezogenem Briefe des Canuti Joanson, so zu Zeiten des Königes Magni Smeck geschriebē abnehmen kan/ wañ darin ermahnet wird/ dz niemand sich unterstehen soll/ die Birkalaboen in ihrer Reise nacher Lappland/ oder wann sie sich daselbst auffhalten/ oder von ihnen zurucke kommen zuhindern. Und ist dieses also biß auff die Regierung Gustavi des Ersten verblieben/ dessen Vertrag mit den Birkarlern im Jahr M. D XXVIII. zu Upsal den ersten April gemachet/ von den Schatzungen die sie dem Könige lieffern sollen/ solches außweiset om then ræntan Cronan skulle aohrliga hafvva uthaf them, foer then foerdeel och vvilckor the hafvva uthaf Lapparna Das ist: Von denen Einkünfften/ so sie jährlich der Cron für den Nutzen so sie von den Lappen geniessen/ lieffern sollen. Da dann dieser Nutze nicht anders zu verstehen/ als von deme so auß der besonderen Gerechtigkeit/ die sie von Königes Magni Ladulaos Zeiten her/ über die Lappen gehabt/ herrühret. Und sind solche Gerechtigkeiten so beschaffen gewesen/ daß sie von den Eltern auff die Kinder gefallen/ auch niemand sonsten als ein gebohrner Birkarler sich derselben anmassen dörffen/ so dann auch auß selbigem Brieffe Gustavi zu ersehen wann er saget: Och hafvve vvi them lofwat och tillsagt, och med thet tavvaort oepne breef lofwom och fullkomliga tillsæiiom, att the maoge niuta och behaolla the vvellkor oefwer foerbemælte Lappar, efter thenne dagh, som the och foerældre foer them i foertiiden nutit och behaollit hafwa. Das ist: Wir haben ihnen versprochen/ wie wir ihnen dann auch Kraft dieses Briefes nochmahlen versprechen/ und zusagen daß sie alle Gewalt ihre Gerechtigkeit über die Lappen nach dieser Zeit völlig beybehalten und geniessen sollen/ wie von ihren Vorfahren ehmals geschehen. Da er dann außdrucklich meldet/ daß der Birkarler Vorfahren einiges Recht über die Lappen gehabt/ so deren Kinder und Nachkommen geerbet. Solches Recht hat ihnen nebenst der Freyheit selbes ihren Kindern erblich zu lassen König Gustavus bestätiget/ doch mit diesem Bedinge daß sie an Schatzung noch einmahl so viel als wie sie sonsten gewohnet/ geben solten. Welches auch erwähnter

An-

Andreas Pfarrherr zu Pitha bey dem Buræo meldet. Dann nach dem er angezeiget wieder eine Birkarler die Lappen bey nächtlicher Weile überfallen setzet er hinzu: Och hade han sao all skatten under sigh, och hans barn effter honom, in till i Konungh Gustafs tiid. Das ist: Also überkam er alle Schatzung von ihnen / und nach ihme seine Kinder und Nachkommen biß auff Königes Gustavi Regierung. Und diese Bewandnuß hat es gehabt mit dem Regiment der Birkarler über die Lappen / so sie durch Behendigkeit zu wege gebracht / welches ihnen auch durch Königliche Zulassung bestätiget worden / daß sie es und ihre Nachkommen / biß auff die Regierung Gustavi des Ersten der es abgeschaffet / und also fast dreyhundert Jahr lang gehabt. Die Ursache aber daß die Birkarler umb sothane Gerechtigkeit kommen / ist ihrer etzlicher Ubermuht so auß dem Reichthumb entstanden / und Unterdruckung der Geringeren gewesen Der aff blefvve thesse Birkarlarna swaore, mæchtige, och riicke, gofwo them fattigom allenasteen smutt, och togo sao bæsta haofworna. Thetta foertrœt them fattigom, och gingo sao till, och Klagade foer Konung Gustaf. Han læt insættia Hinrich Larson i Tornoe, och taga myckit af honom. Och togk sao Konung sielf Skatt af Lapparna, och læt them fridkoepslaga med Lapparna. Das ist: Weil nun dieser Birkarler mächtig und reich wurden / beschwereten sie die übrigen sehr / gaben den Armen was sie wollen / für sich aber behielten sie das Beste. So diese verdrossen und sich deßhalben bey dem Könige Gustavo beschweret / darauff der König den Hinrich Lorentzen in das Gefängnuß werffen lassen / ihme seine Güter eingezogen / und von den Lappen selbst Schatzung einzunehmen angefangen / auch jederman dem es beliebig mit ihnen zu handeln / frey gestellet. Dieser Hinrich Lorentzen ist sonder Zweiffel einer auß denen Birkarlern gewesen / und vielleicht ein Bruder des Davids Lorentzen / so nebenst dem Nicolas Ionæ im Jahr M D XXVIII. mit den Könige Gustavo wegen der Schatzung und anderer Sachen einen Vergleich getroffen / wovon schon oben erwähnet worden. Daher abzunehmen daß dieses eine kurtze Zeit hernach von Gustavo verordnet / und daß dieses Regiment der Birkarler nur neulich ein Ende genommen. Nicht allein aber sind

Das zwölffte Capitel

sie rechtmässiger Weise dieser ihrer Macht und Freyheiten/ so sie mißbrauchten/ und andere dadurch zu unterdrucken Anlaß nahmen/ sondern auch fürsichtig und klüglich ahngeworden/ so wol der Gewalt wegen so ihrer etzlichen wenigen garzu groß eingeraumet worden über so viele Leute/ und ein so weitläufftiges Land/ als auch ihres Reichthumbs halben/ dessen Gebrauch dem Könige gegen seine Feinde mit denen er dazumahl Krieg führete/ und die allgemeine Freyheit zu befästigen nöthiger und dienlicher war/ als diesen wenigen/ ungerechten und unvermögenden Birkarlern. Da nun solcher gestalt/ das Regiment der Birkarler/ daran in jeder Lappmarck einer regierete/ und von den Lappen als wie ein König geehret und abgeschaffet/ hat der König Gustavus Lappische Ambtleute bestellet/ so die Schatzung einfordern/ un andere Geschäfften im Nahmen des Königes alda verwalten solten. Diese Amptleute nennen die Schweden *Lappfougder*, die Lappen aber *Konunga Olmai*, das ist/ des Königes Männer nennen/ derer auch gedacht wird in einem Brieffe Gustavi des Ersten so im Jahr MDLIX. an den Hn. Michael ersten Lappischen Priestern abgangen mit folgenden Worten: Biudandes foerden skull hær med alle ther i foerbemælte Lappemark, sao vvæl Lappefougtarne, som andre. &c. Das ist: Wir befehlen allen die in Lappland sich aufhalten/ so wol den Lapp-Vögten als übrigen etc. Es scheinet daß diese Vögte anfänglich gantz alleine über alles miteinander zu sprechen gehabt/ und nicht allein den Tribut eingefodert/ sondern auch denen Lappen Recht gesprochen; hernach aber als dieses gantze Land in gewisse Theile von Carl dem IX. abgetheilet/ und alles daselbst in eine bessere Ordnung gebracht worden/ hat man ihnen noch andere gewisse Leute zugeordnet derer etzliche die Streitigkeiten untersuchen/ etzliche die Verbrecher laden/ etzliche sonsten einige Aempter verwalten müssen. Biß es endlich zu der Gelegenheit/ die es anitzo mit Lappland hat gerathe/ ist. Da sie nach dem Könige zu erst ihren andrichter habe/ auf Schw: *Lagman* genant/ so auch ein Reichsraht zu gleich ist/ weiter eine so desselbe Stelle zu Zeite vertritt oder *Vnderlagman*, eine Erklärer d' Gesetze/ Laglæsaren, un noch einige andere so die Streitigkeite erkenn un Recht sprechen. Hernach eine Landhofmeister oder *Landzhoefdingh*

Von der Policey und Regiment der Lappen.

nebenſt etzlichen *Lappafougten* oder Lappiſchen Ambtleuten und ihren Dienern Landzmæn/ ſo die beſtim̃te Straffen der Verbrecher befordern/ die Schatzung einfordern/ den allgemeinen Frieden erhalten und dergleichen Sachen verſehen. Und ſolche Bewandnüß hat es heute zu Tage mit der Policey in Lappland unter der Schwediſchē Regierung.

Das XIII. Capitel.
Von den Gerichten und Schatzungen der Lappen.

WAs es für eine Beſchaffenheit der Policey unter den Lappen habe/ auff was für Art und Weiſe ſie beherrſchet werden/ iſt oben erwieſen worden. Nun müſſen wir auch die Sachen und Geſchäftē/ ſo durch dieſes Regiment verſehen werden/ beſchauen. Die ſind inſonderheit zweyerley/ und gehöret das eine zu ihren Gerichten/ das zweyte zu den Schatzungen. Von den Gerichten findet man wenig Nachricht. Es ſcheinet aber daß ſolche/ als dieſes Volck noch frey geweſen von ihren Königen gehäget worden. Hernach als die Birkarler über ſie geherrſchet/ haben ſie ſich hierinnen nach denſelben richten müſſen. Zieglerus zwar meldet davon gar nichts/ ſondern ſchreibet/ daß wann Zwiſtigkeiten unter ihnen entſtanden/ ſie in Schweden gereiſet ſind. Sie reiſen nacher Schweden wann ſie ihre zwiſtige Händel entſcheiden wollē. So er vielleicht von wichtigen Streitigkeiten/ welche die Birkarler entweder nicht konten oder nicht dorften beylegen/ verſtehet. Wiewol dergleichen wenig ſich unter ihnen eräuget/ falß ſchwere Verbrechen/ als da ſind Diebſtahl/ Raub/ Todſchlag/ Ehebruch und dergleichen bey den Lappen nicht oder doch ſelten im ſchwange gehen / ſo borget auch keiner von dem andern etwas/ in dem ein jeder mit dem ſo er hat zu frieden iſt/ da andere Völcker umb die meiſten Rechtshändel mit einander führen. Das einige Laſter der Zauberey gehet bey ihnen im ſchwange/ welches doch auch unter ihnen verbotten/ und ſchon ehemahlen beſtraffet worden. So auß dieſen Worten Olai Magni im III. B. im 16. Cap. erhellet: Dieſe Mitternächtige Völcker nachdem ſie den Chriſtlichen Glauben angenommen/ werden durch Geſetze von dieſer Kunſt abgehalten/ alſo daß ſie ſelbe weder öffentlich gebrauchen/ noch andern bey Lebensſtraffe zeigen dörffen. Hernach aber als ihnen König

Guſta-

Guſtavus I. an ſtatt der Birkarler eigene Amptleute fürgeſetzet/ hat man auch angefangen die Gerichte mit gröſſerem Fleiß/ Ordnung und Sorgfalt zubeſtellen. Inſonderheit hat Carl der IX. angeordnet/ daß ihnen die Schwediſchen Geſetze fürgetragen würden/ und ſie nach ſelben ſo viel müglich/ ihr Leben und Wandel anſtellen möchten. Dann folgender Geſtalt lautet die Beſtellung eines Lappiſchen Amptmannes Laurentii Laurentii von gedachtem Könige im Jahr M DC. X. den 10. Octob. verordnet vvii Carl &c. foerordne denne vvaor tiænare, Laſſe Larſſon, att han fougde uthoefvver vvaore underſaotare och Lappar, baode i Vma, Pitha, och Lula Lappmatker vvara ſkall. Och ſkall han &c. deſliikes haolla Lapparna vvidh Svveri ges Lagh och rætt, alldeles eftter dhen trychte lagbook, ſom vvii honom medh gifvvit hafvve, och icke laota them i naogon maotto oefvvervvaold eller orætt jvvederfahras. Das iſt: Wir Carl etc. beſtellen dieſen unſern Diener Laurentium Laurentii zu einem Amptman über unſere Vnterthanen und Lappen in denen Vhmiſchen/ Pithiſchen und Luhliſchen Aemptern. So die Lappen nach Anweiſung der Schwediſchen Geſetze/ wie ſolche in einem gedruckten Buchen befindlich/ und ihme überlieffert worden/regieren/ auch ihnen kein Unrecht oder Schaden von jemandes zufügen laſſen ſoll. Heutiges Tages haben ſie drey Gerichts-Stellen/ und ſo viel Amptleute oder Vögte/ ſo die Sachen erörtern. Joh. Tornæus: Uthi trenne Lagſagur æro Lappmarckarne foerdelte den foerſte ær Anundſioe, eller Aongermanne Lappmarken, den andre ær Vhmeao, Pithao, och Luleao Lappmarckat; den tridie Torneao och Kemimarcker. Deſſe hafvva dheras fougdar, ſom pao Cronones vvægnar i nærvvaru af domaren och præſten hvvariom och eenom rætt ſkepa ſkall. Das iſt: In Lappland ſind drey Gerichtsſtellen. Eines zu Anundſioe oder in Angermannland, zu dem andern gehören Uhma/ Pitha/ und Luhla; zu dem dritten Torna uñ Kiema. Von dieſen hat ein jede ihren Vogt/ ſo im Nahmen der Cron in Gegenwart eines Richters uñ eines Prieſters/ einem jeglichen Recht muß ſpreche. Da dann zu mercken/ dz auch ein Prieſter zugegen ſeyn muß/ vielleicht darumb damit durch ſeine Gegenwart die Amptleute ihres Amptes deſto beſſer wahrnehmen mögen. Zu was

für

Von den Gerichten und Schatzungen.

für einer Zeit deß Jahres solche Gerichte gehalten worden / finde ich zwar nicht/ doch halte ich dafür daß solches alsdañ geschehen/wann sie Jahrmärckte gehaltē/oder sonsten einiger Geschäffte halben in grosser Menge zusam̃en gekommen. So dann im Jahr zweymal auf Befehl Königs Carl deß IX. zu geschehen pflegte/ einmal im Winter/das andere mal im Som̃er. Anjetzo geschiehet es in den Monaten Januario uñ Februario. Tornæus. Diese Gerichtsstellen haben jegliche ihre Vögte/ so im Namen der Kron (alla aohr, uti Januarij och Februarii monader,) jährlich im Januario und Februario Recht müssen sprechen. Es werden aber solche Gerichte an denen Orten gehalten / da sonsten die jährliche und bestim̃te Jahrmärckte seyn/davon ich hernacher mit mehrerm reden will. Anitzo fahre ich fort von ihren Schatzungen etwas zu sagen. Diese waren im Anfange Felle von den wilden Thieren welche nicht so wol die Lappen als die Birkarler liefferten/auch nicht deßwegē/ als wañ die Kron davon einigen Nutzen genösse / sondern zum Zeichen der Unterthänigkeit/mit welcher diese Birkarler der Lappen halben dem Königreich Schweden verbunden waren. Buræus neñet sie allein naogra timber graoskin. Diese Graoskin aber sind Felle von den grauen Eichhörnern/welche Farbe sie im Winter annehmen/das Wort Timber bedeutet eine gewisse Anzahl der Felle/nemlich 40. Stücke/dañ ein jeder Zimmer hält in sich 40. Felle. Wie viel sie solcher Bündel lieffern müssen/meldet er nit. In dem Vertrage zwar den Gustavus der I. mit ihnen getroffen/werden achte beneñet/das ist 360. Felle auß Luhla und Pytha Lappmarck/und eben so viel auß Torna Lappmarck/benebenst zwo Marterfellen auß jeglichem Orte: The Birckala uthaff Lula och Pytha hafwaicke hoegre skatt gifvvit Cronan i foerledin tiid, æn VIII. timber klockwærk, och II. maordlkin uthaf dhe Lapper som the raoda uthoefvver och the Birkala som boendes are i Tonæ, hafvve och gifvvit sao myckit, som foere skrifvvit staor, foer theris Lappar. Das ist. Die Luhlischen und Pythischen Birkarler haben der Kron in vorigen Zeiten keinen grösseren Tribut abgetragen / als bloß acht Bündel oder Zim̃er Felle von den Eichhörnern nebst zwo Marterfellen. Eben dasselbe haben die Tornischen Birkarler ein jeder der Lappen halben die ihrer Bottmässigkeit unterworffen/entrichtet.

Z iij   Und

Und dieses ist die Schatzung derer Zieglerus in seinem Lapplande gedencket/ wann er saget: Die Lappen geben an statt der Schatzung kostbahre Felle von den wilden Thieren. Dann auch kurtz nach seiner Zeit/ unter Gustavo dem I. ein gleiches beobachtet worden / bloß allein daß die Anzahl solcher Felle verdoppelt worden. Dann also lautet hievon oben erwähnter Vertrag mit denen Birkarlern The Birkala uthaf Luhla och Pitha skulla aohrliga gifvva XVI. timber klockevværck , och IV. maordeskin effter dhenne dagh, och sao myckit dhe Birkala at Tornæ pao siine siido, sao att summan blifwer tillhopa XXXVII. timber klockevværck, och VIII. maordskin. Das ist: Die Luhlischen und Pythischen Birkarler sollen jährlich XVI. Bund oder Zimer Eichhörner Felle nebst vier Marter Fellen von diesem Tage an zu rechnen/ geben; ein gleiches sollen die Tornischen Birkarler auß ihrem Theil thun/ also daß die gantze Summa bestehe in XXXVII. Zimmer Eichhörner Felle/ und VIII. Marter-Fellen. Dieser Vertrag ist im Jahr 1528. bestätiget worden/ in welchem die Schatzung so die Birkarler jährlich zu lieffern schuldig waren/ vermehret und verdoppelt ist. Nach dem aber denen Birkarlern ihre Gerechtigkeit/ auß denen oben angeführten Ursachen benommen/ und der König durch seine Amptleute von den Lappen die Schatzung selbst einzunehmen sich entschlossen/ ist auch sonder Zweiffel in diesem Stücke einige Veränderung fürgangen. Gewiß ist es daß im Jahr MDCII. die Sache dahin gediehen/ daß sie an statt der Felle/ von zehen Reenthieren eines/ wie auch von zehen Pfund getrockenen Fischen je eines geben müssen. Dieses ist zu ersehen auß dem Befehl Königs Carls/ so er an die Lappischen Vögte/ Olaum Burman und Hinrich Bengtson zu Holm/ den 22. Julij erwähnten Jahres ergehen lassen/ da gesaget wird/ daß solches dergestalt auß dieser Ursachen verordnet sey/ effter Cronones undersaother uthi Lappmarken hær till dags icke hafvva hafft naogon vviss ordningh opao theras uthlagor , effter hvvilken thee sigh hafvva kunnat rætta, eller vvetterligen vvethe, hvvad foer pertzeler, eller huru miickit hvvar och een utgioera skulle. Das ist: Weil die Lappischen Kron Unterthanen biß auff selbe Stunde keine gewisse Nachricht oder Versehung gehabt ihrer Schatzung halben/ nach welcher sie sich richten oder eigentlich wissen konten/

an

an was für Sachen und wie hoch sie solche erlegen solten. Es scheinet nemlich als wann die Kron von Gustavi deß I. Zeiten her / durch ihre Vögte von de Lappen bald Felle/bald sonsten etwas/nach dem ein jegliches die gegenwärtige Nothwendigkeit erheischet/einnehmen lassen. Durch solche öftere Veränderung aber/ist die beschwerde dieser Schatzung imer gestiegen und den Ambtleuten Gelegenheit gegeben worden/ ihren eigenen Nutzen unter dem Schein der Kron zu suchen/in deme die Lappen nicht gewust/was sie zu geben schuldig wären. Dahero anbefohlen worden/daß besagte Ambtleute/Skole uthfordra och upbæra af Lapparne, hvvart tyonde styke af theras reenar, saosom och hvvart tiionde lispund aff allehanda flags torrfiske, som the bruka och bekomma kunne. Hvvilke reenar och torrfisk, them skall uthi deras rætte aohrlige utlagor reknade blifvve, och inge andre smao pertzeler, anten uthi skinvvarer eller annat, som hær till skedt ær, skall hær effter af them i skatt uthfordras. Das ist: von denen Lappen fordern und nehmen solten von zehen Reenthieren eines/und von 10. Pfunden aufgetrockneter Fische auch eines. Diese Reenthier und trockene Fische solten/als die eigentliche Schatzunge der Lappen/ und keine andere kleine Sorten von Fellen und dergleichen Dingen/so ins künftige niemand mehr fordern sol jährlich in die Rechnung gebracht werden. Aber auch diese Manier ist nicht lange beobachtet worden/vielleicht weil sie etwas schwerer geschienen / als daß sie ohne sonderlichen Schaden der Lappen/ derer Vieh dadurch sehr erschöpffet wurde/ langen Bestand haben solte. Ist deßwegen 4. Jahr darauf nemlich im Jahr MDCVI. verordnet worden/ at aff hvvar gill Lapp, som ær kommen till sin siutton aohr, skall uppbæras anten tvvao oxereenar, eller tree vvaiior, eller och otte pund torr fisk, och dher brede vvid, hvvar tiionde reenkalf af yngslet, och hvvar tiionde tynne fisk af fiskeriit, das ist: Daß von einem jeglichen rechten Lappen / so sein siebenzehendes Jahr erreichet/entweder zwoene Reenthiere männliches Geschlechtes/ oder drey weibliches Geschlechtes/ oder acht grosse Pfund gedörreter Fische solten genommen werden. Wie auch von zehen zahmen Reenthier-Kälbern je eines/und von zehen Tonnen gefangener Fische je eine. Es ist aber auch in selbem Jahr Verordnung gemacht/daß nit nur die Lappen/sondern gleicher gestalt die Birkarler unter dem Namen einer Schatzung hvvart tiionde skin, och hvvart tiionde lispund fisk, das ist von zehen Felle je eines/und von zehen Pfund Fischen je eines lieffern sol-

Das dreyzehende Capitel

ten. Wieviel ihrer nemlich auf die Lappischen Messen und Jahrmärckte kommen und daselbst Handel und Wandel treiben würden. So auch einige von ihnen Reenthiere hätten/ solten sie auch von zehen je eines geben. Fals dem Amptmañ befohlen daß er fordern sol aff the Birkarler, som reenar hafvva, hvvar tiionde rheen. Das ist: Von dē Birkarlern von zehen Reenthiern je eines. Und diese Verordnung ist etwas länger gehaltē/ uñ aufs neue von eben selbem Könige Carolo im Jahr MDCX. widerholet worden. Heutiges Tages bestehen ihre Schatzungen in dreyerley Sorten/ als im Gelde/ Reenthieren/ und Fellen so theils schö zubereitet sind/ theils noch unbereitet. Diese Schatzung legē sie ab nach Beschaffenheit der Oerter die sie inne haben. Von welchen dann die besten und grössesten/ ein jeder een heel Skatt, das ist/ von einer gantzē Schatzung/ so aber schlechter sind/ een half Skatt, das ist/ von einer halben Schatzung/ und so ferner genant werden. Wer nun ein Stück Landes von einer gantzen Schatzung besitzet/ muß jährlich zweene Rthal. geben. Sam. Rheen: Lapparnas skatt ær foerst tvvao Richsdaler in specie, hvvilken the kalla skattadaler, den maostehvvar Lapp uthgioera, som skattar een heel skatt. Das ist: Zu erst müssen die Lappen zweene gute Reichsthal. Schatzung geben/ die nennen sie Skattadahler, und solche zwar lieffert ein jeglicher so eine gantze Schatzung bezahlen muß. Der aber weniger inne hat/ und dessen Gut nur von einer halben Schatzung ist / der zahlet auch nur einen Reichsthaler. Andra saget Johan. Tornæus: uthgioera een Richsdaler, som skatta een half skatt. Das ist: Andere so nur eine halbe Schatzung zahlen dörffen/ geben einen Reichsthaler. Weil es aber öffters geschicht/ daß etzliche keine Reichsthaler haben/ geben sie an deren statt Felle oder Fische. Die Felle sind insgemein von Füchsen oder Eichhörnern. Dieser werden fünffzig Stücke einem Reichsthaler gleich geschätzet/ jener aber eines nebst einem Paar Lappischer Schue. Die Fische sind gedörret / derer zwey Pfund für einen Reichsthaler gerechnet werden. Ein jedes dieser Gewichte aber muß noch fünff Pfund/ über die gemeine Weise / zuhaben/ dann einem jeglichen ehe die Fische recht außgetrocknet sind / so viel abgehet. Solch ein Gewichte

mit

Von den Gerichten und Schatzungen der Lappen.

mit seiner Zugabe nennen sie *Skattpund* oder ein Schatzungspfund. Von ihren Reenthieren giebet ein jedes Dorff/nicht ein jedes Hauß den Zehenden. Sam. Rheen: The givva tiiondereenar, hvvar reen beræchnat foer tree daler soelfvvermynt, thesse reenar uthgioera the af hvvario by, och icke af hvvar familia uthan hvvar by ær taxerat, huru maonge reenar the skole utgoera. Das ist: An statt der Zehenden geben sie ein Reenthiere so auff drey Thaler silber Müntz/ oder zwey Reichs-Thaler geschätzet wird. Solche Reenthiere aber liefern nicht eintzele Familien/sondern das gantze Dorff / nach der fürgeschriebenen und auffgelegten Zahl. Was alhie von dem Werth eines jeglichen Reenthieres hinzugethan wird/ gehet dahin / daß so jemand an statt der Thiere Lust hat Geld zu erlegen / ihme solches frey stehe / und wird alsdann nichts mehr von ihme gefoddert. Drittens geben sie auch von den Fellen den Zehenden. Dann ein jeglicher Haußwirth muß entweder einen weissen Fuchsbalg / oder zwey paar Lappische Schue/ oder so er solche auch nicht hat / ein halb (ließ) Pfund gedörrete Hechte geben. Sam. Rheen: Lapparna goera i tionde till cronan antingen tvvao par skoor, eller een hvviit ræf, eller ett halft pund giæddor. Das ist: Die Lappen geben der Cron den Zehenden/ entweder zwey paar Schuhe/ oder einen weissen Fuchsbalg/ oder ein halb (ließ) Pfund Hechte. Und dieses sind die Schatzungen/ so die Lappen der Cron alle Jahr geben müssen/ davon dann noch ein gut Theil / wie anderstwo erwiesen / auß sonderlicher Gnade und Verordnung zum Gebrauch und Unterhalt der Lappischen Priester angewandt wird. Weil aber dasselbe/ so die Lappen dieser Gestalt geben/ einen weiten Weg zu Wasser und zu Lande dahin muß gebracht werden / alwo es zum Nutzen der Cron gereichen soll / ist versehen / daß ein jedweder zu der ordentlichen Schatzung noch ein paar Schue hinzu thue/ so sie *Haxa palcka*, das ist: Fuhrlohn heissen: Sam. Rheen: Foeruthan detta gifvvä Lapparna ett par Lappskoor i Haxepalcka, det ær skipslego eller fracht, hvvar med frachten betalas foer Crönegodzet. Das ist: Uber das/ geben die Lappen noch ein paar ihrer Schue zu dem *Haxepalcka,* oder Fracht oder Fuhrlohn/ davon die Fracht für Uberbringung deſſen ſo der Cron von dieſen Sachen gelieffert muß werden/ entrichtet wird. Die ſonſten ſolche Schatzung in der Cron Namen einſamblen/ werden Vögte/ auff Schwediſch *Lappefougdar* genennet/ und ſind/ wie ſchon geſaget/ nach dem die Birkarler abgeſchaffet/ von Guſtavo dem I. eingeſetzet worden. Es wird dieſes ihres Ampts ſo wohl anderſtwo/ alß wie auch in einem Schreiben Königs Carel deß IX. ſo wegen deß Olai Burmans, und Hinrich Bengtſons im Jahr MDCII. ingleichem in einem andern Schreiben deß Laurentii Laurenti halben im Jahr MDCX. verfertiget worden/ erwähnet/ mit folgenden Worten : Sedan hafvve vvii och gifvvit honom i befalning , att han ſkall upbæra ſkatten aff Lapparna i foerebemælte Lappmarcken , alldeles effter then ordning ſom vvii An. 1606. dher pao hafvva goera laotet. Das iſt : Weiter haben wir ihme befohlen/ daß er die Schatzung von denen Lappen in genanter Lappmarcken auff die Art und Weiſe / wie wir in einer Verordnung im 1606. Jahr ſolche beſtimet/ foddere und einnehme. Dieſe Schatzung aber geben ſie alleine dem König von Schweden. Uber das/ ſind auch etliche ſo dem Könige von Dänemarck und dem Moßcowitiſchen Czaar ſolche reichen müſſen. Die Urſach deſſen iſt zwar nicht/ weil ſie dreyen unterſchiedenen Herren unterworffen/ ſondern weil ſie jährlich auß denen Ländern ſo gedachte Könige beherrſchen/ einigen Nutzen empfangen. Wie ſelbiges Joh. Tornæus mit folgenden Worten bezeuget : Auß dieſen Schwediſchen Lappen erlegen nicht alle mit einander nur einem Könige ihre Schatzung / ſondern es müſſen ihrer etzliche zweyen unterſchidlichen ſolche zahlen/ ja wohl gar dreyen/ nicht daß ſie alle drey für ihre Herren erkennen/ und ſelbiger Herrſchafft ſich unterwerffen/ ſondern weil ſie in derſelben Gebiete und Ländern frey zu fiſchen und zu jagen haben. Als da ſind alle die Einwohner von Tornelappland/ ſo jenſeit dem Gebürge wohnen/ dieſe weil ſie im Sommer ihr Vieh von dem hohen Gebürge der unleidlichen Hitze wegen/ herunter an das Geſtade des Meeres/ damit ſolches ſich daſelbſt erfriſchen möge/ treiben/ und zugleich

bey

bey sothaner Gelegenheit fischen dörffen/ pflegen sie solcher Ursache halben dem Könige von Dänemarck/ deme diese Länder gehörig/ doch nur halb so viel/ als wie sonsten dem Könige von Schweden Schatzung zu geben. Er saget daß die Kirchspiele so jenseit dem Gebürge gelegen/ dieses thun müssen/ so da sind Koutokeine, Aujovara, Teno und Utziocki, wie er in fürhergehenden anzeiget. Gleiche Bewandnüß hat es mit denen Kiemischen Lappen/ so in dem Kirchspiel Enare sich auffhalten. Dann weil sie theils in Dänischem/ theils in Moßcowitischem Gebiete sagen und fischen/ geben sie auch nicht nur dem Könige von Schweden/ sondern auch diesen beyden Schatzung/ dem Könige von Dänemarck die Helfte/ dem Moßcowiter den vierten Theil/ so viel als sie dem Könige von Schweden geben. Die Einsamlung der Schatzung ist vor diesem von denen Amtleuten/ wann es ihnen beliebig gewesen/ fürgenommen worden/ anitzo geschihet solches im Winter. Im Winter/ sagt Andreas Buræus, wann der Tribut von ihnen gefodert soll werden/ versamlen sie sich an gewissen Orten/ und zu gewisser Zeit in sonderliche Hauffen. Er deutet hiemit an/ daß ihnen eine gewisse Zeit bestimmet/ da sie zusammen kommen/ und ihre Schatzung erlegen sollen/ in dieser Marck an dem Orte/ in einer andern an diesem. Ist auch hierin nichts verändert worden/ biß man endlich gewisse Plätze benennet hat/ alwo sie ihre Waaren zu kauff bringen und Jahrmärckte halten müssen. Dann dazumahl ist verordnet/ daß an denen Oertern/ worin Jahrmarckt gehalten würde/ und zu derselbigen Zeit/ ein jeder seine Schatzung abstatten solte/ so noch anitzo in Acht genommen wird. Sam. Rheen: Lapparna uthgoera sinskatt och tribut den tiiden marchnaden haolles, dao Cronones befallningzman dao kommer tillstædes, den att uppbæra. Das ist: Die Lappen tragen ihre Schatzung zu der Zeit ab/ wann der Jahrmarckt gehalten wird/ da der Cron-Amptmann zugleich daselbst erscheinet/ und selbe einsamlet. Was dieses aber für eine Zeit sey/ wird auß deme/ so wir also fort von ihren Jahrmärckten fürbringen werden/ erhellen.

Aa 2   Das

Das XIV. Capitel.
Von den Jahrmärckten der Lappen.

ZU den allgemeinen Verrichtungen/ davon wir bißhero geredet/ gehöret auch der Handel und Wandel mit andern und frembden Leuten. Wie sich hierin die alten Lappen verhalten/ ist nicht zur gnüge bekant. Paulus Jovius schreibet/ daß die jenigen/ so ihnen etwas zu Kauffe gebracht/ ihre Waaren außgeleget/ hernach davon gangen. Davon hätten die Lappen genommen was ihnen beliebet/ an die Stelle aber Pelzereyen geleget/ doch also daß sie eben so viel wehrt gewesen/ als die Waaren so sie zu sich genommen/ alles ohne einige mündliche Unterredung. Seine Worte seynd diese: Die Lappen vertauschen die schönen weisen Pelzereyen/ so wir Härmlin nennen/ mit allerhand Waaren/ doch also daß sie mit keinen Kauffleuten zu reden oder zu handlen Verlangen tragen/ sondern wann sie die Waaren von beyden Theilen der Billigkeit nach/ gegen einander geschätzet/ und ihre Pelzereyen öffentlich liegen lassen/ nehmen sie wiederumb so viel von denen frembden Kauffmannswaaren zu sich. Er saget/ daß sie alle Unterredung und Gemeinschafft der Kauffleute gemeidet: dann also beschreibet er sie in kurtz vorhergehenden/ daß es sey ein Baurisches Volck/ gar argwöhnisch/ und so bald es eines Menschen oder Schiffes ansichtig würde/ davon flöhe. Allein es widerleget dieses Zieglerus. Er gestehet zwar/ daß sie ihre Kauffmannschafft ohne Unterredung treiben/ doch saget er/ daß sie solches darumb thun/ weil ihre Sprache von niemanden verstanden würde. Ihr Handel/ saget er/ bestehet im umbtauschen/ und geschiehet durch blosse Bewilligung ohne einige Unterredung/ und solches nicht zwar/ weil sie so unverständig und dum sind/ sondern wegen ihrer Sprache/ so gar besonders und von ihren Nachbahren nicht verstanden wird. Wann er saget: nicht weil sie so unverständig und dum sind/ scheinet es/ daß er solches deß Jovii halben thue. Ihme fällt auch Herberstein bey. Sie wissen/ saget selbiger/ von keiner göldenen und silbernen Müntze/ sondern sind zu frieden mit dem umbtauschen/ und weil sie keiner anderen Völcker Sprache verstehen/ kommen sie denenselben vor/ als wann sie stumm wären. Wie auch Olaus Magnus so im IV. Buch im V. Cap. also redet: Ihre Kauffmannschafft treiben sie ohne Geld/ und sind mit einer ehrlichen und auffrichtigen Vertauschung zu frieden/ so durch beyderseits Willen ohne Unterredung geschihet/ sals es ein auffrichtiges Volck ist/ und dieses nicht auß Unverstand oder Grobheit thut/ sondern weil ihre Sprache gantz besonders und den Benachbarten unbekant ist. Dieses bestättiget imgleichen Damianus à Goës: Was sie an Geld/ sagt er/ und anderen Waaren benöthiget sind/ schaffen sie durch blosse Gebärden ohne Unterredung herbey. So einzig wegen ihrer groben und ungeschickten Sprache geschihet. Allein von der Lappischen Sprache wollen wir in einem eigenen Capitel handeln. Was ihre Kauffmannschafft belanget/ ist zu ersehen/ daß sie solche ehemals mit ihren Nachbaren/ doch ohne Unterredung/ und mit blossem wincken getrieben. Aber es ist auch solche nicht in kauffen und verkauffen/ sondern in blossem umbtauschen bestanden. Sie erwerben das ihrige mit blossem umbtauschen/ sagt Damianus. Und Olaus, ihren Kauffhandel treiben sie ohne Geld/ und durch blosses umbtauschen. So sie dann gar füglich thun können/ weil nicht nur bey ihnen allein in den alten Zeiten/ sondern auch bey ihren Nachbaren das Geld und die Müntze unbekant gewesen. So von Schweden abzunehmen/ alwo ehmals kein gemüntztes Silber im brauche gewesen/ oder doch/ so ja einiges daselbst sich gefunden/ solches auß denen benachbarten Königreichen/ Engeland und Schottland hineingebracht worden/ vielleicht weil sie die Kunst Geld zu schlagen nicht gewust. Und also desto weniger zu verwundern/ daß die Lappen deß Geldes ermangelt. Aber auch in folgenden Zeiten/ da sie allbereit unter die Herrschafft der Birkarler gekommen/ haben sie von keiner Müntze gewust/ in dem selbige den Handel mit den Lappen ihnen allein zugeeignet/ auch nichts mit Gelde/ sondern für andere Waaren/ derer die Lappen benöthiget waren/ von ihnen erhandelt. Ja die Lappen kennen noch diese Stunde kein ander Geld nicht/ alß gantze und halbe Reichsthaler.

Joh. Tornæus: Ein Lappe kennet oder nimbt kein ander Geld nicht/ alß Reichsthaler und halbe Reichsthaler. Man mag ihme andere kupferne/ silberne oder güldene Müntze bieten/ er wird sie nicht achten. Können ihnen also die Müntzen nicht so gar lange bekant gewesen seyn/ sintemahl die Reichsthaler nur neulich erdacht/ auch nicht ehe gebraucht worden/ alß da im Jochimsthal das Bergwerck erfunden. Daß aber die Lappen von andern Sorten Geldes nicht wissen/ bezeuget auch Sam. Rheen mit diesen Worten: Lapparna achta inga andra penningar, æn som Richsdaler, den the ræchna foer tvva lodh, sao att hoos dhemær liika een Richsdaler, eller tvvao lood soeltvver. Das ist: Die Lappen achten keine andere Müntzen alß die blossen Reichsthaler/ deren ein jeder zwo Untzen Silber hält/ und also ein Reichsthaler oder zwo Untzen Silber bey ihnen eines ist. Weil nun bey denen Lappen kein ander Geld alß die Reichsthaler bekant/ und sie selbe eben so schätzen/ alß wann ihnen so viel ungemüntztes Silber dargereichet würde: möchte jemand nicht unbillich gedencken/ daß sie ehmahls auch von denen Reichsthalern nichts gewust/ oder doch selbe für ihre Waaren genommen/ ehe sie noch in der Schatzung solche nothwendiger Weise geben müssen. Dieses aber/ daß es nur gar neulich angeordnet worden/ haben wir allbereit erwiesen. Daß ich also nicht gar wohl verstehe/ was deß Damiani Meinung sey/ wann er an vorangezogenem Orte saget: Ihr Geld und Lebens-Mittel erwerben sie durch blosse Verwechßlung der Waaren. Dann was ist das für ein Tausch/ da man Geld erwirbet? Und zu was Ende solten sie Geld samblen/ so ihnen weder unter sich selbst/ noch bey andern nutzen könte? Daher vielleicht im Lateinischen einige Druck-Fehler zu vermuthen/ und für das Wort Geld zu lesen kein Geld: Also daß der Verstand sey/ daß sie gar nicht bekümmert einige Gelder zu machen/ sondern wann sie Essen und Trincken gehabt/ zu frieden gewesen. Es sey ihm aber wie ihm wolle/ bleibet es doch dabey/ daß die Lappen vor diesem in ihrem Handel blosser Dinge sich der Umbtauschung bedienet/ wie auch/ daß sie biß auff den heutigen Tag nach dem Gelde nicht begierig sind / alß nur allein so

viel

viel sie ihre Schatzung abzutragen benöthiget. Daher auch Sam. Rheen: Man skall achta, att foer ofvvan specificerade vvaror, icke utgifvvas reda penningar, uthan dhe byta godz, emoot godz. Das ist: Es ist in Acht zu nehmen/ daß für genante Waaren kein Geld gegeben/ sondern Waaren mit Waaren vertauschet werden. Es scheinet also klärlich / daß auch noch anitzo dieses Tauschen bey ihnen im Schwange gehe / und der Gebrauch der Münze gar selten üblich. Ja eben derselbe berichtet / daß gar kein Geld gefodert werde/ alß allein wann die Lappen/ oder die/ so mit ihnen handeln/ etwas zu kauffe bringen/ so seltzam oder kostbar ist. I fall, sagt er / der borgaren eller Lapparna finna naogot godz, som dyrbart eller rart vvore, maoste saodant med specie mynt betalas. Das ist: So die Lappen oder Kauffleute unter ihren Waaren etwas finden möchten/ so gar kostbar oder seltzam/ selbiges müssen sie für baar Geld kauffen. Sie treiben aber heutiges Tages ihren Handel nicht durch bloses Zuwincken/ wie ehmahls/ sondern entweder durch mündliche Unterredung / fals viele unter ihnen ihrer Nachbahren Sprachen verstehen/ oder doch durch Dolmetscher/ deren sie viele unter sich haben. Sam. Rheen: Nær the hafvva naogot att uthfoera hoos thet folck, som æra af andra nationer, hvvilckas spraock the intet foerstao, bruka the tolckar, som i Lappmarken maonge Finnas: Das ist: So sie etwas mit anderen Nationen und Völckern zu thun haben/ deren Sprache sie nicht verstehen / gebrauchen sie Dolmetscher/ deren sich gar viel in Lappland finden. Die aber mit ihnen handeln/ sind fast alle ihre Nachbaren/ von einer Seiten die Schweden und Norweger/ von der andern aber die Finnen und Reussen oder Moscoviter. So auch ehmals nicht anders beschaffen war / alß daß zu der Zeit/ da sie unter den Birkarlern gewesen/ diese ihnen allein die Gerechtigkeit mit ihnen Handlung zu treiben zu zueignen gesuchet/ nämlich mit diesen Lappen so an Schweden gräntzeten/ und andere davon außzuschliessen. Solches weiset Buræus, indem er saget / daß König Magnus Ladulaos den Birkarlern frey gelassen über sie zu herrschen/ da ich nicht zweiffele/ daß auch die Handlung nicht solte

mit

mit eingeschlossen gewesen seyn/ dann insonderheit diese absonderliche Gerechtigkeiten eines freyen Handels/ so die Birkarler von ihren Vorfahren her bekommen / von Gustavo dem I. erwähnt werden. Dahin siehet ingleichem Carel der IX. wann er denen Birkarlern untersaget/ daß sie nicht weiter in Lappland wie zuvor ihre Kauffmannschafft treiben sollen. Die Worte hievon lauten in dem Befehl/ so im Jahr MDCII. ergangen/ also: Sao vvele vvii och ingalunda hær effter tillstædie laotha, att Birkarlarne, eller naogre andre, skola drifvva dheras Koepmanskap opi Lappmarken, med skin vyahror och annat, som hær till dagz skedt ær. Das ist: Die Birkarler und andere sollen hinführo in Lappland ihren Handel mit den Pelzereyen und anderen Sachen als bißhero geschehen/ nicht treiben. Haben deßwegen die Birkarler entweder allein oder fürnemblich mit denen Lappen gehandelt/ so daß sie mit ihren Waaren in Lappland gereiset/ solches durchzogen / und insonderheit allerhand Pelzereyen zusammen gesamblet/ dafür sie nachmahls ein vieles Geld gehoben. Dieses ist nun fürnemblich vor der Regierung Gustavi des I. geschehen / ehe den Birkarlern ihre Macht genommen worden/ davon sie dann reich und übermüthig geworden/ wie Buræus anzeiget. Birkarlarna blefvve svvaora, mæchtige, och riicke, gofvvo them fattigom allenast een smutt, togo sao bæsta haofvvorne. Das ist: Die Birkarler wurden mächtig / reich und übermüthig / gaben den Armen nichtswerthe Dinge / für sich aber behielten sie das Beste. Auch hat Gustavus nicht alle ihre Griffe abschaffen können; dann ob er ihnen gleich die übrige Herrschafft/ über die Lappen entwandt / fuhren sie dannoch fort ihren Handel desto glücklicher fort zu setzen / umb so viel besser ihnen die Landes-Beschaffenheit und Sitten dieser Völcker / als einigen anderen bekant waren. Biß endlich Carl der II. diese stätswährende und durch das ganze Land zu schweiffen gebräuchliche Freyheit/ mit besagtem Gewaltsbrieffe entnahm/ und den Auffkauff der Pelzereyen/ so die Lappen feil bieten möchten/ Ihme selbst und der Cron zueignete / auch einen gewissen Preiß derselben / wie auch andere Waaren/ so die Lappen nach belieben dafür wieder nehmen möchten/ setzte.

setzte. Die Worte desselben Brieffes sind folgende: Hvvad skinnvvarur ther faila kunne, them skole foerbemælte Lappe fougder vvara foerplichtade att obkoepa till vvaort bæsta, effter then ordning och verderming vviither opao hafvva gioera laotit. Das ist: Gedachte Amptleute sollen verbunden seyn/ was sie daselbsten von Peltzereyen Häuten antreffen werden uns zu gute auffzukauffen/ nach der Verordnung und angesetztem Preiß. Soches ist im Jahr MDCX. wiederholet worden/ ohne daß die Elends-Häute/ sonder einigen Entgelt dem Fisco heimfallen sollen. Lapparne skola vvara foerplichtade, till att oplaota och hembjuda fougden pao vvaora vvægnar alla dhe skinvvahrur, hvvilcka han dhem betala skal af dhe vvaror, som till skinkoepet æro foerordnade. Men alle dhe elgzhuder, som han kan opspana, der i Lappmarken vvara slagne, dhem skall han uthan betalning till vvort behoff optaga och dhen maobehaolla koethet, som diuret hafvver fælt, men huden skall komma os och Cronan till. Das ist: Die Lappen sollen gehalten seyn unserem Vogte/ in unserm Nahmen alle und jede Häute und Peltzereyen so sie verkauffen wollen/ zu bringen/ der solche mit denen Waaren so hiezu bestimmet/ von ihnen handeln soll. Die Elends-Häute aber so in Lappland gefangen werden/ sol er ohne Zahlung/ für uns zu sich nehmen. So jemand ein solches Wild geschlagen/ mag er dz Fleisch davon geniessen/ die Haut aber gehöret uns und der Cron zu. Heutiges Tages ist ihnen vergönnet etwas freyer mit anderen zu handeln/ und mögen diejenige zwar/ so nahe an den Bergen/ die Norwegen von Schweden scheiden / wohnen / mit denen Norwegern und Schweden/ so etwas weiter davon abgelegen allein mit den Schweden/ wie Sam. Rheen andeutet/ die ferner nach Mitternacht und Morgenwärts liegen/ mit den Reussen und Finnen /verkehren. Was die Waaren belanget welche sie vertauschen /. nennet solche Jovius weisse Härmelin Felle. Zieglerus aber Fische. Sie haben einen solchen herrlichen Fischfang / daß sie deren eine grosse Menge einsaltzen/ und in die benachbarte Oerter Nortbothnien und Weiß-Reußland verführen. Allein es sind noch viel andere / und darunter die

Bb köst-

Das vierzehende Capitel

köstliche Peltzereyen/ wie sie mit einem Nahmen Olaus Magnus benennet. Deren folgende Sorten Sam. Rheen herrechnet: Lapparnas vvahror æro reenar, reens hudar, svvarte, ræde, blao, och hvviita resvvar, uttrar, jærfvvar, maordar, bæfrar graoskin, vvargar, bioernar, muddar, stoeflar, skoor, handskar torre gæddor, reenoster &c. Das ist: Der Lappen ihre Waaren sind Reenthiere/ Felle von den Reenthieren/ von den schwartzen/ rothen/ blauen/ weissen Füchßen/ von den Fisch-Ottern/ Vielfrassen/ Mardern/ Biebern/ Eichhörnern/ Wölffen/ Bähren/ Lappische Kleider/ Stieffeln/ Schue/ Handschue/ truckene Hechte/ Reenthier-Käse. re. Dieses sind die Kauff-Waaren der Lappen/ die sie mit Silber/ Reichsthalern/ Leinwand/ wöllen Tuch/ Kupffer/ Messing/ Saltz/ Mehl/ Ochsenhäuten/ Schwefel/ Nadeln/ Messern/ Brandtwein/ und Taback/ den sie gar hoch halten/ wie ich anderswo gezeiget/ vertauschen. Allein solcher Sachen ist ein gewisser Preiß/ wie wir oben gesehen/ von König Carlen gesetzt worden/ nach welchem der Tausch mit der Cron geschehen muß. Und diese Weise ist noch unter ihnen gegen alle und jede/ mit denen sie einen Handel treffen/ üblich/ so daß sie einen gleichen Wehrt ihrer und anderer Waaren in acht nehmen/ dann sie nach Reichsthalern oder welches bey ihnen gleich gültig/ zwo Untzen Silber rechnen. Dergestalt schätzen sie ein schlechtes oder gemeines Reenthier für zweene Reichsth. oder vier Untzen Silber/ eine Haut von einem wilden Reenthier für ein und ein halben Reichsth. oder drey Untz. Silber/ eine Haut von einem zahmen Reenthier so es ein Männlein für einen Reichsth. so es geschnitten für drey Reichsörter/ so es ein Weiblein für ein halben Reichsthaler/ einen gemeinen Fuchßbalg für einen Reichsthaler/ viertzig Stück/ oder ein Zimmer von den grauen Eichhörnern oder Härmelin für einen Reichsthaler/ ein Marder-Fell deßgleichen für einen Reichsthaler/ drey weisse Fuchßbälge auch für einen Reichsthaler/ ein Bährenhaut für zween Reichsthaler/ eine Wolffshaut für gleichen Preiß/ einen gemeinen Lappischen Rock den sie mudd heissen für drey Reichsthaler/ ein paar Lappische Stieffel für einen halben Reichsthaler/ vier paar Schue/ oder so viel Handschue/ auch für einen halben Reichsthaler; Ingleichem ein Pfund truckener Hechte. Im Gegentheil halten sie die Waaren so zu ihnen gebracht werden/ wehrt/ folgender Gestalt. Eine Ehle gemein wöllen

Tuch

Tuch so man Schlesisch oder Tangermundisch nennet/ einen Reichsthaler/ oder zwo Untzen Silber/ drey Pfund Kupffer/ eben so hoch/ eine Tonne Mehl zwey und ein halben Reichsth. oder fünff Untzen Silbers/ zwey Pfund Saltz einen halben Reichsth. zehen Ehlen von dem gemeinen Tuch/ so die Bauren machen/ und ins gemein vvaldmar genennt wird/ einen Reichsth. eine Kanne Brandwein einen halben Reichsth. wie selbiges alles Sam. Rheen zum fleissigsten auffgezeichnet. Kommen aber geringere Sachen zu Kauff/ tauschen sie solche mit einem/ zweyen/ dreyen und mehrern grauen eichhörner Fellen ein/ biß auff zehen/ welche Zahl bey den Lappen Artog heisset/ und einem Reichsorht gleich gehalten wird. Und dieses sind die Waaren so sie mit den Schweden vertauschen. Nach Norwegen bringen sie Decken von Reenthier-Häuten/ oder auch die blossen Häute/ lebendige Reenthiere/ Käse/ Federn/ wie auch was sie zuvor von den Schweden eingetauschet/ als kupfferne und messinge Gefässe/ und grobes Tuch/ so die Schwedischen Bauren machen/ an deren Stelle sie von ihnen Ochsen/ Kühe/ deren Milch sie im Sommer/ das Fleisch aber im Winter geniessen/ Ziegen/ Schafe/ auß welchen Fellen sie ihnen Bette machen/ silber-schwartze Fuchßbälge/ Otterfelle/ wollene Decken/ Fische/ so sie hernach den Schweden verkauffen/ als Häring/ Stockfische/ Rochen/ und dergleichen/ wieder nehmen. Joan. Tornæus begreiffet alles kürtzlich folgender Gestalt: Die Lappen handeln auch in Norwegen mit den Bothniern so der Cron Schweden unterworffen/ sie kauffen ihnen aber schlechtes und gutes wöllenes Tuch ab uñ Leinwad/ ingleichem Hanff/ Miehl/ Brod/ Kupffer und Eisenwerck/ und andern Haußgerath. Für allen Dingen aber sehen sie zu/ daß sie auß Norwegen Vieh bekommen/ so sie ihren Götzen auffopffern können Sam. Rheen: Synnerligen koepa Lapparna der creatur, som the om hoesten offra vvillia till sin afguder, das ist: Insonderheit kauffen die Lappen das Vieh allhie ein/ so sie auff den Herbst ihren Göttern auffzuopffern entschlossen sind. Ob sie sonsten gewisse Oerter und Zeiten ehmals in acht genommen da sie solchen Handel getrieben/ ist ungewiß. Es scheinet zwar als wann selbes Olaus Magnus in seinem IV. Buch im 5. Cap. mit folgenden Worten bejahe.

jahe. Sie behalten ihre gewisse Oerter/ entweder auff einem ebenen Felde oder gefrornen See/ darauff sie jährlich ihre Jahrmärckte anstellen/ und jederman feil bieten was sie zu Hauß oder an frembden Oertern zusammen gesamlet. Was dieses aber für Oerter und Zeiten gewesen/ drucket er nicht auß. Auch König Carl der IX. verbeut Zeit seiner Regierung denen Birkarlern gantz Lappland ohne Unterscheid der Zeit durchzustreichen/ damit sie aber gleichwol ihren Handel treiben mögen/ thut er hinzu/ wolle er jährlich gewisse Zeiten und Oerter bestimmen lassen/ da sie ihre feyerliche Jahrmärckte halten solten. Die Worte dieser Verordnung so im Jahr 1602. geschehen/ lauten im Teutschen also: Weil wir auch den Birkarlern nicht nachgeben/ daß sie/ wie gesagt/ ihren Handel in Lappland treiben sollen/ dannenhero wollen wir/ daß in jeglichem Lappmarck zween Jahrmärckte jährlich/ einer im Winter/ der ander im Sommer/ wann es am bequemsten seyn wird/ gehalten werden. Sollen demnach die Amptleute gewisse und bequeme Oerter/ wo selbe Jahrmärckte gehalten können werden/ außersehen/ und gewisse Zeiten ansetzen/ damit den Lappen/ die Birkarler, Moscoviter/ und die sonsten auff selbe Jahrmärckte zu kommen gesonnen/ handeln mögen. Ein jeder aber solcher Märckte sol zwo oder drey Wochen/ nach dem es den Käuffern und Verkäuffern zuträglich seyn wird/ währen. Es sollen auch die Amptleute an jedem Orte so viel möglich Buden lassen aufbauen. Es lässet/ als wan dergleichen vor dem gar nicht in Lappland bräuchlich gewesen/ falls König Carl von dieser Sache dergestalt redet/ daß er selbe zu erst erdacht/ und anstellen wolle lassen. Benennet auch deßwegen keine gewisse Zeiten oder Oerter/ sondern saget selbe sollen noch ins künfftige von den Lapp-Vögten angesetzet werden. So auch hernacher geschehen. Wie davon Andr. Buræus solchen Bericht ertheilet. Wann sie im Winter die Schatzung erlegen sollen/ versamlen sie sich an gewissen Oertern und zu bestimter Zeit hauffenweiß/ alsdann bieten auch die Kauffleute/ oder Birkarler ihre Waaren feil. Wiewol auch dieser keine außtrückliche Oerter und Zeiten benennet/ so daß es scheinet es haben erwähnte und bestimte Jahrmärckte schlechtern Fortgang gehabt/ als man wol anfänglich gehoffet. Endlich so hat die Königin Christina hievor auch gesorget/und eigentliche gewisse Zeiten und Oerter bestimmet/da diese Jahrmärckte solten gehalten werden. In ihrem Außschreiben vom Jahr MDCLX. wird zweyer Märckten gedacht/ eines so zu Arfvvisierf im Januario, des andern so zu Arieplog, im Februario solte besuchet werden. Die Worte davon sind auf Teutsch folgende: Zum andern haben wir frey gegeben und verordnet/ wie wir dann auch Krafft gegenwärtigen Brieffes frey geben und verordnen zween feyerliche Jahrmärckte/den ersten auff S. Pauli Tag/so den 25. Januarii einfält zu Arfvvisierf, den andern auf Liechtmeß / so den 2. Febr. gefeyret wird/ zu Arieplog, so jährlich an diesen Oertern drey Tage lang sollen gehalten werden. Zu welcher Zeit den Gothischen Bürgern und übrigen Lappen frey und zugelassen seyn sol zusammen zu kommen/ und Handel miteinander zu treiben. Der Anfang aber dieser Jahrmärckte ist in das nechste MDCLXI. Jahr außgesetzet worden. Von dieser Zeit nu an haben sie erwähnte Märckte fleissiger besucht/so daher zu ersehen/ weil sie noch biß auf diese Stunde/ umb die bestimte Zeiten/ gehalten werden. Sam. Rheen; I alle Lappmarcker æro marknader, een vviss tiid om vvaoren, saosom trettonde dagh Iuuli Umeoa, Pauli omvvændelse i Luleao, Kindersmessa i Pithao, oc Torneao sampt kimi Lappmarcken. Das ist: In einer jeden Lappmarck werden zu gewissen Zeiten im Jahr Märckte gehalten/ als auff H. 3 König Tage in der Uma Lappmarck / auff das Fest der Bekehrung Pauli in der Luhla Lappmarck /auff Liechtineß in der Pitha, Torna und Kima Lappmarck. Da dann die Tag so die Königin Christina zu den Märckten angesetzet außtrücklich benahmet sind/ außgenommen den Umischen/ worauß fast zu schliessen/ daß solcher schon võ Caroli Zeiten her/mehr als die übrigen besuchet worden/weil dieses Theil võ Lappland insonderheit gar nahe an Schweden gränket. In Norwegen reisen sie im Jahr 2. mahl/umb St. Joh. im Sommer/und umb aller Heiligen Tag im Herbst. Sam. Rheen: FielLapparne hafvva och sin handel i Norige, och ære ther besynnerligen tvvenne marknader, den ena S. Ioan. vvid midsomars tiid, dhen dhe kalla Hansmessa, den andra Sim. Judæ, eller all helgon tiid. Das ist: Die Lappen so im Gebürge wohnen reisen ihrer Handlung

wegen in Norwegen hinein/allwo zween berühmte Märckte/ei-
ner umb Johan. den sie Hans mæssa nennen/ der zweyte aber un b
aller Heiligen Tag/ gehalten werden. So viel sey auch von der
Zeit geredet/ da die Lappen ihre Handlung treiben. In ihrem Handel
selbst/ sind sie ehmahls gar auffrichtig und ehrlich gewesen/ so ihnen Jovius nachrühmet: sie treiben/saget er/ihren Handel sehr auffrichtig. Und Olaus Magnus: Sie befleissigen sich in ihrem Vertauschen der Redlichkeit. Damianus aber à Goës schreibet ihnen einige
Verschlagenheit zu: In ihrem Tauschen sind sie schlau und wol
beschlagen. Sam.Rheen aber saget etwas deutlicher: Lapparne ære i
sin handel myckit besvviikelige och betragelige, sao att dhen som
icke foerstaor dheras rænckiar, kanknapt af them vvarda obedra-
gen. Das ist: Die Lappen sind in ihrem Handel sehr betrüglich
und hinderlistig/ also daß wer ihre Künsten nicht verstehet bald
von ihnen betrogen wird. Nemblich/ als die Frembden mit ihnen
auffrichtig umbgangen/ haben sie sich auch in dem Handel der Redlichkeit beflissen. Nach dem man sie aber zu hintergehen angefangen/
haben sie auch auß Furcht andere zu beschnellen gelernet; Allein hievon ist schon oben geredet worden/ womit wir auch/was wir von ihrem
Kauffhandel und Märckten zu reden gehabt/schliessen.

Das XV. Capitel.

Von der Sprache und Rede der Lappen.

WIr haben in vorhergehendem Capitel vernommen/ daß bey denen
Lappen eine solche Sprache gebräuchlich sey/ so von den Sprachen ihrer Benachbarten weit abgehet: Wie solche nun beschaffen/
müssen wir anjetzo weiter nachforschen. Dann das ist eigentlich eine
Sprache deren Gebrauch jederman gemein ist. Zieglerus saget von
denselben schlechter Dinges in: Sie haben eine besondere und ihren Nachbarn unbekandte Sprach. Damianus aber tadelt an derselben eine rauhe und übel lautende Art. Die Scribenten so zu unser

Von der Sprache der Lappen.

ser Zeit ihrer gedencken/ melden/ daß sie auß vielen Sprachen ihrer Nachbaren zusammen gemischet und geflicket sey. Daher auch Joh. Tornæus saget: Die Sprach-Art der Lappen hat viel von anderen Sprachen an sich/ daher meynen etliche daß sie also genant werde/ weil sie allenthalben zu Hauff gesuchet: eet Lappatspraock. Und Sam. Rheen. Lappeskan sijnes vvara ett Saman lappat spraock, af allehanda tungomaohl. Das ist: Es scheinet daß die Lappische Sprache auß vielen Lumpen anderer Sprachen zusammen geflicket sey. Damit er aber solches erweise/ zeiget er an/ daß in selber viel Finnische/ viel Schwedische/ als Stour auff Schwedisch Stoor, Salug auff Schwedisch Saligh, wie auch einige Lateinische Wörter als porcus, Oriens, und dergleichen befindlich. Wiewol sie nun dafür halten/ sie habe viel von denen benachbarten Sprachen genommen/ vermeynen doch andere daß sie auch viel gantz besondere Wörter habe/ die keinen andern Völckern bekandt oder gemein sind. Wie dann Joh. Tornæus selbst bald darauff fortfähret: Sonsten hält sie viel eigene und Stamm-Wörter in sich/ deßgleichen viele Redens-Arten so eintzig ihr zugehören. Hie leget er der Lappischen Sprache ihre eigene Wörter zu/ wie auch eigene Redens-Arten/ so in anderen Sprachen nicht gebräuchlich. Andere meynen sie habe ihren Ursprung auß der Finnischen Sprache. Und gestehen solches gern fast alle miteinander/ daß sie mit der Finnischen Sprache nicht geringe Verwandschafft habe. So allbereit Münsterus im IV. Buch seiner Welt-Beschreib. im 35. Cap. angemercket: Die Finnische Sprache/ wie sie mitten in dem Lande gebräuchlich/ hat keine Verwandnuß mit der Schwedischen/ auch nicht mit der Moscovitischen/ sondern ist die eigenthumliche Sprache der Lappen so in denen äussern Mitternächtigen Ländern wohnen. Sam. Rheen: Lappesken hafvver meheendels sin affinitet med Finska. Das ist: Die Lappische Sprache hat ihre meiste Verwandschafft mit der Finnischen. Und Zach. Plantinus in der Vorrede seines geschriebenen Lappischen Wörter-Buchs. Daß die Lappische und Finnische Sprachen grösten Theils miteinander verwand/ ist klärer/ als daß es mit vielen Worten dargethan werde. Wer ihrer Wissenschafft hat/ wird

befin-

Das fünffzehende Capitel

befinden/daß solches nicht anders sey. Welche Meynung ich dan auch für wahr achte: So aber jemand noch daran zweiffeln wolte/ ka diese Wörter so die Lappen täglich gebrauchen/und von den Finnische wenig unterschieden zu Zeugnuß haben.

Gott heißt auff Lappisch Iubmal oder Immel, auff Finnisch Iumala.

Feuer auff Lappisch tolle, auff Finnisch tuli.
Jenen heisset der Tag paivve, diesen paivva.
Jenen die Nacht ii, diesen ijoe.
Jenen ein Fluß jocki, diesen eben also.
Diesen ein See Iaur, jenen Iarvvi.
Jenen das Eiß Ienga, diesen Iæx.
Jenen ein Berg vvara, diesen vvouri.
Jenen ein Wald medz, diesen medza.
Jenen ein Auge Silmæ, diesen eben also.
Jenen eine Nase niuna, diesen nenæ.
Diesen ein Arm Ketavverth, jenen Kasivversi.
Jenen die Hand Kixtt, diesen Kasi.

Ein Fuß Ialk, diesen   Ialcka.
Ein Käß Iost,   Iuusto.
Stieffeln Sappad,   Saapas.
Ein Schuch Kamath,   Kamgeth.
Ein Bauren-Hauß Kaote,   Koto.
Ein Pfeil niaola,   nuoli.
Der Krieg Tziaod,   Sotæ.
Der König Konnagas,   Cuningas.
Vatter Atkia,   Aja.
Mutter Am,   Ama.
Bruder Wellie,   Weli.
Eine Braut Morsvvi,   Morsian.
Ein Hund Piednax,   Peinika.
Ein Marder natæ,   nætæ.
Ein Eichhorn orre,   oravva.
Ein Vogel lodo,   lindü,

Ein

Von der Sprache der Lappen.

Ein Fisch qvvælie, cala.
Ein Lachs losa, lobi.
Eine Fichte-quaosa, cuusi.

Diese Wörter alle zeigen nun klärlichen die vorhererwähnte Verwandschafft der Lappischen und Finnischen Sprache an/ und weiß selbe nicht unbekandte Dinge/ sondern so die Natur selbst herfür gebracht/ und derer die Lappen niemahls entbehren können/ bedeuten/ schliesse ich darauß/ daß die Lappen keine besondere Sprache so von der Finnischen im Grunde und gäntzlich unterschieden sey/ sondern von dieser abgeleitete und hergestammete Sprache haben. Dann so sie/ wie etliche wollen/ eine gantz unterschiedene Sprache hätten/ warumb haben sie diese Dinge/ die sie jederzeit/ und so lange sie Lappen gewesen/ im Gebrauche gehabt/ nicht mit solchen Wörtern die auß ihrer eigenen Sprache genommen/ sondern mit Finnischen beleget: Gewiß ist es daß keine andere Völcker/ solche Dinge mit frembden Wörtern benennet/ sondern vielmehr mit ihren eigenen/ wo sie anderst eine besondere Sprache gehabt/ wie auß den Sprachen der Teutschen/ alten Frantzosen und Spanier/ der Lateiner/ Griechen/ und dergleichen zur Genüge kan dargethan werden. Daran auch weiter nit zu zweiffeln/ so die Lappen/ welches wie oben bejahet/ und auch auß diese beyderley Sprachen Verwandschafft unschwer geschlossen kan werden/ von denen Finnen entspringen. Warumb solten sie nemlich sich einer andern Sprache gebrauchen/ als die ihnen von ihren Vorfahren übergeben worden? Welchen Beweiß auch Wexionius, damit er erweise/ daß die Lappische Sprache von der Finnischen entsprossen/ brauchet. Seine Worte sind in Beschreibung von Schweden im III. Buch im 12. Cap. diese: Wie die Lappen scheinen von den Jenningen hergestammet zu seyn/ so kommet auch die Sprache überein. Er meynet/ daß dieses eines auß den andern gar wol folge/ auß einem Volck entsprossen seyn/ und desselben Volckes Sprache gebrauchen/ und daß solches auch von den Lappen nicht anders folge. So dann alles der Warheit gar ähnlich. Es möchte aber allhie jemand einwenden/ daß die Meynung/ wann etliche fürgeben die Lappen haben ein gantz besondere Sprach/ nicht so gar ungereimt sey/ oder daß zum wenigsten in dieser Sprache dergleichen

Cc zu

Das fünffzehende Capitel.

zu finden/ so dieser Meynung Gelegenheit gegeben. Und kan gewiß niemand in Abrede seyn/ daß viel Wörter darin vorhanden/ so der Finnischen Sprach-Art gar nicht beykommen/ als zum Exempel:

Auff Lappisch	Auff Finnisch
Die Sonne Beivve	Auringa
Der Himmel Albme	taivvas
Das Wasser Kietze	vesi
Der Regen Abbræ	sade
Der Schnee Mota	lumi
Der Mensch Ulmugd	ihminen
Der Mann Albma oder Olma	mies
Ein Weib Nissum	vvaimo
Das Haupthaar vvaopt	hiuxi
Der Mund Nialbme	suu
Der Kinn Kaig	leuca
Das Hertz vvaibmi	sydaom
Das Fleisch Ogge	liba
Ein Wolff Saibik	susi
Der Bähr Muriet	karhu
Ein Fuchs Riemmes	kettu

Und diese Ungleichheit verursachet sonder Zweiffel/ daß einige dafür halten/ als wann die Lappen ehemals eine besondere Sprache gehabt/ so von der Finnländischen gantz unterschieden gewesen/ davon erzehlete Wörter übergeblieben. Sie geben auch Ursachen solcher ihrer Meynung; und sagen/ daß es die Lappen auß Furcht gethan/ daß sie ihnen eine andere Sprache erdacht/ damit sie von denen benachbarten Finnen nicht verstanden/ und also von ihnen überfallen würden. Olaus Petri: Die Kundschaffter haben offtmahls in der Nacht bey ihren Gezellten/ was sie im Schilde geführet/ heimlich angehöret. Deßhalben haben sie zu ihrer Vorfahren Kunstgriff in dem Kirchspiel Rengo, in dem Nolnensischen Ampt ihre Zuflucht genommen/ und mit einhelliger Bewilligung/ eine gantz newe Sprache/ die sie jetzt gebrauchen/ so von der Finnischen gar unterschieden/ erdacht/

Von der Sprache der Lappen.

dacht/ also daß in der heutigen Lappischen Sprache wenig Finnische Wörter mehr übrig zufinden. Durch die Kundschaffter verstehet er die Finnen/ so da außspähen müsten/ was sie durch den Matthiam Kurcke und die Tavastier außgetriebene Lappen thun würden/ so dann auß dem vorhergehenden zu sehen. Andere meynen/ daß diese Wörter noch von derselben Sprache nachgeblieben/ die sie zu erst in Lappland mit hinein gebracht/ und keine anders sey als die Tatarische. Allein die Tatarische Sprach ist so weit als Himmel und Erden von der Lappischen unterschieden/ daß man leicht mercken kan dieser Wahn sey falsch. Damit ich aber nicht angesehen werde/ als wann ich solches fur die lange Weile geredet / wil ich anjetzo nur etliche Tatarische Worte so weit anders lauten/ anführen.

Auff Tatarisch heisset		Auff Lappisch.
Gott	Allah	Iubmel
Die Sonne	Gynesch	Beivve.
Der Himmel	Gioech	Alm
Das Feur	Atasch	tulla.
Die Lufft	jusger	biægga.
Das Wasser	sauf	tziatz.
Ein See	Dannis	jauur.
Das Eiß	büüs	jenga.
Die Erde	Ier oder toprack	ænnam.
Ein Berg	dagda	vvare.
Ein Mensch	Adam	aolmairz.
Das Haar	sadsch	vvaopta.
Das Auge	Gios	tzialme.
Die Naase	burmun	nierune.
Der Bart	beichlar	sæmao
Der Arm	æhl	kiettavverdt.
Die Hand	cholun	hietta.
Der Fuß	ajach	ivvobge.
Das Hertz	jureck	vvaimao.
Ein Bogen	jay	taugh.

Ce ij Ein

Das fünffzehende Capitel

Ein Pfeil	och	niæla.
Der Vatter	babam	atziæ.
Die Mutter	anasse	annæ.
Der Bruder	cardasch	vvielæ.
Die Schwester	kiscardasche	aobbæ.
Ein Wolff	sirma	kurt.
Der Bär	ajuf	kvvoptzа.
Der Fisch	balich	kvvele.

Und so weiter; Also daß man hie von der Tatarischen Sprach nicht einmahl zu gedencken hat. Aber auch die andere/ von ihm selbst erdachte Sprach/hat keinen Schein der Warheit. Dann warumb haben sie nur etliche/nicht alle Wörter geändert? So sind es auch nit diese Wörter/ die mit den Finnischen übereinstimmen/ solcher Dinge Nahmen/die den Lappen nicht sonderlich nöthig oder bekandt/als wol die übrigen/ sondern vielmehr derer Sachen so mit der Natur/Leben/ und Geburt ihnen gegeben worden. Darumb ich denn gar anderer Meynung bin/ und glaube daß solche nicht weniger als die übrigen Finnische Wörter seyn. Die jenigen nemlich so allhie unterschiedene Sprachen erzwingen wollen/ geben nicht acht darauff/ was sonsten allen und jeden Sprachen zu begegnen pfleget/ daß sie mit der Zeit geändert werden/und dieses umb desto mehr und geschwinder/ umb so viel grösseren Handel ein Volck mit dem anderen treibet. Die Sache erhellet auß dem Exempel der Ißländer und Norweger/dann daß die Ißländer von den Norwegern entsprossen/ wird niemand der beyderley Völcker Geschichte durchgehet/ läugnen können. Nun aber haben die Ißländer viel Wörter/so die Norweger heutiges Tages nicht einmahl verstehen. Dann jene/ weil sie für sich hin gelebet/ mit niemand Handel getrieben oder doch gar wenig/ haben sie die Sprache/ so sie mit sich in diese Insul gebracht/ und von ihren Vorfahren geerbet hatten/ biß auff den heutigen Tag in den meisten Wörtern unverändert bey sich behalten. Mit den Norwegern hat es eine andere Gelegenheit gehabt/ so zugleich mit ihrer Herrschafft auch ihre ehmahls

Von der Sprache der Lappen.

mahlige Sprache verlohren. Anders ist es mit den Finnen nicht ergangen/ die so bald sie unter ein frembde Bottmäßigkeit gerahten/ und mit ihren Nachbahren einen starcken Handel zu führen angefangen/ auch von ihrer alten Sprache viel fahren lassen. Daß aber die Lappen im Gegentheil solche viel unveränderlicher beybehalten ist daher glaubwürdig weil sie ein einsames Leben geführet/ und also kein Wunder ist/ so in ihrer Sprache Wörter fürkommen/ die wann sie mit der heutigen Finnischen Sprache zusammen gehalten werden / gar keine Gemeinschafft damit haben. Wiewol es geschehen kan/ daß wer da alle Arten der Finnischen Sprache wohl eingenommen/ darinnen befinde/ so ihn überweisen kan/ daß ob schon einiger Unterscheid dem gemeinen Gebrauch nach hieselbst befindlich/ im Uhrsprunge doch alles übereinkomme/ so auch in anderen Sprachen/ als in der Teutschen geschiehet/ darinnen der gelährte Olaus Wormius nicht so gar klüglich / den heutigen Unterscheid von der alten Red-Art / und wie so gar eine von der andern abgehe/ erzwingen wollen. Besihe dessen Werck von der Runischen Schreib-Art im 27. Capitel. Denn auch heutiges Tages ist das Wort effter, nicht allein Nach im Gebrauch so auß den Wörtern afterred, afterdarm und dergleichen erhellet. Also brauchen die Teutschen nicht allein Gesicht/ sondern auch Antlitz / sagen auch nicht nur Verstand/ sondern auch Vernunfft/ nicht allein Essen/ anfangen / Schuß / Alter / Gefängnuß / Auffthun/ Bett/ Dopff/ und dergleichen/ sondern auch aß/ beginnen/ keinen/ uhralt/ hafte/ entdecken/ Lägerstad/ Locken / die alle mit den Teutschen Wörtern übereinkommen.

Kan also meiner Meynung nach / dieser Unterscheid etlicher Wörter / nicht gnugsamb seyn eine absonderliche Sprache zu erzwingen/ so bey denen Lappen von Alters hero im Gebrauch gewesen sey/ da im widrigen vielmehr zu finden/ so mit den Finnischen Wörtern übereinkommen. Ja es wird vielmehr hierauß zu schlüssen seyn/ daß alle Lappen nicht auff einmahl auß Finnland gezo-

Das fünffzehende Capitel

gezogen/ sondern etliche für gar langen Jahren/ von denen diese ungewöhnliche Wörter ihren Ursprung haben/ etliche aber nur neulich/ die sich der newen gebrauchet. Und solches ist meine Meynung von der Lappischen Sprache / von welcher weiter anzumercken/ daß sie auch ihr selbsten durchauß nicht gleich sey/ sondern hie und da ihre unterschiedliche Arten habe. So dann untereinander so wenig übereinstimmen/daß sie sich auch nicht einmahl verstehen die diese und jene gebrauchen. Sam. Rheen: I alla Lappmarker bruka the wæl eenehanda sprak och tungomaol, men i dialecten variera the myckit, sao at den ena Lappen af annan nation næpligen kan foerst ao den andres taal. Das ist: Sie haben zwar in gantz Lappland eine Sprach/ aber in den Mund=Arten/ ist eine solche Mißhellichkeit/ daß ein Lappe/ so auß diesem Gebieth ist/ eines / so auß einem andern Gebiethe ist/ Sprache nicht verstehet. Er weiset aber daselbst/ daß fürnemblich drey besondere Arten seyn/ eine der Uhmischen und Pithischen Lappen/ die andere der Luhlischen/ und dann die dritte der Tornischen und Kimischen. Welcher Unterscheid dann auch sonder Zweiffel daher seinen Ursprung genommen/daß sie nicht alle und auff einmahl in Lappland gezogen/ sondern einige früher/ andere später/ und daß diese zwar andere Oerter als jene eingenommen. Keiner aber von diesen Arten ist so rauhe und ungeschlacht als wie die Luhlische. Sam. Rheen ; Luhla Lappar saosom the ære grofvvast i seder och lefvverne, altsao i sit tungomaol. Das ist: Wie die Luhlische Lappen in ihren Sitten und Wandel für anderen bäurisch und ungeschlacht sind/ also ist auch ihre Sprache nit anders beschaffen. Damit aber einem jeden kund werde wie sehr sie voneinander abgehen/ wollen wir einige Exempel beyfügen. In Pitha Lappland sagen sie Iuhmel, in Torna Immel, in Pitha Iocki vvarra, olbmo, nisvv, skaigki, küst nissu pardei, seibig, muriet, reppi; In Torna aber virte, taodar, almai, kab, kavvtza, raopacka, kaap, alik, ovvre, kops, riemnes. Gleich wie aber diese Sprache der Lappen nach denen unterschiedlichen Gebiethen und Märckten unterschieden ist/ auff eben die Weise/ wie solches auch in andern Sprachen nicht frembde/ als zum Exempel in der Teutschen reden die Schwaben/ die Sachßen/ die Holländer einer

Von der Sprache der Lappen.

ner gar anders wie die anderen/ als hat sie auch dieses mit sonsten den meisten gemein/daß nachdem ein jegliches Gebieth/mit jenem oder diesem Volcke und Nation mehr oder weniger zusamen gräntzet/als auch mehr oder weniger von dessen Sprache annimmet. Also weil die Torne und Kima Lappen mit Finnland zusammenstossen/ haben sie auch von derselben ihrer Sprache viel an sich. Sam. Rheen; alldenstund Torna och kimi Lapparna grænsa Finnerna nærmest, alltsao inclinerathe myckitt till thet Finsrea spraoket. Das ist: Wie die Lappen in Torna und Kima Lappmarck wohnen der Finnen Benachbarte sind/ so tragen sie auch ein grosses Belieben an der Finnischen Sprache. Ja diese Tornische und Kimische Lappen legen sich auch auff selbe Sprache/ und lernen sie/ die Uhmischen und Pithischen hergegen die Schwedische und Norwegische. Sam. Rheen: Stverste delen af Tornoe och Kimi Lapparna tala mæst Finska. The andre Luhlea, Pithea, och særdeles Umea Lappar Kunne och een stoor deel tala svvænska. Das ist : Die meisten Torna und Kimi Lappen verstehen die Finnische Sprach. Die übrigen Luhla, Pitha und Uhma-Lappen aber ins gemein die Schwedische. Auch pfleget der jenige bey ihnen in Ehren gehalten zu werden/ so dieser Sprachen kündig. So jemand diese Sprachen/ saget er ferner/ wol gefasset hat / vermeynet/ daß ihme deßhalben nit wenig Ehre gebühre/ und wil andern fürgezogen werden. Oder wie seine eigene Worte lauten: Den, som ær færdigst saodant att læra, han synes vvinna stversta priisen, och vvil foer andra æhrat vvarda. Kan also kein Wunder seyn / so auch einige Schwedische Wörter in der Lappischen Sprache befindlich. Indem es fürnehmlich nicht seyn kan/ daß ein Volck so viele Sachen selber nicht hat/ sondern von andern Fremden empfänget/ auch nicht zugleych mit solchen Sachen die Nahmen derselben an sich nehmen/ und gebrauchen solte. So dann wanns beliebig wäre /mit vielen Exempeln könte dargethan werden. Hieher gehöret das Lappische Wort Salug seelig/ so auff Schwedisch Saligh heist. Niip ein Messer/ auff Schwedisch Kniif, Fiælo ein Balcke/ auff Schwedisch tilio, und dergleichen viel andre mehr. Von diesen allen führet der Wohlgelahrte Herr M. Joan. Tornæus folgende Rede:

Es

Das fünffzehende Capitel

Es scheinet als wann die Nachahmung anderer Sprachen theils die Noth/theils die Bekandschafft mit andern Leuten eingeführet habe. Also mischen die jenigen so mit denen Schweden umbgehen viel Schwedische Wörter mit ein/die mit den Finnen haben ein Belieben zu den Finnischen Wörtern/ die weiter in Norwegen die Teutschen reden hören/gewöhnen sich zu den Teutschen. Und ist dieses die Ursache/ warumb ein Ding zum öfftern vielerley Benennung hat. Zum Exempel ein Pferd heist auff Schwedisch hæst, auff Finnisch hapoiz, zu Teutsch ein Roß/auff Lappisch eben so/ weil die Lappen keine Pferde haben. Werden also die Namen neben den Sachen von andern Orten entlehnet. Was allhie Tornæus von dem Worte Roß bey den Lappen gebräuchlich anmercket/ erstrecket sich auch auff das Wort porcus, so nicht auß dem Lateinischen sondern Teutschen Borck, so bey denselben ein verschnittener Eber oder Schwein heisset/ herzu leiten /und weil die Lappen solcher Art Schweine auß Norwegen überkommen/ ist auch zugleich die Benennung dessen in ihre Sprache auffgenommen worden. Und dergestalt verhält es sich auch mit andern. Wann wir aber alles dieses an die Seite setzen/und die Lappische Sprache ansehen/nicht wie sie auß andern Sprachen viel in sich hat/sondern wie sie in ihrem Vatterlande entstanden/und jederzeit bey den Lappen üblich gewesen/ bleibet gewiß/ daß man sie nicht für eine auß Lateinischen/ Teutschen/ Schwedischen und dergleichen Sprachen zusammen gemischte / auch nicht für eine gantz besondere und von allen übrigen unterschiedene/ sondern für eine/ von der alten Finnischen/ die ihres Alters halben in vielen heute zu Tage von den Finnen selbst nicht verstanden wird/abgeleitete Sprache sey. Es hat aber diese Sprache eben so wol / als wie andere ihre gewisse Arten und Manieren der Declinationum, Temporum, Modorum, &c. Und wird nicht gar unangenehm seyn/ so ich einige Exempel allhier beyfüge/worauß die Eigenschafft dieser Sprache in etwz bekant werde. Dz erste sol seyn ein Nomen oder Nennwort durch seine Casus declinirt/nebenst desselben Wortes Finnischer Declination, damit auß beyderley gegeneinander Haltung/die Gleichheit

oder

Von der Sprache der Lappen.

oder Ungleichheit beyderley Sprachen erhelle. Es ist aber das Wort *Immel* wie es die Tornische Lappen außsprechen (denn andere sagen *Iubmel*) so auff Finnisch *Jumala* heisset/ und Gott bedeutet.

Der Singularis.

Auff Lappisch.	Auff Finnisch.
N. Immel.	Jumala.
G. Immele.	Jumalan.
D. Immela.	Jumalalle.
A. Immel.	Jumalaa.
V. ô Immel.	ô Jumala.
Ab. Immelist.	Jumalasta.

Der Pluralis.

N. Immeleck.	Jumalat.
G. Immeliig.	Jumalden.
D. Immelvvoth.	Jumalille.
A. Immeliidh.	Jumalat.
V. ô Immæleck.	ô Jumalat.
Ab. Immæliie.	Jumalilda.

Damit die Sache klärer werde/ wollen wir noch ein anderes Wort auch durch seine Casus decliniret anhero setzen/ nämlich *Olmai*, so einen Mann heisset.

Singularis.	Pluralis.
N. *Olmai*.	N. *Olmack*.
G. *Olma*.	G. *Olmaig*.
D. *Olmas*.	D. *Olmaid*.
A. *Olma*.	A. *Olmaig*.
V. ô *Olmai*.	V. ô *Olmack*.
Ab. *Olmast*.	Ab. *Olmaija*.

Und so weiter in anderen neuen Wörtern.

Das fünffzehende Capitel

Die Adjectiva werden auch durch gewisse Endungen comparirt. Als

Stoure, groß. Stourapo, grösser. Stouramus, der gröste.
Enack, viel. enapo, mehr. enamus, am meisten.
Vtze, wenig. utzapo, weniger. utzamus, am wenigsten.

Der Comparativus endiget sich insgemein mit der Sylben po, der Superlativus auff ein mus.

Sie haben auch ihre Articulos, so sie aber nicht so offte wie in andern Sprachen geschihet/ den Nenn=Wörtern vorsezen.

Das Masculinum und Foemininum genus hat einerley Endung/ in Neutro aber eine andere: Als das Wort *tott* bedeutet dieser und diese / *tovvt* aber dieses.

Sie haben auch Pronomina, alß mun ist ich/ tun du/ sun er/ mii wir/ sii ihr/ tack sie.

Dafür die Finnen sagen Minæ, sinæ, han, und in Plurali, me, the, he.

Die Verba haben auch ihre tempora. Zum Exempel/ das Wort amo oder ich liebe wird also conjungiret.

Singularis.
Mun pvvorastam,   Ich liebe.
Tun pvvorastack,   du liebest.
Sun pvvorasta,   er liebet.

Pluralis.
Mii Pvvorastop,   Wir lieben.
Sii Pvvorost,   ihr liebet.
Tack Pvvorost.   sie lieben.

und auff diese Weise werden auch andere verba conjungirt, alß:
Sing. mun læm, ich bin/ tun læck, du bist/ sun lia, er ist.
Plural. mii læp, wir seyn/ sii læ, ihr seyd/ tack læ, sie seyn.

Diese Exempel sind genug die Natur und Eygenschafft der Lappischen Sprache/ so viel zu unserm Zweck gehörig/ zu begreiffen. Es gebrauchen aber die Lappen in ihrem Außsprechen eine besondere Art und Manier/ so mit keinen Buchstaben oder durch
keine

keine Schrifft kan außgedrucket werden. Dann sie reden alles mit vollem Munde auß / so daß man die Vocales gar deutlich vernehmen kan/ die übrigen Buchstaben aber bleiben gleichsam im Halse stecken / insonderheit aber verbeissen sie die letzten Syllben. Selbst haben sie keine Buchstaben/ haben sie auch vor diesem nicht gehabt/ und sind hierin nicht viel glückseliger / alß ihre Vorfahren die Finnen. Dann ihre Calender / die sie gebrauchen / sind die alten Schwedischen / mit Runischen Buchstaben geschrieben / die ihnen nicht ehe bekant oder gebräuchlich worden / alß da sie mit den Schweden einige Freundschafft gemachet / und gemercket / daß selbige Fest-Tage hielten. Buræus zwar sagt/ daß er von glaubwürdigen Leuten vernommen/ daß man ehmals einige Grabsteine gefunden / und vielleicht noch finde mit Runischen Buchstaben bezeichnet. Gesetzt aber / daß man solche Steine gefunden / folget darauß doch nicht / daß bey denen Lappen ehmals dergleichen Buchstaben bekant gewesen / falß solche den Finnen von denen sie hergestammet/ allerdings unbewust sind / auch sich nicht erinnern können / daß jemals einige Buchstaben bey ihnen solten im Gebrauch gewesen seyn. Heutiges Tages gebrauchen so wol die Lappen alß die Finnen Lateinische Buchstaben / auff die Art wie sonsten die Schweden und Teutschen selbige / ihre Mutter-Sprache auß zu drucken / zu schreiben gewohnet sind. Wie wol wenig unter ihnen zu finden / so dieselben lesen können / noch weniger aber so sie mahlen oder schreiben / alß bloß diejenigen so auß der Schulen gekommen. Sonsten weil der Gebrauch dieser Sprach nirgends wo sonsten alß unter den Lappen angenommen / ist auch niemand leicht anzutreffen / so da Verlangen tragen solte / dieselbe zu lernen. Wann sie deßhalben mit frembden Leuten / deren Sprache sie nicht verstehen / und doch öffters sich zuträget / zu thun haben / nehmen sie ihre Zuflucht zu ihren Dolmetschern / deren dann eben dieser Ursach wegen / daß niemand ihre Sprache zu lernen begehret / allenthalben eine grosse Anzahl anzutreffen. Diese Dolmetscher nun reden andere Sprachen / die Finnische außgenommen / selten gut. So auch den übrigen Lappen widerfähret / in dem sie mit grosser Beschwerligkeit andere

Sprachen außreden lernen / und zum öfftern eine mit der andern vermischen. Sam. Rheen: Die Lappen so zugleich nach Norwegen handeln / und an dessen Gräntzen wohnen / vermischen / wann sie reden wollen / die Norwegische mit der Schwedischen Sprache. Als zum Exempel *jegh kiæmi* für *jag kom*, *jeg gaong* für *jag gaor*. Also sagen sie an statt *hustro koona*, für *min myssa, mitt hofuvud &c.* So viel sey auch gesagt von der Lappischen Sprache.

Das XVI. Capitel.

Von den Wohnungen der Lappen.

Nachdem wir dasienige so zu der Lappen Policey / Gerichten / und Sprache gehörig betrachtet / wenden wir uns zu ihrem privat-Leben und Wandel. In welchem wir zu erst von denen Dingen reden können / deren sie zu Unterhaltung desselben benöthiget; hernacher von denen Geschäfften / damit sie ihre Zeit zubringen und sich ernehren / endlich von ihrer Müsse und Ruhe / worin sie ihre Ergötzung suchen. Unter den ersten Sachen sind etzliche / so das / was ihnen beschwerlich und schädlich / abhalten / etzliche / so ihnen Bequemlichkeit und Nutzen schaffen. Jene sind Häuser und Kleider; diese Speiß und Tranck. Den Anfang von allen zu reden machen wir von den Häusern und Wohnungen. Wiewol die Lappen keine solche Häuser / wie andere Mitternächtige Völcker haben / als die da in vorigen Zeiten keinen gewissen Sitz gehabt / und bald hie bald da einige Baurhütten auffgebauet / so sie hernach wieder verlassen. Davon Herberstein in Beschreibung von Moscovien also redet: Sie haben nirgends einen gewissen Sitz / sondern wann sie an einem Orte das Wild und Fische auffgezehret / begeben sie sich an einen andern. Zieglerus: Ihre Behausung verlegen sie zum öfftern. Dam. à Goës: Häuser sind ihnen nicht im Brauche / falß sie zum öfftern ihre Stellen verendern. Diese Gewonheit aber herumb zu schweiffen ist ihnen von Carel dem IX. Könige in Schweden durch

ein

ein besonders Edict benommen/ und ist einer jeden Familie ihr eigenes und absonderliches Stück Landes im Jahr MDCII. angewiesen worden. Weil dieses Edict etwas lang/ wollen wir desselben Inhalt nur Teutsch anführen. Zu erst soll auffgezeichnet werden/ wie viel Seen/ Flüsse/ Bäche in einer jeden Lappmarck befindlich/ ingleichem wer sie seyen/ so dieselbe biß auff diese Stunde genutzet/ und wie sie heissen. Hernach sol die Zahl der Familien mit den Seen und Flüssen gegen einander gehalten werden/ damit nicht eine Familie mehr Seen und Teiche besitze/ alß sie nutzen kan. Wann solcher gestalt eine jede Lappmarck außgetheilet/ sollen gewisse ehrliche und auffrichtige Männer ohne Gunst und Haß einer jeglichen Familie ihr Theil zueygnen/ und sol hiemit verbotten seyn/ daß kein Lappe ins künfftige/ wie bißhero geschehen/ seinem Belieben nach die gantze Marck hin und wieder durchstreiche. Von der Zeit an dieses Edictes hat ein jeglicher Lappe sein gewisses Theil/ und davon er die Seinigen erhalten können/ eingehabt/ und ist niemand befugt gewesen/ frey hin und wieder zu ziehen/ oder eines andern Theil einzunehmen. Doch ist auch hiedurch diese Veränderung der Sitze nicht gar auffgehoben worden/ sondern währet annoch/ doch also/ daß sie ausserhalb deß Raumes/ so einem jeden angewiesen/ nicht kommen dörffen. Daher Andræas Buræus, nach dem er solches Edict angeführet/ sagt: sie haben keine gewisse Wohnung/ sondern nachdem es ihnen zu fischen und jagen bequem fällt/ so lange halten sie sich bey einer See/ Fluß/ Berg oder Wald auff/ und nachdem etliche Wochen oder Tage verlauffen/ ziehen sie an einen andern und bequemern Ort. Und Sam. Rheen ein neuer Scribent; Lapperna boo eller vvistas icke pao ett rum eller stælle, uthan flyttia ifraon thet ena rummet till det andra. Das ist: Die Lappen haben an einem Orte keine bleibende Stätt/ sondern wandeln von einem zu dem andern. Die Ursache solcher öfftern Veränderung/ ist die Art und Weiß Unterhalt zu suchen. Dann weil sie von ihren Reenthieren/ oder Fischen/ oder vom Wilde sich nähren/ müssen jene auch bedacht seyn/ wie sie jederzeit für ihre Reenthiere Futter haben mögen/ und diese/ damit sie an

Das sechszehende Capitel

solchen Oertern allezeit fischen und jagen können/ wo derselben eine grosse Menge fürhanden/ und doch etwas überbleibe. Es kan aber ein Ort nicht allezeit so viele ertragen. Und dieses ist es / was Buræus sagt/ nachdem es ihnen zu fischen und zu jagen bequem fält/ halten sie sich bey einem See/ Fluß/ Wald oder Berg auff. Diese Bequemlichkeit ist aber nicht an allen Oertern / falß die Fische alsdann häuffig zu finden/ wann sie sich vermehren wollen. Solches geschiehet von dieser Art zu solcher / von jener/ zu einer andern Zeit. Aber auch diese Art Fische hält sich in solch einem See auff/ die andere in einem andern/ so daß die/welche einer gewissen Art nachstellen/ an einem Orte nicht allzeit verbleiben können. Solche Bewandnus hat es mit dem Futter der Reenthier auch Sam. Rheen: The flyttia antingen, till at bekomma beet och fœdo fœr sina reenar, som the till een stoor mykenheet hafvva, eller och fœr fiskeleeken skull. Tyden tiden silken Lecker i den eller den siœn, eller ælfvven, flyttier Lappen medh sitt huus och boning. Das ist: Sie wanderen von einem Ort zu dem andern/theils damit sie für ihre Reenthiere Futter finden/ theils damit sie Fische antreffen mögen. Und zwar zu der Zeit/ wann die Fische leichen/ so verlegen sie auch ihre Wohnungen an diesem oder jenem See und Fluß. Sie wanderen aber nicht zwar dergestalt/ daß sie ihren vorigen Sitz gar verlassen/ und niemals wieder dahin gelangen / sondern wie in die Runde/ also daß sie/ wann das Jahr zu Ende / ein jeder den ihme angewiesenen Platz zum wenigsten einmal wieder beziehet. Sam. Rheen: Lapparne reesa af och an, uppi fiællen, ochaoter ut fœr i skogarne, sœkiandes beet fœr sina reenar. Das ist: Die Lappen ziehen von dem Gebürg hinweg/ und komen wieder dahin/ von da kehren sie wieder nach den Wäldern/ umb daselbst für ihre Reenthiere Futter zu suchen. Er sagt/ daß sie wegziehen und wieder kommen/ verstehe zu ihrem vorigen Sitze/ und also gleich wie in die Runde herumb wandern/ wann nemblich das Futter/ so sie zuvor abfressen lassen/ wieder gewachsen. Solches thun die Lappen so im Gebürge wohnen/ die sich aber in den Wäldern auffhalten/kehren zu ihren vorigen Wohnunnungen im Jahr zum öfftern umb. Auß welcher Ursach dann Sam. Rheen an dem Orte/ wo er von ihren Baurkaten/ die sie an den Ufern der Flüsse und Seen auffrichten/ handelt/ sagt: diit dhee fliittia aot skillige aohr sens tiider. Das ist: Dahin begeben sie sich im Jahr zum öfftern. Nicht ein/ sondern zu unterschiedlichen mahlen / so offt sie die Hoffnung eines guten Fisch= und Vogelfangs oder einer guten Jacht darzu anlocket. Sie pflegen aber diesen ihren Zug so anzustellen / daß diejenigen so der Fischerey obliegen/ bey diesem oder jenem See sich alßdann auffhalten/ wann daselbst die Fische zu leichen anfangen. Die übrigen so Reenthiere halten/ leben im Winter in den Wäldern / im Sommer aber begeben sie sich nach dem Norwegischen Gebürge. Sam. Rheen, dessen Worte ihrer Länge wegen / wir allein Teutsch anführen wollen : Im Winter können sie auff dem hohen Gebürge / deß Ungestüms und grossen Schnees halber / zumahl weil sie daselbst kein Holtz finden/ nicht außdauren. Darumb begeben sie sich alsdann in die nächsten Wälder / alwo sie ihre Reenthiere etwas bequemer füttern können/ und verbleiben hieselbst an einem Orte von Weyhnachten an biß auff Verkündigung Mariæ. Nach dem aber der Schnee zu schmeltzen beginnet / wandern sie von hie wiederumb weg / und begeben sich allmählich gegen die Berge / umb welche sie herumb liegen / damit ihnen die Reenthiere nicht entlauffen/ biß auff St. Erichs Tag. Umb diese Zeit pflegen die Reenthiere weiblin zu werffen/ auß welcher Ursach sie an einem Orthe biß auff das Fest St. Johannis oder die Helffte des Sommers beharren. Hernach wann in den zwischenliegenden Bergen und Thälern / das Gras und mancherley Kräuter häuffig herfür kommen/ rücken sie immer weiter/ etzliche biß auff die Spitzen der höchsten Berge / damit die Reenthiere hieselbst von den Fliegen und Mücken frey seyn mögen. Auff diesem Gebürge wandern sie biß an Bartholomæi bald hie bald da hin. Endlich heben sie an allmählich wieder in die Wälder zu schlupfen / biß sie endlich umb Weyhnachten dahin gelangen/ wo sie außgezogen. Und so viel hat man von der Lappen ihrem hin= und wieder=ziehen / wie

auch

auch von denen Urſachen/ warumb ſie auff einer ſtelle nicht beharꝛ
ren koͤnnen/ und von der Zeit umb welche ſie bald hie bald da ſind/
Nachricht. Sie pflegen aber zu weilen gar weit biß auff etzliche
Meilen ihre Reiſe anzuſtellen. Somblige ſagt er daſelbſt Lappar
flyttia af och till in till tiugu miiler, och dær œfvver. Das iſt:
Etzliche Lappen wandern weg und kommen wieder auff zwantzig
und mehr Meilen. Und weil ihrer ein Theil auff dem Gebuͤrge/
ein Theil an den Seen und Fluͤſſen/ unter den Baͤumen/ und
zwar ins gemein unter den Fichten ſich auffhaͤlt/ haben ſie davon
auch ihre gewiſſe Namen erhalten/ alſo daß jene Fixll Lapper,
weil ſie auff dem Gebuͤrge ſo mit Norwegen graͤntzet/ und fixll
heiſſet/ leben/ dieſe aber Graan Lapper, weil ſie unter den Fichten/
ſo die Schweden und Norweger graan heiſſen/ wohnen/ genent
werden. Sam. Rheen: Somblige Lappar kallas fixl Lapper, af
orſaak, at the mehrendels vviſtas och boo i fixllen; och ſomblige kallas graan Lapper, der fœre, att the lefvva och vviſtas
i ſkogen, och vvid ſtora ſicœgar och ælfvver, ſœkiandes der ſin
fœdo med fiikiande, jagande och ſkiutande. Das iſt: Etzliche
von denen Lappen heiſſen *Fixll Lappar*, weil ſie zum oͤfftern ſich in
fixllen (das iſt im Norwegiſchen Gebuͤrge) auffhalten/ etzliche
graan Lapper, weil ſie in den Waͤldern neben den groſſen Seen
und Fluͤſſen wohnen/ und daſelbſt mit Fiſchen/ Jagen und Vogel-
ſtellen ſich ernaͤhren. Auff eine andere Weiſe aber ſtellen ſie ſolches Wandern im Sommer/ anders im Winter an. Im Winter
brauchen ſie hiezu ihre Schlitten/ davon ich anderswo reden werde/
im Sommer gehen ſie zu Fuß / ihr Geraͤthe haͤngen ſie uͤber die
Reenthiere herab. Joh. Tornæus: Im Winter laſſen ſie ſich von
ihren Reenthieren fortziehen/ denen ſie umb den Halß ein Kommetholtz legen/ den Wagen aber bey den hinterſten Fuͤſſen feſt ma-
chen/ ꝛc. Im Sommer gehen ſie zu Fuß/ ihr Geraͤthe/ Reiſebuͤn-
del und Kinder haͤngen ſie uͤber die Reenthiere. Von beyden gedencket auch Sam. Rheen mit dieſen Worten: The uppryckia ſina
rixll, och them om vvintren i een ackia inſvvepa, læggia dær
till mæd alla ſina huusgerad i aockiar, och fœra them frao thet

Von den Wohnungen der Lappen.

ena rummet, till thet andra. Das ist: Sie nehmen ihre Hüttlein zusammen/ binden sie in eines/ und legen sie im Winter zwar auff einen Schlitten / das andere Haußgeräth auch auff einen Schlitten/ und führen es also von einem Orte zu dem andern. So machen sie es im Winter / im Sommer aber auff diese Art: Om sommaren kliifvvia the desse saaker pao reenarne sao ledes, att the hafvva tvvænne træ , them the binda kimg om reen, leggiandes pao deß rygg een hoop Klæder, dæt dhe kalla Tobbis, at rygen icke mao færderfvvas och skafvvas, ther pao binda the, hvvad hælst the pao reenare klifvvia vvilia i kiisor inlagt. Das ist: Im Sommer aber legen sie selbe Sachen über die Sattel ihrer Reenthiere/ solcher gestalt; sie haben zwey Bretter/ so sie an das Reenthier fest schnüren/ auff den Rücken legen sie etwas von Kleidern/ so sie *Tobbis* nennen / damit sie nicht geschabet oder gedrücket werden/ oben machen sie bernach/was sie den Reenthieren auffladen/ feste. Die beyden Bretter/ derer er hie erwähnet/ sind etwas breit/ aber dünne/ damit sie können gebogen werden/ von Dannen-Holtz/ worauß man sonsten die Schreine zu machen pfleget. Diese Bretter werden oben zusammen gefüget/ und in einander gestecket/ daß ein jedes gantz rund wird/ an dem Ende aber wo sie so zusammen gefüget/ werden sie über den Rücken deß Reenthiers gehänget/ eines zwar von der rechten / das andere von der lincken Seiten/ und unter dessen Bauch mit einem bastenen Seil zusammen gebunden/ daß sie fest anligen. Hernach haben sie einige Pudeln so länglicht rund seyn/ auß eben demselben Holtz/ und krum gebogen/ wie ein Schrein oder fast wie eine Paucke/ ohne daß sie / wie gesagt/ länglicht rund sind. Diese Pudeln flechten sie unten mit Bircken-Ruthen in Form eines Rost zusammen/ oben binden sie dieselbe zu/ aber mit Riemen oder Leinen-Bändern/ welche sie aufflösen / so offt sie etwas hinein legen oder herauß nehmen wollen; damit auch nichts heraußfalle/ bewickeln sie alles mit Bircken-Rinden/ Kleidern oder Fellen. Diese Pudeln schnüren sie endlich mit Stricken an das oberste Theil gedachter Bretter an / also daß sie von beyden Seiten deß Reenthiers herab hängen / das oberste Theil zwar nach aussen

Ee zu/

218　Das sechszehende Capitel

zu/ das unterste nach dem Bauche deß Reenthiers zu. Alles wird
auß beygefügter Abbildung besser zu erkennen seyn.

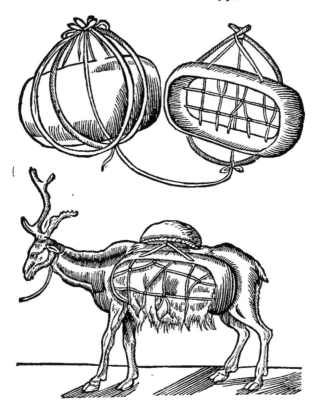

Dieses ist die Weise/ wie sie die Reenthiere beladen/ wann sie
ihr Haußgeräth und Plunder/ ja auch wol die Kinder / so noch
nicht

Von den Wohnungen der Lappen. 219

nicht gehen können / von einem Ort zu dem andern bringen. Dann sie hängen gleicher gestalt das Kind mit samt der Wiegen über die Reenthiere/ wie davon hernach mehr sol gesagt werden. Wann sie aber also ihre Sachen wegführen/ halten sie eine gewisse Ordnung/ so niemand leichtlich stören wird. Zu erst gehet der Haußwirth/ hinter sich her führend etzliche Reenthiere / so auff erzehlte Manier beladen sind / worauff dessen Haußfrau in gleicher weise folget. Was sie sonsten noch mehr von Reenthieren haben/ solches treiben die Kinder und Knechte oder Gesinde auff einem hauffen für sich her. Zu letzt gehet der so die Trummel in Verwahrung hat. Sam. Rheen: Fræmst gaor huusbonden, och hafvver naogra Rheenar och lass, them han leeder efter sig, ther næst kommer hans hustro, fœrandes och naogra lass, sedan fœlier heela reenhiorden, thæm deras barn och legofolck skola sachta fœr sig drifvva, och æffterst kommer den som fœrer trumman. Das ist: Vorn an gehet der Hauß-Vatter / nebst etzlichen Reenthieren mit ihren Bürden beladen/ so er hinter sich her führet. Hernach folget sein Weib so auch ein Theil deß Haußgeräths hinter ihr hat/ worauff endlich die übrige Heerde Renthiere kommet / so allmählich von den Kindern und Gesinde getrieben wird. Letzlich gehet der die Trummel führet. Sie pflegen aber dieser Reenthiere nicht viele zugleich auff einmahl zu führen / sondern eines nach dem andern / in einer langen Reyhe/ also daß eines an den Sattel deß andern mit einem Stricke angebunden / das erste aber führet ein Lappe an einem Stricke/ der ihme umb den Halß geleget / nach sich her/ und solcher gestalt gehen sie fort / biß sie an einen bequemen Ort gelangen/ wo sie etzliche Wochen zu verbleiben gesonnen sind. Wann sie daselbst ankommen/ schlagen sie ihre Gezelte oder Hütten auff. Sam. Rheen: Tao the nu komma till thet rum ther the vvillia aoter versera, up slao the igen sin tiæl. Das ist: Wann sie daselbst angekommen/ wo sie auffs neue verbleiben wollen/ schlagen sie ihre Gezelte auff. Und diese Hütten dienen ihnen anstatt der Häuser/ welche die Lappen so im Gebürge wohnen/ oder die fiællapper, auff eine andere Art zurichten/ alß die gran Lapper oder Wald-

Lappen. Jene zwar weil sie nur einmahl im Jahr ihre vorige Pläße wieder beziehen/ bauen sie nicht so daurhafft/ als wie diese. Jene/ damit sie selbe/ wann sie abziehen/ niederreissen können/ diese/ damit sie solche stehen lassen. Und jene zwar richten vier Stender auff/ an vier Ecken/ hernach legen sie drey Balcken darauff/ also daß eine jede Seite einen habe/ der Hindertheil auch einen/ von fornen aber keinen/ alßdann richten sie lange Stangen/ so an den Balcken angefüget/ in die Höhe/ so oben fast zusammen gehen/ unten aber und zur Erdenwärts von einander weit abstehen/ und die gantze Gestalt wie ein vierseitiges Dach anzusehen ist / so wie ein Pyramidal nach obenzu gantz spiß/ nach unten aber breit ist. Uber die Latten legen sie eine Decke von gar schlechtem wöllinem Tuche darzu eigentlich bereitet. Die etwas vermögen/ thun hierüber noch ein leinen Uberzug/ daß also durch solche doppelte Uberdecke der Regen und Schlagge desto besser abgehalten werde. Sam. Rheen: Till sine pauluner och tiæll hafvva the fyra stolpar, igenom hvvilka the fæsta træ aosar, och lægga ther omkring smao tiæll stænger, hvvar œfvver the draga sine tælt eller tiæll af vvaldmar. The riika bruka dubbla tiæll, nær stoort ovvæder och flagg ær, det ena af vvaldmar, och det andra af blaggarn. Das ist: Ihre Hütten und Katen richten sie also auff/ sie nehmen darzu vier Stender/ darauff sie drey Balcken legen/ rund auff selbe stellen sie einige Latten/ so sie mit einem wöllinen Tuch / so Waldmar genant wird/ überdecken; die/ so etwas reich/ brauchen hierzu eine doppelte Bekleidung/ wann sie etwa Regen und Ungewitter vermuten/ eine auß Wolle/ die andere auß groben Leinwand. Dieses sind die Hütten der Lappen die auff dem Gebürge wohnen/ meistentheils auß Tüchern und Decken zugerichtet/ welche sie/ wann sie an einen andern Ort sich begeben wollen/ abnehmen/ mit sich führen/ und daselbst wieder auffrichten. Die Wald-Lappen aber/ oder graan-Lappen bauen ihre Hüttlein/ etzliche auß hölzernen Brettern / etzliche auß sechs Stendern/ so oben spiß zugehen/ darauff werffen sie hernach Zweige von Dannen und Fichten/ oder die Rinden dieser Bäume/ oder Rasen. Von den Rinden

zeuget

Von den Wohnungen der Lappen.

zeuget Herberstein: Ihre Hüttlein bedecken sie mit Baumrinden. Andreas Buræus sagt von Birckenrinden: Sie brauchen/ sagt er/ an statt der Häuser/ Hüttlein von Bircken inden zusammen gesezzet. So auch Olaus Petri bestättiget/ und hinzu thut/ daß sie solche Borcke oder Rinden lange zu kochen pflegen/ damit sie zähe und schmeidig werden. Sie bedecken solche mit Birckenrinden/ die sie durch langes kochen schmeidig gemachet. Olaus Magnus im 4. Buche im 3. Cap. thut noch lederne Häute hinzu. An statt der Häuser/ sagt er/ haben sie Hütten/ entweder mit ledernen Thier-Häuten oder mit Baum-Rinden bedecket. Und diese Art hat der Graff Lomenius gesehen/ und in der Reiß-Beschreibung mit diesen Worten entworffen: Die Häuser richten sie auß hölzernen Stangen und Baumrinden zu. So dann von der ersten Art Häuser unterschieden/ weil sie selten mit Tüchern bedecket wird/ auch nicht vierkantig sondern sechseckigt ist. Sam. Rheen beschreibet sie also: Graanlappar bruka kottor af bræder, med sex Wæggiar, somblige bruuka sine kottor af graanriis, eller tallriis, somblige af graanbark, och somblige af Torf. Das ist: Die Wald-Lappen bauen ihre Hütten auß Brettern/ mit sechs Wänden/ etliche gebrauchen Tannen- oder Fichten-Zweige darzu/ etliche Tannenrinden/ etliche auch Rasen. Wexionius sagt/ daß sie achteckigt sind/ insonderheit der Kimischen Lappen: Ihre hölzerne Hütten/ sagt er/ haben acht Ecken/ unten breit/ ohngefehr fünff Ellen hoch. So auch Olaus Petri von den Pithischen Lappen sagt. Wo sie etwas lange zu bleiben gedencken/ legen sie den Grund zu ihren Hütten einer Ellen hoch/ und mit acht Ecken. Und diese Hütten reissen sie nicht nieder/ oder nehmen sie mit sich/ wann sie an einen andern Ort ziehen/ sondern lassen sie stehen/ daß wann sie wieder kommen/ sie dieselbe auffs neue gebrauchen können/ außgenommen/ daß sie nur einige frische Zweige/ oder Rinden/ oder Rasen/ so sie unterdessen kahl geworden/ aufflegen. Sam. Rheen: Och desse deras kottor stao vvid sioer och elfver, ther the bruka sit filkerii och jagande. Das ist: Diese ihre Hütten bleiben fest bey den Seen und Flüssen bestehen/ allwo sie ihre Fischerehen und Jagten bestellen. Uber diese zweyerley Arten der Lappischen Hütten findet sich noch eine / davon Olaus Magnus im IV. Buch im 11. Cap. also redet : Ein Theil von ihnen machen ihre Häuser auff Bäumen so ins viereck gewachsen / damit sie nicht von dem dicken Schnee im flachen Felde ersticket / oder von den hungrigen wilden Thieren / so in grosser Menge herumblauffen/ angefallen werden. Was dieses vor eine gevierte Ordnung von Bäumen sey / verstehe ich nicht recht. Doch halte ich dafür daß er dieses meine/ daß sie auff vier Bäumen die dergestalt gewachsen / daß ein jeglicher von ihnen / einen besondern HauptStender zu dem Gebäude/ so in ein gevierte soll auffgerichtet werden/ geben könne / ihre Hütten befästigen. Diese Manier aber ist uns unbekant. Tacitus schreibet zwar/ daß die Finnen auff zusammen geflochtenen Zweigen wohnen/ so dann dem Olao Magno vielleicht zu dem so er hie schreibet/Anlaß gegeben. Dann auch die vierte Art hat er wohl auß niemand anders / alß auß dem Zieglero entlehnet. Zieglerus hatte gesetzet / sie sind Amaxobii, darauß ist Olaus Magnus bewogen worden zu schreiben : Dieses Volck wohnet in Hütten oder Karren. Weil nemblich Amaxobii, Was das Wort belanget/ solche Leute sind / so auff Wagen und Karren leben / hat Olaus von dem Zieglero dazu getrieben geglaubet / daß auch die Lappen solche Leute wären. Allein dieses ist gar falsch. Die Karren/ Wagen/ und dergleichen sind denen Lappen nicht bekant. Und wie solten sie solche auff dem glatten Eise/ und hohem Schnee gebrauchen mögen. Es hat auch in diesem Verstande Zieglerus sie nicht also genennet. Sondern darumb/ weil sie/ wie die Scytischen Völcker Amaxobii genant / keinen gewissen Sitz haben. Daher auch kurtz fürhero bey ihme diese Worte befindlich : Sie tragen ihre Hütten wie die Soldaten zum öfftern von einer Stelle zu der anderen. Verbleiben also nur die beyden Arten ihrer Behaußung/ so ich erwehnet/ übrig. Dann auch die fünffte Art/ davon Jovius gedencket / ist entweder auff eine gar kurtze Zeit gebräuchlich/oder nur bey denen so unter dem Moscowiter

witer leben/ zu finden. Ihre Schlafftammern sind Löcher/ mit auffgedörreten Blätter gefüllet/ oder hole Bäume/ so entweder das angelegte Feuer/oder auch das Alter und die Fäule zubereitet. Sonsten sind erzehlte zwey Arten ihrer Häuser so beschaffen/ daß zu erst eine jede Hütte zwo Thüren/ eine von vornen/die andere nach hinten zu hat. Jene ist weit/dardurch allezeit ein jeder so da etwas zu schaffen/ ein und außgehen kan; diese aber ist kleiner/ und muß durch selbige kein Weibes Bild durchgehen. Sam. Rheen: Pao bemælte sina kottor hafvva the een vvanlig dœr, ther igenom the ingao, men back fœr kottorna hafvva the een liten dœr, ther igenom the inkasta theras matvvaror, serdeles thet the faonge af skogen, saosom foglar och vvildbrao, eller af sioegar, saosom ær allehanda filke. Detta mao icke inbæras igenom then rætta dœren, uthan thet skall inkastas igenom baak dœren. Das ist: In diesen ihren Katen haben sie zwo Thüren/ eine die stäts gebrauchet wird/ und dardurch ein jeglicher zehen mag/ die andere von hinten so nur niedrig/ dardurch sie in das Hauß hinein bringen alle Eß-Waaren/ insonderheit/ was sie in den Wäldern gefangen/ als Vögel und Wildprät/ oder in den Seen/ als allerhand Fische. Dieses muß durch die gemeine Thür nicht hinein gebracht werden/ sondern wird durch die hinter Thür in das Hauß hinein geworffen. Alhier wird dieser beyden Thüren gedacht/ und wozu sie gebrauchet werden/ insonderheit die hinterste. Dann durch selbe wird dasjenige so sie auff der Jagt bekommen/ von dem Manne/ wann er wieder nach Hause kehret/ hinein geworffen. Durch diese muß kein Weib gehen/ falß/ wie ich schon anderewo gemeldet/ den Weibern hinter das Hauß zu gehen verbotten. Dessen Ursache theils diese ist/ so schon oben angemercket/ weil sie daselbst ihren Gott Thor haben und ehren; theils weil sie dafür halten/ daß die Gegenwart eines Weibes oder Entgegenkunfft/ demjenigen so auff die Jagt gedencket/ nichts Gutes bedeutet. Dahin auch sonder Zweiffel Zieglerus zielet/ wann er sagt: Ein Weibesbild muß nicht auß der

der Hütten zu der Thüren hinauß ge[
Tag der Mann auff die Jagt gereiſet.
dern Thür alß der ſo hinten an dem Hauſ[
Tage/noch jemals die Weiber gehen dör[
nius theilet hievon ſolchen Bericht mit :
ſo ſich willig im Zufallen ſchlieſſet / ge[
durch das Liecht fält / durch ſelbiges
der Jagt kommen / zu erſt hinein / un[
Stück Fleiſch vom Reenthier. In de[
deß Fenſters in der Hütten iſt / und dre[
in der Breite hält / in welche kein Wei[
ſein Jäger-Kleid ab. Was Sam. Rhe[
net / das heißt Wexionius ein Fenſter / [
weil ſie faſt insgemein offen iſt. Der a[
ger durch dieſe Thür oder Fenſter in d[
keinem Weibe zu derſelben zu nahen ver[
der Mann ſein Jäger-Kleyd und übrige
Den Ort nennet er eine Kammer oder [
Kammern/ ſind mit ihren Wänden umb
hindern/ daß nicht ein jeder hinein kom[
haben die Lappen in ihren Hütten nicht/
ſen abgeſonderten Platz mit etzlichen Ho[
gleichſam deſſen Gräntzen ſind. Und [
von wir zu reden gehabt. Der Boden o[
iſt auff dieſe Weiſe abgetheilet/ daß in [
Herd ſtehet/ mit Steinen rund umbge[
Rauch ziehet ſich mitten durch das [
hinauß. Sam. Rheen: Mitt i kotte
mæſt altid brinner, undantagandes m[
icke mao giœra ſkada, leggia the ru[
ſteenar. Das iſt: Mitten in der Kat[
brennendes Feuer / außgenommen m[
damit es keinen Schaden thue / ſo leg[

Steine. Hinter dem Herd / gegen die Hinter-Thür / legen sie drey Klötzer oder Balcken / womit sie den Platz / davon wir oben geredet / absondern. In der Mitten dieses Platzes / ist die kleine Thür / dadurch die Männer allein gehen dörffen / welche sie Posse nennen / gegen derselben über ist die grössere Thür / so bey ihnen Ox heisset / den Platz aber der mit gedachten Klötzern umbgeben ist / nennen sie Lops, derselbe gehöret bloß den Mannspersonen zu / und ist kein Weibesbild befugt die drey Klötzer zu überschreiten / und hinein zu tretten. Sam. Rheen: Kring om Kittilen leggia the tree smao stockar, ther pao the sœnder hugga Kioet, fisk, och annat hvvad the sigh till fœdo till reeda vvilia. Bemælthe rum Kalla the posse, œfvver hvvilka inga qvvin nors persooner mao gao. Das ist: Nebst dem Kessel (so über dem Feur hänget) legen sie drey Klötzer / darauff sie mit einem Beil Fleisch / Fische / und was sie sonsten zur Speise zurichten wollen / entzwey hauen. Diesen Platz nennen sie posse, auff welchen kein Weibes-Bild muß kommen. Er sagt zwar / daß der Platz posse genant werde / verstehet aber insonderheit die Thür / oder das Fenster desselben. Das wird nemblich eigentlich also genant / der Platz aber an und vor sich selbst Lops. Die Thür aber / dadurch ein jeder gehen mag / stehet nach Suden / die kleinere gegen Norden. Olaus Petri: Sie haben in ihren Hütten zwo Thüren / eine dadurch ein jeder gehen mag / stehet nach Suden / die andere nach Norden. Die beyden Seiten der Hütten und Plätze / so allda befindlich / werden Loide genant. Alhie haben sie ihre Bette / von einer Seiten der Wirth mit seinem Weibe und Kindern / von der andern die Knechte und Mägde. I bemælte, sagt er weiter / Kottor ligger alt huus folket, husbonden med sin hustro, och dœttrena pao den ena sidan om elden, drængier och pigor pao den andra sian. Das ist: In diesen Katen schläffet das gantze Hauß / von der einen Seiten des Feuers der Hauß-Wirth mit seinem Weibe und Töchteren / von der andern die Knechte und Mägde. Er nennet nur die Töchter / und sagt daß dieselbe nahe

Ff bey

226 Das sechszehende Capitel

bey den Eltern liegen / vielleicht/ damit derselben Ehr desto besser geschützet werde/ und sie sich vor den Eltern fürchten müssen/ da unterdessen die Söhne nebst dem Gesinde schlaffen. Was sonsten biß an die Thür von beyden Seiten noch übrig / nennen sie Kitta, und ist zu der Weiber Bequemligkeit bestimmet/ wie dann auch daselbst die Sechs-Wöcherinnen ihr Bette haben/ hinter der grossen Thür da sie stätig auß- und eingehen. Damit aber alles wohl eingenommen werde / haben wir die Abbildung deß gantzen Raumes abgebildet/ allhie beyfügen wollen.

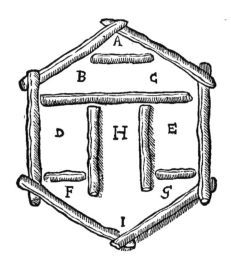

A Ist die kleine Thür/ oder Posse. B und C wird Lops genant/ da sich die Männer auffhalten / und ihr Jäger-Geräth/ wie auch andere Sachen verwahren. D und E wird Loide genant/ deren das eine Theil deß Hauß-Wirthes und seines Weibes/

das

das andere der Knechte Schlaffstelle. F und G oder Kotta, ist der Ort wo die Weiber sich finden lassen. H ist der Feuerherd. I ist die allgemeine Thür/ Ox genant. Die drey Klötzer/ darauff sie die Speisen entzwey hauen/ erstrecken sich zwey von A biß I, und der dritte so überzwerg lieget/ der den Ort der Männer abscheidet/ allwo auch die kleine Thür ist; Das dritte so an diesen Katen in Acht zu nehmen ist/ daß sie den Boden mit Bircken-Laub bestreuen/ damit er nicht vom Regen feucht werde/ kein ander Pflaster haben sie. Auff das Laub aber legen sie Häute von Reenthieren/ worauff sie sitzen und schlaffen. Daher Wexionius sagt/ daß diese Hütten mit weichem Bircken-Laub und darüber gespreiteten Reenthier-Häuten zugerichtet werden. Sam. Rheen: Fœr goef bruka the biœrkriis, fœr des renligheet skull, der pao Kasta the een reenhud, eller tvvao, pao hvvilka the liggia. Das ist: An statt deß Pflasters brauchen sie Bircken-Laub/ der Reinligkeit halben/ auff selbiges legen sie etzliche Reenthier-Häute/ darauff sie schlaffen. Und auff solche Manier sind die Häuser der Lappen/ worin sie wohnen/ beschaffen. Uber diese haben sie noch einige Gebäude, darin sie ihre Sachen/ insonderheit Fleisch/ Fische/ und was sonsten zu der Speise gehörig/ verwahren. Die nennen sie in ihrer Sprache Nalla, wie auß demselben Rheen zu ersehen/ der ihre Gestalt und Weise/ wie sie gebauet werden/ folgender massen beschreibet: The afhugga ett træ, fiira eller fœm allner iftaon jorden, och leggia thær pao fiira stockar i kors viis, biiggiandes sedhan een liiten bood ther ofvvan pao, den the och med bræder tæckia, och dœr derfœr settia. Das ist: Sie schneiden einen Baum oben gantz hinweg/ also daß ein Klotz ohngefehr vier oder fünff Ellen hoch von der Erde überbleibe/ auff diesen legen sie kreutzweiß zween Balcken/ worauff sie hernach eine Kammer/ mit hölzernen Brettern bedecket/ und mit einer Thür verspicet/ zurichten. Das Ansehen derselben ist fast wie ein Taubenhauß/ so auff einem Pfeiler oder Stender auffgebauet. Dieses haben solche Speise-Kammern besonders/ daß die Thür nicht an

Ff 2 der

der Seiten/ sondern auff dem Boden ist/ wie ein Fenster-Laden/ also daß wann der Lappe herunter steiget/ dieselbe von oben zufält/ und also alles wohl versperret ist. Wann er hinauff steiget/ gebrauchet er dazu eine Leiter/ so auß einem grossen stück Holtze/ mit etzlichen Stuffen/ zubereitet. Daß sie aber diese Speise-Kammer so hoch machen/ ist die Ursach/ weil die Bähren und Vielfrasse dem Fleisch hefftig nachstellen. Sam. Rheen: Ordsacken att the desse boder sao hœgt ifraon jorden sættia, skier fœr bioern och jærfen skull, huilke them offta omkull kasta, och gioera stoor skada, och teras goda foertæra. Das ist: Die Ursach/ daß sie diese ihre Speiß-Kammern so hoch von der Erden auffbauen/ sind die Bähren und Vielfrasse/ so selbe zum öfftern umbwerffen/ und allen ihren Vorrath auffressen. Deßwegen sie auch den Stender mit Fett beschmieren/ daß sie nicht hinauff kommen können/ sondern abgleiten. Olaus Petri im 26. Capit. Sie schälen den Stamm von einer grossen Tannen oder Fichten glat ab/ und machen ihn mit Fett oder auf andere Weise schlipfferig/ daß weder die Mäuse/ noch die wilden Thiere hinauff steigen können. Hernach schneiden sie alles biß auff sechs Ellen von dem Stamm an zurechnen/ hinweg. Oben darauff machen sie zwoen Balcken feste/ darauff sie endlich das gantze Gebäude setzen/ und mit Birckenrinden decken. Und sind vielleicht dieses die Gebäude/ so Olaus Magnus gemeinet/ wann er geschrieben/ daß sie auß Furcht für den wilden Thieren oben auff den Bäumen erbauet werden. Damit man aber auch hiervon gewisse Nachricht haben möge/ wird folgende Figur dienlich seyn.

Das

Von den Wohnungen der Lappen.

Das XVII. Capitel.

Von den Kleidern der Lappen.

Die Kleider der Lappen werden unterschieden in Manns-und Weiber-Kleider/ wie auch in Winter- und Sommer-Kleider. Ja auch nach deß Ortes Gelegenheit werden sie geändert/ falß sie andere zu Hause/ andere auff der Reise gebrauchen. Zu erst wollen wir der Männer Kleider beschauen. Diese haben im Sommer an Hosen so ihnen über die Knie biß unten auff die Füsse gehen/ und gantz glatt am Leibe liegen/ worüber sie einen weiten Rock mit Ermeln ziehen/ so auch biß auff die Knie gehet/ den sie hernach mit einem Gürtel einschnüren. Dahin hat allbereit zu seiner Zeit gesehen/ Zieglerus, wann er sagt: Sie tragen ein enges Kleid/ so dem gantzen Leibe wohl anlieget/ damit sie nicht davon Hinderniß haben. Allwo er ohne Zweiffel von dem Sommer-Kleid redet/ so daher erhellet/ weil alßbald folget: Jm Winter brauchen sie ꝛc. Er nennet es aber enge wegen der Hosen/ und wohl anliegend wegen der Gurt. Eben dasselbe hat auch Olaus Petri im Sinne gehabt/ da er sagt: Die Kleidung ist enge/ und dergestalt/ nach Art der Sclaven/ von denen sie entsprossen/ auff den Leib gepasset/ daß es ihnen alß Völckern die zu der Arbeit gewohnet/ keine Hinderniß machet. Sie ziehen aber dieses Kleid auff den blossen Leib/ ohne Hembde/ so fast allen Europæern sonsten im Gebrauche sind. Sam. Rheen: Lapparna bruka aldrig nogot lærfft, eller line, huarken i barndom, eller sedan de vvarda aoldrige. Das ist: Die Lappen brauchen niemahls keine Hemder/ weder in der Kindheit/ noch wann sie schon erwachsen. Und Olaus Petri: Weil sie kein Flachs haben/ hat sie die Gewonheit gelehret/ sonder Hembde zu gehen. Der Zeug zu diesen Kleidern ist schlechtes wöllines Tuch/ so die Bauren weben/ weiß oder grauer Farbe/ wie es die Wolle selbst mit sich bringet/ nicht

gefär-

gefärbet / und wird insgemein Waldmar genant. Sam. Rheen: Manfolks Klæder æhro Kiortlar the fattige bruka them af Waldmar. Das ist: Die Kleider der Männer sind Röcke/ so die Armen auß Tuch / welches Waldmar genant wird / ihnen machen. Dieses hat auch Olaus Petri angedeutet/wann er im 15. Cap.schreibet: Es ist uns die wir Ihie lesen/ gar wol bekant daß sie täglich wöll.ne Kleider tragen die in Schweden gemacht werden/ und daß sie das Tuch hierzu von den Birkarlern kauffen. Die aber so etwas reicher / nehmen gutes und theures Gewand zu den Kleidern/ und zwar bald dieser/ bald jener / als grüner / blauer / am meisten doch rother Farbe. Deßwegen er hinzu thut. Men the riike af graott, blaott, eller rœdt klæde. Das ist: Die Reichen aber nehmen graues / blaues / oder rothes Tuch dazu. Niemand aber schwartzes / welche Farbe sie nicht leyden mögen. Tornæus: Svvart færga vvilja dhe intet draga. Das ist: Schwartzes Lacken trägt niemand. Wiewol auch sie bißweilen schlechteres gebrauchen/ zu Hause färnemblich / und wann sie schmutzige Arbeit fürhaben. Ausserhalb deß Hauses aber befleissigen sie sich der Reinligkeit. Joh. Tornæus: Sie gebrauchen auch wohl schlechtes Tuch / so wir Waldmar nennen / zu all Tags Kleidern / allein sie haiten dannoch gar viel von seinem Lacken allerhand Farbe / und lassen ihnen so weit der Beutel zureichet / von dieser Art gerne zu ehrliche und Festtags-Kleider machen. Weiter tragen sie einen ledernen Gürtel/ den die Reichen mit silbernen / die geringern aber mit vielen zinnernen Buckeln versetzen. Sam. Rheen: The bruka dagligen hoelfverbælten om sig, som pao særdeles maner giorde æhro liika som stoora flæta knappar. Das ist: Sie tragen täglich einen silbernen Gurtel / so auff besondere Arten Knöpffe besetzet. Die Buckelen nennet er Knöpffe / weil sie fast wie runde Knöpffe herfür stehen. An diesem Gürtel hänget eine Scheide mit einem Messer/ eine viereckigte Tasche / so etwas länger als es breit ist/ ein lederner Beutel / und letztlich ein Futter darin sie Nadel und Zwirn haben. Die Messer kauffen sie in Norwegen / die
Scheide

Scheide ist auß Reenthier-Leder gemacht/ an den Seiten mit zinnern Fäden zusammen genähet und gezieret/ unten hängen etzliche Ringe daran. Die Tasche ist auch von solchem Leder/ daran noch die Haare sitzen/ von aussen wird ein anderes Leder daran fest gemachet/ so groß alß die gantze Tasche/ solches wann es über dieselbe gezogen wird/ machen sie mit dreyen Knöpffen feste/ über dieses wird noch ein rothes oder anderer Farben Tuch/ so auch mit zinneren Fäden gezieret/ gedecket. In dieser Tasche verwahren sie den Feuerstein/ so wie ich an einem andern Orte erwiesen/ nicht ein Kieselstein/ sondern ein Chrystall ist/ ferner den Staal und Schweffel Feuer zu schlagen/ wann sie wohin gelangen/ ein Stück Taback und andere geringe Sachen. Der Beutel ist auß eben der Art Leder zubereitet/ und gleicher Weise gezieret/ länglicht rund/ wie eine Birn gestallet/ worin sie ihr Geld und was sie sonst kostbares haben/ legen. An diesem hängen ein hauffen Ringe. Das Nadel-Futter ist gar sonderlich gemacht. Sie nehmen ein stück einfach Lacken/ so viereckigt geschnitten/ doch daß dessen oberste Theil viel kleiner ist als das unterste/ und fast einem länglichtem Dreyeck gleich scheinet/ so oben beschnitten. Dieses Stück Lacken/ damit es desto fester und stärker sey/ beziehen sie von beyden Seiten mit Leder/ und stecken also die Nadeln und dergleichen hinein. Hernach legen sie solches in ein Futteral so gleicher Figur ist/ von oben mit rothem/ oder sonsten anderer Farben Tuch/ wie auch mit zinnernen Strichen oder Fäden durchzogen/ welches sie oben mit einem Riemen zuziehen/ und zugleich damit an den Gürtel hängen. Weiter so haben sie auch an diesem Gürtel etzliche messinge Kettchen und viel messinge Ringe hängen/ und zwar umb den gantzen Leib herumb/ die Tasche wird vornen auff den Bauch geschoben/ die übrigen Sachen werden auff die Seite geschoben. Und dieses ist die Kleidung und der Zierrath der Lappen/ den sie am Leibe tragen. Den Kopf bedecken sie ins gemein mit einer Mätzen so keinen Bräm hat/ die Reichen aber haben auch einen Bräm daran von Fellen. Olaus Petri im 16. Cap.

Die Reichen allein zieren ihre Mützen mit Fuchs-Biber-und Marder-Fellen. Die Form ist fast so/ als wie unsere Schlaff-Mützen. Der Zeug den sie dazu brauchen/ist gefärbtes Tuch/ oder von weissen Haasen/ derer Haare sie zu erst zu Fäden spinnen/ hernach strikken fast auf die weise/ wie unsere Strümpfe gestrikket werden/ oder endlich das Fell von einem Vogel Loom genant/ an welchem noch die Federn sitzen. Bißweilen richten sie den Vogel dergestalt zu/ daß der Kopf und die Flügel desselben/ ihre Häubter vollnkömlich und gar artig bedecken. Dessen der Olaus Magnus im IV. Buch im 3. Capit. gedencket. An statt der Mützen/ so sie ins gemein brauchen wollen/ bedienen sie sich der abgezogenen Häuten von den Gänsen oder Enten und Hahnen/ welche dann alle wie auch sonsten vielerley Vögel daselbsten überflüssig anzutreffen. Er redet allhier nicht von denen Hauß-Hahnen/ sondern von den Auer-Hahnen/ oder Trappen/ ingleichem von den Enten/ dann auch diese sie hiezu gebrauchen. Die Abbildung hievon ist bey ihme im XVII. Buch im 26. Capit. befindlich. Die Hände verwahren sie mit Handschuen so auff gemeine Weise bereitet/ die Füsse mit Schuhen ihrer Art nach; Es sind aber diese Schuhe gantz und gar von Reenthier-Fellen gemacht/ daran das rauche noch sitzet/ auch an dem Theil so die Fuß-Sohlen bekleidet/ an welchem sie doch dieses in Acht nehmen/ daß sie es auß zweyen Stücken zusammen nähen/ deren eines die Haare fürwarts/ das andere aber hinterwarts gekehret hat/ damit nicht/ wo sie nur nach einer Seiten gingen/ wegen der Schlipfrigkeit/ der Tritt ungewiß seyn möge. Aber auch dieses Theil/ wird nicht mit mehrern Ledern/ wie andere/ versehen/ so an unsern Schuhen befindlich/ sondern es ist das gantze Wesen derselben schlecht weg/ mit einem Loch von oben/ da man den Fuß hinein stecken kan/ vornen ist ein krummer Schnabel/ so spitz zugehet. Bey den Naten haben sie dannoch ein wenig roth oder anderer Farben Tuch angefüget. Sonsten ziehen sie diese Schuhe über die blosse Füsse/ und schnüren sie umb die Gegend der Knöchel drey oder vier mahl mit einem Riemen zusammen.

Gg

men. Damit sie ihnen auch nicht zu weit seyn mögen/ stecken sie inwendig etwas Heu hinein / so sie absonderlich darzu bereitet. Sam. Rheen: I sine skoor bruka the inaga strumper, uthan allenast hoe. Ty the finna i Lappmarken ett låongt græs, huilket the kooka, och thet foervvara, att hafvva i sine skoor. Das ist: In den Schuhen haben sie keine Socken sondern Heu. Dann sie finden in Lappland eine Art von langem Graß/ so sie kochen und zu diesem Gebrauch in den Schuhen verwahren. Was ihre übrige Kleidung die nicht so gar gemein/ sondern auß gewissen Ursachen gebrauchet wird/ bestehet selbige gantz auß Leder/ wider das Stechen der Mücken. Om sommaren bruka the och Klæder af skin, baode mæn och quinnor, afhuilka somblige Lappar assyra, och somblige afklippa haoren, dem the sedan bruka foer myggor skull, pao thet the ike skola kunna biita igiennom skinnet. Das ist: Im Sommer brauchen so wohl die Männer alß die Weiber Kleider von Reenthier-Häuten/ davon die Haare theils abgesattlet/ theils mit der Scheer abzeschnitten worden. Mit diesen vertheidigen sie sich wider die Mücken/ so durch das Leder nicht stechen können. Im Winter aber tragen die Männer Hosen von rauchen Reenthier-Fellen/ ingleichem auch Röcke so sie Mudd heissen. Sam. Rheen: Om vvinteren att foervvara sig foer kioelden bruka the ludna muddar. Manfolken bruka och byxor af Reenbælingar giorde. Das ist: Im Winter haben sie rauche Mudden, womit sie sich wider die Kälte vertheidigen / und die Männer gebrauchen auch Hosen von den Fellen so sie von der Reenthier Füssen ziehen. Diese Mudden sind nicht alle einerley Art/ sondern etliche sind besser alß die andern. Die allerbesten werden auß den Häuten der wilden Reenthier Kälber so zum erstenmahl die Haare geworffen/ zubereittet/ dann selbe sind annoch zart/ niedlich/ und von Farben schwärtzer alß die andern. Sam. Rheen: Die Haare werffen sie zum erstenmahl umb Jacobi ab/ an deren Stelle wachsen ihnen schwartze wieder/ auß diesen Kälber-Fellen/ wann sie alßdann geschlachtet werden/ werden die zartesten

und

und besten Mudden gemacht. Oder wie seine eigene Worte
lauten: Af huilka kalfveskin som dao slachtas, gioras the gran-
naste och finaste muddar. Die Füsse decken sie mit Stieffeln/ so
auß derselben Art Fellen gemacht/ auch rauch sind/ die Hände mit
Handschuhen oder Muffen von gleicher Sorte/ und endlich das
Haubt mit einem Hute/ der biß auff die Schultern herab gehet/ an
welchem ein Loch/ dardurch sie sehen können: davon Sam. Rheen
folgender gestalt: Pao sitt hufvud bruka alle manfolken een
hætta, then the draga oefvver hufvud foer koeld och uhrvvæ-
der skull. Das ist: Die Männer haben auff dem Haupte einen weiten Hut/ den sie über das gantze Angesicht ziehen/ wider
die Kälte und Ungewitter. Alle diese Kleider aber tragen sie auff
dem blossen Leib/ ohne einige Hembde und Unterkleider. Dannenhero Wexionius saget: Ihr tägliches Kleid ist ein Lappischer Pelz/
(en Lappmudd) den sie auff den blossen Leib ziehen/ und mit einem Gürtel einschnüren/ und dann ein paar Hosen von eben solchem Zeug/ dicht an dem Leib ligend. Die Stieffeln und Handschue stopffen sie/ wie ich albereit angezeiget/ mit Heu auß. Sam.
Rheen: Saodant hoe bruka the och i sina hanskar, och sællan
om vvinteren vvanter. Das ist: Von solchem Heu stecken sie
auch in ihre Muffen oder Handschue/ und brauchen selten im
Winter wölline Handschue. Und dieses ist es nun/ was Johan.
Tornæus von der Lappen Kleidung mit kurtzen Worten sagt:
Ihre Kleider sind auß Reenthier-Häuten. Hierauß machen sie
Röcke/ Strümpffe/ Handschue/ Stiffeln/ Schuhe/ und Hosen/
das rauche wird aussen gekehret/ daß sie am gantzen Leibe nicht
anders als wie die Thiere selbsten/ scheinen. Aber auch Ziegleri
Meinung kan hierauß verstanden werden/ wann er von der Lappen
Winter-Kleidung also redet: Im Winter brauchen sie an statt
der Kleider die gantzen Häute von den Meer-Kälbern und Bähren so künstlich zugerichtet sind/ über dem Kopffe binden sie selbe
zu/ also daß die blosse Augen zu sehen/ das übrige Theil deß Leibes ist bedecket/ und lässt als wann sie in einem ledernen Sack
eingenähet wären/ ohn daß dieses Kleid/ welches an allen Gliedmassen

maſſen gantz glatt anlieget/ zur Bequemligkeit nicht zur Straffe gemachet. Daher iſt ohne Zweiffel die Rede entſtanden/ daß ſie am Leibe gantz rauch ſind wie ein Thier/ ſo dann einige auß Unwiſſenheit/ andere zur Luſt/ ſo ſie alsdann empfinden/ wann ſie von fremden Oertern ein Hauffen daher pralen können/fürgegeben. Er ſagt gar wol/ daß ſie ſich gantz und gar mit rauchen Fellen bedecken/ ſchlieſſet auch vernünfftig/ daß hievon die Fabel von gewiſſen Leuten ſo am gantzen Leibe haarig/entſtanden. Wiewol ich nicht weiß/ daß jemand ſolche Leute an dieſen Oertern geſuchet. Die Cyclopen zwar/ und die ſo nur ein Auge an der Stirn haben/ werden von Adamo Bremenſi in dieſe gegend geleget/ und ſolches wol auß keiner andern Urſach/weilen man an ihnen auſſer dem einem Loche an dem Hute/wodurch ſie geſehen/nichts mehr bloſſes befunden/ ſondern alles umb und umb gantz rauch geweſen. Dieſes Loch nun haben ſie für ein Auge gehalten. Daß er aber von Meer-Kälber- und Bähren-Fellen gedencket/iſt irrig/weil dieſe ſo häuffig bey denen Lappen nicht anzutreffen/ auch nicht hiezu von ihnen gebrauchet werden. Sonſten pflegen ſie erzählte Kleider auch nach ihrer Art zu ſtaffiren/mit aufgebrämten Schnüren von rothem Gewand/ und allerhand Figuren/ als Blumen/Sternen/und dergleichen/von zinnernen Fäden künſtlich genähet/ wie ich unten weitläufftiger zeigen werde. Was die Kleider der Weiber belanget/tragen ſelbige auch im Sommer andere/ als im Winter. Im Sommer haben ſie an Röcke/ ſo den Leib/ die Arme und alles bedecken/in der Mitten mit etzlichen Falten ſo herunter gehen/ verſehen/ ſo ſie Volpi heiſſen. Sam. Rheen: Quinfolks klæder æro ryngte kiortlar, them the kalla volpi. Das iſt: Die Kleider der Weiber ſind Röcke mit Falten/ſo ſie volpi nennen. Dieſe Röcke ziehen ſie auff den bloſſen Leib wie die Männer/ fals ſie auch keine Hembder tragen/ und irret der Graff Lomenius, ſo ein anders geglaubet/ wann er ſaget: Nebſt dieſen Fellen (ſo auch die Männer tragen/ und Muddar genant werden) tragen die Weiber auch Hembder/ nicht zwar auß Leinwand / ſondern auß den getruckneten Seenadern der

Reen-

Reenthiere/ die sie künstlich zu Fäden drehen / und hernach spinnen. Alles ist falsch. Sie drehen zwar die Seen-Adern zu Fäden/ wie ich anderswo sagen werde/ allein auß diesen Fäden machen sie keine Kleider oder Hembder/ sondern nähen nur die Felle damit zusammen. Selbiger Art Röcke aber machen die Reichen zwar auß kostbahren Lacken / die geringeren von schlechtem Tuche wie die Männer. Sam. Rheen : The fattige bruka them af Waldmar, the riicka af Klæde. Das ist: Die Armen gebrauchen hiezu das schlechte Gewand/ Waldmar, die Reichen aber sein Laacken. Olaus Petri: Die Begüterte kleiden sich in gutes Englisches/ roth oder purpurfarbes Tuch/ gar zierlich. Mitten umb den Leib haben sie auch einen Gürtel/ so aber in etwas dem Gürtel der Männer ungleich. Dann erstlich ist er sehr breit/ bißweilen über drey Finger. Sam. Rheen : Alle Lapquinfolk bruka teenbælter tree finger breda. Das ist: Die Lappischen WeibesPersonen tragen alle zinnerne Gürtel/ bey drey Finger breit. Hernach wird er nicht mit Buckeln/ sondern mit gantzen Platten/ so länger alß ein Finger/ und darauff allerhand Blumen/ Vögel/ und dergleichen außgestochen / gezieret. Diese Platten sind auff einen ledernen Riemen geheftet / eines an das ander / so daß der gantze Gürtel damit bedecket. Ferner sind diese auß Zinn/ danenhero Samuel Rheen zinnerne Gürtel-Platten saget; etlicher Reichen aber auch auß Silber. An diesen Gürtel hängen sie ein hauffen messinger Kettlein/ und an deren eines das Messer mit der Scheide/ an ein anders einen Beutel / an das dritte ein NadelBüchse/ und endlich unterschiedliche messinge Ringe: Und solches alles hänget nicht etwan an der Seiten/ so ehmals die Weiber im Gebrauch gehabt/ sondern vor dem Bauche. Sam. Rheen: Widh amma bælten binda the een hoop messinge kiædior, them the længia fram fœr sig, tær pao sitter kniif, naolhuus, pung och en stoor hoop ringar af messing fast bundna, som vvæl ær tilloo pa ett lißpund till vvicht. Das ist: An dem Gürtel machen e viel messinge Ketten fest/ so ihnen vorn herab hängen/ und an

demselben ein Messer/ ein Nadel-Büchse/ einen Schiebsack/ und einen grossen Hauffen messinger Ringe/ die offtmahls biß auff zwantzig gemeine Pfund wägen. So dann gewiß ein mercksiches Gewichte/ daß man sich verwundern muß/ wie sie solches täglich mit sich herumb tragen können. Alleine ihnen selbst ist es Spielwerck/ insonderheit belustigen sie sich an den vielen Ringen/ deren Gerausch/ wann sie an einander schlagen/ ihnen sehr angenehm/ und vermeinen/ daß solches ihre Gestalt nicht wenig ziere. Joh. Tornæus: Sie hängen einen grossen Hauffen messinger und kupfferner Ringe an/ die wann sie gehen/ oder sich sonsten bewegen/ in einander schlagen und klingern. Solches Gerausch ist ihnen angenehm/ und eine Anzeigung ihrer Zierligkeit. Es gedencket hievon auch Wexionius, doch mit wenig Worten: Die Weiber tragen einen Gürtel so mit zinnern und messingen Ketten und Ringen gezieret ist. Er saget/ daß die Ketten oder Ringe von Zinn sind / so aber kaum solte zu erweisen seyn. Ins gemein sind sie auß Messing/ so können auch keine zinnerne lange währen/ oder einen Klang von sich geben. Sonsten haben sie noch einen gewissen Schmuck/ mit welchem sie die Brust zieren/ und Kracka genant wird. Dieser ist von rothem oder anderer Farben Tuch/ und schliesset zu erst den Halß einer Handbreit ein/ hernach reichet er von beyden Seiten biß auff die Brust/ und gehet endlich unter den Zitzen spitz zu. Am Halse/ am meisten aber auff der Brust/ besetzen sie ihn mit silbernen außgestochenen Buckeln/ wo sie etwas vermögen/ sind sie aber arm/ gebrauchen sie zinnerne/ und hangen an selbige kleine Plättgen von gleicher Metalle. Sam. Rheen: Alla Lapquinfolk hafvva een kraga fram i broestet, den de kalla kracka, pao den samma hy the en hoop soelfvver mallior, somblige hviite, och somblige foer gylte, med hængande loef uthi hvilket ær theras ornat. The fattige, som icke sao foer moegne æhro, att the kunna raoda sig soelfvver mallior kioepa, brucka i staden antingen teen', eller messings mallior. Das ist: Alle Lappische Weiber tragen auff der Brust einen Schmuck wie ein
Kra-

Kragen gestaltet / so sie Kracka nennen / auff selbigen hefften sie einen grossen Hauffen silberner Buckeln oder Knöpffe / so sie entweder so schlecht weg stehen / oder auch wol vergölden lassen / daran hängen kleine Plättgen / und dieses ist ihr gröster und fürnembster Zierraht. Die geringern so Mangels wegen keine silberne Knöpffe ihnen zu schaffen vermögen / gebrauchen messinge oder zinnerne. Eben diesen Schmuck beschreibet auch Joh. Tornæus, doch nur kürtzlich: Die Weiber / sagt er / umbgeben die Brust mit vergöldetem Silber der gestalt / daß alles wie ein Schild glänzet. Weil sie aber nicht alle das Silber bezahlen können / so zieren sie den Hals und die Brust mit Halsbändern und Ringen / die auß Kupffer und Messing gemacht sind. Und auff diese weise bekleiden die Weiber ihren Leib. Das Haubt bedecken sie mit einer niedrigen Mütze / so oben breit ist / sonsten rund / und rother Farbe. Sam. Rheen: Quinfolken bruka een liiten roed myssa, och dett baode piigor och hustrur. Das ist: Die Weiber tragen eine niedrige rothe Mütze / sie mögen gleich Jungfern oder Eheweiber seyn. Etliche unter den Reichen binden an Festtägen ein weisses Tuch umb den Kopf. Olaus Petri: Etliche wenige Eheweiber haben die Röcke in den Jahrmärckten / Hochzeiten und Festtägen gewunden. Sie tragen auch Strümpfe / so den obern Fuß allein bedecken. Om sommaren bruka quinno kioenet allenast strumpor. Das ist: Im Sommer tragen die Weiber allein Strümpfe. Ihre Schuhe sind eben also beschaffen wie der Männer ihre / ziehen sie auch auff gleiche Weise an. Im Winter haben die Weiber fast einerley Habit mit den Männern. Dann sie tragen auch Peltze oder Mudden. Sam. Rheen: The bruka ludna muddar baode mæn och quinnor. Das ist: Die Männer so wol alß die Weiber tragen rauche Röcke. Wie auch Hosen: Quinfolk, sagt er weiter / hafvva byxor om vvinteren liika som manfolk. Das ist: Im Winter tragen so wol die Weiber als die Männer Hosen. Und Joh. Tornæus, so die Ursach hinzu thut. Sie brauchen beyderseits Männer und Weiber Hosen / wegen deß tieffen Schnees / ungestümmes und beschwerlichen Reisens.

Und

Und Müzzen/damit sie das gantze Haupt verhüllen. Sam. Rheen, nach dem er von der Männer Mützen geredet: Sammaledes bruka och quinfolk. Das ist: Gleicher Gestalt bedecken auch die Weiber den Kopff. Solche Mützen tragen sie auch bißweilen im Sommer/ aber auß Gewand/ damit sie das Angesicht wider die Mücken verhüllen. Und dieses ist die Kleidung der Weibs-Personen/ sie seyen gleich noch Jungfern oder verheyrahtet. Dann in diesem fall kein Unterschied/ und kan man an dem Kleide eine von der andern nicht unterscheiden. Neben diesen Kleidern so sie am Tage gebrauchen/ haben sie noch eine besondere Art/ in der Nacht/ die man Schlaff-Kleider nennen mögte. Dann sie keine Bette mit Federn außgestopffet/ wiewol andere Europæische Völcker/ haben. Daß also Olaus Magnus sonder zweiffel irret/ wann er im IV. Buch im 12. Capit. saget: Zu den Betten brauchen sie Vogel-Federn. Diese Bett-Kleider aber sind zweyerley Art / eines zwar/ worauff sie ligen / das andere/ womit sie sich zudecken / so dann auch nach Unterschied der Zeit/ nämlich deß Winters und deß Sommers verändert wird. Diejenige darauff sie ligen/ dieses seynd einzele oder zweyfache Reenthier-Häute / so sie auff Bircken-Laub / welches untergestreuet wird/ legen. Solche Blätter nemblich werffen sie an statt deß Strohes oder der Matten auff die blosse Erde / damit sie etwas welcher ligen mögen / ohne einige Bettstätte. Sam.Rheen: Ser pao Kasta the een reenshud eller tvao, pao huilken the jigga. Das ist: Hierauff (auff die Blätter und Laub) legen sie eine oder zwo Reenthier-Häute/ darauff schlaffen sie. Er sagt/ daß sie auff den Häuten liegen / und also keine untergespreitete Leihlacken/ die sie nicht kennen/ gebrauchen. Ihre Deck-Bette aber sind im Sommer zwar wölline Matrazen/ so an einer Seiten/ der vielen und langen wöllinen Fäden die daselbst hervor ragen wegen/ gantz zottigt außsehen / und ins gemein raaner oder ryer genant werden. Om sommaren bruka the raaner, sagt er weiter. Das ist: Im Winter brauchen sie rauche wölline Matrazen. Und in diese Matrazen wickeln sie nicht nur den gantzen Leib / sondern auch

auch den Kopf selbst / wegen der Mücken / von welchen sie in der Nacht hefftig geplaget werden. The draga them oefvver hufvvudei, foer myggornas mykenheet skull. Das ist: Sie ziehen diese Matrazen über den Kopf/wegen der vielen Mücken. Damit sie aber desto freyer Athem holen/ und von ihrer Schwere nicht gar zu grosse Hitze empfinden mögen/ so ziehen sie solche durch einige Riemen / so sie oben über dem Lager fest gemacht / ein wenig über sich. Att the deste bættre mao kunna liggia under raanerne, hængia the them liitet uppe oefvver hufvvud med remerne i koia taket fasta, saget eben derselbe. Das ist: Damit sie aber desto bequämer unter diesen Matrazen ruhen können/ ziehen sie solche neben dem Haupt/ mit einigen Riemen/ so sie an einem Balcken feste gemacht/ über sich. Dieses sind ihre ober Bette im Sommer im Winter aber bedecken sie sich zu erst mit Decken/ so auß Schaff- oder Reenthier-Fellen zubereitet sind : hernach mit den Matrazen/ die wir oben beschrieben. Ofvvan pao sig hafvva the om vvintren fællar af faoreskin eller reenskin, och dær pao stora raanar, them the kioepa af the noriska. Das ist: Von oben decken sie sich im Winter mit Decken/ so auß Schaff- oder Reenthier-Fellen gemacht / über welche sie grosse wölline Matrazen / die sie in Norwegen kauffen/ spreiten. Sie ligen aber unter diesen Decken so wohl im Winter/ als im Sommer gantz nackend. Und so viel von der Lappischen Kleidung. Die Abbildung derselben so wohl Männlich- als Weiblicher fügen wir auch hiemit bey : so wohl den sie im Sommer als im Winter tragen. Das oberste Weib träget ein Kind in der Wiegen / welche sie auff den Rucken gebunden hat : Das unterste aber hält auch ein Kind auff dem Arm/ so ebenfals ihrer weise nach in einer Wiegen liget.

Hh   Das

Das siebenzehende Capitel.

Das

Das XVIII. Capitel.

Von der Speise und Tranck der Lappen.

Nach dem wir diejenigen Dinge / womit die Lappen ihren Leib für dem Ungemach der Lufft und deß Wetters schützen/ betrachtet / müssen wir auch von denen Mitteln/ dadurch eben derselbe genähret und erhalten wird/ reden. Ich verstehe von der Speise und dem Tranck. Die Speise der Lappen ist nicht durchgehends einerley. Dann weil etliche sich auff dem Gebürge auffhalten/ sonsten Fiel Lappar genant/ etliche in den Wäldern/ oder Graan Lappar, so sind sie auch in der Speise unterschiedlich. Die Berg-Lappen leben fast einzig von ihren Reenthieren/ deren Milch/ Käse/ und Fleisch/ sie zur Speise bereiten. Sam. Rheen: Fiellapparna hafvva sin føda af booskapp, och bruka fœga filkerii, uthan æta kioett, ost, och mioelk. Das ist: Die Berg-Lappen leben von ihrem Vieh / umb den Fischfang bekümmern sie sich nicht groß / sondern essen Fleisch/ Käse/ Milch. So sie dann alles von den Reenthieren haben / darinnen ihre Viehzucht bestehet. Ohne daß sie dann und wann auß Norwägen/ sonderlich umb Johanni/ etzliche Schaaffe/ Ziegen/ und Ochsen einkauffen. Nær, sagt er weiter / Lapparna reesa till Hansmesso marknaden , kioepa the Norige oxar eller koor , them the mioelka om sommaren , och om hoestetiid slackta: Item, getter och faor. Das ist: Wann die Lappen auff den Johansmarckt reisen/ kauffen sie in Norwägen Kühe so sie den Winter durch melcken / auff den Herbst aber schlachten: Ingleichem/ Ziegen und Schaaffe. Also daß sie Milch und auch zuweilen Fleisch von Schaaffen/ Ziegen/ Kühen und Ochsen haben. Allein solches gar selten/ weil sie nicht viel einkauffen/ noch erhalten können. Dann sie haben im Winter weder Futter noch Ställe für dieselben/ können sie auch nicht haben/ sintemal sie an einem Ort nicht lange bleiben. Und dieses ist die Ursach/ warumb sie dergleichen/ Vieh welches sie ihnen im Sommer geschaffet/

fet / auff den Herbst / so bald das Futter dünn zu werden begint/ schlachten. Hergegen weil sie die Reenthier jederzeit/ und in grosser Menge haben / brauchen sie auch solche zu ihrer gemeinen Speise. Dannoch sind sie gewohnet auff eine andere Art im Winter alß im Sommer zu essen. Dann im Winter essen sie insgemein gekochtes Fleisch. Rheen: Hoest och vvinter foertæra the foega annat, æn Kioett. Das ist: Im Herbst und Winter essen sie fast nichts anders als Fleisch. Im Frühling aber gebrauchen sie Käse/und im Winter an der Lufft gedörretes Fleisch/ zu ihrer Speise. Om vvinteren æta the mæst tort kioett och ost. Das ist: Im Frühling essen sie insgemein getrucknetes Fleisch und Käse. Sie pflegen nemblich / so dann auch in anderen mitternächtigen Ländern gebräuchlich/ das Fleisch deß Winters an die Lufft zu legen/ daß es also durch gewehet hart/und wann dergestalt die Feuchtigkeiten außgeführet/ von der zukünfftigen Fäulung befreyet werde. Der Graff Lomenius nennet es rohes Fleisch. Sie essen/ sagt er/ rohes Fleisch. Allein es ist solch Fleisch nicht gantz rohe/ wie es von dem geschlachteten Vieh abkombt/ so jemand durch diese Worte bewogen/glauben möchte / sondern durch die Kälte durchgearbeitet und bezwungen/ falß auch diese nach ihrer Art etwas zu kochen / nicht weniger alß an etzlichen Oertern die Straalen der Sonnen/tüchtig und geschickt ist. Solch ein Fleisch nun dienet ihnen im Frühling zu ihrer Speise. Im Sommer aber essen sie insgemein Milch und Käse/ wie auch dasjenige so von der Milch / nach dem der Käse schon zubereitet / übrig bleibet/ so sie Kamadha nennen. Sam. Rheen: Om sommaren foertæra the mæst mioelk och ost, sao vvæl thet, som oefvverblifver, sed an the hafvva giort osten, huilket the kalla kamada. Das ist: Im Sommer essen sie insgemein Milch und Käse/und was noch übrig bleibet/wann der Käse schon gemachet ist/ so von ihnen Kamada wird genennet. Keine Speise aber ist bey ihnen in solchem Werth / alß wie die Zunge und das Marck von dem Reenthier. Joh. Tornæus: Das Reenthier-Fleisch essen sie mit sonderlicher Lust. Das Fette und Marck davon halten sie für treffliche Leckerbißlein. Wexionius an dem Orte / wo er von den Gastereyen /

mit

Von der Speise und Tranck der Lappen.

mit denen sie die Priester bewirthen/ handelt: Die Gerichte die sie auffftragen/ sind getrocknetes Reenthier-Fleisch/ dessen Zunge am Feuer gebraten/ und die Knochen/ so sie sieden/ entzwey schlagen/ und das Marck herauß nehmen. Von dem redet Joh. Tornæus folgender gestalt absonderlich: Uti beenen finnes en besynnerlig gott marg, ut af hvvilken Lapparna oen saodan hoegtiid gioera, som vvii af ostrer eller naogon apkommen frucht. Das ist: In den Knochen (der Reenthiere) findet sich das Marck so einen sehr guten Geschmack hat/ welches die Lappen eben so hoch halten als wir die Austern/ oder frische Frucht. Noch ist einerley Speise übrig/ so dieser Art Lappen brauchen. Dieses ist das Blut von denen Reenthieren/ welches sie im Wasser/ wie einen Brey kochen. Sam. Rheen: The tillreda och vvælling af reenblod i vatn kookat, huilket hoos them ær een brukelig och gemeen spiis. Das ist: Von dem Blute der Reenthiere/ welches sie mit Wasser/ gleich wie einen Brey kochen/ machen sie ein gar öffteres Gerichte. Die Wald-Lappen hergegen/ oder Graan-Lapper, brauchen theils Fische/ theils Vögel und Wild zu ihrer Speise. Sam. Rheen: Gran-Lapparna hafvva sin foedo af fisk och vvildbrao, the faonga af skogen, then æta the vvinter och sommar, hoest och vvaor. Das ist: Die Wald-Lappen erhalten sich von Fischen und Wildprät/ so sie in den Wäldern fangen: dieses ist im Winter und Sommer/ im Herbst und Frühling ihre Speise. Ist also bey ihnen keine Abwechßlung der Speisen nach den Jahr-Zeiten üblich/ wie bey denen Berg-Lappen/ vielleicht weil sie allezeit uberflüssigen Vorrath davon haben. Und von dieser Art sind deß Olai Magni Worte insonderheit zu verstehen/ wann er fürgibt/ daß sie von der Jagt und dem Fischfange leben. Sie haben/ sagt er im IV. Buch im 3. Capit. kein Brod/ sondern leben von Fischen und Wildprät. Wie auch Peucerus im Buch von der Weissagung: sie leben von der Jaat und Fischfang. Sonderlich essen viel und zum öfftern Fische. Weßwegen sie auch Zieglerus mit den Mohren so man ehmals Fisch-Fräsfer geheissen/ vergleichet, Sie fangen/

gen/ saget er/ die Fische in grosser Mänge/ davon sie auch leben/ nach Art der Fisch-Fräsfer in Mohrenland. und Olaus im XVIII. Buch im 28. Capit. so dem Zieglero hierinnen folget: Die meisten Lappen sind Fischfräsfer/ und leben von Fischen/ die ihnen die Wasser in sehr grosser Mänge geben. Unter dem Wildprät ziehen sie das Bähren-Fleisch für/ und halten es für ein sonderliches niedliches Fleisch. Olaus Petri: Das Bähren-Fleisch belieben die Lappen für allen andern/ und haltens für ein sonderliches Lecker-Bißlein. Sam. Rheen: Lapparna haolla bioernkioettet foer een synnerlig delicat maat, och foerdenskul vvillia the tractera sina bæsta vvænner med bioernkioett. Das ist: Die Lappen halten das Bähren-Fleisch für eine gar niedliche Speise/ und bewirthen damit ihre beste Freunde. Sie fangen auch allerhand Vögel/ und unter solchen besuchen sie eine Art/ von den Schnee-Hünern/ die die Schweden Snioeriipor nennen/ gar häuffig in ihrer Speise. Rheen: Af Snioeriipor soekia Lapparna myket sin foedo och uppehællo. Das ist: Die Snioeriipor essen die Lappen sehr häuffig. Sonsten haben sie auch nebst diesen gemeinen einige Leckerspeisen/ alß da sind die Heydelbeeren/ Brombeeren/ Erdbeeren/ insonderheit eine gewisse Art Maulbeeren/ so etzliche Norwägische Maulbeeren nennen: Wie auch die Angelicen Wurtzel/ und die innere Rinde von den Fichten/ von deren jeden Gebrauch und Zubereitung ich hernach sagen will. Dieses sind nun der Lappen gewöhnliche Speisen: Von Brod und Saltz wissen die wenigsten. Solches bezeuget schon zu seiner Zeit Herberstein: Die Lappen haben kein Brod/ Saltz/ und andere Lecker-Bißlein. Daher auch Wexionius, da er von gedachten Speisen erwehnet: Diese essen sie ohne Saltz und Brod. Johan. Tornæus: Die Lappen säen und erndten nicht/ daher sind ihnen auch Brod und Mehl gar seltzame Speisen. Wann sie ja aber dessen etwas überkommen/ gehen sie damit so sparsam umb/ als wie mit dem Honig/ und Kuchen; Ihre Speisen würtzen sie mit gar keinem oder doch wenigem Saltze. Sam. Rheen: Lapparnas foedo

bestaor

Von der Speise und Tranck der Lappen.

beſtaor mæſt af booskap eller reenar, ſampt vvildebrao, fogel och fisk, thet the foertæra vvinter och ſommer, uthan broed, och mehrendels uthan halt. Das iſt: Die Lebens-Mittel der Lappen beſtehen auß ihren Reenthieren/ Wildprät/ Vögeln/ und Fiſchen/ welche ſie im Winter ſo wohl als im Sommer ohne Brod/ und insgemein auch ohne Saltz eſſen. An ſtatt deß Brods aber und deß Mehles gebrauchen ſie außgetrocknete Fiſche/ ſo ſie zu kleinem Staub-Mehl zuſtoſſen. Deſſen ſchon Zieglerus gedencket. Die Lappen/ ſagt er/ legen die Fiſche in die kalte Lufft/ und ſtoſſen ſie hernach zu Mehl. Und Samuel Rheen: Lapparna æta foer broed torkat fisk, ſom the vvaortiid och om ſommaren torka i vvædret och ſolen. Das iſt: An ſtatt deß Brods eſſen ſie außgetrocknete Fiſche/ die ſie im Frühling und Sommer in den Wind und in die Sonne legen. Bißweilen nehmen ſie hierzu die oberſten Gipfel von den Fichten/ ſo anders Olaus Magnus im XII. Buch im 4. Capit. wahr redet: Dieſer Fichten ſüſſes Marck ſo in dem Gipfel ſitzet/ und das Hartz genant wird/ ſamblen die Lappen im Anfange deß Sommers/ und brauchen es hernach/ wie ehmals die Parther die Palmen/ an ſtatt deß Brods. An die ſtelle deß Saltzes bereiten ſie die ihnere Rinden der Fichten auff gewiſſe Art zu/ welches von Samuel Rheen folgender Geſtalt beſchrieben wird. Sie pflegen die hohen Fichten/ inſonderheit an dem Theil ſo nahe der Erden ſtehet/ abzuſchälen/ hernach die innere Rinden zu nehmen/ in gar dünne Häutlein wie ein Papier zu theilen und wohl zu reinigen. Darauff legen ſie ſelbe an die Sonne daß ſie trocken werden/ und zureiſſen ſie in kleine Stücklein/ ſo ſie in groſſe/ auß Baumrinden gemachte Pudeln werffen. Die Pudeln vergraben ſie unter die Erde/ und bedecken ſie mit Grieß oder Sand. Laſſen ſie daſelbſt einen gantzen Tag durch/ von der Wärme erweichet werden. Endlich machen ſie oben an dem Ort/ wo dieſe Pudeln vergraben/ ein groſſes Feuer von zuſammen getragenen Höltzern und Klötzern. Dadurch werden dieſe Rinden unter der Erden gekochet/

kochet/ und überkommen eine rothe Farbe/ und gar süssen angenehmen Geschmack. Dieses/ wie ich dann von vielen gehöret/ dienet ihnen an statt deß Gewürtzes und des Saltzes. Sam. Rheen sagt/ daß sie es für Zucker gebrauchen. The foertæra thetta sedan som ett confect. Das ist: Sie essen solches hernach an statt der Speisen die mit Zucker gewürtzet sind. Die meisten aber unter den Lappen haben noch anitzo im Gebrauche/ vielleicht auß dem Pabstthumb/ daß sie alle Freytage sich von dem Fleischessen enthalten/ und mit Fischen/ oder so sie deren Mangel haben/ mit Milch und Käse sich sättigen. So an denen Berg-Lappen/ die sonsten insgemein Fleisch essen/ insonderheit mercklich. Sam. Rheen: Alla fredagar haolla alle Fiellappar sin fast edager, och vvillia tao icke æta nogot Kioett, uthan filk, och sao frampt the ey sielfvve kunna fao filk, kioepa the honom af andra Lappar. Om the tao ingalunda kunna fao filk till kioeps, eller den sielfvve faonga, ætha the mioelk och oost. Das ist: Alle Freytage halten die Lappen gleichsam einen Fasttag/ essen daran kein Fleisch/ sondern Fische/ und so sie solche nicht selbst haben/ kauffen sie dieselbe von anderen Lappen. Ist es Sache/ daß sie gar keiner Fische habhafft werden können/ essen sie Milch und Käse. Sonsten pflegen sie die erzählten Speisen dergestalt zu zurichten. Das frische Fleisch kochen sie/ doch nicht lange/ und zwar nicht länger als sonsten die Fische/ vielleicht/ weil sie meinen/ daß sie also dann safftiger sind/ und mehr Suppe davon erhalten/ mit welcher Suppe sie sich trefflich belustigen/ ja an statt deß Getranckes brauchen/ wie ich in folgenden zeigen werde. Kioettet kooka the ey haort, uthan med en sackta eld, och foega længer æn filk. Das ist: Das Fleisch kochen sie nicht lange/ sondern bey einem mählichen Feur/ und zwar nicht länger als sonsten die Fische. Wiewol auch dieses eine Ursache seyn kan/ weilen sie nicht so gar lange gekochte Speisen zu essen angefangen. Der Freyherr von Herberstein/ so ohngefehr vor 130. Jahren geschrieben/ deutet solches an/ wann er saget: Anitzo essen sie gekochte Speisen/ und nehmen etwas besser Sitten an.

Er

Von den Speisen der Lappen.

Er zeiget daß sie zu seiner Zeit allererst zu kochen angefangen. Zu dem Fleisch thun sie bißweilen auch Fische in einen Kessel. Rheen: Offtakooka thekioett och fisk i een kiettel. Das ist: sie kochen zum Osstern in einem Kessel Fische und Fleisch zugleich. Das Fleisch so an der Lufft so wol im Winter als im Sommer getrocknet worden/ essen sie sonder einziges Kochen. Dahero solches Lomenius rohe genent. Die Milch kochen sie auff mit ein wenig Wasser/ weil selbe dick ist/ oder setzen sie an die Lufft im Winter/damit sie gerinne/und gleichsam als Käse werde/und also länger daure. Davon aber derselbe Rheen auf diese Weise: The foetvara och then reenmioelk, som the seendt pao hoesten maoleka i stoora faat, och laota then frysa laosom iis, then the skæra soender liika som ost. Das ist: Die Milch von den Reenthieren/ so sie in etwas späte im Herbst melcken/ giessen sie in grosse Gefässe/und lassen sie wie ein Stück Eiß gefrieren oder gerinnen/ so sie hernach verwahren und wie einē Käse entzwey theilen. Eben auff diese Weise richten sie auch die Fische zu. Dann etzliche werden gekocht/etzliche essen sie getrocknet. Daher Sam. Rheen von ihren Fischen saget: The æta then undertiiden kookat, och undertiiden okookat. Das ist: Bißweilen essen sie selbe gekocht/ bißweilen nicht gekocht. Er redet von den ausgetrockneten Fischen so sie im Frühling oder Sommer an die Sonne hängen und trocknen. Fiscken torka the waor tiid och om sommaren i wædret och solen. Das ist: Im Frühling oder Sommer trocknen sie die Fische an der Sonnen und Lufft. Sie pflegen nemblich wann sie die Fische gefangen/ alle miteinander/ insonderheit die Hechte auszunehmen/ hernach an kleinen Stöcken/ auff einige Stangen so wie eine Gabel gestaltet/ und darüber ein Dach gemacht ist / damit sie nicht vom Regen genetzet werden und verfaulen mögen/auffzuhängen. Auff diese Art werden sie von der Sonnen-Wärme/ und dem Winde dergestalt außgehärtet/daß sie etzliche Jahrlang währen können. Eben dasselbe geschiehet durch die harte Kälte/so dem Wexionio Glauben beyzumessen/ wañ er im IV. Buch im 1. Cap. saget: Im Winter trocknen die Lappen die Fische ohne Saltz durch die harte Kälte auß. Die so sie solcher gestalt nicht außtrocknen/ kochen und essen sie/ so bald sie nur gefangen/ auff.

Ji Sie

Sie kochen selbe aber entweder allein/ oder nebenst dem Fleisch/ wie ich zuvor angezeiget/ es mag solches gleich von Vögeln oder Wildprät seyn. Sie braten keine Fische/ auch kein Fleisch/ außgenommen die einzige Zunge von dem Reenthier und die Knochen/in denen Marck sitzet/wie schon oben erwähnet worden. Und wundere mich nicht wenig des Olaus Magnus im IV. B. im 12. Cap. das Widerspiel setzet. Das Fleisch von diesen Thieren (die sie auff der Jagd fangen) essen sie öffter gebraten als gesotten. Wiewol es scheinet als wann er von dem Zieglero verleitet worden/ bey deme gedacht wird daß der Mann dem Weibe das Fleisch auff einem Bratspieße darreiche/ worauß er geschlossen/ daß man das Fleisch gebraten habe/daher er auch saget/ der Mann theilet die Beute/und bezeichnet was auff dem Bratspieß sol gebraten werden. So dann Worte des Ziegleri sind/ohne daß Olaus von dem seinen das Wort sol gebraten werden hinzusetzet. Ihr Confect und Obst so sie in Ermanglung der Aepfel/Nüsse/und dergleichen/mit unterschiedlicher Art Beeren ersetzen/ richten sie folgender Gestalt zu. Die Maulbeeren/ so etliche Norwegische Maulbeeren/die Schweden Hiortron nennen/ kochen sie ohne Wasser/ werffen ein wenig Saltz darauff und vergraben sie. Rheen. Wann die Maulbeeren anfangen reiff zu werden/ pflücken sie selbe ab/ kochen sie also ohne Wasser in ihrem eigenen Saffte/bey einem langsamen Feur/ daß sie erweichen. Hernach schütten sie ein wenig gestossen Saltz darauff. Hierauff schütten sie dieselbe in ein Gefäß auß Birckenrinden gemacht und feste verbunden/vergraben sie/ und decken sie mit Erde zu. Wann sie nun im Winter oder Herbste davon geniessen wollen nehmen sie ein Theil nach und nach herauß so dann so schön und frisch sind/ als wann sie zuerst abgepflücket wären. Und dieses ist die eine Art/so sie auch als dann haben können/wann sonsten keine Beeren mehr vorhanden. Wann selbe frisch sind kochen sie Fische damit/und machen davon ein sonderliches Essen folgender Gestalt. Die Fische kochen sie zu erst im Wasser/gräten sie alsdann auß/thun diese Maulbeeren hinzu/ und stossen alles mit einer hölzernen Mörsel keule zu Muuß. Sam. Rheen: Die Fische kochen sie zu erst/und gräten sie gantz auß/alsdann

Von den Speisen der Lappen.

dann stoßen sie selbe nebst den Beeren mit einer hölzernen Keule/ und essen sie also mit Löffeln. Wie eine Suppe nemblich oder Brey. Dieses thun sie auch mit anderer Art Beeren Sam. Rheen: Sammale des gioera the med lingon, krakoebær och blaobær, huilka the æta tillsamman med fisk, sao tillred, som till foerne foermelt ær. Das ist: Dieses thun sie auch mit den rothen Heydelbeern/ Hindbeeren/ und Blaumbeern/ so sie auch mit den Fischen vermengen und wie angezeiget/ zurichten. Sonsten haben die Lappen noch eine Lecker-Speise/ so sie auß der Angelice zubereiten: Sie nehmen den Stengel ehe er noch Saamen träget/ schälen ihn ab/ und essen ihn also. Davon auch Sam. Rheen berichtet. Angelicæ græs stielke, foer æn thet skiuter sig i froe, æta Lapparna saoledes. The af skræda den ytter sta barken, och innersta Kiærnan steeckia the pao gloed och then foertæra. Das ist: Den Stengel von der Angelice, ehe er Saamen träget/ essen die Lappen auff diese Art. Die äussere Rinde schälen sie ab/ das innerste Marck aber legen sie auff Kohlen/ und essen es also. Und thut hinzu daß dieses eines von den fürnembsten Leckerspeisen bey ihnen sey. Till denna spiis hafvva alla Lappar een ganska stoor lust och benag. Das ist: Mit dieser Art Speise belustigen sich die Lappen sehr. Sonsten kochen sie dieselben auch mit Molcken/ biß alles gantz roht wird/ und verwahren sie biß auff den Winter. Sam. Rheen: Setta angelica græs brucka och Lapparna saoledes; The af Skiæra den stielken som begynnar att uthspricka till froe, huilken the Kooka i ostvvasla een heel dag, till des thet blifvver roedt som blod. Thet foervara the till vvintere noch andra aohrs ens tiider. Das ist: Diese Angelice brauchen sie auch auff solche Weise/ sie schneiden den Stengel/ wenn er in dem will Saamen tragen/ ab/ kochen ihn mit Molcken einen gantzen Tag über/ biß er blutroht wird/ und verwahren ihn alß dann biß auff den Winter und andere Jahr-Zeiten. Es merckt aber Sam. Rheen zugleich an/ daß es sehr bitter sey/ so ein jeder auch ohne das abnehmen kan. Ihnen hat es doch der Gebrauch und die Gewohnheit süsse gemacht/ also daß sie es auch zu der Gesundheit dienlich schätzen.

Ji 2   Noch

Noch haben sie ein Gericht von dem breiten Saurampf/ die sie mit Milch kochen. Rheen: Die breite Saurampf kochen sie mit Milch. Endlich richten sie auch von Fichtenrinden/ welcher sie sich zuweilen an statt deß Saltzes bedienen/ wie ich oben angezeiget/ ein Essen zu. Daselbst habe ich zugleich gesaget/ daß selbe in der Erden mit darauff angezündetem starcken Feuer gekochet werden. Die Lappen nennen es Sautopelzi, wie eben derselbe lehret. Kurtz fürhero habe ich dieses Gericht das Letzte genant/ weil ich nicht weiß/ ob auch die Butter unter solche Speisen soll gerechnet werden. Gewiß ist es daß selbe niemand unter die gemeinen und täglichen Gerichte der Lappen zählet. Ja etzliche wollen daß man auß der Reenthiere Milch solche nicht machen könne/ wie ich anderswo erwiesen. Dannoch saget Sam. Rheen daß sie folgender gestalt zubereitet werde: The gioera och smioer af reenmioelk, i thet the ysta henne sao som oft i een kietel, och roera tillsamman mioelken, ther af blifvver ett huit smoer saosom talg, huilket the liitet salta, och sedan foerwara the thet iett kiærelle. Das ist: Sie machen auch von der Reenthier Milch Butter/ dann sie lassen dieselbe in einem Kessel wie Käse gerinnen/ und rühren sie mit einem Stöcklein fleissig herumb/ biß endlich die Butter/ so eine Farbe wie Talch hat/ zubereitet wird/ so sie mit ein wenig Saltz bestreuen/ und also in einem Gefässe wegsetzen. Ihr Getränck ist ins gemein Wasser. Lomenius nennet ihn unrecht geschmoltzen Eiß/ falß bey einer so grossen Menge Flüsse und Seen/ es ihnen an Wasser auch bey dem stärckesten Eise nicht ermangeln kan. Damit dannoch solches Wasser nicht gefriere/ haben sie es allezeit in einem Kessel über dem Feur hängen. Sam. Rheen: I kiættlen hafvva the altiid vvatu i foerraod, att dricka. Das ist: Sie haben in einem Kessel stätig Wasser zum Trincken fertig. Er redet von dem Kessel/ davon er zuvor gesaget/ daß sie ihn mitten in der Kaaten allezeit über dem Feur hängen lassen. Hierauß schöpffet ein jeder mit einem grossen Löffel so viel ihm beliebet/ und trincket es also sonderlich im Winter/ warm. Uber das so tuncken sie auch von der Suppen/ darin die Fische nebst dem Fleisch gesotten worden/ so sie læbma nennen. Rheen: Nær the oeta kioett eller fisck, drika the omkring den soppan, i huilken

kioet-

Von den Speisen der Lappen.

kioetteteller fisken ær kookat, then the kalla læbma. Das ist: Wañ sie Fisch oder Fleisch essen / trincken sie nachmals die Suppe davon herumb/ welche sie læbma heissen. Olaus Magnus im XVII. Buch im letzten Cap. thut noch die Molcken hinzu. Die Milch (von den Reenthieren) speisen sie in ihrer Haußhaltung / die Molcken aber gebrauchen sie zum Tranck. Und dieses sind Geträncke die ihnen zur Nothdurfft dienen. Dann von dem Bier / so bey anderen Mitternächtigen Völckern üblich / wissen sie nicht / weil kein Gersten / noch Hopffen bey ihnen wächset / können auch solches / ob es gleich zu ihnen gebracht würde / in dem sie keine Keller haben / sonderlich im Winter / nicht erhalten. Wexionius im IV. Buch im 8. Cap. Das Bier ist der hefftigen Kälte wegen undienlich. Sie gebrauchen aber an die Stelle Wasser so sie in einem Gefässe auß Baumrinden gemacht auffsetzen. Wollen sie ja aber zur Lust bißweilen trincken/ so brauchen sie dazu Frantz-Brantewein/welche Art ihnen höchst angenehm/ also daß man mit keinem Dinge geschwinder ihre Gewogenheit erlangen kan. Diesen Brantewein kauffen sie auß Norwegen in S. Johannis Marckt ein. Davon Sam. Rheen: Ther kioepa the och den tiiden toback och Frantzbrendewun. Das ist: Daselbst in Norwegen kauffen sie zu derselben Zeit auch Taback und Frantzbrantewein. Sie gebrauchen aber solchen insonderheit an ihren Festagen und grossen Gastereyen / auch Hochzeiten und in dergleichen Gelegenheiten/ wie ich unten anzeigen werde. Und weil bißhero von dem Geträncke der Lappen geredet worden / müssen wir zugleich auch erwähnen daß der Taback bey ihnen gar häuffig gebrauchet werde. Welcher auch auß der Ursache unter den frembden Wahren so die Kauffleute zu ihnen bringen erzählet wird / wie oben zu ersehen. Und empfinden diese Leute so kein Brod und Saltz in ihrem Lande haben insonderheit Belieben an dem Rauche dieses Indianischen Gewächses / und können dessen weniger als wie aller anderer Dinge entbehren / so gewiß zu verwundern ist. Allein es ist solches unserer Zeiten übele Gewohnheit. Wollen also weiter sehen / auff was für Manier sie ihre Mahlzeiten anstellen. Der Ort hiezu ist im Winter der Theil ihrer Katen / wo der Haußwirth nebst seiner Frauen und Töchtern sich auffhält / auff die rechte Hand so man zu der grossen Thüre hinein kómt: Im Sommer aber ein grüner Platz ausserhalb dem Hause. Bißweilen pflegen sie sich auch wol rund umb den Kessel und Feurheerd/ der in der mitten ist zu setzen/ wie Sam. Rhen: andeutet/ in dem er sie nennet Sittiandes rund om kring kietteln. Das ist: die rund umb den Kessel sitzende. Die Ordnung nehmen sie so genaue nicht in acht/ schätzen auch keinen Ort ehrlicher oder würdiger als den andern/ deßwegen ein jeder den jenigen so ihme fürkommet/ ohne einziges Wählen einnimt. Wann sie essen/ sitzen sie auff der blossen Erde/ ohne Báncke oder Stúle/ oder auff einer außgespreiteten Haut/ mit übereinander geschránckten und hinterwärts gebáugeten Knien und Füssen/ in einem runden Kreise. Die Speise setzen sie auff ein schlechtes Brett oder Taffel/ so ihnen an statt deß Tisches dienet. Wexionius: Ihr Tisch ist ein Brett das auff der Erden liget. Ihrer viele brauchen hiezu die Haut/ worauff sie sitzen. Das Fleisch und die Fische nehmen sie auß dem Kessel und legen sie auff ein schlechtes Stück Wand/ so sie Waldmar nennen. Falß sie keine Tischtücher/ Schüsseln/ Teller/ und dergleichen haben. Sind einige etwas von Mitteln so decken sie ein leinen Tuch auff. Sam. Rheen: Tao Lappen hafvver kookat oeser han upp kioet, fisk, eller hvvao han kookat hafvver, legger han dett anlingen pa lerfft, som the riika Lapper bruka, eller pao ett stiike vvaldmar. Men sellan brukar naogon Lapp faat eller tallrikar. Das ist: Wann die Lappen ihre Speise gekochet haben/ es sey gleich Fleisch/ Fische/ oder sonsten etwas/ legen sie es/ wo sie von Mitteln/ auf ein leinen Tuch/ oder auff ein Stück Wand das sie Waldmar heissen. Dann gar selten bey ihnen Schüsseln oder Teller gebraucht werden. Wollen sie etwa eine Suppe/ Milch und dergleichen essen/ so giessen sie solche in ein grosses außgehöhltes hölzernes Gefäß/ so einer Worffschauffel nicht unähnlich. Dannenhero Sam. Rheen: nær the kooka mioelk eller welling, den oese the i faat. Das ist: Wann sie Milch oder Brey essen wollen/ setzen sie selben in einem hölzernen Gefässe für. Ein jeglicher nimbt sein Theil in die Hand es sey gleich Fleisch oder Fisch. Offtmals nimbt ein jeder auß dem Kessel so viel ihm genug

Von den Speissen der Lappen.

zu seyn däncket/ und wann so bald kein Tuch verhanden/ leget ers auff die Handschuhe oder Mütze. Sam. Rheen: Om Lappen eii annat hafvvar at leggia fisk eller kioett uppao, brukar han sin hanskar, eller myssan, och læggier tær uppao sin maat. Das ist: Jst etwa sonsten nichts bey der Hand/ darauff sie das Fleisch oder Fische legen können/ gebrauchet ein jeder seine Handschuhe oder Mütze hiezu. Er saget/ wo sonsten nichts bey der Hand/ weil etzliche gewisse runde und hölzerne Gefässe dazu nehmen. Den Getranck schöpffen sie mit einem hölzernen grossen Löffel / der ihnen anstatt eines Bechers dienet. Etzliche setzen denselben in einem Gefäß/ so auß Baumrinden zubereitet/auff. Wexionius: Die Lappen setzen den Tranck in einem Gefässe auß Baumrinden gemacht/für. Hiebey ist zu beobachten/ daß sie über die massen frässig sind wenn sie viel haben/ hergegen können sie auch den Hunger mehr als wie einige andere ertragen. Olaus Petri Niurenius im 17. Capitel: Ob sie zwar bißweilen wacker lassen darauff gehen/ und unmässig leben/ können sie doch auch wann es die Noth erfordert und ihnen der Vorraht mangelt / mehr als man wol glauben solte / hungern. Und bald darauff: Sie leben sehr unmässig/ und wann sie im Frühlinge die Bähren und wilden Reenthiere häuffig fangen/ fressen sie Tag und Nacht: Verwahren auch keine Essen-Speisen/ so lange sie etwas hinein bringen können. Wann die Mahlzeit geendet/ dancken sie zu erst Gott / hernach ermahnen sie sich untereinander zur Eintracht und Treue durch Darbietung der rechten Hand / so bey ihnen ein Zeichen der Freundschafft ist/ mit welcher sie als eines Tisches theilhafftig/ einander verbunden sind. Samuel Rheen: Nær the alla till hoopa hafvva ætit, tacka the Gudh foer maad saoledes att the uplijsta sina hænder, sæi andes, Gudh vvari tack, som os maaten till goda skapat hafvver. Das ist: Nach dem sie gesessen / sagen sie GOtt für die Speise Danck / nemblich sie waschen die Hände/ und sprechen: GOtt sey Danck / der die Speise zu unserm Nutzen geschaffen hat. Da dann zweyerley in Acht zu nehmen/ verstehe die Bezeigung äusserlicher Andacht / durch Auffhebung

der

der Hände / und die Bekäntnüß der Göttlichen Wolthaten durch die Dancksagung. Und solcher Gestalt verhalten sie sich in der Pitha-Lappmarck. Bey den Tornalappen ist eine andere Gebets-Formul bräuchlich / nemlich folgende: Piaomaos Immel lægos kitomatz piergao odest adde milg mosen vviekan ieggan taide komig læx iegnastan. Welche Worte eigentlich diesen Verstand haben: Guter Gott sey für die Speise gelobet / gib daß diejenige so wir anitzo verzehret zu unseres Leibes Kräfften Auffnehmung gedeye. Sædan saget er weiter / ræckia the hvvar audra handeva, sao maonga som ætit hafvva. Das ist: Hernach geben die jenigen so zusammen gespeiset einander die Hände. Und dieses ist es was wir von der Speise und den Lebensmitteln der Lappen zu reden nöhtig erachtet.

Das XIX. Capitel.

Von den Jagden der Lappen.

Nachdem wir dasjenige / so zu dem Unterhalt und Kleidung der Lappen gehörig / betrachtet / kommen wir zu ihren Geschäfften und Arbeit. So dann entweder täglich oder gemeine sind / oder aber besondere und nicht gewöhnliche. Die so sie täglich fürhaben sind entweder so wol den Männern als Weibern üblich / oder nur einem Geschlecht allein. Zu erst wollen wir von denen reden / so den Männern eigentlich zukommen. Darunter das fürnembste die Jagd ist. Dann bey denen Lappen muß niemand der Jagd obligen als allein die Männer. So Joh. Tornæus lehret / wann er saget: Es müssen so wol die Weiber als die Männer alle und jede Arbeit verrichten / die Jagd außbenommen. Das Widerspiel liefet man zwar bey dem Olao Magno im IV. Buch im 12. Cap. folgender Gestalt: Die so unter dem Polo wohnen / haben wegen der vielen und grossen Wildnüssen eine solche Menge Wild / daß die Männer solchen nachzustellen alleine nicht genug sind / sondern die Weiber zu Hülffe nehmen müssen. Deßhalben auch die Weiber eben so wol und bißweilen besser als die Männer der Jagd obligen. Allein ich halte dafür daß er auch dieses/

wie

wie sonsten viel mehr/ nicht auß glaubwürdiger Leute Erzählung und von den seinigen/ sondern auß den alten Scribenten habe. Also hat er hie sonder Zweiffel dem Procopio gefolget/ welcher im II. Buche/ seiner Gothischen Geschichte von den Scrito finnen, so von Olao der Lappen Benachbahrte genant werden also schreibet: Weder die Männer noch die Weiber befleissigen sich deß Ackerbaues/ sondern sind beyderseits mit der Jagt beschäfftiget. Oder dem Tacito so in seinem Buche von den Sitten der Teutschen/ von den Finnen schreibet: So wohl die Männer als die Weiber nähren sich von der Jagt. Man sage nun von den Finnen/ Scrithinnen was man wolle/ so ist es doch gewiß/ daß die Lappen so sehr alle Weibespersohnen von der Jagt abhalten/ daß sie auch nicht einmahl ihr Jäger-Geräthe von ihnen anrähren/ nicht durch die Thüre durchgehen / oder auff die Jagt ziehen durch welche ein Weib gegangen/ ja nicht ein Stück Wild so sie gefangen von Ihnen betasten lassen. Sonsten nehmen sie als abergläubische Leute/ vielerley bey ihrem Jagen in acht. Als erstlich daß sie solches an keinem unglücklichen Tage fürnehmen. Unter welche unglückliche Tage sie den Tag S. Marci so sie Cantepæire nennen und S. Clementis zehlen. Sam Rheen dessen Worte ich allbereit oben angeführet: Sie haben etliche besondere Tage/ als Catharinen und S. Marci Tag/ den sie Cantepæire nennen/ wie auch S. Clementis an welchem kein Lappe jagen oder Wild schiessen wird: Dann sie halten dafür daß ihnen im selben Jahre viel Unglück zustossen werde/ wann sie an einem solchen Tage etwas Jagen oder Schiessen solten/ insonderheit besorgen sie daß ihnen die Bogen springe möchten. Hie siehet man die Ursach/ warum sie diese Tage für unglücklich halten/ nemlich weil sie befürchten/ sie möchten an ihrem Jagt-Geräthe schaden leiden/ oder aber selbes Jahr kein Glück auf der Jagt haben/ zum andern/ daß sie nicht auff die Jagt reysen/ ehe und bevor sie durch die Trummel von dem Willen ihres GOttes vergewissert worden. Dann auch hierzu wird solche gebrauchet und zu dem Ende haben sie so viel Thiere darauf abgemahlet/ wie ich oben allbereit angezeiget. Insonderheit sehen sie hierauff

Kk Wann

Das neunzehende Capitel

Wann sie die Bähren fangen wollen/ so unten mit mehrererm soll erwiesen werden. Drittens/ daß sie nicht auß der Thür herauß treten/da sie sonsten gewöhnlich durch gehen/ sondern auß der Hinterthür die posse nennen. Vielleicht der Weiber halben/ welche denen so auff die Jagt ziehen wollen/ihrer Meynung nach/ kein Glück bringen. Und dieses ist unter andern eine Ursache/warum den Weibern zu der Hinterthür zu treten/ verboten/wie ich von Olao Matthiæ einen gebohrnen Lappen so anitzo bey uns studiret/ berichtet worden. Weil sie nemlich keine glückliche Jagt vermuthen so an dem Orte ihnen ein Weibsbild begegnen solte. Welches dan fürlängst Ziegleros angedeutet/wann er saget: Kein Weib ist befuget durch die Thür auß dem Hause zugehen wodurch der Mann denselben Tag auff die Jagt gereiset. Nicht allein an diesem Tage darff sie solches nicht thun/sondern jederzeit/ weil der Mann niemals durch keine andere als durch die hinterste Thür/ dadurch keine Weibes-Persohnen gehen darff, sich auff die Jagt verfüget. Und solches geschiehet für der Jagt. Darauff die Jagt selbsten folget/ so unterschiedlich ist. Fürnemlich aber ist sieder Zeit und des Wildes wegen unterschiedlich. Joh. Tornæus. Nach dem das Jahr un das Wild abwechselt/ändert sich auch die Jagt. Ist also eine andere so im Winter/und eine andere so im Sommer angestellet wird; eine andere wann sie großes und eine andere wann sie kleines Wild fällen. Im Sommer verfolgen sie es zu Fusse und durch das Außspähren der Hunde/ so bey den Lappen sehr gut/und beherzt sind also daß sie ein Stück Wild nicht allein auftreiben/ sondern auch halten können. Zu dem Ende haben sie dieser Hunde jederzeit etliche bey ihren Kaaten angebunden. Wexionius im IV. B. der Beschreibung von Schweden im 8. cap. Sie haben die Hunde stets angebunden/ damit sie auff der Jagt das Wild desto eiffriger verfolgen können. Im Winter aber nehmen sie die Spur des Wildes auf dem Schnee in acht/ und eilen ihme mit geschwinden Lauff/durch Hülffe einiger lange und krummen Bretter die sie an die Füsse fest gemachet/die wir an einem andern Orte fleissiger beschreiben wollen/nach. Dessen erwehnet Olaus Magnus im IV. B. im 12. Cap. Sie haben an die Füsse lange glatte

glatte Bretter gebunden / damit sie über Thal und Berge/ ja über die höchsten und mit Schnee bedeckten Gipffel derselben/ das Wild in unglaublicher Geschwindigkeit verfolgen. Und im 1. Buche im 25. Cap. Die Waldlappen lauffen mit den gebogenen und langen Brettern die sie an ihre Füsse gebunden/ nach Belieben über Berge und Thal auff dem dicken Schnee: Und solches zwar sehr künstlich/ sie mögen entweder mit jemanden zu streiten haben/oder aber auff einer lustigen Jagt davon sie sich ernähren übereichne/ dem Wild nachstellen. Das kleine Wild fangen sie ins Gemein mit einem Bogen und Pfeilen: das Grössere mit Spiessen und Büchsen. Wiewol auch jene nicht allezeit auff erwehnte Manier in ihre Hände gerathe. Dann die so genante Härmelin fangen sie zum offtern mit Falken/ nicht anders als sonsten die Mäuse. Davon Olaus im XVIII. B. im 21. Cap. Man fänget sie durch einige überzwerg gestellete Höltzer/ so mit einer zarten Seiten gehalten werden/welche (nachdem drey/ vier/ auch wol achte Härmelin zugleich hierunter gekrochen) wann sie beweget wird/selbe Bretter auf sie fallen machet/ so daß sie nicht wieder herfür kommen können. Er thut hinzu daß man sie auch mit Gruben die oben mit Schnee bedecket/ daß sie nicht mercke/ fange, wie auch mit Hunde, so dermassen geschwinde und hurtig sind/daß sie die Härmelin erhaschen/ und so lange beissen biß sie sterben. Die Eichhörner schiessen sie insgemein mit Pfeilen so forne keine Spitze habe/sondern stumpf sind wegen der Fälle/darum man sie meistentheils fange/damit selbe nicht zerlöchert werden: und auf solche Weise ist auch die Marder-Jagt beschaffen. Olaus M. im VII. B. im 1. cap. Es werden höltzerne Pfeile herfür gebracht mit einem stumpfen Ende/ damit sie die Mardern und Zobeln tödten. Er setzet im Lateinischen noch einerley Art Thiere/ nemlich Pjsolos hierzu/ so keine andere/ als die man sonsten Eichhörner nennet/ wie Ich anderstwo zeigen wil: Die Marder werden auch bisweilen mit Pfeilen die mit einer eisernen Spitze versehen/ geschossen/ wie dann auch die Füchse/ Bieber und dergleichen.

Da dann die Lappen/ so das stück Wild einen schönen Balg oder

Das neunzehende Capitel

Fell hat/ wol verhüten/ daß durch den Schuß die Haut nit beleidiget werde. Vñ sind sie in dieser Kunst/ so schon ihmahls Herberstein an ihnen befunden/ über die massen wohl erfahren. Sie sind/ saget er/ allzumahl erfahrne Bogenschützen/ daß sie auch wann sie ein Wild auff der Jagt antreffen so einen köstlichen Balg hat/ so gewiß den Schuß richten können/ daß sie es mit dem Pfeil/ damit die Haut gantz uñ unbeleidiget verbleibe/ in den Halß treffen. Die Füchse fangen sie auch mit Gruben/ die sie von oben mit Reisern bedecken/ und Schnee darauff streuen/ daß selbe/ wann sie die nebengelegte Speise wegführen wollen/ in diese Gruben fallen. Wie auch mit Falleisen/ mit denen sie gleich wie mit Zangen/ umb die Füsse gefasset und gehalten werden/ wann sie von fürsichtiger Weise ihre alte Schliche haben. Sie legen ihnen auch Speise mit Gift beschmieret/ wofür die Lappen eine besondere Art/ davon ich hernacher mehr reden werde/ gebrauchen. Daher Sam Rheen, da er der Feldmduse/ so die Füchse fressen/ gedencket/ saget: Rafwarnesoeckiaicke den Spus, som Lapparna lӕggia foerthem, das ist/ die Füchse fressen das Aas nicht/ so die Lappen geleget. Wann sie nehmlich solcher Mdufe häuffig haben können. Die Haasen fangen sie mit Schlingen/ so sie an gebäugete Aeste der Strauchen und Büsche fest machen/ daß der Haase wañ er anfasset/ und die Aeste in die Höhe schlagen/ behangen bleibet. Vnd solcher gestalt berücken sie auch andere Thiere. Daher Joh. Tornæus schreibet/ daß es bey ihnen üblich sey / daß niemand ein Wild so er in einer fremden Schlinge antrifft/ behalte / sondern seinem Herren zustelle. Da er dann von der Schlingen redet womit ander kleines Wild / insonderheit aber die Haasen gefangen werden. Ich komme aber weiter zu dem grossen Wild/ aus deme sie die Wölffe mit den Gruben/ wie sonsten auch gebräuchlich/ betriegen. Zum öfftern schiessen sie selbe auch mit Büchsen und bleyernen Kugeln. Vnd haben mit diesen die Lappen einen gemeinen und unauffhörlichen Streit wegen der Menge und weil sie ihrem Vieh so grossen Schaden zufügen. Olaus Magnus thut hinzu die Eicheln und Pfeile im XVIII. B. im 13. Cap. sie legen eisern Eicheln neben ein Aas in den Schnee / damit die Wölffe/ wann sie den Raub antasten wollen/ die Füsse verschneiden/ oder

Von den Jagten der Lappen.

oder mit den Pfeilen getroffen/alsofort sterben. Auff gleiche Weise stellen sie den Luchsen uñ VielFrassen nach. Von den Vielfrassen schreibet Olaus in angezogenen Buche im 9. Cap. Wann er sich zwischen zwo Bäumen entlaaden/schiesset ihn der Jäger mit einẽ breiten Pfeile. Sie fangen dieses Thier auch mit Hölzern die mit einem dünnen Strick oder Seyten regieret werden/so daß/wann er selbe nur ein wenig anrühret/ selbe ihn erwürgen man fänget es auch in Gruben uñ Hölen darin er unversehens fält. Heute zu Tage brauchen die Lappen insgemein Röhre. Mit welchen sie auch die Elende/ wann sie solche wie wol selten antreffen/ertödten. Kein Wild aber verfolgen sie mit grösserem Fleis als die wilden Rennthiere und Bähren. Und zwar die Rennthier mit allerhand Waffen: Sam Rheer: Rheenarne warda faoughe med snaror, saolom och med spiut, piilar, och bijssor dræpne och skutne. Das ist: die Rennthier fangen sie mit Schlingen/tödtẽ und durchstechen sie mit Spiessen Pfeilen und Röhren. Dieses geschiehet theils im Herbste/theils im Fruhling. Im Herbste zu der Zeit wann sie in der Brunst sind/betriegen sie solche mit dem Weiblein von den zahmen Rennthieren/ wann sie dieselbe bespringen wollen / werden sie von dem Jäger so hinter dem zahmen Rennthier sich verborgen/erschossen. Jon. Tornæus: man fänget sie mit dem zahmen Rennthier Weiblein/ so die wilden Männlein an sich locken/ biß der Jäger so sich in der nähe daselbst verborgen/ selbe mit der Kugel erreichen kan. Und Sam Rheen Mathæ tid om hoesten, nær reenarna loepai sin braonna, tao gao Lapparna i skogen, ther the weta wildre enatra vvistas och thet bonda the sina vva;jor. Nær tao vildreenan vvil komma till vvaijan, vvarder han med bijsla eller boga skutin. Das ist: im Herbst und Mathæ Tag/wann die Rennthier in der Brunst sind/begeben sich die Lappen in die Wälder/wo sie wissen daß viel wilde Rennthier vorhanden/bindẽ daselbst ihre zahme Rennthier Weiblein an/ und wann das wilde Rennthier sich herzumachet/wird es mit einer Büchse oder Bogen durchschossen. In früling sind sie mit ihren hölzernẽ Schuhen oder Brettern versehen/so die Jägʳ an die Füsse bindẽ/ wann sie über den grossen und tieffen Schnee lauffen wollen. Sam

Kk iij

Rheen.

Rheen, Thewarda ochom waortiidem dræpne, nær snioen ærdiup, taorænna the them up med skiid eller andrar, med huilka the loepa osuu an pao snioen, men rhe en brjieerigie nom. Das ist/sie werden auch im Frühling geschossen/wann ein hoher Schnee lieget/da die Jäger mit ihren hölzernen Brettern die sie an die Füsse gebunden über Weg lauffen/ und die Rennthier wann sie sich durch den Schnee arbeiten/überrumpeln. Sonsten werden sie auch mit Hunde in die Fallstricke getrieben. Davon Joh. Tornæus saget: sie werden auch mit Hunden und Fallstricken gefangen. Endlich so gebrauchen sie hierzu auch gleichsam eine Art Netz/so wie ein Zaum aus hölzernen Stangen in einander geflochten so von zwo Seiten gar weit ins Feld gehet/zwischen diesen werden sie getrieben und gejaget biß sie endlich am Ende deßelben in eine dazu gemachte Gruben fallen. Joh. Tornæus sie werden auch mit einem Zaum so sich auff etliche Meilen gleichsam als zwene arme erstreckt gefangen. Zwischen diese wird das Wild getrieben/und so lange gejaget/biß es zuletzt in eine Gruben stürzet. Auf solche Art werden die Rennthier gejaget. Die Bährenjagt ist gar sonderbahr/und mit vielen Ceremonien und Aberglauben angefüllet/also/daß man mit Fleiß davon reden muß. Zu erst nehmen sie im Herbst und erforschen gar genau/wo der Bähr sein Lager gemacht/da er den Winter über sich auffhalten will. Der solches zu erst erfähret von dem wird gesaget Hoswaringet bioern. Das ist: er habe den Bähren umringet/ und dieser Sorgfalt und Ansehen ist in dieser Sache die fürnehmste. Dann also redet hievon der geschriebene Autor. Den Lappen, som vveet, hvuatest bioern ligger, och hafvver som the kalla, ringat eller hvverfftbiorn, det ær, om hoestetiid, nær sacen aldra foerst faller, rætcht sporen effter bioren, den samma Lapp skall gao aldraframpst, nær theutdraga &c. Das is: Der Lappe/ so da weiß/wo der Bähre sein Lager hat/und ihn/wie sie sagen umgangen oder umringet/das ist/im Herbste/wann der erste Schnee fällt/seine Spur in acht genommen/ der muß zu allererst gehen wann sie den Bähren berucken wollen. Es pflegt aber ein solcher wann er es nun wahr genommen/mit Freuden zu seinen Verwandten und Freunden sich zu versägen/ und sie zu der Jagt einzuladen/gleich als wie zu eine grossen Gastgebott/ weiln/wie ich schon gemeldet/keine nidlichere Spriß bey den Lappe/

Von den Jagten der Lappen.

als eben das Bähren Fleisch gefunden wird. Sam Rheen Samma Lapp kallar tillhopa tho nærmalte afflechen och vvænnema, liika som till ett foernemligit collatz. Das ist: der Lappe(so nemlich am ersten deß Bähren Läger erforschet und gefunden) begrüsset seine nächste Verwandten und Freunde nit anders als wie zu einer herrlichen Gasterey/zusamn. Diese Einladung aber geschiehet mit ehe als im Mertz oder April/ wann sie ihre hölzerne Schuhe recht gebrauchen können. Olaus Petri nach dem er von der Entdeckung deß Lägers im October oder um die Zeit fast/ auff eben die Meinung geredet thut hinzu. Hernach auf dem Mertz oder April/ wann ein tieffer Schnee gefallen/ daß sie mit ihren hölzernen Schuhen darüber lauffen können/ jagen sie ihn mit Hunden auff. Nach dem er nun dergestalt wie ich gesagt seine gute Freunde eingeladen/ wird einer aus ihnen allen/ der für andern die Trummel wol zu schlagen weiß/ hervor gezogen/ dieser muß sehen ob die fürhabende Jagt glücklich oder unglücklich ablauffen/ und ob sie den Bähre erschlagen werden. Sam Rhee: Foetst skal den, som foernambst och konstigst trumbs lagaren ær, tlao pao trumban, och see till, om the skole sao bioern. Das ist: zu erst muß der jenige so der beste und berühmteste Trummelschläger ist/ die Trummel schlagen und zu schauen/ ob sie den Bähren fangen werden. Wann sie nun davon berichtet worden/ daß es glücklich ablauffen werde/ gehen sie in einer gewissen Ordnung nach dem Wald zu/ so daß ein jeglicher seinen Ort gleich wie die Soldaten der Schlachtordnung wol in acht nimt. Ihr Führer ist der jenige so deß Bähren Läger angetroffen. Sam Rheen: Lappe som haffver ringat bioerne, skall gao allrafræmst. Das ist: der Lappe so den Bähren umbringet/ muß fornen angehen. Er hat sonsten keine andere Waffen als einen Prügel/ an dessen Handgriff ein Ring auf Messing sitzet/ so gedachten Sam Rheen zu glauben/ der also redet: den skall hafvua een kiæpp i handen pao huilken een Messigring ær bunden. Das ist er hält eine Prügel in der Hand/ daran ein Messinger Ring gebunden. Dann der geschriebene Autor dessen ich kurz fürhero erwähnet/ saget daß er einen Sack trage. Den hamma Lapp skall gao alldra främpst, nær the utdraga att dræpa biorn och bæra itt spoed i händ. pao hvvilket Reen Messinring ær bunden. Das ist: der Lappe (der zu erst den Bähre aus-

gespähet

Das neunzehende Capitel

gespähet) muß zu erst gehen/ wann sie auff die Bähren Jagt ziehen und in der Hand einen Stock tragen/ daran ein Messing Ring feste gemachet. Wiewol hierinn ein schlechter Unterschied/ und auch der erste vielleicht einen Sack gemeinet. Nächst diesem Führer gehet der Trummelschläger / alsdann der so den ersten Streich auff den Bähren thun soll/ weiter die anderen in der Ordnung deren ein jeglicher nach dem der Bähr erschlagen sein eygene Verrichtung hat/ einer muß das Fleisch kochen/ einer zertheilen/ ein ander muß Wasser/ ein ander Feur zutragen/ da dann niemand dem andern in sein Ampt fallen darff. Wann sie nun in solcher Ordnung an des Bähren Läger gekommen/ greiffen Sie ihn unerschrockt an/ und tödten ihn mit Spiessen und Büchsen Kugeln. Nær saget er weiter the thao komma till kulona, hvvarest bioern ligger, træda thefrii modogt till, och medh spiut och byssor doe-da honom, das ist: wann sie zu der Hölen gelangen/ da der Bähr lieget/ greiffen sie ihn behertzt an/ und tödten ihnen mit Spiessen und Büchsen. Wann solcher gestalt der Bähr überwunden/ haben sie zum Zeichen ihres Sieges ein gewisses Lied an zu singen. Dann sie bey dieser Verrichtung zum öfftern singen/ und zwar gewisse und sonderliche Lieder/ davon das erste nach dem der Bähr umbgebracht gehöret wird. Diesen Gebrauch nebst dem Liede lehret uns der offterwähnte geschriebene Autor Nær bioern ær drægin, siunga the foersta gaongen, saoledes: Kittulis pourra, kittulis in skada tekamis, soubbi jælla zaiiti, das ist: nach dem der Bähr getödtet/ singen sie zu erst folgender Gestalt: Kittulis &c. was diese Wörter bedeuten/ zeiget er weiter daselbst an: The tacka bioern, som ær drægin, bedia och honom vvæl kammen, tackandes honom, at han intet hafvver giort dem naogon skada, ike soendet brutit theras straffrar eller spiut, dær med the honom dræpit hafvva, das ist: Sie bedancken sich gegen den Bähren/ und sagen daß ihnen seine Ankunfft lieb sey/ sie dancken ihme aber/ daß er sie nicht beschädiget/ die Prügel und Spiesse damit sie ihn erleget/ nicht zerbrochen habe. So offt sie singen wollen/ fänget derselbe so den Stock mit dem Meßingen Ringe/ als ein Führer zu erst an deme die anderen nachsingen. Oenskali vvara

som

som een chora eller capellmestere, som alltiid moste begynna saongen eller biornvvisa. Das ist: Dieser ist gleichsam ihr Für-singer und muß das Lied von dem Bähren allezeit zu erst anheben. Nachdem sie dergestalt ihren Sieg gerühmet/ ziehen sie den Bähren auß seiner Hölen und schlagen ihn mit Ruthen. Sam Rheen nær thet ær skiedt, draga the honom strax uthur sitt læger, ech slao hanom med riis ellermiüka spoed: ther afords paocket, slao bioern med riis. Das ist: Darauff ziehen sie den Bähren auß seinem Lager herauß/ schlagen ihn mit Ruthen oder Stecken/ daher das Sprichwort entstanden/ den Bähren mit Stecken schlagen. Ferner legen sie ihn auff einen Schlitten/ und ziehen ihn mit Hülffe eines Rennthieres zu der Kaaten wo sie ihnen sein Fleisch zu kochen fürgenommen. Alle miteinander folgen ihme nach mit grosser Freude und Frolocken/ und singen einander Lied/ wovon der geschriebene Autor also redet: Wann sie den Bähren begleiten/ singen sie den Weg über folgenden Gesang: Ii paha talki oggio, ii paha talki pharaonis &c. dieser Worte Bedeutung saget er/ sey: The bedia bioern, det han intet vville laota komma naogot ovvæder, eller gioera dem naogot ondt, som hafvva vvarit i sællsk ip nær bioern blet drapin: Das ist: Es scheinet/ als wañ sie solches auß Schertz redt/ wie sie dann in kurtz fürhergehenden Worten ihnen selbst wegen der Ankunfft des Bähren/ Glück wünschen/ wo wir nicht glauben/ daß sie dafür halten/ es werde eines oder des anderen Wildes Todt dem Jdger einmahl schädlich seyn/ so auch heute zu Tage etliche ihnen einbilden. Sam Rheen redet von dem Einhalt dieses Liedes ein wenig anders wann er saget: Ther effter begynna the med froegd siunga bioer vvii san, som sao effter deras tungomaol lyder: att the tacka Gud, som creaturen them till godo skaapat hafvver, och behagat gifvva them frjmodigheet och macht, att saodant grymt och mæchtigt creatur att oefervvinna. Das ist: hernach fangen sie ein Lied von dem Bähren an/ so in ihrer Sprache solchen Inhalt hat/ daß sie nemlich Gott dancken/ der das Wild zu ihrem Nutzen erschaffen/ und ihnen Muth und Kräffte verliehe/ daß sie dieses grausame und starcke Thier tödten können. Wiewol sie auf beyderley Weise vielleicht singen/ und dieses mit dem erst

zusam-

Das neunzehende Capitel

zusammen fügen. Sonsten muß das gantz Jahr über das Rennthier so den Bähren gezogen von keinem Weibe für den Schlitten
gebraucht werden. Sam Rheen: Med den reen, som drager bioern,
mao ingen quinnes person aokapao derr aohrer, das ist: Das Rennthier so den Bähren weggeführet/darff selbes Jahr kein Weibesbild damit zu fahren/gebrauchen. Der geschriebene Autor
saget/daß solches nicht nur den Weibern/ sondern insgemein jederman verboten werde. Med den reen, som drager bioern, faoringen
aoka samma aohr, das ist: Das Rennthier so den Bären gezoge/
darff niemand das Jahr über zu seinem Fuhrwerck gebrauchen. Sie pflegen aber also fort/wo es sich nur immer schicket/ an dem
Orte da sie den Bären umbgebracht/eine Hütte auffzubauen/allwo
sie ihm die Haut abziehen/kochen/so aber einiger Mangel von nöthi-
gen Sachen sich erduget/ thun sie es an einem solchen Orte wo sie
Bäume und Laubwerck antreffen. Daselbst nun versamlen sich der
Jäger ihre Weiber/ und warten mit grossem Verlangen auff die
Männer. Wann selbe herzukommen/fangen sie von neuen an zu sin-
gen/und bitten in diesem Liede ihre Weiber/daß sie die Rinde von einem Erlenbaum zerkauen und ihnen in das Angesicht speyen mögen.
Der geschiedene Autor: nær the komma till thet rum, ther tho vvillia foertera bioern, ther ær o the ras hustroroe quinfolck foersam
blade, som med froegd foervvænta sine mens heemkomp't fraon
bioine fænge Tao siunga Lapparna saoledes: Læibi ja touli susco,
dæt ær, the bedia sine hustrur tugga aalbark, thor med de skola bestænkia eller spotta sine mæn i ansichten, das ist: Wann sie dahin
gelangen/wo sie den Bähren verzehren wollen/finden sie daselbst ihre Weiber auff einem Hauffen versamlet/so mit grossem Verlangen auff die Zurückkunfft ihrer Männer von der
Bähren Jagt/warten. Darauf singen die Lappen folgender
gestalt: Læibi ja tuolo susco, dæt ær, the bedia sine hustrur tugga aalbark, ther med de skola bestænkia eller spotta sine mæn i ansichten, das ist: Sie bitten ihre Weiber/daß sie die Rinde vom
Erlenbaum zerkauen/ und ihren Männern in das Angesicht
speyen mögen. Die Ursache dieser Bitte ist/ weil ein jeder von
ihnen/nach dem der Bähr zu der Hütten gebracht worden/ da er gekocht.

kocht soll werden/ zu einer andern Hütten sich machet/ da Ihn sein Weib besagter Weise/empfangen soll. Es brauchen aber die Weiber hiezu Erlenrinden/ weil solche wann sie gekauet wird/eine rothe Farbe von sich giebet/ mit welcher sie sonsten auch ihr Hauß-Geräht/nicht anders als mit Minie oder Rötelstein/anstreichen. Daß sie aber den rothgefärbten Speichel ihren Männern ins Angesicht werffen/thun sie darum/ damit/wann selbe also bezeichnet/ sie das Ansehen haben mögen/ als wann sie noch mit dem Bähren-Blut/ besprützet wären/zum Zeichen der Tapfferkeit und Gefahr so sie bey dieser Verrichtung außgestanden. Sie kommen aber nicht durch die allgemeine sondern die Hinterthür wieder in ihre Kaaten. Und wann sie durch selbe in da Hauß hinein sehen/ werden sie wie erzehlet/besprützet. Der geschriebene Autor thut von alle diesem Bericht/ und saget weiter/ daß die Weiber das eine Auge zu thun/ mit dem andern aber durch einen Messingen Ring/ als wie auff ein gewisses Ziel/acht haben/ und also speyen. Weil die Worte etwas lang/wollen wir sie nur deutsch anführen. Wann die Lappen zu ihren Weibern wieder zurück kehren/ gehen Sie zu erst in ihre Hütten/ doch nicht zu der gemeinen Thür hinein/sondern öffnen hinten am Hause das Loch/und wann sie dadurch hinein sehen/ halten ihre Weiber gekauete Erlenrinde im Maul/ zielen mit dem rechten Auge durch einen Messingen Ring / wie die so eine Büchse looßbrennen wollen zuthun gewohnet/ und speyen alsdann ihren Männern ins Angesicht/ nicht anders als wann selbe mit Bähren Blut besprenget wären. Dieses schreibet auch Sam: Rheen, ohn daß Er saget/ es thue dieses nur ein Weib/ so dem/ der die andern geführet/ dergestalt ins Gesicht speye. Seine Worte lauten zu Teutsch also: Hernach werden sie von ihren Weibern in die Hütten genöthiget. Doch muß kein Mann durch die allgemeine Thür hinein tretten/sondern machet das Loch hinten am Hause auff/ dadurch siehet derselbe/ so den Bähren beringet hinein/ und wird darauff von dem Weibe mit zerkaueten Erlen-Rinden besprützet/ folgender Gestalt.

Ll ij   Einen

Einen von den Lappischen Weibern stehet mit dem rechten Auge durch einen messingen Ring/ als wann sie etwan ein Ziel für sich hätte/ und speiet also den Safft den sie auß der Erlenrinde gekauet/ als wann es Blut wäre/ dem so am allerersten in die Hütte schauet und hinein begeret/ ins Angesichte. Die gantze Sache verhält sich also/ sie bauen nemlich zum wenigsten zwo Hütten/ eine für die Männer/ in welchen sie den Bähren tragen/ abziehen/ kochen/ und theilen wollen; die andere für die Weiber/ in welche die Männer nach der Jagt und Entführung des Bähren tretten/ und eine Gasterey halten. Wann sie nun in diese letztere gelangen/ wird entweder ihr Führer allein/ so Sam: Rheen vermeinet/ oder auch die übrigen zugleich/ nach Außage des geschriebenen Autoris, wie angedeutet/ empfangen. Wann sie hernach alle in der Weiber Hütten versamlet/ singen die Weiber zu erst/ und danck ihren Männern für die mitgebrachte Beute. Der geschriebene Autor: Nær man folken ær inkommen i kottarna siunga qirn folken med een laoger stimma saoledes. Kittulis pouro toukoris, det ær, hafvve tack i kizre mænn, foer den goda leck i nu hafvva hafft foer hænder, at ti hafvva dræpit bioern, das ist: Nach dem die Männer in die Kuaten eingegangen/ singen die Weiber mit leiser Stimm folgender Weise: Kittulis pouro taukoris, das ist/ Ihr Männer solt danck haben für die Ergötzligkeit die ihr gehabt/ indem ihr den Bähren erködtet. Darauff wird das mahl in der Weiber Kaaten angefangen/ und werden allerhand Speisen/ das Bähren Fleisch außgenommen/ auffgesetzet. Sam Rheen Sedan settia the signeder, och æra till samman aff then bæsta maat, the i foerraod hafvva, das ist: Darauff setzen sie sich nieder/ und essen das beste so sie bey der Hand haben. Wann das Mahl geendet/ tretten die Männer in die andere Hütten/ wo der gefangene Bähr lieget. Daselbst ziehen sie ihme die Haut ab/ schneiden in gewisse Theile/ kochen ihn/ und bereiten eine frische Mahlzeit für die blossen Männer darinnen zu. Mann folken foer foga sigi sine kottar ther the flao bioernen, hvvilken the straxkoka das ist: Die Männer gehen hinweg in ihre Hütten/ ziehen dem Bähren die Haut ab/ und kochen ihn also fort.

Es

Er saget/ sie gehen hinweg/ nemlich wann die Mahlzeit in der Weiber Kaaten verrichtet/ und solches alsobald / falß niemand von denen so bey der Bähren-Jagt gewesen/ bey seinem Weibe innerhalb dreyen Tagen über Nacht bleiben darff. Sam Rheen : In gen Lapp som haffwer warit medh nær bioern bleff dræpin, mao komma till sin hustro pao tree dygn. Das ist: keiner von den Lappen/ die bey der Bähren Hetze zugegen gewesen/ darff in dreyen gantzen Tagen zu seinem Weibe kommen. Ja der so die andern geführet/ muß sich gantzer fünff Tage von dem Weibe enthalten. Der geschriebene Autor. Hernach gehet niemand zu seinem Weibe gantzer drey Tage lang/ der aber/ so den Stock mit dem Messingen Ringe getragen/ muß sich fünff Tage lang enthalten. Es saget/ hernach wann nemblich das Mahl in der Weiber Kaaten verrichtet ist/ nach dem: sie alsofort in die andere Hütten / darin sie den Bähren abziehen kochen un wollen/ gehen. Die Haut gehöret dem zu/ der sein Läger zu erst entdeckt und dem andern gezeiget. Sam Rheen Skinnet behoallær den Lappen foer sighallena som vviste, hvvar est Bioern vvar i sit vvinterlæger ingaongen. Das ist: die Haut behält derselbe allein für sich/ so daß Läger / in dem der Bähr den Winter über wohnen wollen/ angezeiget. Von dem Bähren kochen sie fürnemlich dreyerley/ das Fleisch/ das Fett/ und das Blut. Tao saget er weiter nualt kioötet, blodet, och ijstret ær köckät: das ist: Nach dem alles Fleisch nebst dem Blutt und Fett gekochet worden. Sie kochen es aber in Kesseln/ und was von Fett oden schwimmet nehmen sie ab/ und samblen es in hölzerne Gefässe/ an welchem so viel Messinge Platten hangen/ so der Bähren gesotten werden. Bioern köka the straxioch syla affthet feeta, doch maoste all akiærl, hvvatuti flaottet sylas, vvara mod messing beslagene, ær thet een bioern, som dræpen ær skall kiærillet vvara beslagit med ett stycke Messing; men æro flere bioernar dræphe; skolo och flere Stycke vvara pao Kiærillet slagne. Das ist; sie kochen den Bähren alsofort/ und nehmen das Fett so oben auff der Suppen schwemmet ab/ an die Gefässe aber darin sie solches samblen / müssen so viel Messinge Platten angehencket werden/ so viel Bähren sie gefangen. Vnter dem Kochen sitzen sie in ihrer Ordnung umb den Heerd / so daß niemand die Ordnung störet/ oder eines andern Ort einnimbt. Zu der rechten Hand / oben an/ sitzet der so den Bähren ausgespähet/ und die andern geführet: nächst ihme der Trummelschläger/ die dritte Stelle nimbt der ein/ so dem Bähren den ersten Schlag gegeben: Zu der Lincken aber allererst der Holtzhauer/ weiter der Wasserträger/ und dann die übrigen so in dieser Geselschafft begriffen. Medan bioern kioetett kookas, sittia the gao bǽgge siidorom elden alla i sin ordning, sao att, den ena ickefaohr trǽda i den andras rum: frǽmst sitter den som ringade bioern, der nǽst som-flog paotrum ban, nǽst honom, som foerst skoet bioren: och sedan pao then vvǽnstra siidan vvǽde huggaren, och vvatu bǽraren. Das ist: In dem daß Fleisch kochet/ sitzen sie von beyden Seiten um daß Feuer/ also/ daß niemand deß andern Ort einnehmen darff. Zu erst sitzet der so den Bähren beringet/ dann der Trummelschläger/ darauff der so den Bähren zu erst gestochen oder geschossen. Zur lincken Hand der Holtzhauer/ und der Wasserträger. Daß gekochte Fleisch wird zu erst unter die Männer und Weiber getheilet / so daß auch diese ihr Theil von dem Fleisch und Fett überkommen/ und ist dieses eine Verehrung deß Führens/ der es theilet/ und was die Weiber haben sollen besonders leget. Der geschriebene Autor nǽr bioern koettet ǽr kokat, bytet det emillan mǽn och quinnor affden Lap, som haffvver spoedet och ringen, hvvilken och haffvver ringat bioern. Das ist: wann daß Bähren-Fleisch gekochet/ theilet solches der Lappe/ so den Bähren beringet/ und den Stock mit dem Ringe träget/ unter die Männer und Weiber. In dieser Außtheilung nehmen sie in acht / daß die Weiber nichts von den hintern Theilen oder Schincken bekommen/ dann solche den Männern allein zugehören. Sam R heen Ickegifvvos naogot aoth hustrorne af baackdeelen utan afframdeelen. Das ist: die Weiber kriegen von den hintern Theilen nichts/ sondern von dem Fordern. Wan die Theilung geschehen/ werden zween Lappen geschicket so selbe zu der Weiber Katen bringen müssen. Falß keine von denselbē befüget ist/ zu der Männer Hütten/ weil daß Fleisch kochet/ zu treten/ so

aber/

Von den Jagten der Lappen.

abermals gedachter Rneer bezriget: Icke mao naogē quinnespersō kom na i de kottan, ther bioern kokat warder. d.i. Keine von dē Weibern darf in die Hütten/worin der Bähr gekochet wird tretē. Die 2. so daß Bährenfleisch zu den Weibern bringē singē ein Lied unter dē tragen. Selbes ist in der Lappischen Sprache dieses: Olmai potti Sverigeslandi, Polandi, Engelandi, Franckichis: Mit welchē Worten sie sich anstellen/als wann sie aus fremden Oertern kämen und den Weibern diese Geschencke zubrächten. Der geschriebene Autor Tvvenne Lappar skohla bæra till hustrorna dehras dehl, och tao siunga the mæn som komma, bærandes bioern kaottet saoledes: Olmai polti Sverigislandi, Polandi, Engelandi, Franckichis, det ær hær komma mæn fraon Svergie, Poland, Engeland, och Franckiche. d.i. 2. Lappen bringē den Weibern ihr Theil/ und in dem sie es hintragen/singen sie folgender gestalt: Olmai Potti Sverigislandi, Polandi, Engelandi, Franckichis. d. i. Hie kommen Männer auß Schwedē/Polen/Engeland/Franckreich. So bald die Weiber ihr Ankunft vernehmen/gehen sie auch herfür uñ fangen an auf ihre Manier zu singen/womit sie bezeugen daß ihre Ankunft ihnē angenehm/ versprechen auch zugleich daß sie ihre Beine mit rothen wollinen Bänden zieren wollen. Hievon redet derselbe also: Nær tao manfolk sao sunget hafvva, svvara quinfolken them saoledes med siin saong: Olmai Potti Svverigislandi, Polandi, Engelandi, Frankichis, kalka koubsis laigit touti tiadnat Det ær: Imæn, som ære kombne fraon Sverigisland, Poland, Engeland, Frankiche, om edra been skole wii binda roet foergat garn. d. i. Wann die Männer also gesungen/antworten ihnen die Weiber mit diesem Gesange: Olmai Potti Sverigislandi, Polandi, Engelandi Frankichis, kaika kaubsis laigit toutitia dnat. d.i. Ihr Männer die ihr aus Schweden/ Polen/Engelland/Franckreich/gekoñen/wir wollen rothe Bänder um eure Beine winden. Darauf sie dann auch selbe/wie gesaget/binden. Daß Fleisch aber so den Männern verbleibet/theilet der Trummelschläger/so anders dē Sam Rheen zu trauen: Trumbslagaren skall vvara skaffare, och deela soenderkioetet, och iistret d.i. der Trummelschläger muß bey dem Gastmahl auffwarten/und daß Fleisch nebst dem Fette theilen. Nicht allein aber theilet er solches unter die jenigen/so obē benennet worden/sondern unter die gantz Gesellschaft und alle so zugegē sind. Sa Rheen Tao nu alt kioettet, blodet, och ystret ær kokat, de elar skaffaren thet soender emellan gjæstarna, sao at

hvvar

Das neunzehende Capitel

hvvar och een faohr sin deel, baode afkioet ochyster. Das ist: Nach dem alle daß Fleisch/Blut/und Fette gekochet / theilet der Auffwarter solches unter die Anwesenden/so daß ein jeglicher so wol von dem Fleisch als dem Fett sein Theil überkomt. So bald alle daß Fleisch so wol von den Männern als Weibern verzehret/samblen sie zu erst die Knochen zu Hauff/ welche sie nicht wie anderer Thier daß Marck herauß zu nehmen zerschlagen/ sondern gantz behalten / und alle miteinander an einem Orte vergraben. Sam Rheen: Nær kioettet ær foert ærdt, sambla the alla benen till sammans, them the ike soenders lao, uthan them alla nedergræfa. Das ist: Wann daß Fleisch verzehret / samlen sie die Knochen zusammen/so sie nicht zerbrechen/ sondern vergraben. Endlich hänget der so die Bären Haut hat/ selbe an einen Klotz / die Weiber aber so die Augen verbunden haben schiessen mit Pfeilen darauff, als wie auff ein Ziel zu. Der geschriebene Autor Den Lappen upsætter bioern skinner pao een stubla, som bar spoedet och ringen , och taoh skola quinfo sken skiute till maols med handbogar och piilar aot bioern skinnet , doch, med foerbundna oegon. Das ist: Der Lappe so den Stock mit dem Ringe trug/hänget die Bähren Haut an einen Klotz / damit die Weiber mit verbundenen Augen / auff selbe gleich als wie auff ein Ziel mit Pfeilen schiessen mögen. Sie thun auch alsdann folgenden Gesang hinzu: batt Olmai kutti Svverigislandi, Polandi, Engelandi, Frankichis, Pottickalka vvoucki. Das ist: wir schiessen anitzo mit Pfeilen auff den / der da auß Schweden/ Pohlen/Engelland/und Franckreich kommen ist. Die so unter den Weibern die Haut zum ersten mit einem Pfeil trifft / wird für andern gerühmet/und dafür gehalten/ daß sie gleichsamb ihrem Manne verkündige daß er einen Bähren fangen werde. Sam Rheen Den hustron, som foerst træffar bioern skinnet, behaoller priisen foer the andra scalloch vvara & omen, atthennes man skall alldra foerst fao bioern. Das ist: daß Weib so zu erst die Bähren-Haut trifft wird den andern fürgezogen/und ein jeder meinet dieses bedeute daß ihr Mann für andern einen Bähren fangen wird. Diesem Weibe wird auch aufferleget/daß sie in gewisse Stücker Wand mit zinnernen Zwirn so viel Creutzendhen muß/ so viel

Bäh-

Von den Jageen der Lappen.

Bähren daßmal gefangen worden/einer oder mehre/und solche denẽ an den Halß hänge die mit auff der Jagt gewesen/welches Tuch ein jeglicher drey Tage lang an seinẽ Halse träget. Rhena Den samma huftron fkall foema pao klæde fao mao nga kors af teentraod, effter bioernernas taal, fom dræpis, huilka fon fkall hængia pao alla the Lappars hals, fom hafvva vvarit med at drz pa bioerna. Deffe kors fkohlen Lapparna laota hængia pao fine hallar att in tilb afftonen pao tridie dagen omoot Solenes undergaong.d.i. Eben daſſelbe Weib (die nemlich am erſten die Bähren Haut getroffen) nuß auff etliche Stück Tuch/ so viel zinnerne Creutze nähen/ so viel Bährẽ damals getödtet wordẽ / und selbe einẽ jeglichen von denen die mit auf der Bähren Hetze gewesen an den Halß hängen/ diese Creutze müssen die Lappẽ biß auf den Abend deß dritten Tages und der Sonnen Untergang tragen.   Ein gleiches bezeuget der geschriebene Autor, ohn daß er saget/solches müssen alle die Weiber thun/daß sie nemlich diese Creutze nähen/und ihren Männern an den Halß hängen:und daß sie selbe Creutze nicht nur 3. Tage sondern gantzer 4. Tagen. Er thut hinzu/daß solch ein Creutze auch dẽ Renn thier um den Halß gehänget werde/so den Bähren auß dem Wald ge- zcgẽ. Sammalædes hænge the itt foemat kors pao dhen rehn, fom hafvver dragit bioern, huilket dar blifvver hængiandes,till des han bander fonders liiter. d.l. ein gleiches genähtes Creutze hän- gen sie dem Rennthier an den Halß/ so den Bähren geführet/ welches so lange hängẽ bleibet/biß der Band/daran es feste ge- macht/entzwey gerissen. Waß die Vrsache dieses Gebrauches sey/ habe ich bißhero nit erfahren können/ ohne daß ich glaube/ daß solche Creutze den Jägern an statt einer Artzney dienen sollẽn/gegẽ den Vn- fall/ so ihnen von dẽ Geiſtern die in den Wäldern wohnen/deß erſchla- genẽn Bähren halben/zuſtoſſen möchte. Fals es ein alter Wahn/so noch heutiges Tages währet/ als wann selbe einige wilde Thier un- ter ihrer Aufficht und Schutz habẽ/so dann von dẽ Bähren der War- heit nach ähnlicher/in dem er für einen König der übrigen wildẽ Thie- re von denen Lappen gehalten wird.   Daß letzte/womit sie alles be- schließen/ist dieses/daß nemlich die Lappen/wann die 3. Tage vorbey an welchen sie sich von ihren Weibern enthaltẽ müſſen/wieder zu der

M m   Weider

Weiber Hütten kehren. Es pfleget aber einer nach dem andern fürhero die Kette/an welcher der Kessel über dē Feuer hänget zu ergreiffen/hernach umb den Herd dreymal zu springen/und zuletzt durch die allgemeine Thür auß der Katen zulauffen. Die Weiber singen dazu/ und versprechē daß sie Asche auf dieselbe werffen wollen/darauf auch eine von den Weibern hinter einē jeden Asche herwirfft. Der geschrieb=
ene Autor: Efster tre dagars foerlop, nær Lapparna skola sao lof tt komma till sina hustruigen, tao taga the hyvar effter andra i den kædjə. Som hænger oetvver ellden, ther puo the hængia sina kokekættlar, och springa tree gaonger kringom eelden, och ther effter springa the dhen ena effter den andra ut genom kottædoeren, och tao siunga quinfolken saoledes Todna kalka kaino oggio, det ær, tu skall nu sao en skopa eller skofell full med aska pao tina bee n:d.i. Wann 3. Tage zum Ende/und die Lappen wider zu ihren Weibern komen dörffen/ ergreiffet einer nach dem andern die Kette/an welcher der Kessel über dem Feuer hänget/springt dreymal um daß Feuer/und lauffet durch die Thür der Hütten herauß/die Weiber aber singen alsdann: Todna kalka kaino oggio. d.i. Du wirst eine Schauffel mit Aschen auff die Beine kriegen. Sam Rheen thut hiervon gleichen Bericht/und saget/daß wann solches geschehen/die Mäuer allererst befugt sind zu den Weibern zu kehren. Dann bißhero ihnen solche wie unrein fürgekommen/wegen deß umgebrachten Bähren. Durch diese Außsuchung aber werden sie gleichsam wider gereiniget/wie der geschriebene Auxor außdrücklich bezeuget: der med blifvva mænnerna liicka som ræn sade, foer æn the sao loof, komma till sina hustrur. d.i. Auf diese Weise werden die Männer gleich wie auffs neu gereiniget/ehe sie zu ihren Weibern komen. Und so verhält es sich mit der Bähren Jagt bey dē Lappen/und mit dem Aberglauben so dabey fürlaufft. Und wiewol auch bey derselben sich vielerley Sachen finden die gantz sonderbahr/ treffen sich doch etliche Sachen so bey jeglicher Jagt fürkomen fürnemlich daß sie bey dem erlegeten Thier kein Weib leiden wollen/solches auch nit einmal von ihnen anrühren lassen/daß sie nit durch die rechte Thür/sondern durch die HinterThür in die Hütte kehrē. Daß dieses wird auch bey andern Jagten in acht genommen. Von den Weibern

bern saget Zieglerus allbereites muß kein Weibesbild ein gefangenes Thier anrühren. Von der Thür aber Wexionius. Gegen der allgemeinen Thür über ist ein Fenster wodurch daß Liecht fällt: durch dieses kriechen sie zu erst/ wan sie von der Jagt kommen/ hinein/ und ziehen ein Stück Rennthier Fleisch mit sich/ ja durch dieses Fenster oder Thür/ werffen sie in die Katen/ waß sie auff der Jagt überkommen. Olaus Petri Niurenius: die andere Thier nach Mitternacht ist solchem Aberglauben gewidmet/ daß wan der Man auf den Fischfang oder Jagt auereiset/ er durch diese gehet/ und wann er wieder komt/ waß er gefangen/ durch selbe in die Hütten wirft. Sam Rheen: Baackfoet kottarne hafvva the een liiten doer, ther igienom the inkasta thetas maatvvaror, særdeles, thet the faonga af skogen, saosom foglar, och wildbrao oller af sioger, saosom ær allahanda fisk. Detta maoike inbæras igenom den rætta doerem, uthan det skall inkastas, igenom baackdoeren. d.i. Hinten in ihren Katen haben sie eine kleine Thür / durch selbe werffen sie die Speisen/ insonderheit was sie im Walde/ als Vögel und Wild/ oder in den Wassern/ als allerhand Fische gefangē/ hinein. Alles dieses muß nit durch die allgemeine Thür hinein getragen/ sondern durch diese geworffen werden. Sie tragē es nit/ sondern werffen es hinein/ vielleicht auß einigem Aberglauben/ als wann es ihnen vom Himmel zugeschicket worden/ und her abgefalle/ oder durch Gottes besondere versehung ihnē gleichsam in dē Schooß gerathen wäre. Wiewol sie aller dieser Gebräuche Ursachen selbst nit recht wissen / sondern ihren Vorfahren schlechter dings nachfolgen. Sonsten ist unter denen Lappen keine glorwürderige That/ als einen Bähren tödten. Deßhaiben sie auch solcher tapfferkeit besondere Zeichen/ nemlich etliche striche mit zinnernen Fäden außgendhet auf den Mutzen führen. Olaus Petri. Unter andern zieren sie den förderstē Theil der Mütze mit so vielen strichen auß zinnernen Fäden zugerichtet/ so viel ein jeder Bähren umgebracht/ also daß/ wan einem ein solcher entgegen komet man alsofort ersehen kan/ wie viel er getödtet. Waß den vogelfang betrifft/ wird selber auch allein von den Männern verrichtet. Und wird solcher auch nach den Zeiten deß Jahrs/ wie auch waß die Vögel belanget in den so im Winter/ um in den so im Sommer gebräuchlich/abgetheilet; wie dann auch dieser Art Vögel anders als wie jener nachgestellet wird. Im sommer schiessen sie die meisten mit Pfeilen oder Büchsen Kugeln zu todt: im Winter aber fangen sie selbe mit Schlingen. Insonderheit findet sich eine Art von Schneehünern/so die Schweden Snioeripor heissen/und davon ich in folgenden reden werde; diese fangen sie folgender gestalt/wie Sam Rheen berichtet: Snioriper fanga tho mad snator saoledes, att the af biorkriis gioera & liitet hag med smao leed pao theruti the sættia snator aftrao odgiorde. Alt sao eme dan snioeriiporne gemen ligen wistas neder pao markenen, och ickeittæ, therfore nær the tao loepa af och an, vvarda the faongne i su arone. d. i. die Schnee Hüner fangen sie mit Schlingen auf folgende Weise: sie machen von Birckenstrauch gleich wie einen Zaun mit vielen kleinen Pforten/in welchen sie die Schlingen von Garn zubereitet auffstelle. Weil nun diese Vögel sich insgemein an der Erden halten/und nit auf den Bäumen/werden sie gar leicht/wann sie hin und her lauffen/in diesen Schlingen oder Dohnen gefangen. Auf diese Manier werden selbige Vögel gefangen. In den übrigen fället nichts besonders und merckwürdiges für.

Das XX. Capitel.
Von dem Gewehr und Werckzeugen so die Lappen auff ihrer Jagt gebrauchen.

Auß dem was oben beygebracht worden ist zu ersehen/daß die Lappen auf ihrer Jagt unterschiedliche Wehren und Waffen brauchen: wollen also von selben auch etwas hinzu thun. Das erste Gewehr ist ein Bogen/der gar gewöhnlich bey ihnen/und fast drey Ehlen lang/zween Finger breit/ein wenig dicker als ein Daumen ist/und bestehet auß zweyerley Holtz/deren eines sie an das andere fest machen. Dann an das Bircken-Holtz fügen sie Fichten-Holtz so wegen vielen Hartzes weich ist/ und sich leichte beugen läst/daß dadurch der Bogen die Pfeile forttreiben könne. Gegen die Lufft/Regen/und Schnee verwahret sie solches von aussen mit Bircken-Bast oder Rinden. Dann was Lomenius setzet/als wann sie von Reuthier-Knochen gema-

gemachet wurden/ist gar falsch/und der Warheit ungemäß/weil diese Knochen hart/auch auf solche Art/wie ein Bogen erfodert/nicht können gebeuget werden/so ein jeder wol verstehet. Die Rennthier Knochen/saget er/ gebrauchen sie zu Messern / und machen krumme Bogen davon/die Rennthier damit zu schiessen. Wann er von den Pfeilen solches besahet/wäre es etwas: Allein hie kan er nit zu entschuldigen seyn. Ich vermeine unterdessen/daß er solches auß dem Olao Magno habe/wie er dann auch viel anders auß selbem/sein Reisebuch vollenkommen zu machen entlehnet. Dann also saget Olaus im XVII.b.im 30. cap. allwo er von den mancherley Nutzbarkeiten/so man von dem Rennthier hat/redet: Die Knochē und Hörner überlassen sie den Bogen und Armbrustmachern/dieselbe gar gerne mit anderen Waaren vertauschen. Weil Lomenius allhie gelesen/daß die Knochen von den Reüthieren von den Bogenmachern gesuchet wurden/ hat er vielleicht geschlossen/daß man sie zu dem Bogen gebrauche. Allein dieses hat Olaus nicht gewolt/redet auch allda von der Art bogen nicht/welches er selbst andeutet/ in dem er solche mit dem Balldstern zusammen setzet: sondern von einer andern Art/so an einen hölzernen Handgrieff befestiget wird/und einen bolzen/so oben auffgeleget wird abschiesset / und von den Teutschen Armbrust genant wird. Diese Art kan zwar nicht gantz und gar außgearbeitet/aber wol hin und wider gezieret oder außgeleget werden mit Helffenbein/Perlenmutter und dergleichen anderen sachen/ an deren Stelle sie in diesen nordlichē Ländern die Knochen der Reisthiere gebrauchet haben. Dieses ist des Olai Meinung/so Lomenius nicht eingenommen/wo er anders auf diesen Ort acht gehabt. Es sey deme aber wie ihme wolle/ist doch gewiß/daß die Bogen der Lappen nicht auß Knochen seyn/sondern höltzern/ja daß sie nicht einmal mit Knochen außgeleget werden/als die keinen Handgriff habē/ sondern schlecht weg gemachet/daran man die Sehne durch kein Instrument als bloß mit der rechten Hand auffpannet und hält. Ich habe oben gemeldet/ daß sie auß zwey zusammen gefügten Hölzern bestehen: und thue anitzo hinzu/daß solches durch Leim geschehe. Diesen Leim richten die Lappen. also zu. Sie nehmen die Fische so man Bersche nennet/wañ sie frisch gefangen/ziehen sie ab/halten die Haut so lange

Mm iij

im warmen Wasser/bis man die Schuppen davon kriegen kan: hernach kochen sie dieselbe / schäumen sie wol ab/rühren sie mit einem stecken herum/stossen sie/und klopfen sie so lange/bis sie als ein Brey wird. Giessen solches hernach auß/lassen es trockne und setzen es zum Gebrauche weg. Wann sie etwas damit leimen wollen/erweichen sie es mit ein wenig Wasser/wie man es mit anderen Leim machet. Nebst diesem haben sie noch eine andere Art Bogen/so/wie ich oben erwehnet/die Teutschen Armbrust nennen. Der Gebrauch derselben ist für kurtzer Zeit bey den Lappen in groß Aufnehmen gekomen. Sie spannen selbe mit einem krummen eisernen Haacken/daß sie also mit desto grösserer Macht die Sehne zu sich ziehen mögen/in dem sie den Fuß auff den eisernen Reiff oben in den Bogen setzen/ hernach mit allem Vermögen den Haacken nach sich ziehen/bis sie die Sehne an dem Halter auff den Handgrief gebracht/und also den Bogen gespannet. Von den Bogen komme ich zu den Pfeile. Diese sind zweyerley/etliche mit eisernen Spitzen versehen / etliche sonder Eisen und Stumpff/ mit denen sie die kleineren Thiere/als Eichhörner/ Hermelin / und dergleichen schiessen. Olaus Magnus im VII. b. im 1. cap. Sie bringen höltzerne Pfeile/mit einem stumpffen Ende herfür/damit die Mardern/Zobeln und Eichhörner zu tödten. Die mit Eisen versehen brauchen sie wann ihnen grosses Wild entgegen komt. Diese Spitze aber sind nicht allein auß Eisen/sondern bisweile auch auß Knochen und Horn gemacht/wie an denen so ich habe befindlich. Ja das Holtz brennen sie an dem obersten Ende mit einem glüenden Eisen ein Loch/in das Loch stecken sie das Horn/machen es mit Leim feste/und schärffen es hernach mit einem Messer oder Wetzstein. Sonsten gebrauchen sie auch Büchsen oder Röhre. Dann heutiges tages wenig unter den Lappen anzutreffen/so sich nicht auff der Jagt auch mit dergleichen Gewehre/insonderheit gegen das grosse und starcke Wild versorgen solte. Zu dem Ende sie diese Röhre auch mit Aberglaubischen Seegensprechen zu richten/damit sie nicht/wann ihnen Vögel oder Wild begegnen fehlen mögen. So sie dann fast mit allen Jägern anderer Völcker gemein haben. Sie bekommen aber diese Röhre auß der nechsten Bothnischen oder Helsingischen Stadt/ Soederhambn genant. Wo alle Waffen/insonderheit die Büchsen

gar

gar gut gemacht werden: derer Einwohner selbe den Bothniern/ die=
se aber den Lappen verkauffen. Von dannen sie auch daß Büchsen=
Pulver/Bley und Kugeln überkommen. Doch haben sie dieses alles
auch aus Norwegen. Weiter brauchen sie/insonderheit gegen die
Bähren auff ihrer JagtSpiesse. So der geschriebene Autor aus=
drücklich meldet/wann er ihre Jagt beschreibet: sie fallen den Bäh=
ren beherzt an/ und tödten ihn mit Spiessen und Röhren. Sel=
be Spiesse weil sie von den Gemeinen gar nit unterschieden/ bedörf=
fen keiner absonderlichen Beschreibung. Und dieses sind die Waf=
fen: nach welchen wir auch von einigen andern Instrumenten so sie
auff der Jagt brauchen/reden müssen. Unter denen wol daß fürnem=
ste ihre hölzerne Schuhe sind/damit sie auff dem gefrornen Schnee
daher lauffen. Olaus Magnus im IV.B.12.Cap. sie eylen den wildē
Thieren/auf den krumen oder breiten Brettern / oder glatten
Hölzern die sie an die Füsse gebundē/über Berge und Thäler/
ja über die höchsten Gipffel der mit Schnee bedeckten Gebürge/
in grosser Geschwindigkeit/mit schnellem Lauffe/mit Bogen
und Pfeilen gewaffnet/nach. Die breiten Bretter und glatte Höl=
ter sind eben die Schuhe davon wir gedacht/derer Gebrauch bey den
Lappen auf der Jagt gewöhnlich. Die Mitternächtige Völcker nen=
nen sie Skider und Skier, so fast mit den Teutschen Scheitter, so bey
ihnen ein gespaltenes Holz heisset/übereintrifft. Bißweilē heissen sie
solche auch andrer oder ondrur. Magnus Olaus ein Jßländer/ in Er=
klärung der Eddæ, den Stephanus in seinen Anmerckungen über den
Saxonem anziehet: skiji di oder ondrur sind länglichte Bretter &c.
diese ziehen die Unfrizen noch heutiges Tages über die Füsse/ und
lauffen damit über den tieffesten Schnee weg. Sam Rheen: The
renna them upp med skridh, eller andrar. d.i. sie lauffen darüber
mit ihren hölzernen Schuhen/Skiidh oder andrar genant. Die
gestalt dieser Schuhe bemühet sich gedachter Jßländer also zu er=
klären: es sind länglichte und nach vorn zu erhobene Bretter/
fünff oder auffs höchste 6.Ehlen lang/ und kaum eine Hand
breit. Allein es ist ihm nicht zu trauen / wie auß denen so wir
selbst haben/ und anderen dieser Art Schuhen zu ersehen.
Dann die breite ist etwas grösser/und die Länge viel kürzer. So auch

Wor-

Wormius an seine befunden: Ich verware/saget er/unter meinē schauenswürdigen sachen/ein solch paar Holtzschuhe/so nur 3. Elen lang. So sind auch diejenigen/so zu Leyden befindlich/nicht grösser/wie Frisius in seinen Anmerckungen über den Balduinū zeuget/sie sind gantz schlecht/7. Fuß lang/und 4. Daumen oder etwas mehr breit. Dieses wird auch nothwendig erfodert/so die Manier etwas gilt/welche an selben nach Außage Olai Magn. in acht genommen wird/ wie sie dann nach einhelliger Meinung füglich gilt. Dann er saget im 1. B. im 4. c. Daß diese Weise an ihm beobachtet werde/daß ein Holtz länger sey als wie das andere/einen Schuh lang/nach dem die Männer oder Weiber lang sind/ also daß/ wann der Mann oder das Weib 8. Schuhe lang/muß dz Holtze an dem einen Fusse in seiner rechten Länge eben so viel schuhe halten/das andere aber 9. Der eine längste Holtzschuch muß einen Schuh länger seyn/als der Mann so ihn brauchen wil/ der andere aber einen Schuch kürtzer als dieser. Und so sind auch die Meinigen beschaffen/ daß der eine kürtzer ist als der andere einen gantzen Schuch. Frisius zwar / saget daß alle beyde so zu Leiden verwahret werden von gleicher Länge/ so mercket auch diesen unterscheid Olaus in den seinigen nicht an; Allein ich halte dafür das selbe/nicht wie sie gleich zusammen sollen gefüget seyn/sondern auß zwo paaren die grössere und länger sind. Und solches auch daher/ weil mein grösserer eben so beschaffen/wie ihn Frisius beschreibet/nemlich von oben mit Hartz oder Pech überzogen/da der kleinere bloß und schlecht weg ist. So ist auch der grössere zu dem Reisen am meisten nötig/daß kein Wunder/ daß selber allein/oder 2. von dieser Art an außländische örter gekommen. Weil nun diese Leidenschen allein/von den grösseren sind/erhellet darauß/daß sie keines so grossen Menschen/als Frisius vermeinet/ sondern eines der kaum 6. Schuhe lang/so die gemeinste grösse unter denen Lappen/gewesen. Und dieses zwar ist die Länge und breite solcher Holtzschuhe/wie auch der unterscheid eines und des andern in einem Paare. Die übrige gestalt hat der Joldner wol getroffen/dann sie sind schlecht und gleich ohne daß sie forne etwas über sich stehen. Von vorne sage ich/nit zu gleich von hinte/wie sie bey dem Wormio abgebildet/vielleicht auß versehē mehr des Mahlers/als des Autoris,

weil

Von dem Gewehr und Werckzeugen der Lappen.

weil sie auff deren ersten Kupffer/ in welchem die gantze Kunst-Kammer fürgestellet wird/ anders erscheinen. Das habe ich auch in meinem grössern angemercket daß er durchgehends nicht gleich sey/ sondern in der Mitten/ wo der Fuß zustehen kömt etwas auffwärts gekrümmet erscheine. Die Gestalt ist zwar von Frisio nicht gar unförmlich außgedrucket/weil solche aber nun einen Holtzschuch fürstellet/ auch diese Krümme nicht zeiget/habe ich gleichfals die Meynigen nebst einem Lappen so darauff lauffet/ beysetzen wollen.

Diese Holtzschuhe fügen sie mit Hülffe eines Reiffes auß Weiden gemacht an die Füsse/ so an beyden Seiten durchgezogen ist/nicht zwar wo sie breit und flach sind/ sondern durch die dicke Theile/ damit die Glider am untern Theile dadurch nicht verhindert/oder der Reiff selbsten durch vielen Gebrauch abgenutzet werde/welches auch in der Abbildung des Frisii nicht zusehen. Der Reiff ist fast mitten darauff/ so daß die Helffte des Schuhes vornher fürraget/ die andere Helffte hinter dem Fusse abwichet/ die Fußsohle in der Mitten verbleibet: Der Fuß aber so in den weiten Reiff gestecket/ wird mit einem Bande/ welcher an den hintern Theil des Fusses gebunden/ befestiget/wie auß der Figur leicht zu erkennen. Dann die Abbildung bey dem Olao Magno etliche mahl für kommt/und auch von dem Frisio über den Balduinum dargestellet worden/ist ein blosses Gedicht des Mahlers/welcher in Italien/da er gelebet/diese Holtz-Schuhe der Lappen nicht recht verstehen können/sondern sie wie hölzerne Schuhe/so vornüber den Fuß weither fürragen/und in eine krumme Spitze sich endigen/in deren hintern/etwas holen Theil die Füsse wie mit anderen Holtz-Schuhen zugeschehen pfleget/hinein gesetzet werden/abgebildet. So dann alles ungereimt/auch mit der schlechten Beschreibung des Olai nicht übereinkommt/welches er auch mit anderen Figuren daselbst versehen. Der Fuß wird nicht auf den hintern Theil/sondern recht in die Mitten gesetzet/und kan solches auch nicht anders geschehen/dann so er auff den hintern Theil gesetzet wurde/könte das lange Theil so vornenher fürraget weder beweget noch an dem Fusse befestiget werden/fals der Fuß zu schwär wäre eine solche Last von vornen her zu halten/endlich wurden auch diese Schuhe nit/ dazu man sie erfunden/können gebrauchet werden. Dann sie sollen auff dem Schnee einen festen Tritt geben so nimmermehr geschehen könte/wann der gantze Leib auff den hintersten Theil allein ruhen möchte. Anietzo weil er in der Mitten stehet/hat er von hinten und fornen ein gleiches Gewichte stosset auch den Schnee nicht durch. Die Weise wie sie mit diesen Schuhen lauffen zeiget Olaus im I.B im 4.Cap. Die Einwohner sind über die massen geschwinde auf ihren breiten Höltzen/so am vorder Theil wie ein Bogen gekrummet und an die Füsse fest gemacht sind/so sie durch Hülffe eines Stockes den sie in der Hand tragen/regieren. Mit welchen sie sich nach Belieben auff und niederwärts wie auch in die Krumme/über den hohen Schnee mit geringer Mühe forthelffen. Er deutet an/ daß solches durch Hülffe eines Stockes/den sie in der Hand halten/ geschehe/welcher Stock vorn mit einen runden kleinen Brete/damit er den Schnee mit der Spitzen nicht durchstosse/versehen/mit deme sie sich fort stossen/und also in unglaublicher Geschwindigkeit über den glatten Schnee lauffen. Diese Art zu lauffen hat bey den Lateinern keinen tüchtigen Nahmen als welche davon nichts gewußt. Die Schweden und Benachbahrten Völcker nennen es Skriida, wann sie

den

Von dem Gewehr und Werckzeug der Lappen.

der Gestalt über das Eiß und gefrornen Schnee mit Höltzernē Schuhen angethan/lauffen. Daher der Nahmen Skridfinnen entstanden/ so auch den Alten albereit bekant gewesen. Paulus V Varnefridi im 1. B. im 5. Cap. Die Soritibini werden nach der Barbarischen Sprache vom springen so genant. Dann sie verfolgen dz Wild mit springen/ auf einem krummen und wie ein Bogen gestalt Holtze. Er thut hernach unterschiedliche Sachen von den Reenthieren hinzu/weil nun solch Thier bloß den Lappen eigen sind/ist nicht zu zweiffeln/daß es eben dieselbe/welche ehe sie diesen Nahmen überkommen/Skritobini genant worden. Daher auch Adamus, so der Lappen nicht gedencket/dannoch von den Skritobinen oder wie er sie nennet Skritofinnen saget: Gegen Norden wohnen die Skritofinnen, von denen man saget/daß sie das Wild mit lauffen übertreffen. Er redet nicht von dem gemeinen lauffen/sondern von deme so ihnen den Nahmen gegeben/und mit einem gekrümten Holtze/dz ist mit den hölzernen Schuhß die wir oben beschriebe/geschiehet. Weil sie nun mit diesen Schuhen gar schnelle über das Eiß daher lieffen/ so die mitternächtigen Völcker/wie ich anders wo gezeiget/ Skriida heissen/und sonsten von den Finnen entstanden war/sind sie daher Sckridfinnen genant worden. Sie lauffen aber nicht allein wo es eben sondern auch da es rauhe und ungleich ist. Ja sie übersteigen damit die höchsten Berge/wie die Erfahrung unserer Zeiten ein solches weiset. Es schreibet dieses schon vor längst Saxo von den Skritofinnen in der Vorrede über sein Werck mit folgenden Worten: Nach Morgen wohnen die Scricfinnen (so nennet er sie/die bey andern Skridfinnen heissen) welche Leute ungewöhnliche Wägen haben/damit sie auff die höchsten und steilen Berge/auß Begierde zu der Jagt/gelangen/fals kein Fels so abhängig/dz sie dessen Gipffel durch ihr künstliches lauffen nicht solten berühren. Sie lassē zu erst die tieffen Thäler hinter sich/eilen über die gähen Hügel/ lauffen durch die krumme und enge Klüfte/biß sie endlich auff den bestimten Ort nicht ohne sonderliche Mühe gereichen. Er nennet die hölzerne Schuhe/oder Skiider ungewöhnliche Wägen/daß er gewiß dieselben im Sin gehabt/so seine Worte anzeigen/auch auß

Das zwantzigste Capitel.

dem Olao Magno so im 1. B. im 4. Cap. da er von eben diesen Holtz-Schuhen redet/ und des Saxonis eigene Worte brauchet/ zu ersehen. Mit diesen Schuhen nun ersteigen sie die höchsten Gebirge/ nit zwar gleich zu sondern durch viel Umbschweiffe und krumme Wege/ welches dar Pabst Paulus III. dem Olao nicht glauben wollen/ wie dieser selbst anzeiget. Aber viel ein grössers ist es/ daß sie mit diesen Schuhen nicht allein auff die höchsten Berge steigen/ sondern auch wiederumb herunter mit geringer Mühe gelangen. Davon Sam. Rheen also redet Lapparna äre alleganska snälle och wige, saoatt Lappen kan med Skiid loepa utfoere the fast hoegfiällen, som synas foermuffet oefvvergao. Das ist: Die Lappen sind fast alle sehr behende und geschwinde/ also daß ein Lappe mit den hölzernen Schuhen/ Skider genant/ in grosser Eile/ die gähesten Berge herunter lauffen kan/ so dan einem jeden wunderlich fürkommt. Er saget daß es eine wunderliche und fast unglaubliche Sache sey/ von einem hohen Orte da alles schlipfricht und glatt biß unten anzulauffen/ und sich also auffzuhalten daß keine Abstürtzung zu befürchten. Wiewol die Lappen nebst andern Künsten/ auch dieses an solchen Schuhen in acht nehmen/ dz sie selbe mit Fellen von den Reenthier-Kälbern versehen/ damit die Haare gegen den Schnee gekehret/ den Fall auffhalten mögen. Olaus Magnus an vorgedachtem Orte: Diese Höltzer (er verstehet die Holtz-Schuhe) sind unten mit zarten Fellen von den Reenthier-Kälbern bezogen. Warumb dieses aber geschehe geben sie unterschiedliche Ursachen also daß sie desto geschwinder über den hohen Schnee fort lauffen können/ damit sie desto füglicher die Hölen der Felsen und jehen abhängige Klippen mit gewantem Gange vermeiden/ dz sie/ wan sie still hinan müssen/ nicht wieder zurücke fallen mögen; Falß die Haare wie Stachel oder Jgel sich in die Höhe richten/ und durch sonderliche Eigenschafft/ dem Fallen wider stehen. Es gedencket solches Uberzuges auch VVormius in Beschreibung seiner Schuhe/ aber auß Meer-Kälber Felle zu bereitet/ vielleicht/ weil sie von einen sioefinnen oder an der See wohnenden Finnen/ die gar selten die Reenthier gebrauchen/ gemachet worden. Und dieses zwar ist das erste Instrument/ so sie auff ihrer Jagt im Brauche haben/ wiewol ihnen selbes auch zu anderen

Ge-

Geschäfften/die ihnen im Winter für kommen/dienet. Dann sie zu der Zeit auff keine andere Weise über den hohen Schnee reisen können. Wann sie aber wollen/können sie so schnell damit fort kommen/daß es ihnen auch kein Wild bevor thun mag. Olaus Petri im 14. Cap. Wañ sie im Winter mit ihrem Holtz-Schuhen auff die Jagt reisen/ können etzliche auf dem tieffen Schnee/den wilden Reenthieren und Wölffen durch schnellen Lauff zuvor kommen und sie tödten. Dannenhero saget auch Adamus an vorigen Orte von den Scritfinnen: Gegen Norden wohnen die Scritofinnen, von denen man saget daß sie mit lauffen die wilde Thiere übertreffen. Daß andere sind Schlitten/diese: ob sie woll zu jeden Winterreisen gebrauchet werden/pflegen sie doch auch bißweilen mit selben auff die Jagt zu reisen/sonderlich der wilden Reenthiere. Olaus Magnus im XVII. B. im 29. Cap. Alwo er von ihnen redet: durch diesen Grieff pflegen die Jäger mit Bogen und auffgelegten Pfeilen die wilden Reenthier auff der Jagt zu erhaschen. Die Gestalt und Beschaffenheit dieser Schlitten hätte alhie sollen weitläuftiger erkläret werden/als woll geschehen. Weil selbe aber nicht so sehr auff der Jagt üblich/als auf der Reise/oder nöthige Sachen fortzubringen/als wollen wir solches alles biß an bequemere Stelle versparen.

Das XXI. Capitel.
Von der Hand-Arbeit und Künsten/der Lappischen Manns-Persohnen.

Das fürnehmste Geschäfft/womit nur bloß die Männer unter den Lappen bemühet sind/ist/wie wir schon gesaget/die Jagt. Nebst dieser hat es sie noch einige andere Künste/Wissenschafften und Verrichtungen/so zu dem Unterhalt ihres Lebens und ihrer Haußhaltung gehörig. Unter die erste das Kochwerck ist. Dann was sie auß der Jagt/Fisch-und Fogel-Fang/oder auff andere manier von Essen-Speisen herbey schaffen/dieses alles wird nicht von Weibern/sondern von Männern gekochet. Sam. Rheen: all maat, maoste manfolken kooka, och tillredha, och ey qvvinfolken. Das ist: Alle Speisen müssen die Männer/nicht die Weiber kochen uñ zurichten. Und bald hernach Man sperfoners arbete är foers Kaffa Kooka och tillreda, hvvad the foertara skola. Das ist: Der Männer Ambt ist einsamblen/kochen und zurichten was man essen soll. Sind also die Weiber bey den Lappen in dieser Wissenschafft/so doch bey ihnen gar geringe/unerfahren. Kochen auch niemahls als auß Noht getrieben wann niemand von den Männern verhanden wie derselbe auch angemercket. Aldrig Kookar naogon quinna, undant agandes nær hon ær pao reesan,'theringa mä personer æhro stadda. Das ist: Es kochet niemals eine Fraue als etwa auß der Reise/wann kein Mann verhanden. Die andere Kunst der Männer ist das Schiffzimmern. Dann sie bauen ihre Schiffe auß Fichten-Dielen/so sie nicht mit Nägeln/wie sonsten insgemein geschichet/zusammen schlagen/sondern mit Weiden wie die Alten mit Riemen und dergleichen/zusammen binden. Deren schon Zieglerus gedencket: ihre Schiffe sind nicht Nägeln/sondern mit Sehnen und Weiden zusammen gefüget. Mit selben fahren sie zwischen den Bergen auff den strengesten Flussen/im Sommer zwar nackend/damit sie im Schiffbruche auß schwimmen/und die Waaren retten können. Olaus Magnus nennet an statt der Weidenreiser die Wurtzeln die Sehn-Adern aber von den Reenthieren saget er/werden nur zu Zeiten gebrauchet. seine Worte sind im IV. B. im 10. Cap. Diese/Wann sie Schiffe und insonderheit Fischer-Boote bauen wollen/nehmen sie hiezu Fichten uñ Tannenbäume/so sie in ihren Wäldern zuvor in dünne Bretter gespalten/welche sie sonder einigen eisernen Nagel/mit den zarten Wurtzeln der Bäume so aller erst auß der Erden gezogen / gleich wie mit Hanffen-Seilen gar künstlich zusammen fügen. Andere nehmen hiezu die zusammē gedrähete und getrocknete Sehn-Adern von den Thieren für nemblich den Reenthieren/und hefftē damit die Bretter aneinder. Also auch Iohan Tornæus Sennoma omuka, at sammen fogadera, baotar. Das ist: Die Sehn-Adern von den Reenthieren brauchen sie ihre Kahne oder Bothe zusammen zu fügen. Mit diesen Sehn-Adern nun/und viel mehr mit den Wurtzeln/so als Seile gedrdhet/werden die Kähne und Schiffer-Boote bey ihnen in der Wahrheit zusammen genähet/nicht anders als man das Wand und Leinen mit Zwirn aneinander ndhet. Die Fugen aber verstopffen sie mit Mooß/damit das Wasser nicht durchdringen möge. Zu diesen Kah-

Von der Hand Arbeit und Künsten/der Lappischen Manns Persohnen: 285

Kahnen brauchen sie Riemen biß weilen zwene/oder vier/so sie an hölzerne Nägel auff den Seiten fest machen und also ordnen/daß ein jeglicher Mann derer zwene regieren kan. Die dritte Kunst der Männer ist daß sie Wagen machen. Dann sie ihnen selbsten allerhand Schlitten auff den Winter zu brauchen/bereiten. Waß die Gestalt betrifft/ sind die mit denē sie reisen anders beschaffen/als die mit denen sie einige Last fort ziehen/wie sie dann auch den Nahmen nach unterschieden. Jene nennen sie pulca und sind wie einhalbes Boot oder Kahn gebauet/dessen vorder Theil spitz in die Höhe gehet/daß hinder Theil aber ist breit/und bestehet nur auß einem schlechten Brete. Es werden aber dieser Art Wägen auß vielen Hölzern/die so lang als wie ein Schlitten/und werden auff vier oder mehr Rippen gleichsamm inwendig mit Hölzernen Nägeln fest gemacht/welche Rippen von starckem dickem Holze sind so unten zusammen geschlagen wie ein Schiffboden. Dieser Schiffboden so zu sagen/ist eine Hand breit/nach dem vorder Theil zu/krum und übersich stehend/alwo auch ein Loch ist/ dadurch das Seil gestrecket wird mit welchem dieser Wagen an das Reenthier feste gemachet. Die übrigen Bretter sind ein wenig schmaler. Unten aber haben sie nicht solche Hölzer/wie die gemeine Schlitten/auff welchen der gantze Wagen ruhet/und die an statt der Rädder dienen/sondern sind schlecht und bloß weg auch nicht breit/sondern in etwz rund uñ bauchigt/damit sie auf die seiten sich legen und also desto füglicher durch den Schnee wältzen können. Dieses ist die eigentliche Gestalt eines Lappischen Schlittens/wie ein solcher bey mir befindlich. Es gedencket davon Herberstein allein mit diesen wenigen Worten. Sie spannen für einen Wagen der wie ein Schiffer-Kahn gestaltet die Hirsche. Und Olaus Magnus der sie im XI. B. im 3. Cap. auff die folgende Weise beschreibet: Jhre Wägen sind nicht wie andere anzusehen/weil sie forne wie die Schuhe zugespitzet/den Schnee damit durch zu schneiden/wie die Schiffe sonsten verfärtiget werden/damit sie die Wellen zerteilen können. Jn welchen Worten zu gleich die Ursache angedeutet wird/ warumb das vorder Theil derselben/spitz und in die Höhe gebogen sey. So auch Joh. Tornæi Meynung ist/ wann er also davon redet: Dieser Wagen ist forn zugespitzet und erhoben/damit man bequäm

quäm darauff fahren könne. Auff daß aber nicht der Schnee unter dem fahren den Wagen überfalle/ oder deß fahrenden Menschen Füsse breñe und ihnen Schaden zu füge/ pflegen sie am vorder Theil eine Decke von Meer-Kälber Fellen über zu spreiten/ so oben an den Wagen mit etzlichen höltzernen Reiffen fest gemachet wird/ und unter solche Heu/ wie sie sonsten in den Schuhen/ oder auch mit Mooß von den Bäumen zustecken/ darein sie die Füsse setzen/ und für der Kälte beschützen. Und dieses ist nun eine Art der Wägen so die Lappen brauchen. Weiter haben sie noch eine andere/ so sie achkio heissen. Diese ist von der vorigen Maaß das Bauwerck anlanget einerley ohne daß sie etwas grösser fält. Dann da die erste Fuß drey Ellen lang/ ist dieß bißweilen länger als fünf Ellen. Hernach ist sie auch nicht bedecket sondern gantz offen. Von beyderley Art schreibet also VVexionius im IV. Buch im 8. Capit. Ihre Wägen sind zweyerley Art; eine fast wie ein Volhnischer Fischer Kahn/ der mitten von einander geschnitten worden/ dritthalb Ellen lang der Sitz ist von unten glatt gehobelt/ und hält in der Breite eine Viertel Elle/ alles ist zierlich zugerichtet/ von hinten ist er mit einem Brette verschlagen und wird in ihrer Sprache pulca genant. Die andere Art/ darauff sie ihren Hausgerath führen/ heisset Achkio, und ist fünff Ellen lang sonsten in allem den vorigen gleich; allenthalben offen. Daher man ihn wieder den Schnee mit roher Leinwand versiehet. Da er dann anzeiget/ worin sie von einander unterschieden/ was er aber mit der rohen Leinwand wil/ verstehe ich nicht. Dann bey den Lappen kein Flachs wächset/ auch/ wie ich schon erwiesen/ keine leinene Kleider gebräuchlich sind. Zu dem pflegen die Lappen nicht so sehr die Wägen oder Schlitten zubedecken/ als ihr geräthe so darauff lieget/ auch nicht mit roher Leinwand/ sondern mit Häuten/ Fellen oder Bircken Rinden. Daß aber bey den Olao im XVII. Buch im 25. Cap. ein niedriger Wagen mit Rädern abgebildet erscheinet/ solches ist den Lappen ungewöhnlich und unerhört. Es saget zwar Olau: Die Zahmen Reenthier werden für die Last-Wagen mit Rädern (cuculia plaustra) gespannet und ziehen sie die grösseste Last-Wagen über das Feld und Acker. Aber was dieses eigentlich für Wagen/ erkläret er nicht. Und weil der Mahler auch schon anders wo nach eigenem Belieben einige Sachen erdacht/ weiß ich nicht/ ob er solches alhie nicht eben so wohl gethan und mehr seiner Einbildung als der Erzehlung des Olai gefolget; Dann es ist gewiß und jederman bekant/ daß die Lappen keine Wagen mit Räder haben/ sondern so sie im Sommer etwas weg zu bringen für komt/ hängen sie solches über die Sattel der Reenthiere. Johan. Tornæus: Im Sommer reisen

reisen sie zu Fuß/ ihre Sachen aber und Bündel legen sie auff die Sättel der Reenthiere. Nebst diesen Wagen oder Schlitten/ machen sie ihnen auch höltzerne Schuhe/ mit welchen sie über den Schnee lauffen. Ich habe solche in vorigem Capitel beschrieben/ daß es also unnöhtig alhie zu wiederholen wie sie gemachet werden oder außsehen. Die vierte Arbeit der Männer ist/ daß sie Kisten oder Laden/ imgleichen auch andere Schräncke verfertigen. Sam. Rheen: The ære och ganska behændige, att the gioera stoora askar eller kiisor, them the med been inlæggia, och thet artigt utriita. Das ist: Sie sind auch geschickt grosse Laden und Kasten zu zimmern/ so sie mit Knochen außlegen/ und mit allerhand Zügen außzieren. Von dieser Art ist eine bey mir/ so ich von Herrn Ludovico Otthonis geschencket bekommen. Sie ist gantz und gar von dünnen Bircken Brettern zubereitet/ so länglicht rund zusammen gebogen/ die Ende davon sind dergestalt zusammen gefüget/ daß man zwar eine Füge aber keine Nägel oder Weidenreiser so sie schliessen/ sehen kan. Der Deckel sambt seinem Rande ist auß einem außgehöleten Stück Holtz verfertiget: So ist auch einiger Zierraht daran von Reenthierknochen/ so in dünne Plättlein geschnitten/ davon etzliche rund/ etzliche länglicht/ alle doch mit solchen Zügen/ als Sam. Rheen erwähnet/ gezieret. Damit aber was wir anitzo gesaget/ desto klärer einem jeden fürkomme/ haben wir zu dem Ende dieses Capitels diese Lade gantz und gar abgebildet/ darstellen wollen. Und ist solche mit dem Buchstaben C. bezeichnet. Ihre fünffte Kunst bestehet in dem Korbmachen. Davon Sam. Rheen auch Bericht giebet: The æro och ganska behændige att goera kongar. Das ist: Sie können gar gute Körbe machen. Und ist gewiß diese Wissenschafft gantz besonder und fürtrefflich an den Lappen/ also daß keine Nation ihnen hierinnen gleich kommet. Der Zeug hiezu seynd die Wurtzeln von den Bäumen/ welche sie zerstossen/ erweichen/ und hernach in lange Fäden zertheilen/ daß man sie auff allerhand Art beugen kan. Dessen Johan. Tornæus gedencket: Sie flechten allerhand Körbe von den Wurtzeln der Bäume. Die Manier selbe zu flechten ist nicht wie bey anderen Völckern/ sondern sie nehmen solche grosse Reiffe/ als der Korb seyn soll/ diese binden sie mit den Wurtzeln so dichte zusammen / einen über den andern / biß endlich ein rechter Korb / und wie er seyn soll / darauß wird. Wann sie Fleiß anwenden wollen / pflegen sie diese Bände dermassen dichte zusammen zu fügen / daß so man Wasser hinein giesset / solches nicht durchlauffen kan. Das Ansehen ist nicht einerley / etzliche nemblich sind grösser / etzliche kleiner. Die meisten sind rund mit einem Deckel / andere sind mit einem Handgriff wie ein halber Mond gestaltet / daß man sie an die Arm hängen und tragen kan / etzliche sind vierkantig lang. Es gebrauchen aber nicht nur die Lappen / sondern auch die Schweden selbe Körbe in grosser Menge / ja sie werden auch an viel andere abgelegene Oerter wegen der Zierlichkeit und Daurhafftigkeit geschicket. Eines solchen runden Korbes Abbildung ist auch am Ende dieses Capitels mit B. gezeichnet / zu finden. Sonsten machen die Männer auch was sonsten von Haußraht nöhtig / auß Holtz oder Knochen. Dannenhero Joh. Tornæus ins gemein weg saget: Der Männer Hand-Arbeit ist auß Holtze allerhand Gefässe zu machen. Und Zieglerus: Sie zimmern Schiffe / Fässer / und allerhand Werckzeug den sie im Hause bedürffen recht gut. Hieher gehören absonderlich die Löffel so sie auß den Hörnern der Reenthiere bereiten. Derer auch Sam. Rheen erwähnet: Æhro och somblige myckit behændige attgoera skiedar af horn, them the med sina knifvvar utsticka och in læggia sao en svvart foerga. Das ist: Etzliche von ihnen machen sehr gute Löffel von Horn / die sie hernach mit ihren Messern außstechen / und in die Fugen schwartze Farbe streichen. Ich habe in meiner Studierstuben auch einen solchen Löffel / der gar schön außgearbeitet / mit etzlichen Striemen so in guter Ordnung abgetheilet / wie auch mit kleinen Ringen und Blechen so an dem Stiel fest gemachet / alles auß einerley Horn oder Knochen. Die Figur ist auch unten mit A. gezeichnet / anzutreffen. Noch habe ich einige Weberwerckzeuge auff eben die Weise gemachet. Nemblich eine länglichte Spul etwas länger als zwey Finger / mit einem Loche an dem Ende / so daselbst mit D. bemercket / zu finden. Wie auch einen Kamm einer Handbreit / womit sie die bunten Tücher auß Wolle weben / mit dem Buchstaben E. angedeutet. Auch diese sind auff vorige Art außgearbeitet und werth zu sehen.

h eine Tabacksbüchſe oder Doſe/ ſo auch
achet / und mit ihren Ringlein verſehen/
ſchnitten. Alles dieſes iſt nun dergeſtalt
heinet / daß ſie nicht ſo ungeſchickt/ wie wol
d daß Joh. Tornæus gar recht geſaget:
em eigenen Kopff zu wege bringen/ geben
n künſtlichen Meiſter überkommen möch-
ht ungeſchickt ſeyn würden. Und damit
möge ſeyn / haben wir alle die beſchriebene
pitels auffs fleiſſigſte abgebildet beyfügen
übrig/davon auch in etwas zu reden. Sie
chen allerhand Art von Blumen/ Thiere
/ und hernach in demſelben gleich als wie
n / Knöpffe und Blümlein auß Bley zu
Weiber ſo wol als wie ſie ſelbſt die Gürtel
Kunna och ſomblige uth ſkiæra former
ſina teenbælten, baode foer mans och
: Etzliche können auch Modeln auß den
ſie die zinnerne Gürtel der Männer und
Modeln gieſſen ſie auch andere Sachen
leyerne Kugeln ſo man in die Röhre ladet.
:us von allen dieſen Sachen insgemein al-
h erfordert/ gieſſen ſie auch einige Dinge
Inſtrumenta ſo die Männer zimmern/
die zu unterſchiedlicher Arbeit gebrau-
der Küche / etzliche bey dem Vieh /
zu nöhtig haben. Von denen ſo auff
ſaget vorgemeldter Tornæus außdrück-
den ſie auff der Jagd brauchen/ ma-
Knochen gar künſtlich. Da er aber
ſer Werckzeug auß Knochen gantz und
reit oben erwieſen worden / daß ſie mei-
ten / ſondern damit nur gezieret werde/

O o 2 auff

auff die Weise wie sie mit ihrem übrigen Haußgeräht machen/ so mit dem Exempel der Lade oben erwiesen. Der Fässer gedencket Zieglerus in kurtz fürher angezogenen Worten so aber mehr den Ruffen gleichen/ dann sie hauen diese Gefässe auß einem grossen Klotze/ als wie man die Tröge und dergleichen zubereitet. Bey dem Wexionio sihet man von Gefässen auß Baumrinden gemacht/ darin sie den Getranck fürsetzen. Was sonsten gar gemein/ davon wil ich anjetzo schweigen. Alle diese Sachen müssen die Männer ein jeglicher von sich selbst/ von keinem Meister als bloß von den Eltern unterwiesen und angehalten/ auß eigenem Kopffe machen: So Sam. Rheen bezeuget: Lapparna læra icke naogot handwærck af naogon mæstare, utan barnen vvarde af foer ældrarne tillhaolldne att gioera saodant. Das ist: Die Lappen lernen kein Handwerck von einigen Meistern/ sondern die Eltern unterrichten hierin ihre Kinder. Und weil ein jeglicher geschickt ist solche Wissenschafften zu begreiffen/ saget auch Andreas Buræus von ihnen: Sie sind behende/ und ihrer Art nach gar geschickt/ allerhand Wissenschafften so in der Hand-Arbeit bestehen/ zu fassen.

Von der Hand-Arbeit und Künsten der Lappischen Männer.

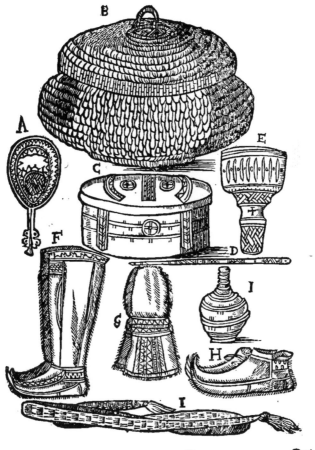

Das XXII. Capitel.
Von den Geschäfften der Weiber bey den Lappen.

Nachdem wir von der Männer Arbeit geredet / müssen wir nun auch zu den Weibern gehen/ und womit dieselbe beschäfftiget / beschauen. Es sind aber zweyerley Künste/ so ihnen bloß allein zukommen/ nemblich das Nähen und Schuhe machen. Dann alle die Kleider/ welche so wol sie selbst/ als auch die Männer brauchen/ müssen sie nähen und verfertigen. Olaus Petri im 16. cap. Den Weibern gebühret Kleider zu machen. Also auch Joh. Tornæus: Die Weit er verfertigen die Kleider auß Reenthierfellen / dann sie haben keine gewisse Schneider oder Kürßner. Sam. Rheen: Qvinnfolks arbetæ ær att syij allehanda klæder, baode foermoen och Qvinnor. Das ist: Der Weiber Arbeit ist allerhand Kleider zu nähen / so wol für die Männer als die Weiber. Und an einem andern Orte: Qvinnornas arbete ærgoera klæder, handskar muddar. &c. Das ist: Der Weiber Arbeit ist Kleider machen/ Handschuhe/ Röcke re. Wie sie aber die Kleider nähen/ so verfertigen sie auch die Schuhe und Stieffeln. Eben derselbe: Idem qvinfolks arbete ær, goera skoor och stoeflar. Das ist: Den Weibern kommet auch zu Schuhe und Stieffeln zu verfertigen. Und wieder an einem andern Orte saget er von allen diesen weiblichen Geschäfften. Lapparnas doettrar læra sy klæder, Lapstoeflar skoor, handskar, muddar, ty ingen mansperson goer naogot saodant, uthan qvinfolken. Das ist: Der Lappen Töchter lernen Kleider nähen/ Lappische Stieffeln/ Schuhe/ Handschuhe und Röcke machen/ dann solches alles keine Mannspersonen/ sondern bloß die Weiber verrichten. Daher auch Johan. Tornæus ins gemein saget: Die Weiber haben die Näh-Arbeit für. Und dieses sind die fürnehmste Geschäffte derselben. Wozu das dritte kommt/ dann alles was zu dem Fuhrwerck gehörig/ nemlich die Reenthier an die Schlitten oder Wagen zu spannen/ als da sind die Beißriemen/ Zäume/ Rücken und Halßriemen müssen auch die Weiber machen. Daher auch fast in allen angezogenen Oertern: Sam. Rheen hinzusetzet: reen aoketyg.

ketyg. Das ist: Alles und jedes so zu dem Anspannen der Reenthiere gehörig. Als in diesem: Der Weiber Arbeit ist Kleider/ Handschuh/ Röcke machen/ och all reenaoktyg, das ist: allen Zeug den sie zu dem Anspannen der Reenthier brauchen.   Damit sie aber alle dieses wol verrichten mögen/ sind sie etzlicher anderer Wissenschafften/ die ihm an die Hand gehen/ und helffen benöhtiget. Deren dann die erste ist/ das Zwirn machen. Diesen bereiten sie insgemein auß den Spanadern der Reenthiere/ weil sie von dem Flachs und Garn nichts wissen. Andreas Buræus: Flachs haben sie nicht/ sondern brauchen an die Stelle die gestossene und getrocknete Sehnadern von den Thieren/ so sie wie den Flachs zurichten und Zwirn darauß machen/ womit sie die Kleider nähen. Er nennet ins gemein Thiere/ allein die Reenthiere sind fürnemblich zu verstehen / von deren Nerven ich in meiner Studierstube gemachten Zwirn beybehalte. Olaus Magnus im XVIII. B. im 30. cap. da er von dem Nutzen redet so man von denen Reenthieren hat: Die Sehnadern dienen an statt deß Flachses/ der wegen der Kälte daselbst nicht wächset/ so wie ein Zwirn/ die Kleider damit zu nähen zubereitet werden. Buræus sagt/ sie spinnen Fäden/ mit denen sie die Kleider nähen können.   Solches giebet Olaus, die Kleider damit zu nähen/ oder wie im Lateinischen stehet zum Nutzen der Kleider. Welche Art zu reden so etwas dunckel ist/ den Lomenium veranlasset zu schreiben/ daß von solchem Zwirn die Weiber Wand weben/ und zu Hembden gebrauchen. Dañ ich wol in acht nehme/ daß er nit nur einmal den Olaũ seine Beschreibung von Lappland / so gar kurtz/ und nicht viel über ein Blat füllet/ in etwas zu erweitern/ zu Hülffe genommen/ seine Meynung aber fast nirgends verstanden.   Allein daß diese Erzählung deß Lomenij falsch sey habe ich schon anderswo gezeiget. Daß aber Olaus nichts sonsten anders gemeynet/ als was ich gesaget/ erhellet auch darauß/ weil er allda saget/ er habe auff gleiche Weise hievon im IV. Buche/ im 10. cap. geredet. Dann an dem Orte von Kleidern oder Hembden auß den Sehnadern der Reenthiere gewebet/ nichts gelesen wird/ sondern dieses allein: Diese Sehnadern sind wie Werck auß den zarten Sehnen gezogen und abgesondert an statt deß Zwirns. Er saget nicht daß von diesen Adern Wand gewebet werde/ sondern nur daß die zarte

von

von denen gröberen und härterern abgesondert und gereiniget werden/ damit man Zwirn darauß machen könne; nemlich/ mit welchem hernacher die Kleider zusammen genähet wurden. Dieses ist so gewiß/ daß heutiges Tages kein Lappisches Kleid / es sey geleich ein Rock/ oder Handschuhe oder Schuh oder Stieffeln zu finden/ die nicht mit solchem Zwirn solten genähet seyn. Dieser Zwirn ist aber durchgehend nicht einerley / dann einige Art grob/ die andere dünner/ eine andere gar zart fällt/ insonderheit die so mit Zinn / wie ich hernach sagen werde/umbwunden wird: die Fäden aber sind nicht/wie sonsten der flächserne Zwirn/an einander hangend und viel Elen lang sondern nur kurtz/und selten über zwo oder drey Elen lang/nemblich nach dem die Adern lang gewesen. Ich finde zwar einige Worte bey dem Olao im XIII. Buch im 48. cap. so den Lomenium entschuldigen möchte. Die Mitternächtigen Weibespersohnen/ saget er/ befl.issigen sich mit grossem Nachsinnen der Leinen und Wollen Weberey/ außgenommen die Lappischen/so auß den Sehnadern der Thiere/ wie anderswo angezeiget worden/Tuch weben/und auß den Fellen unterschiedlicher Bestien bequäme Kleider verfertigen. Allein es sind diese Worte deß Olai, wie viel andere/ gar tunckel. Dann sie können verstanden werden / als wann die Lappischen Weiber nichts weben / wie die anderen Mitterndchtigen/ nicht allein was den Zeug betrifft/ sondern auch das Gewebe ins gemein/ welche Meynung dann die beste. Daß sie solche Gewebe/ so da Tuch auß Zwirn gewebet/ bedeuten/ machen/ saget er nirgends / sondern er redet vom blossem Zwirn/ wie auß den angeführten Oertern erhellet. Die Gewebe sind also hieselbst nicht Wand oder Tuch / sondern nur der blosse Zwirn/ damit sie die Kleider zusammen nähen. So aber Olaus ein anders gewolt/ist nicht zu zweiffeln/daß er geirret. Damit sie aber diese Fäden oder Zwirn füglich auß den Nervenziehen können/ reinigen sie zu erst selbe Adern wohl; und schneiden das grobe und rauhe so an ihnen befindlich hinweg/wie in vorhergehendem Olaus berichtet. Hernach trocknen und stossen sie dieselbe. So Buræus anzeiget/ wann er saget: Daß dieser Zwirn auß den getrockneten/geklopffeten/ und wie ein Flachs zugerichteten Adern bereitet werde. Olaus Petri: Sie spinnen und berei-

bereiten solchen Zwirn auß den gedörreten und auff die Weise des Flachses zuschlagenen Adern. Letzlich nehmen sie dazu das Fett von Fischen/ womit sie selbe erweichen und zäh machen. Wexionius im II. B. im 3. Cap. Diese Weiber sind mit der Nadel und Zwirn fleissig/ welchen Zwirn sie auß trockenen/ geklopfften und mit Fisch-Fett erweichten Adern der Reenthier zubereiten. Nebst diesem Zwirn den sie auß den Sehnen Insonderheit der Reenthiere spinnen/ machen sie auch Garn von der Schaff-Woll/ davon sie Bänder und Tücher weben: Bißweilen auß Haasen-Haar zu den Mutzen und Handschuhen. Dann sie pflegen auß den Haasen-Haaren wann sie recht weiß sind/ Mutzen zu machen/ den Strümpfen nicht unähnlich/ so hin und wieder durch Europa von Wolle oder Seiden so zu Fäden gesponnen/ und durch Hülffe dreyer oder vier dünne eiserne Drätelein gleich wie kleine Ringlein in einander geschürtzet worden/ zubereitet werden/ so die Teutschen Stricken nennen. Diese Mutzen sind über die Maassen zart und weich/ daß sie auch den weichen Schwanen-Hälsen/ welche die Frauensleute gebrauchen/ gleichen / wo nicht übertreffen/ auch eine lange Wärme geben. Mit eben solcher Geschicklichkeit machen sie auch Handschuhe/ so gleichfals trefflich wider die Kälte dienen. Aber nicht weniger sind die Binden oder Tücher/ davon ich gemeldet nicht ungeschickt/ dieweil sie durch Hülffe der Weiber Instrumenten die ich oben angedeutet/ und auß Knochen gearbeitet seyn/ allerhand Figuren in dieselbe würcken/ so auß den jenigen/ welche ich in meiner Studierstuben habe/ und am Ende des vorhergehenden Capitels abgebildet bey dem Buchstaben I. zu sehen ist/ erhellet. Und solches zwar ist die andere und dritte Kunst so die Weiber außüben; nemblich das Weben so theils mit der Spuhl und Weberkamm/ theils mit den eisernen Stöcklein geschiehet. Ihre vierte Wissenschafft bestehet darin/ daß sie den beschriebenen Zwirn oder Fade auf eine gantz sonderbare und künstliche Manier mit Zinn überziehen können. Andræas Buræus: Sie ziehen das Zinn wie daß Gold in gar dünnen Drath/ damit sie den oben genanten Zwirn oder die Sehnen bewinden. Zu erst nemblich ziehen sie das Zinn zu Fäden oder Drate/ hernach winden sie solche zinnerne Fäden umb andere Fäden auß Sehn-Adern der Reenthiere gemachet/ zu jenem brauchen

P p   sie

sie ein Horn welches viele Löcher etzliche eng/ etzliche etwas weiter hat/ durch diese stecken sie das Zinn und ziehens mit den Zähnen nach sich/ daß es also je länger je dünner und endlich zu Fäden gezogen werde. Sam Rheen: Thee draga och teentraod igenom horn, pao hvvilcka the häfvva grofvva och granna hool.   När teenet ær smæltat een aln laongt, draga the med sine tænder foerst igenom the grofwa hohlen och sedan igenom thee grannare.   Das ist: Sie haben ein Horn in welchem etzliche weite/ etzliche enge Löcher/ durch welche sie das Zinn zu Fäden oder Drat ziehen.   Wann sie einer Elen lang gegossen Zinn haben/ ziehen sie solches erst durch die weite/ hernach durch die enge Löcher.   Weil aber die so gearbeitete Fäden rund sind/ und also auff andere Fäden nicht können gewunden werden/ dann wo sie dichte darauf sitzen sollen/ müssen sie von einer Seiten platt uñ breit seyn.   Dannenhero stecken sie in gedachte Löcher ein Knöchelein/ so daß selbe nur halb offen seyn/ und ziehen alsdann den zinnern Drat noch einmal hindurch; da sie dann von einer Seiten breit werden. Solches bezeuget auch Sam. Rheen: Tao teen traoden ær long blefwin, och skall sedan dragas bred, att han mao kunna spinnas, sættia the ett liitet been i thet hool, the draga traoden igenom ther af warder traoden breder, att han spinnes.   Das ist: Nachdem der zinnerne Drat zimlich lang außgedähnet/ und breit sol gemachet werden/ damit er durch spinnen auff andere Fäden sich winden lasse/ stecken sie einen kleinen Knochen in ein Loch und ziehen ihn dadurch/ also wird er breit/ und zum Umbwinden geschickt.   Dieses ist nun das erste Theil von dieser Wissenschafft daß sie nemblich den zinnernen Drat bald rund/ bald halb rund/ und von einer Seiten platt machen können.   Die Abbildung hievon ist diese.

Was

Von den Geschäfften der Weiber bey den Lappen.

Was das andere Theil belanget/da sie nemblich diese Fäden oder Drat auff Zwirn winden/geschiehet solches mit einer Spindel/durch welche sie diese Fäden aneinander fügen/ so daß der Zwirn auß den Sehnen gemachet/ mit dem zinnern Drat bewunden wird/ und also gantz wie zinnern erscheinet. Welches sie dann also fort/ nachdem sie den zinnern Drat gezogen/ zu Wercke richten/ damit solcher nicht in einander verwickelt und verwirret werde/ zu dem Ende sie auch das jenige was sie vorgesagter massen gezogen/ alsbald umb den Halß oder Fuß winden. Sam. Rheen: Nær bemælte teen traodh blifvver naogre alnar laong, linda rhe honom vvid rhedraga, kringh om hufvvudet, sombliga kringhom foerterna, att han icke skall oreedas Sedan spinna thee honom med een liiten slænda skringk om een annan grann traod. Das ist: Wann der zinnerne Drat auff etzliche Elen lang außgedähnet/ winden sie unter dem ziehen/ solches entweder umb den Kopff oder Halß oder Füsse/ damit es nicht verwirret werde. Hernach spinnen sie ihn mit einer kleinen Spindel/ und winden ihn umb einen andern dünnen Faden. Und solcher gestalt machen die Lappen den zinnernen Drat/ wie andere Völcker auß Silber und Golde. Diese Fäden und Drate gebrauchen sie zu vielerley Sachen/ insonderheit die Kleider damit zu sticken. Und dieses ist das Fünffte so die Lappischen Weiber lernen. Dessen allbereit Zieglerus

Das zwey und zwantzigste Capitel

gedencket: Ein Theil/ saget er/ künstlen allerhand Sachen / sticken mit der Nadel sehr wol / und machen Kleider mit Gold und Silber gewebt. Was er allhie von dem Gold und Silber saget/ ist der Wahrheit nicht gemäß. Heutiges Tages findet man hievon bey den Lappen nichts. Sie weben auch gar kein Metall zwischen ihre Kleider/ weil sie gantz keine Kleider/ weder auß Leinen oder Wolle weben/ sondern die wölline Kleider so sie haben/ kauffen sie schon also gewebet / oder tauschen sie von den Bothnischen und Norwegischen Kauffleuten ein. Weben sie also nichts zwischen die Kleider/ sondern sticken sie mit der Nadel. Andreas Buræus: Damit sie auch ihre Kleider und andere Sachen sticken können/ ziehen sie das Zinn in gar dünne Fäden/ und winden solche umb gedachte Adern/ damit sie hernach wie gesaget ihre beste und feyerliche Kleider zieren. Und also solte auch Wexionius geredet haben/ der da saget/ sie weben das Zin künstlich ein/ wie ihre Handschuhe und Schuhe/ so allhie täglich zu kauff kommen/ bezeugen. Solches ist an ihren Schuhen und Handschuhen nicht zu ersehen/ sondern sie sind wie Buræus meldet mit zinnernen Fäden oder Draten gestickt. Davon imgleichen Joh. Tornæus: Die Sehnadern von dem Thier bereiten sie zu dünnen Fäden/ über welche sie hernach durch spinnen Zinn winden/ damit sie ihre Peltze sticken. Auff diese Weise zieren sie nun fast alle ihre Kleider/ und die unter den Weibern solche Kunst am besten verstehet/ wird anderen fürgezogen/ und höher gehalten. Welches Sam. Rheen bezeuget: The qvinnfolk som snællast æro, och nættast omgao med bemælte traodragande och burderande, haollas hoos them i stoersta æhra. Das ist: Die Weiber so das Zinn am zierlichsten und besten ziehen und damit sticken können/ sind bey ihnen in hohem Ansehen. Eben derselbe benennet auch einige Kleider/ so dergestalt ins gemein gezieret werden: Med denn treen traod, barderas muddar, stoeflar, handskar skoor. Das ist: Mit diesen zinnernen Fäden sticken sie die Röcke muddar genant/ Stieffeln/ Handschuhe/ Schuhe: Und thut hernach hinzu: Och reenaoktyg. Das ist: Wie auch alle das Zeug damit die Reenthier für die Wagen gespannet werden. Sie pflegen aber solchen Zieraht nicht auf die rauhe Felle oder Häute selbst/ sondern auff

einen

einen Saum oder Borten/ welche sie auß rohten/ blauen und dunckel-grauen wöllinen Laacken schneiden und auff die Kleider brähmen/ zu setzen. Mit dergleichen Borten versetzen sie ihre Mudden umb den Halß und an den Ermeln/ wie auch an der Brust und Seiten längst herab; die Handschuhe aber an dem Theil so nach dem Arm gekehret/ die Stieffeln/ oben umb die Knie/ die Schuhe umb das Hole da man den Fuß hinein stecket oder auch vorn an der Spitzen. Und ist gewiß selber Zierzaht recht künstlich gemachet/ und bildet nicht allein ab/ allerhand Arten Sterne/ Blumen/ Rosen; sondern sie sticken auch mit diesen zinnernen Fäden Vögel und vierfüssige Thiere/ insonderheit ihre Reenthiere/ nicht ohne grosse Belustigung dessen der es siehet. Und damit ja alles glänze/ versetzen sie alles mit kleinen zinnernen Knöpffgen so sie mit einem Hammer platt schlagen und glätten/ also daß wann die Sonne darauff fält/ alles wie Straalen von sich giebet. Hiezu kommen die Binden/ Nestel/ Bänder und dergleichen/ so auch mit solchen zinnernen Fäden außgenähet/ hin und her herab flattern/ und an den Enden mit wöllinen Flocken oder Frantzen allerhand Farben gezieret sind. Von allen diesen Sachen habe ich zu Ende deß vorigen Capitels einige Abbildung beygefüget/ als der Stieffeln mit dem Buchstaben F. der Handschuhe mit G. und der Schuhe mit H. bezeichnet. Auff diese Manier zieren sie aber nicht nur die Kleider/ sondern auch die Seile/ Riemen/ und was sonsten zu dem Anspannen der Reenthier gebrauchet wird. Alles ist mit solchen zinnern Draten und Fäden durchzogen/ am Ende aber mit wöllinen Frantzen und Ecken besetzet. Ja sie haben fast nichts umb und an ihnen/ was man anders zu sehen bekommet/ so nicht durch diese Kunst ansehnlich und zierlich gemachet ist. Ich habe bey mir Taschen so die Weiber und Männer tragen/ wie auch Nadel-Büchslein/ Messerscheiden/ und dergleichen mehr/ so man nicht ohne Verwunderung betrachten kan. Damit solches aber nicht zu viel geredet scheine/ und auch andere/ welche wol ihr Tage nicht solche Lappische Raritäten gesehen/ davon einige Nachricht erhalten mögen/ habe ich nicht unterlassen mögen einige dieser gemeldeten Sachen abzubilden und hieben zu setzen.

Pp 3   Das

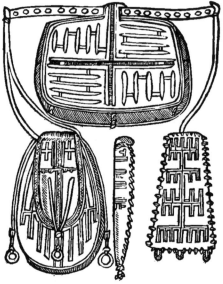

Das XXIII. Capitel.
Von den Geschäfften so den Männern und Weibern gemein.

WAs wir bißhero von den Geschäfften der Lappen geredet/ist dergestalt beschaffen/ daß deren etliche der Männer/ etliche der Weiber eigene sind/ worin einer den andern nicht verunruhigen oder in das Ampt fallen darff. Was sonsten bey ihnen so wol zu Hause als auff der Reise zu verrichten fürkomt/ solches geschiehet durch gemeine Bemühung. So Joh. Tornæus will/ wann er saget: Beyderley Geschlecht träget Hosen wegen deß hohen Schnees/ üblen Wetters und Beschwerlichkeiten auff der Reise. Falß so wol die Weiber als die
Män-

Von den Geschäfften/ so den Männern und Weibern gemein. 303

Männer allerhand Arbeit/ die Jagd außgenommen/ verrichten müssen. Er saget die Jagd außbenommen/ als das fürnembste Geschäfft/ nicht daß er hiedurch auch die jenigen Verrichtungen außschliesse / so wir bißhero erwiesen/ der Weiber eigene zu seyn. Er deutet an daß sie ins gemein zusammen/ alles verrichten/ insonderheit aber was auff den häuffigen Reisen fürkommet/ deßwegen auch die Weiber so wol/ als die Männer mit Hosen versehen. Von den Reisen gedencket auch Sam. Rheen außdrucklich: Seine Worte lauten auff Teusch also: Zuerst gehet der Haußwirth mit etlichen beladenen Reenthieren/ die er nach sich führet/ darauff komt sein Weib so auch ein Theil von den Bündeln hinter sich hat. Hie siehet man daß sie ohne Unterscheid beyderseits auff der Reise/ und wann sie ihren Sitz ändern/ Hand anlegen müssen. Und im Sommer zwar gehet so wol das Weib als der Mann zu Fusse: Im Winter fahren sie mit Schlitten/ die ich oben beschrieben. Der auff dem Schlitten fähret/ sitzet von beyden Seiten mit Bändern angebunden und bedecket/ insonderheit wann er geschwind wil fort fahren/ so daß er nur biß an die Brust ausserhalb deß Wagens herfür raget/ und der Kopff nebst den Armen frey sind/ den Rücken leget er an die Taffel oder das Brett / so an den Schlitten hinten fest gemachet. Wexionius: Der Schlitten wird hinten mit einem Brette verschlagen an w[e]lches der fahrende (denn ein jeder Schlitten kan nicht mehr als einen Menschen fassen) den Rücken lehnet. Sonsten sitzet er biß an den Nabel in dem Schlitten gleichsam vergraben/ und mit einem leinen Bande oder ledernen Riemen angeschnüret. Joh. Tornæus: Der Mann sitzet auff dem Schlitten wie ein Kind so eingewindelt ist/ und hat nur den halben Leib und Arme herfür. Die Reenthier werden auff eine andere Manier als wie sonsten die Pferde angespannet. Dann sie haben umb den Hals einen breiten Riemen / an selben ist eine Leine oder Seil fornen auf der Brust fest gemacht/ welches mitten zwischen den förder und hinter Füssen durchgehet/ und endlich an das Loch / so der Schlitten oben an dem Vordertheil hat / gebunden wird. Wexionius: An dem Vordertheil deß zugespitzten Wagens/ ist durch das Loch ein Seil gebunden/ so zwischen den Beinen deß Reenthieres/ unter dem Bauche / damit selbiges einen richtigen Lauff halten

ten möge / durchgehet / und an den runden Riemen so umb den Halß deß Reenthieres (so auß dem rauhen Fell eben eines solchen Thires zubereitet ist) gebunden / angeknüpffet wird. Joh. Tornæus: Sie legen umb den Halß deß Reenthiers einen Riemen wie ein Koller oder Kragen/ und wird an solches ein Seil fest gemacht so ihm unten durch die Beine biß an den Wagen reichet / so auch von einem Knaben kan gehoben werden. Hat also der Mahler deß Olai Magni gar sehr geirret / so die Reenthiere nicht anders als wie man die Pferd: mit zwo Seilen von beyden Seiten anzuspannen pfleget / für den Schlitten gebildet / besiehe dessen XVIII. B. im 29. Cap. Uber das hat er dem Reenthier / noch über den Riemen so dessen Brust einfasset / einen Reiff oder Kommetholtz / wie an den gemeinen Wagen oder Schlitten geschiehet / umb den Hals gemahlet. Man pfleget nemlich insgemein das Pferd an den Schlitten mit zwo hölzernen Stangen / so an statt der Seilen von beyden Seiten angebunden / zu spannen / und damit zwischen selben das Pferd desto freyer und mit weniger Beschwerligkeit lauffen könne / wird oben über deß Pferdes Nacken ein hölzerner Reif wie ein halber Circkel gestalt / fest gemacht / so die Stangen von dem Leibe deß Pferdes in etwas abhält. Diesen halben Circkel nennen sie Jochrancka. Solch einen halben Circkel hat der Mahler auch dem Reenthier umb den Halß gemachet / den man doch nicht als zu ermeldten Stangen brauchen kan / mit welchen doch die Reenthier niemals an den Schlitten gespannet werden / sondern wie ich gesaget / nur mit einem Riemen und Seil. Nicht viel besser hat er die Manier wie sie im Sommer fahren vorgestellet. Er machet daselbst zweene Reenthier für einen Wagen mit Rädern gespannet / so bey den Lappen / wie ich schon erwiesen / niemals erhöret ist. Dann sie im Sommer keinen Wagen brauchen / sondern hängen ihre Bündel und Geräthe über den Sattel. Am allermeisten aber hat er geirret / von einem Lappen abgebildet / so auff einem Reenthier sitzet mit Sattel und Zaum außgerüstet / besiehe das 26. Capitel desselben Buchs. Und deß IV. Buches 9. Cap. Es saget auch zwar Olaus in eben dem angezogenen 26. Cap. Es lauffet mit seinem Reuter über den hohen Schnee. Allein die Lappen wissen hievon nichts / so vor dem Olao schon Zieglerus angemercket

mercket: Es träget keinen Reuter/ sondern wird mit einem Brust-riemen an den Wagen gespannet. Die Lappen reiten im Sommer nicht/wann sie reisen/ brauchen auch keinen Wagen mit Rädern dar-auff sie sitzen/wie in den Gemählden deß Olai befindlich/ sondern gehen zu fuß. Im Winter fähret ein jeglicher mit seinem Schlitten/in wel-chem er angebunden sitzet/ für demselben gehet ein Reenthier/ auff die Weise als wie gesaget/angespannet. Der Lappe so da fähret regie-ret das Reenthier mit einer einzigen schlechten Jaglinie/ so ihme nicht in das Maul sondern umb den Kopff und Hörner gebunden wird/die-se hält er mit der Rechten an einem Stock fest gemacht/ so daß es er bald zu der rechten / bald nach der lincken Hand über den Rücken werffen kan. Dann wohin selbe geworffen wird/dahin lauffet auch das Reen-thier. Wexionius: Uber den Rücken deß Thieres gehet eine Jagli-nie / nemlich ein breiter Riemen von der Haut eines Meerkalbes ge-schnitten/ so ihme umb den Kopff gebunden/ nach dem nun derselbe so da fähret/ entweder nach der Rechten oder Lincken die Linie lencket / so gehet auch das Thier. Von diesem Riemen oder Linie saget auch Tornæus: Er regieret das Thier mit einem Riemen und fähret schnell fort. Und solches geschiehet mit einer Hand/ mit der andern regieret er den Schlitten. Dann weil der Schlitten wie ein Kahn untenhalb rund ist / deßwegen beuget er sich bald auff diese bald auff jene Seite/ daß man ihme mit der Beugung deß Leibes nach der anderen Seiten/ und mit der Hand/ damit er nicht gäntzlich umbgeworffen werde/ zu Hülffe komme. Sie spannen / saget Herberstein/ Hirsche (so nennet er hie die Reenthiere) an einen Wagen/ so wie ein Fischerkahn gestal-tet/ in dem sitzet der Mann und hat die Füsse fest angeschnüret / damit er nicht/ wann die Thiere sehr schnell fortlauffen/herauß falle/ mit der Lincken hält er den Riemen oder Linie/ mit welcher die Thiere regieret werden/ in der Rechten aber hat er einen Stock/ mit deme er den Fall deß Wagens/ so er vielleicht sich gar zu sehr auff eine Seite legen möch-te/ verhütet. Dieses sind Herbersteins Worte. Allein der Stock ge-höret zu der rechten Hand umb welchen der Riemen damit das Thier regieret wird/gewunden/so darumb geschiehet/damit der so im Schlit-ten fähret und gar niedrig sitzet/die Linie über den Rücken deß Thiers/ bald auff diese/bald auf jene Seite/nachdem es nöhtig/ werffen könne/

Q q   und

306 Das drey und zwaintzigste Capitel

und hält mit dem Stocke sich und den Wagen nicht so/als wie mit der Beugung deß Leibes und der Hand. Das gantze Wesen ist also wie es in dieser Figur zu sehen/beschaffen.

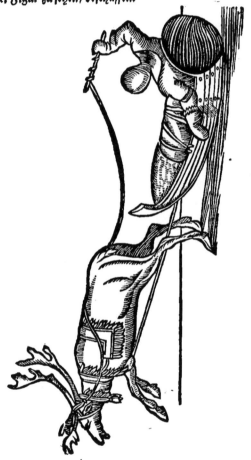

Auff

Von den Geschäfften/ so den Männern und Weibern gemein.

Auff solche Weise verrichten sie im Winter ihre Reisen/ wann alles mit Schnee überdecket. An Zierzahl womit sie das Reenthier außpuhen/ mangelt es ihnen auch nicht/ dann sie haben eine Schabarack/ eine Binde so ihm umb den Halß gebunden/ daran ein Glöcklein/ welches die Reenthier sehr gerne leiden/ hänget/ alles mit der Nadel und zinnern Drat gesticket/ und an den Enden mit Ecken von allerhand Farben Band verseht/ wie auß fürhergehender Abbildung zu ersehe. Sie reisen aber bald langsam/ bald geschwind/ nachdeme es ihre Geschäffte erfordern. Wann sie bloß ihren Sih verändern/ fahren sie allmählich/ weil sie ihren Haußgerath nachführen/ so sie auff einen Wagen von der andern Art/ so etwas länger/ und Achkio genant geleget/ und von einem besonderen Reenthier gezogen wird. Der Mann oder das Weib fahren mit ihrem Schlitten zu erst/ hernach folgen die Reenthier mit den Bürden/ entweder in einer langen Reihe/ einer immer an den fürhergehenden Schlitten angebunden/ oder aber frey und loß. Daher Wexionius: Die Reenthier/ so diese Achkios ziehen/ folgen dem einen Lappen so forn anfähret/ gutwillig alle miteinander nach. Er saget/ daß sie gutwillig nachfolgen/ weil sie loß und auß Gewohnheit folgen. Wann sie gewisser Geschäffte halben fahren und keine Last bey sich haben/ jagen sie über die maßen schnelle zu. Zieglerus: Sie kommen in vier und zwanzig Stunden hundert und funfftzig tausend Schritt fort/ oder dreyssig Schoenas (ist eine gewisse Weite) welche Weite sie in ihrer Sprache nennen/ den Horizont dreymal ändern/ das ist/ das Zeichen so sie von fernë am weitesten gesehen dreymal berühren. Herberstein saget daß sie damit in einem Tage zwantzig Meilen hinter sich legen können/ und daß er selbst mit einem solchen Wagen zwantzig Meilen in einem Tage gereiset. Es verstehet nemlich Herberstein einen natürlichen/ Zieglerus aber einen bürgerlichen Tag von 24. Stunden. Wiewol es kaum möglich/ daß mit einem Reenthier/ eine solche weite Reise in einem Lauff könne verrichtet werden/ falß es nicht 20. Meilen enden kan/ es sey dañ gar vermögen/ und habe dazu einen guten/ gebahnten Weg für sich/ und daß der Schnee gar glipfferig sey. Insgemein können sie innerhalb 10. Stunden/ zwölff/ vierzehen/ oder auch sechszehen Meilen fen. Und dieses ist die schnelleste Reise so ein Reenthier in einem stäts-währenden Lauffe thun kan. So dieses gedoppelt wird/ kan man zwar wol sagen/ wie Zieglerus thut/ daß er innerhalb 24. Stunden dreyssig Meilen abgeleget. Allein wie ich gemeldet/ ist es fast unmöglich/ daß ein einziges Reenthier so lange stäts aneinander lauffen kan/ wie mich die Lappen selbst berichtet. Und Olaus Petri: Man hat erfahren daß es falsch sey/ daß ein Reenthier so lange den schnellen Lauff außhalten könne. Daß es einen Mann über zwölff Meilen ohne einige Ruhe fortbringe/ und so es ja einen Tag solches außstehet/ und den andern darauff nicht ruhet/ muß es sterben. Dieses schnelle Lauffen ist beyderley Geschlecht gemein/ und können die Weiber nicht weniger als die Männer damit zu rechte kommen/ so theils auß Olai M. V. Buche und 12. Cap. als auß der heutigen Erfahrung am Tage. Dann Olaus saget zwar daß die Weiber auff der Jagd Holtz-schuhe brauchen/ doch habe ich schon erwiesen daß kein Weib auff die Jagd kommen darff. Wiewol sie nun nicht auff die Jagd mit den Reenthieren fahren/ verrichten sie doch damit/ wann es nöhtig/ andere Geschäfften. Wie sie dann auch die Schlitten/ gleich wie die Männer brauchen. Wie nun die Weiber nebst den Männern reisen/ und was auff der Reise erfordert wird/ verrichten/ also helffen sie auch einander/ wann sie an einem gewissen Orte eine Weile stille ligen/ das Vieh weyden und fischen. Was die Reenthier belanget ist es bekandt daß selbe so wol von den Weibern als Männern in acht genommen/ geweydet/ und auch gemelcket werden. So dann Sam. Rheen an dem Orte/ wo er von der Manier selbe zu melcken/ redet/ außdrücklich bezeuget. Hvvilket arbete goera mæn och qvinnor, unga och gambla. Das ist: Welches die Männer so wol als die Weiber jung und alt thun. Die Fischerey betreffend ist es auch unlaugbar/ daß selbe so wol von den Weibern als den Männern versorget werde/ und fangen die Weiber/ wann die Männer nicht zu Hause/ etzliche Wochen durch viel Fische so sie außnehmen/ trockenen/ und auff den Winter verwahren. Die Manier deß Fischens ist fast eben so wie an andern Oertern beschäffen. Dann sie stellen auch die Reusen auf/ werffen die Netze und treiben sie ins Garn und fangen sie mit der Wate. Daß ich

ich also nicht weiß / warumb Paulus Jovius saget / daß sie in der Fischerey so gar ungeschickt. Sie fischen saget er/ in Beschreibung von Moscovien gantz närrisch/ aber glücklich. Ich sehe in der Lappischen Fischerey gar nichts närisches. Daher auch Olaus Petri: Ich habe niemals gehöret/ daß die Lappen andern Fischerzeug brauchen als der sonsten gewöhnlich. Es möchte dann Paulus Jovius auff ihre Angel gesehen haben/ die sie nicht auß Eisen/ sondern auß Holtz machen. Sie nehmen einen zweyzanckichten Pflock von Wachholder-Holtz/ schneiden ihn an einem Ende wie ein Angel spitz und scharff/ diesen binden sie an einen kleinen Strick/ den sie an einem Stock feste machen/ und stecken solchen alsdann in das Wasser/ wo sie etwas zu bekommen verhoffen. Wann nun die grosse Fische die Speise so an dem Pflock hänget einschlingen wollen/ werden sie leichtlich gefangen. Dann sie stecken dergleichen Stöcke zu einer Zeit viel in das Wasser. Die Art aber von Angeln/ da an eine lange Spießrute oder Rohr/ durch Hülffe eines Pferdhaars der Angel fest gemacht und in das Wasser gelassen/ und so bald der Fisch angebissen/ von dem Fischer herauß gezogen wird/ ist ihnen allerdings unbekandt. Es ist aber solche Fischerey nach den Zeiten deß Jahres auch unterschiedlich. Dann im Sommer fischen sie gemeiniglich mit dem Zuggarn/ so sie zwischen zweene Kahne nehmen/ außdehnen/ und mit den Kahnen einen gewissen Platz rund umbfahren/ und also die Fische einschliessen. Sie haben ferner ein Eisen an eine Stange fest gemachet wie ein Spieß/ dessen Gestalt dem Drey-Zirck deß Neptuni nicht ungleich/ so sie eine Fischer-Gabel nennen/ ohn daß sie nicht mit dreyen/ sondern mit mehrerern Spitzen versehen. Mit dieser Gabel stechen sie sonderlich die Hechte/ wann selbe bey Sonnenschein sich auß dem Grunde in die Höhe geben und sich sehen lassen. Dieses thun sie auch bey Nachtzeit / da sie trockenes Holtz in dem Vordertheil ihrer Kahnen anstecken/ und damit die Fische herbey locken. Im Winter legen sie ihre Netze oder Garn unter dem Eise auß/ welches sie an unterschiedenen Oertern durchhauen/ damit sie durch Hülffe einer Stange das

Garn von einem Loche zu dem andern fortbringen / biß es an das andere Ufer gelanget / und feste gemachet worden / alsdann erregen sie oben ein grosses Geräusch und treiben also die Fische in das Garn. Alles dieses verrichten zuweilen die blossen Weiber allein. So daher destoweniger zu verwundern/weil Lappland allenthalben voller Fische/ wie ich anderswo zeigen werde. Uber diese erzählte Geschäfften sind noch viel andere / in denen die Weiber den Männern täglich beyspringen/ als im Holtz samlen / in Zäun machen/ damit die Reenthier nicht weglauffen können/ und in anderen mehr. Welche weil sie nicht viel zu bedeuten/wollen wir sie auch nicht absonderlich berühren.

Das XXIV. Capitel.
Von dem Müssiggang und Spielen der Lappen.

WEil wir bißhero von den Geschäfften der Lappen so sie täglich verrichten/geredet. Wollen wir auch von ihrem Müssiggang und Ruhe/und womit sie selbe zubringen/handeln. Für allen ist zu wissen/ daß die Lappen ins gemein deß Müssigangs grosse Liebhaber sind/ auch nicht arbeiten / wo sie nicht die Noth/ und Mangel der Lebensmittel dazu zwinget. So sie dann vielleicht von ihren Vorfahren den Finnen/wie ich an einem andern Orte gesaget/empfangen. Hernach ist ihr kaltes Temperament dazu kommen / so sie von der rauhen Lufft ihres Landes herhaben/und welches allein für sich faul machet. Wie auch die langen Nächte/daß viele schlaffen/davon sie nicht minder träg werden. Daß ich anjetzo von ihrer übrigen Unvermögenheit nicht rede/ da sie gar schwere Kranckheiten mit grossem Verdruß lange Zeit außstehen müssen. Also lieben sie deßwegen den Müssiggang. Wie verhalten sie sich aber dabey? Das gemeinste und so von allen beliebet wird/ist/ daß sie sich alsdann untereinander ersuchen und die Zeit mit Plaudern zubringen. Dann weil sie ein einsames Leben führen/und eine jede familie in ihren Katen bleibet / als die da insgemein weit von einer anderen entlegen/ist ihnen die Zusammenkunfft und Unterredung gar angenehm. Sam. Rheen: In boerdes gæsta Lapparne hvvar andre

ſſiggang und Spielen der Lappen.

s tiid foerdriif beſtaor mæſt ther uthin-
eker then andra af flæcht och vvænner,
nander zu erſuchen/dann dieſes iſt die eintzi-
n Lappen/daß ein guter Freund oder Ver-
nt. In dieſer Beſuchung iſt das fürnemb-
tzen/ und zwar von gemeinen und bekand-
ldheit/ täglichen Geſchäfften und derglei-
ſeltzam nicht/daß ſie von andern Völckern
z und Lebens-Manier ſie durch die Kauff-
ſelbe mit poſſierlichen Eckelnamen durch-
ichter Autor ſonderlich an ihnen in acht ge-
tree komma tillſamman, ſao kunna the
ærdeles folck afandre nationer, gifvvan-
r tillnampn. Das iſt: Wann zweene oder
jun ſie faſt anders nichts/als andere durch-
e Nationen/ denen ſie allerhand Eckelna-
was vermöglich nehmen die Gäſte mit ei-
iellten Mahlzeit auff. Daher eben derſelbe
t/ daß ſie einander erſuchen/ hinzu thut:
n fliit att plæga ſiina gæſtor afthet, the
Das iſt: Alsdann befleiſſiget ſich ein je-
luffinehme/ mit alle dem ſo er nur zu wege
n Beſuchungen haben ſie/ ſonderlich in-
mit ſie ſich beluſtigen/ zu welcher Zeit ſie
ander wohnen als im Sommer/ ſondern
ehen/ wie auch wann ſie an gewiſſen Oer-
nd Jahrmärckte gehalten werden/ zuſam-
n Spielen ſind etzliche ſo allein den Män-
mmen; Etzliche ſind den Weibern und
änner und Jünglinge Kurtzweil iſt dieſe:
Strich in den Schnee/ gleich wie ein Ziel;
Schritte weit ſtecken ſie ein Zeichen. Alsdañ
n einer nach dem andern zu dem Ziel/ und
un ſie einen ſtarcken Sprung in die Weite/

wer

wer nun mit einem Sprunge am weitesten gekommen/ der wird für einen Uberwinder geachtet. Und dieses ist die erste Kurtzweil so auß Lauffen und Springen zugleich bestehet. Weiter haben sie ein ander Spiel/in welchem sie mit Springen allein/und zwar nicht in die Weite/ sondern in die Höhe streiten. Es stehen ihrer zweene Männer und Jünglinge auffgericht/ einer nicht weit von dem andern/ und halten mit den Händen bald einen Strick/bald einen Stock/ einmal niedrig/ das andermal/ nach dem sie es beliebet/hoch/zum öfftern als ein Mañ hoch. Alsdann bemühet sich einer nach dem andern über den Stock zu springen von dem bezeichneten Orte/ wer nun solches am besten verrichtet/ wird für andern gerühmet. Das dritte Spiel geschichet mit einem Bogen und Pfeilen. Sie setzen an einen gewissen Ort ein Ziel so gar klein ist/und schiessen nach selben von dem Mahl oder Stelle die sie alle beliebet. Wer es trifft/oder zum öfftern trifft/wird seinen Mitgesellen fürgezogen. Und diese Spiele zwar werden bloß ein Lob und Ehre davon zu tragen angesetzet. Bißweilen so streiten sie auch umb einige Geschencke und Gewinst/ wie sie sich einigen/ welche sie mitten auff den Platz/ wo sie ihr Spiel halten/stellen. Die Gewinste sind selten Geld/insgemein aber Felle/ insonderheit von den Eichhörnern/bißweilen eins/zu Zeiten auch mehr/wie es ihnen gut däucht und gefällig. Etliche Spielen sind den Männern und Weibern gemein/ als mit dem Ball/ auß Leder genähet und mit Heu gestopffet/ so als eine Faust groß ist. Es theilen sich die Männer und Weiber die zusammen gekommen/in zwo Parten; Eine nimbt diesen Platz ein/ jene einen andern so gegen über gelegen/ und davon etwas entfernet ist. Alsdann schläget ein jeder nach der Ordnung auß dem einen Theil den Ball mit einem Stocke in die Lufft/ so starck als sie immer mehr können/welchen dann wann er wieder herab fält/ die so in den andern Theil/auffzufangen sich bemühen. So ihn nun jemand mit der Hand gefangen/ehe er die Erde berühret/ wendet sich das Spiel/ und dieses Theil schläget den Ball/das andere aber muß ihn aufffangen. Auff solche Weise spielen die Männer und Weiber zusammen/ wie auch die Knaben und Mädgens/und thun allhie die Männer den Weibern wenig bevor. Noch ein anderes Spiel haben sie mit dem Ball.

Sie

Von dem Müssiggang und Spielen der Lappen.

Sie machen auff dem gefrornen Schnee zwo Striche so ein wenig von einander stehen / darauff wird der gantze Hauffe der Mann und Weibes-Persohnen in zwo Theil abgesondert / ein Theil nimbt ihm für diese Linie oder Strich/das andere jenen zu verthädigen. Hernach gehen sie alle in den Raum so zwischen den beyden Strichen ist zusammen/und werffen den Ball auß: Also fort bemühen sie sich selben alle miteinander / mit Prügeln und Stöcken fortzustossen/ dieses Theil zwar nach dem entgegen stehenden Strich/jene aber nach dem so ihnen entgegen/welches die so einen in den Strich beschützen sollen/mit allen Kräfften hindern. So nun ein Theil den Ball über den Strich deß andern Theils mit Stöcken fortstossen/ (dann die Hand müssen sie nicht daran legen/) und also dessen Platz einnehmen kan/selbes hat gewonnen. Die Spiele so ich bißhero erzählet / es mögen gleich solche der Männer eigene / oder den Männern und Weibern gemein seyn/ kommen so wol den alten als jungen Leuten zu. Aber das Spiel davon ich anjetzo reden werde gehöret bloß den Männern/und zwar denen Erwachsenen zu. Sie pflegen sich in zwo Hauffen zu theilen / und mit einander zu ringen. Ein Theil stehet in einer langen Reihe als wie gegen ein Kriegesheer in Ordnung / gegen diesem über stehet das andere gestellet. Ein jeglicher ergreiffet seinen Feind bey dem Gürtel / damit alle Lappen wie ich anderswo gewiesen / versehen sind. Ein solcher Gürtel gehet zwey oder dreymal umb den Leib/daher ist er starck und zu dieser Sache geschickt. Wann also einer den andern an dem Gürtel ergriffen / bemühet er sich mit aller Macht selben zu der Erden zu werffen. So aber durch keine List oder Betrug/ als wie mit Bein setzen und dergleichen/nicht geschehen muß. So auch jemand dieses thun solte/ würde er für einen gottlosen und dieses Spieles unwürdigen Menschen außgeruffen werden. Und diese sind nun der Lappen besondere und eigene Spiele. Sonsten haben sie noch einige die sie von anderen Völckern bekommen. Als zu erst das Kartenspiel so fast allen Nationen in gantz Europa kündig. Dann auch die Lappen erlustigen sich an demselben gar sehr/ und kauffen die Karten von den Kauffleuten/ so jährlich zu ihnen kommen. Die Arten zu spielen sind von den gemeinen und bekandten nicht unterschieden. Hieher gehöret

höret auch das Würffelspiel. Diese Würffel machen die Lappen selbst auß Holtz nach der gewöhnlichen Weise: Hierin sind sie allein besonders/ daß da andere Würffel gewisse Zahlen auff allen Seiten gezeichnet haben / zeigen diese nur eine eintzige / nemblich in der Form deß Buchstabens X. Der jenige wird in diesem Spiel für einen Gewinner gehalten/ so wann er mit beyden Würffeln geschmiessen/ in einem von beyden dieses Zeichen oben auff zeigen kan. Sie pflegen aber auch bey erzählten Spielen einige Gewinste auffzusetzen als Eichhörner-Felle/ oder sonsten geringere Sachen/ und in Ermangelung dieser bleyernen Kugeln / so sie auff der Jagd zum Schiessen gebrauchen. Und geschichet zum öfftern / daß einer auß Hoffnung den zuvor empfangenen Schaden/ aller seiner Kugeln verlustig wird/ und also nicht nur gegenwärtig Verdruß leidet / sondern auch an der Jagd verhindert/ ein grosses Theil von seinen Lebensmitteln ins künfftige quit gehen muß. Dieses sind die gewöhnlichsten Arten bey den Lappen/ womit sie die Zeit vertreiben/ und in ihrer Müsse sich belustigen/ wie mir solches Olaus Matthiæ ein Tornischer Lappe erzählet.

Das XXV. Capitel.
Von den Verlöbnüssen und Hochzeiten der Lappen.

WIr haben bißhero die Geschäfften der Lappen so ihnen fast täglich unter Handen kommen beschauet / wie auch ihre Müsse und Spiele/ damit sie nach der Arbeit sich ergetzen: Nun ist annoch übrig daß wir auch von denen Geschäfften und Verrichtungen so gantz besondere feyerliche und auß gewissen Ursachen angestellet sind/ reden. Von diesen ist nun das erste so zu dem Ehestande der Lappen gehörig/ allwo insonderheit folgendes anzumercken. Zu erst bemühet sich der jenige so ein Weib nehmen wil/ daß er ein Mädgen antreffe so viel Reenthiere besitzet. Dann/ wie hernach sol angezeiget werden/ die Lappen schencken ihren neugebohrnen Kindern alsobald etzliche gewisse Reenthier/ von selben gehöret die Frucht nicht den Eltern/ sondern

den

den Kindern zu. Welches Mädgen nun dergleichen Reenthiere eine gute Anzahl hat/selbe findet leicht ihren Freyer. Sonsten sehen sie auff kein ander Ding/ nicht auff Frömmigkeit/ nicht auff Schönheit oder einige Sache/ so an anderen Oertern die Freyer herzulocket. Sam. Rheen: Nær naogon Lappskall begynna sitt friieri, seer han mæst pao den lycka, han foermenar sin tillkommande fæsterqvvinna hafvva haft medhennes gifna reenar, sao att, om een Lapp hafvverfleera æn een dotter, begærar fryaren alltiid den, som han seer hafvva baesta lyckan med sinareenar, oachtandes, om den samma ær æhrlig eller oæhrlig, deiielig eller wanskapelig. Das ist: Wann ein Lappe nach einem Mädgen freyen will / siehet er insonderheit zu/ daß er eine solche erwähle/ die da mit ihren geschenckten Reenthieren guts Glück gehabt/ also daß wann ein Lappe mehr als eine Tochter hat / dieselbe darunter von ihme geliebet wird / derer Reenthier wol fort gekommen / und achtet es nicht / ob sie ehrlich oder unehrlich / schön oder heßlich sey. Weil sie nemblich in einem rauen / ungeschlachtem Lande sich befinden/ sind sie meist umb den Unterhalt ihres Lebens bekümmert / und weil sie selben von den Reenthieren haben / meynet ein jeglicher/ daß er umb so viel mehr der Armuth entgehen werde/ so viel mehr Reenthiere er besitzet. Nach dem sich nun ein Jüngling umb ein Mädgen umbgesehen / so ins gemein in den öffentlichen Zusammenkunfften / als wann sie ihren Schoß erlegen sollen / oder Jahrmärckte halten / geschiehet / reiset er darauff zu deß Mädgens Vatter / nimbt aber seinen Vatter so er im Leben / wie auch einen und anderen so er weiß daß sie bey der zukünfftigen Braut Eltern bekandt und angenehm/ insonderheit einen so das Wort führen / und umb das Mädchen in seinem Namen werben soll / mit sich. Wann sie zu der Katen gelanget / werden sie alle miteinander hinein genöhtiget biß auff den Freyer/ dieser muß draussen bleiben / und entweder Holtz spalten/ oder sonsten schlechte Arbeit fürnehmen/ dann er für gar unhöfflich würde gehalten werden so er auch hinein tretten solte. Johan. Tornæus: dessen Worte ich nur Teutsch anführen will: Wann

Rr 2 ein

ein Lappe ein Weib zu nehmen entschlossen/begiebet er sich mit seinem Vatter/Brautwerber/und einigen anderen so ihme behülfflich sollen seyn/zu deß Mädgens, die er beliebet/Eltern oder Vormündere. Er führet auch ein Kannen zwey oder drey von dem besten Frantz-Brantewein mit sich. Der Brautwerber gehet mit den übrigen zu dem Haußwirth und künfftigen Schwiegervatter hinein. Der Vatter deß Freyers stehet mit einer Flasche Brantewein an der Thür / und schencket herumb. Der Freyer selbst darff nicht hinein tretten / sondern muß draussen bleiben/ wie ein Thürhüter oder Hund. Und sulte er hinein gehen ehe er gebeten / würde er die gantze Sache verderben/ und für einen groben unverschämten Kerl gehalten werden. Wann sie etwas von dem Brantewein zu sich genommen/fänget der Brautwerber an sein Wort fürzubringen / eröffnet deß Freyers Sinn/ und bittet den Vatter deß Mädgens daß er sie ihm zur Ehe geben wolle. Damit er aber solches desto eher erhalten möge/ ehret er den Vatter mit prächtigen und hohen Titeln so er nur immer erdencken mag/beuget zu einem jeglichen die Knie / und gebärdet sich als wann er mit einem Fürsten zu thun hätte. Sam. Rheen: Han kallar honom Stoorfader, som vvore han en Patriarch, erwærdig fader, bæsta och yppersta fadar, hoegsta fader der hoos alltiid brukandes knæboexanda, Och om den Konungslicha titeln Majestet vvaore dem sao bekant, toorde han wæl kalla honom Majestetlich fader. Detta hafvveriag sielf nærvvarendes sed och hoert. Das ist: Er nennet ihn grossen Vatter/ als wann er wo ein Patriarch wäre / ehrwürdigen Vatter/ gütigsten und höchsten Vatter / wozu er jederzeit die Knie beuget/ wann ihme der Titel der Königl. Majestät auch bekandt wäre/ würde er sich nicht scheuen ihn einen Majestätischen Vatter zu heissen / wie ich dieses alles selbst gegenwärtig gesehen und gehöret habe. Es ist aber zu mercken daß niemand bey dem Mädgen zu erst wirbet/ sondern muß die Eltern darumb begrüssen/darff auch nicht ehe mit ihr reden/biß er von den Eltern dazu Urlaub erhalten. Olaus Matthiæ so von dieser Sache einen besondern Auffsatz gemachet / nær friiaren hafvver kommit till sin kiærsta, gaor han icke strax till henne, uthan till hennes slecht, Och hennes slæcht biuda honom i kao tan sin,

och

och ther faot han maat. Das ist: Wann der Freyer zu seiner Liebsten kommet/gehet er nicht also fort zu ihr/sondern begrüsset zu erst ihre Verwandten/ so ihn in die Hütte nöhtigen/ und ihm Essen fürsetzen. Ja sie schicken alsdann dieselbe weit weg/ also daß sie der Freyer oder seine Gefährten nicht einmal zu sehen bekommen. Johan Tornæus: I mædler tiid foerlkickes dottern, som brud skall vvarda, uti Reens kogen eller naogen annan kata, sao att ingen af hesterne henne mao see. Das ist: Unterdessen wird die Tochter und zukünfftige Braut/in den Wald die Reenthier zu weiden/ oder in eine andere Kate verschicket/ daß sie von keinem Gaste sol gesehen werden. Wann nun entweder das Mädgen selbst oder eine andere Fraue für sie von den Eltern oder Verwandten erhalten/daß sie mit ihme reden möge/ alsdann gehet er wieder auß der Katen zu seinem Schlitten/ und nimt seine beste wölline Kleider/ so er sonsten nur an den Feyrtägen oder in besonderen Gelegenheiten anziehet/und was er mehr zu dieser Sachen benöhtiget herauß. Eben derselbe: Nær han har faot maat,sao gaor han tillpulk an sin och tager sin klædsklæder, eller annat, som han har, och klæder them pao sigh, och gaor till sin kiærsta, till att hælsa pao henne. Das ist: Wann die Mahlzeit geendet gehet er zu seinem Schlitten/ nimbt seine wölline Kleider herauß/ oder was er sonst für welche bey sich hat/ ziehet sie an/ und gehet also zu der Liebsten sie zu grüssen. Der Gruß geschiehet durch einen Kuß/wo sie insonderheit wol zusehen daß nicht nur sein Mund ihren Mund/ sondern auch seine Naase ihre Naase berühre. Han hælsar med nælan moot nælan, och mun emoot mun, elliest tycke the intet hafvva hælsat. Das ist: Er grüsset sie in dem er seinen Mund auff ihren Mund/und seine Nase auff ihre Nase leget/ dann sonsten vermeynen sie/ daß er sie nicht recht gegrüsset. Nachdem er sie gegrüsset/ reichet er ihr etliche Geschencke von dem besten Freßwerck so die Lappen sehr hoch halten/ als eine Zunge von einem Reenthiere/etwas von Biberfleisch und dergleichen mehr/ so sie aber wann andere zugegen anzunehmen sich weigert. Darauff ruffet er sie heimlich auß der Katen/ und wo sie zu verstehen giebet/ daß sie es anzunehmen willig sey/ fraget er sie ferner/ob sie ihn wolle neben ihr in der Hütten schlaffen lassen/ so sie nun ja dazu spricht/

spricht/ so ist der Handel geschlossen/ und ihre Ehe richtig / und liefert ihr alsdann die erzählte Geschäncke. Weigert sie sich aber / so wirfft er ihr alles für die Füsse. Es pfleget aber der Freyer ehe er diese Geschencke ihr einliefert/ solche in dem Schosse zu tragen. Eben derselbe Olaus: Han hafvver i barmen bæste maat, theen tunga bæfvværkoett, och annat faodant: Men hon will detta intet taga fao, attdet the andra hennes meddoettrar feer, Therfoere winkar hon honom uth, och faor han fao gifwa henne thet fom han lafvver, och fraogar han ftrax, om han faor liggia hoos henne. Sæijer hon neij, fao kaftar han ftrax bort. Sæger honia, fao ær fullkomligit fkett. Das ist: Er träget in seinem Schosse allerhand Speisen/ als Reenthier-Zungen/ Bieberfleisch und dergleichen: Welches sie doch in Gegenwart ihrer Schwestern nicht annehmen will. Deßhalben ruffet er sie mit einem Wincke ausserhalb deß Hauses/ da ihme frey stehet ihr solche einzuhändigen. Darauff fraget er/ ob sie ihn wolle bey ihr schlaffen lassen. Saget sie nein/ wirfft er alles von sich/ bewilliget sie aber/ so ist der Handel unter ihnen geschlossen. Die völlige Bewilligung der Eltern/ und hochzeitliche Feyer wird bißweilen wol drey oder vier Jahr lang auffgeschoben. Sam. Rheen: Theras frijerii paoftaor i ett, tu, eller tree aohr. Das ist: Sie freyen zu Zeiten wol ein gantzes/ auch wol zwey/ drey Jahr lang. Die Ursache dessen ist/ weil der Freyer seiner Liebsten Eltern und Freunde mit vielen Geschencken auff seine Seite bringen muß/ ohne derer aller Erlaubnüß er seine Braut nicht erlangen kan. Sam. Rheen, dessen Worte weil sie etwas lang/ wir nur Teutsch anführen wollen. Der Freyer/ saget er/ so nach eines begüterten Mannes Tochter heurahtett/ muß ihren Eltern und nächsten Anverwandten eine Verehrung thun/ so viel seine Mittel zulassen/ welches Geschenck sie Peck, das ist/ Theile/ nennen. Ein jeder Theil hievon muß zum wenigsten zwo Marck Silber/ das ist sechs Untzen/ etzliche müssen auch wol zwantzig/ vierzig/ ja wol sechzig Untzen halten. Diese Theile muß ein Freyer den Eltern und nächsten Freunden seiner Liebsten geben. Worin solche Geschencke eigentlich bestehen/ soll unten erwähnet werden/ falß sie kein ungemüntztes Silber/ sondern Geld und andere Sachen/ geben.

Von den Verlöbnüssen und Hochzeiten der Lappen.

geben. Ehe und bevor nun der Freyer alle diese Theile zusammen gebracht/gehet gewiß nicht wenig Zeit dahin. Unterdessen besucht er dann und wann seine Buhlschafft in dem er aber zu selber hinfähret oder reiset belustiget er sich mit einigen Buhlenliedern/ so er den Weg über singet. Dann sie pflegen mit dergleichen Gesängen sich zum öfftern zu ergetzen/ so zwar keine gewisse Weise oder Thon haben/ sondern wie es einem jeden gut dünket/ also daß sie dasselbe Lied einmal so/ das andere mal auff eine andere Art / wie es ihnen unter dem Singen fürkommet/ hören lassen. Ein dergleichen Lied so ich vom Olao Matthia einem Lappen überkommen/ welches sie im Winter brauchen ist folgendes:

 Kulna satz niraosam æugaos joao audas jordee skaode
 Nurte vvaota vvaolges skaode
 Abeide kockit laidi ede
 Fauruogaoidhe sadiede
 Ællao momiaiat kuekan kaigevvarri
 Patzao buaorest kælluciaur tuuni
 Maode paoti millasan
 Kaiga waonaide waiedin
 Aogo niraome buaorebæst
 Nute aotzaon sargabæst
 Taide sun monia lii aigaomass
 Saraogaoin waolgat amass
 Iosivao sarga aoinasim
 Kiuresam kat zesim
 Kulnaasatz nirasam
 Katze aoinakaos tun su salm.

Die Meynung solches Gesanges ist diese ohngefehr/ kulnasatz mein kleines Reenthier/ wir müssen eilen/ und unsere Reise ferner fortsetzen/ der Morast ist groß/ und ich kan nicht mehr singen. Der See Kaige ist mir nicht verdrießlich/ gehab dich wol du See Kailwi: Ich bekomme vielerley Gedancken/ wann ich über den See Kaige reise. Mein Reenthiergen laß uns behende und geschwinde seyn/ so werden wir den Weg bald hinter uns legen/ und dahin gelangen/ wo ich meine

Das fünff und zwantzigste Capitel

meine Liebste werde antreffen. Kulnasatz mein Reenthierchen schaue doch zu/ ob sie sich nicht badet. Dieses ist ein Lappisches Buhlenlied damit sie ihre Reenthier zum Lauff antreiben. Dann eine jede Verweilung/ ob sie gleich noch so kurtz/ scheinet den Verliebten lang zu seyn. Mit dergleichen Liedern ergetzen sie sich ebenfalß/ wann sie von ihrer Buhlschafft entfernet/ derselben gedencken/ und ihre Schönheit loben wollen. Von dieser Art ist mir auch eines von gedachtem Olao mitgetheilet worden/ so ich allhier anfüge.

Pastos paivva kiufvve sist jafvva orre javvra
Ios kaosa kirrakeid korngadzim
Ia tied adzim man oinæmam jaufre orre javvra
Matangast lomest lie sun lie
Kaika taidæ mooraid dzim soopadzim
Mak raben sadde sist odda sist
Ia poacka taidæ ousid dzim karsadzim
Makqvvodde roamaid poorid ronaid
Kuliked palvvaid tin suttatim
Mak kulki vvoasta jaufræ orre jaufræ
Ios mun tæckas dzim kirdadzim sææst vvorodzæ sææst
Æ muste læa sææ dziodgæ sææ maina taockao kirdadzim
Æka læ julgæ songiaga julgæ, ækæ læ siædza
Fauum siedza maan koima lusad
Dzim norbadzim
Kalle iu læch lucka madzie vvordamadzie
Morredabboit dadd paivvidat, linna sabboid
Dadd salmidadd liegæ sabboid vvaimodadd
Ius kuckas sick patæridziek
Tannagtiied sarga dzien iuladzim
Mios matta lædæ sabbo korrassabbo
Nulij paddæ soona paddæ, ia salvvam route salvvam
Kæk dziabræi siste karrasistæ
Ia kæsæ myna, tæm aivvitæm punie poaka
Tæmæ jardækitæmæ Parne miela

Piæg-

Von den Verlöbnüssen und Hochzeiten der Lappen.

Pixgga miela noara Jorda Kockes jorda
Ios tai dæ poakaid læm kuld ælæm
Luidæm radda vværa radda
Ovita lie miela oudas vvaldæman
Nute tildam poreponne oudastan man kaune man.

Die Meynung selben Liedes ist folgende. O Sonne bestrahle mit deinem hellen Liechte den See-Orra/ wann ich oben von den hohen Gipffeln der Fichten den See-Orra ansichtig werden könte/ wolte ich hinauff steigen/ umb zu schauen/ unter welchen Blumen meine Liebste sich auffhält/ ich wolte alle Gesträuche so neulich da gewachsen außreuten/ ich wolte alle Zweige/ diese grünende Zweige herunter hauen. Es mangeln mir aber Flügel/ kriechenden Flügel und Füsse/ gute Ganß-Füsse so mich dahin bringen können. Du hast gnug auff mich gewartet/ so viel Tage/ so viel gute Tage/ mit deinen allerschönsten Augen/ mit deinem lieblichsten Hertzen/ wann du auch weit davon fliehen mögtest/ würde ich dich doch eilends erhaschen. Was kan wol stärcker und fester seyn als die zusammen gewundene Sehnadern oder eiserne Ketten/ welche fest binden/ also bindet die Liebe meinen Kopf/ und ändert meine Gedancken. Der Kinder Wille/ des Windes Wille/ u. Jugend Gedancke sind langwährende Gedancke. Wann ich mich nach allen diesen richten solte/ nach allen/ würde ich von dem Wege/ von dem rechten Wege abirren. Noch einen Raht weiß ich so ich annehmen will/ und hoffe alsdann einen rechten Weg zu treffen. Diesen Gesang nennen die Lappen *Morse faurog* das ist/ Hochzeit-Lieder/ so sie/ wie ich angezeiget/ nit auf einen gewissen Thon oder Weise singen/ sondern wie es einem jeden beliebet. Gedachter Olaus: desse vviisor begynnathe pao detta och annat sælt, siungandes sombliga mehra, sombliga mindre, efter som hvvar och een in billar sigh dhem bæst Kunna fatta och componere stundom repetera dhe samma saong offtare. Icke heller hafvva the naogon vvisthon, uthan siunga eller joiga denne vviisa (hvvilken dhe Kalla Morsæ freurogh, eller brude vviisa) effter dheras vvahna och som dhem bæst tycker liuda. Das ist: Diese Lieder (von denen wir etzliche beygebracht) fangen sie bißweilen so/ bißweilen an-

Ss   ders

ders an / einmahl singen sie mehr das andere mahl weniger / nach dem
einem jeden selbst beliebig / bißweilen wiederholen sie ein Lied zum öf-
tern.   So haben sie auch keine gewisse Weise oder Thon / sondern
singen es (nemblich *Morse saurog* oder das Hochzeit-Lied) nach ihrer
Gewohnheit hin / nachdem es ihnen am besten däucht.   So offte sie
aber kommen / ihre Liebste zu besuchen / müssen sie auch von dem
Frantzbrantewein / so ein gar sonderliches und angenehmes Geschenck
unter ihnen ist / wie auch Taback / mit sich bringen.   Geschichet es
unterdessen auß einiger Ursach / daß die Eltern ihre Tochter dem
Freyer versagen / so gehen sie zu dem Richter / und müssen die Unkosten so darauff gangen / gut gethan werden / außgenommen was
für den Brantewein außgegeben / den er bey der ersten Unterredung
mitgebracht / und von ihnen *pouristvviin* genant wird.   Wie solches Sam. Rheen bestätiget.   Es wäre dann daß die Eltern schlechter dinges ihnen die Heurahț abgeschlagen hätten / er aber wäre auff
seinem Fürsatz beständig blieben / und Unkosten gethan.   Dann sie
gar selten abschlägige Antwort ertheilen / sondern verzögern ihren
Entschluß nur biß auff das nächst folgende Jahr. Joh. Tornæus.
Es begiebet sich zum öfftern / daß der Vatter dem gegenwärtigen
Freyer die Tochter durchauß nicht zugeben gesonnen.   Damit er
aber dennoch bißweilen einen Rausch von dem Brantewein / den er
mit sich bringet / trincken möge / so verzögert er die Antwort von einem Jahr zu dem andern / biß der Freyer mercket daß er betrogen / und
die Unkosten umbsonst angewand habe. Ist auch alsdann kein ander
Mittel da / als daß die Sache / für den Richter gelange / wo der Vatter
des Mädgens entweder die gantze oder halbe Summa / nachdem die
Sache beschaffen zu erlegen gezwungen wird.   Wo bey dieses doch
in acht zu nehmen daß der Brantewein den der Freyer als er zum erstenmahl gekommen / spendiret / nicht eingebracht werde / sondern er
solchen allein zahlen müsse. So er aber weiter / nach dem das Mädgen abgeschlagen / freygebig seyn wolte / kan er auff seinen Schaden
solches versuchen. Gehet alles aber nach Wunsch ab / so wird ein gewisser Tag zu der Hochzeit bestimmet.   Den Tag fürher kommen alle
Verwandte und Befreundete so wol des Bräutigams als der Braut

in

Von den Verlöbnissen und Hochzeiten der Lappen.   325

in der Katen/ darin der Braut Eltern wohnen/ zusammen/ alwo der Bräutigam einem jeden die Hochzeitgeschencke daruñ man sich vertragen/und davon wir oben gedacht/außtheilet. Sam. Rheen: Friiaren skall gifvva aoth fadren i hedersgaofvva ett seel svver stoop att dricka uthur, hvvilcket ær thet foersta stycke, det andra styckie een stoor Kiettil, an tingen af koppar eller messingh, det tridie styckie ær een sæng eller sænge Klæder. Modrens styckien æhro foerst ett soelfvver bælte, det andra een æhreklædning, som the Kalla volpi, det tridie een kraga, som the hafvva om sin hals, alt med soelfvver mallior besatt den de kalla krake. Och desse æro fadrens och modrens æhroskiænkar. Sedan gifvver friiaren broederne, systerna, och te andra aff slæchten soelfvvers Kiæder, soelfvver mallior, och annat soelfvver, men hvvar och een maoste hafvva af friiaren sin heders gaofvva, sao frampt han skall blifvva siin brud mæchtig. Das ist: Der Freyer muß dem Vatter zu einem Ehren-Geschencke einen silbernen Becher geben/ darauß er trincke/ dieses ist das Erste von denen Dingen so sie Styke nennen. Das andere ist ein grosser Kupfferner oder Messinger Kessel. Zum dritten ein Bette/ oder ein Bettzeug. Der Mutter muß er verehren zu erst einen silbernen Gürtel/ zum andern ein Ehren-Kleid / so sie volpi nennen/ drittens ein Cöller oder Kragen/ so ihnen umb den Hals biß auff die Brust reichet / mit silbernen Buckeln gantz und gar gezieret/ so sie krake nennen. Diese Geschencke muß er dem Vatter und der Mutter bringen. Uber das verehret er den Brüdern/ Schwestern/ und nächsten Blutsverwandten silberne Löffel / silberne Knöpfe und dergleichen silberne Sachen. Dann ein jeder unter ihnen muß mit einem Geschencke vor den Bräutigam geehret werden/wo er seine Braut erlangen will. Und dieses sind die Geschencke so der Bräutigam den Tag für der Hochzeit seinem Schwieger-Vatter/Schwieger-Mutter/und übrigen Schwägern verehren muß. Er lieffert aber solches in der Katen des Schwieger-Vatters/in Gegenwart aller Anwesenden. Auff folgenden Tag wird die Hochzeit gehalten/ da dann zu erst die Verlobte durch den Priester eingesegnet werden/hernach aber ein Gastmahl angestellet ist. Die Braut und der Bräuti-

Ss 2   gam

gam sind mit den besten Kleidern/ so sie ihnen selbst schaffen können/ angethan. Dann Kleider entlehnen/ ist bey den Lappen ein Schimpff. Sam. Rheen: aldrig begærathe naogon brudeskrud, uthan bruka den dhe sielfvva foermao att komma tillvvasga. Das ist: Sie brauchen keinen Hochzeit-Schmuck/ den sie von andern entlehnet/ sondern den sie ihnen selbst geschaffet. Mit welchen Worten er nicht allein von den Kleidern redet/ von welchen er nahmentlich kurtz fürhero saget/ dhe Klæda sig i sina heders skrüüd. Das ist: Sie legen ihren Ehren-Schmuck an/ wie auch von dem Bräutigam han tager pao sig sine bæste klæder. Das ist: Er leget seine beste Kleider an; sondern auch von dem übrigen Zierraht/ den sie in solchen Fällen zu gebrauchen pflegen/ wann sie nemblich/ zum Exempel/ der Braut eine Krone auffsetzen/ umb ihren Halß Ketten hängen/ an die Finger Ringe stecken/ welche Sachen dann an einen algemeinen Ort verwahret und für ein gewisses Geld pflegen vermietet zu werden. Nichts dergleichen saget er/ ist bey den Lappen im Gebrauche/ sie ziehen ihre eigene Kleider an/ legen ihren eigenen Schmuck an/ und entlehnen von anderen nicht das geringste. Der Bräutigam zwar wie schon angezeiget/ ziehet seine beste Kleider an. Was dieses für welche seyn/ erkläret/ wie mich bedüncket/ Olaus Manus im IV.B. im 7. Cap. Da er von den Lappen saget: Der Ehmann so mit Luchsfellen oder Martern geschmucket ist/ tritt wie ein Venedischer Geschlechter herein/ und sind seine Felle leicht so viel werth/ als andere ihre Edelgesteine und güldene Ketten. Allein diese Gewohnheit mag wol bey seiner Zeit im Gebrauche gewesen seyn. Wiewol ich kaum glaube daß die Lappen jemals Mardern oder Luchse getragen. Gewiß ist es d; die jenigen so von ihnen etwas geschriebē/ die blosse Reenthier Felle an ihnen erwähnē. Heute zu Tage sind die besten Kleider der Lappen nicht auß Fellen/ sondern wie ich anderswo erwiesen auß Woll. Joh. Tornæus: sie haltē von allerhand Farben Tuch so viel/ dz sie ihnen auch auß selben/ so viel der Beutel außträget/ Feyertags Kleider schaffen. Alhie saget er außdrucklich dz die Kleider so sie an Feyertagen oder sonsten in besonderen Gelegenheiten brauchē/ nit auß Fellen/ sondern auß gutē Tuche gemacht sind. Diese Kleider schurtzet d Brautigam auf mit einē silbernē Gurtel. Sam. Rheen: Brudgummen

tager

tager erloelfvver bælte om sitt liif. Das ist: Der Bräutigam leget einen silbernen Gürtel um. Die Braut aber löset zu erst ihre Haar auf/ und schencket den Band/damit sie solche zuvor geflochten/ einer Jungfer/ so ihre nächste Verwandtin ist. Sam. Rheen: Bruden tager uthur sitt haor sitt flæteband, thet gifvver hon aotheen pigha somnærmast af slæchten ær. Das ist: Die Braut löset den Band/ damit ihre Haare geflochten/auff/ und schencket ihn einer Jungfer so ihre nächste Verwandtin. Hernach wann der Kopff bloß/und die Haare auffgelöset/ setzet sie ein silbern vergöldeten Gürtel auff / oder auch zwo/ welche Art Gürtel sonsten die Weiber tragen/ an statt deß Creutzes oder der Kron/. also daß dasjenige so umb den Kopff übrig/ auff den Rücken abhänget. Umb den Leib aber bindet sie auch eine andern Gürtel. Sedan saget er weiter: uth borstar hon uth sitt haor, och sætter itt foergylt soelfvver bælte eller tu pao sitt hufvud. Item binder och kring om sigh itt soelfvver bælte. Das ist: Darauff kämmet sie die auffgeflochtene Haar/ und bindet oben einen auch wol 2. silbernen vergöld. Gürtel herum/ wie auch eine absonderlichen silbernen Gürtel umb den Leib. Auff diese Art wird die Braut geschmücket/ wiewol sie auch unterweilen einiges Leinwand/ als wie einen Schleyer umb das Haupt winden/ so auch anderen Weibern/ wann sie sich zieren wollen/ gebräuchlich. Dann was die Kleider belanget/ haben wir albereit gesehen/ daß so wol der Bräutigam als die Braut ihre eigene und zwar die beste/ welche sie sonsten nur an Feyrtägen zugebrauchen pflegen/anziehen. An einem andern Ort haben wir gezeiget/ daß der Weiber ihre/ Volpi genant werden/ und auß kostbahrer Wolle und Wand zubereitet sind. Also daß auch allhie nicht einmal Olaus Magnus eingetroffen/wann er in fürhergedachtem Orte von den Lappischen Bräuten saget: Sie setzen die Braut/ so mit Härmelin und Zobeln außgeschmücket auff ein Reenthier. Wann sie also geschmücket/ werden sie zu der Kirche oder dem Priester geführet. Sam. Rheen: Andra dagen ther effter, reesa the till kirkian eller præsten att copuleras. Das ist: Den andern Tag darauff/ (wann sie nemblich in der Hütten/ so den Eltern der Braut gehörig zusammen gekommen/) fahren sie zu der Kirchen oder Priester daß er sie zusammen gebe. Ehemals ist es hiemit anders zugegangen/

Ss 3

wo

wo dem Olao Magno Glauben beyzumessen. Dann sie wurden zu Hause/nicht von dem Priester/sondern von den Eltern zusammen getrauet. Seine Worte hievon sind im IV. B. im 7. Cap. alwo er von den Hochzeiten der Lappen / wie der Titul desselben Capitels außweiset/ handelt. Die Eltern verbinden die Ehe ihrer Kinder in Gegenwart guter Freunde und Verwandten durch Feur/ nemlich durch Eisen und einen Kieselstein/ mit welchem sie Feur schlagen. Da er dann außdrücklich saget/ daß die Eltern die Kinder zusammen geben oder verbinden / thut auch die Manier hinzu / nemlich durch das Feur so auß einem Kieselstein geschlagen wird / welches er / wie viel andere Dinge sonder Zweiffel auß dem Zieglero genommen / wiewol Zieglerus von den Eltern nichts setzet: sondern allein die Weise der Zusammengebung mit folgenden Worten erkläret: Sie verbinden die Ehe und weihen sie mit einem Kieselstein und Feur ein/ nemlich durch eine so eigentliche Abbildung deß Ehestandes/ daß sie meynen es schicke sich sonsten nichts so bequem hiezu. Dann wie der Kieselstein ein verborgenes Feur in sich hält/ so durch den Schlag herauß gelocket wird: Also ist in beyderley Geschlecht ein verborgenes Leben/ so endlich durch die Zusammenfügung Mannes und Weibes auf die lebendige Frucht fortgepflantzet wird. Und solcher gestalt redet auch Olaus, also daß er sonder Zweiffel dem Zieglero gefolget. Er thut dennoch auch dieses hinzu/ daß die Braut auff ein Reenthier gesetzet werde: Wann nun also die Zusammengebung durch das Feur geschehen/ wird die Braut mit Hermelsfällen und Zobeln gezieret/ und auff ein Reenthier welches gleichsam ein zahmer Hirsch ist/ gesetzet / von einer grossen Menge guter Freunde und Verwandten begleitet /, und also in die Brautkammer oder Hütte mit grossem Frolocken / dadurch sie ihr Gesundheit und Fruchtbarkeit wünschen/ geführet. Allein ich befürchte/ daß er solches alles nur vom Sagen und Geschrey habe. Dann allbereit oben erwiesen worden / daß niemand auff den Reenthieren/ wie auff Pferden sitze. Uber das zeiget er auch nicht an woher die Braut geführet werde. Daß sie auß ihrer Eltern Kate gebracht werde/ ist falsch/ weil darin alle die Hochzeit-Ceremonien angefangen und auch vollendet werden. Auß einer andern Katen bringet man

sie

sie auch nicht/weil eine jede familie ihre Katen hat/und ist nicht gläublich daß sie in die Brautkammer auß einem andern Orte als auß ihres Vatters Hause begleitet werde. Weil aber in demselben auch die Brautkammer zugerichtet/ist solche Abführung unnöthig. Unterdessen werden sie auch heutiges Tages geführet/ nemblich in die Kirche oder zu dem Priester/ und zwar durch ihre Reenthier wann es etwas weit zu reisen/oder Winter ist/nicht zwar daß sie auff derselben Rücken sitzen/sondern auff einem Schlitten/wann sie zu der Kirchen gelanget/ gehen sie in gewisser Ordnung hinein. Zu erst zwar die Männer/ darauff die Weiber. Die Männer führet ein Lappe den sie Automwatze, das ist: den Fürgänger nennen/ darauff folget der Bräutigam/ und hernach die übrigen. Den Hauffen der Weiber führen etliche Jungfern/welchen die Braut/ mitten zwischen einem Manne und einer Frauen folget/ nach ihr gehen die andere Weiber. Dieses ist in acht zu nehmen/ daß die Braut gleichsam widerstrebet und sich sperret/also daß der Mann und das Weib die sie begleiten/ selbe gleichsam mit Gewalt fortziehen müssen/und es das Ansehen hat/ als wann sie ungern in den Ehestand trette/daher sie auch gantz traurig und betrübe außsiehet. Sam. Rheen: Tao thee gao i kyrkian, gaor een Lapp næst fram foere brudgummen, then the kalla Automolma eller foerman, eller Autowarze, een foeregaongare, sedan foelia the andre Lapparne efter. Næst foer bruden gao naogre piigor, derefter bruden, somgemenligen drages och slæpas af een mans och qvinnosperson. Och seer bruden myckit sorgse och bedroef weligen uth, stællandes sig, som hon intet gerna vvoro tillfredz, att in laota sigi naogot æchtenskapp. Das ist: Wann sie in die Kirche gehen/ tritt für dem Bräutigam ein Lappe her/ den sie Automolma oder Führer/ und Autowarze, oder Fürgänger nennen/ hernach folgen die übrigen Lappen. Nächst für der Braut gehen etliche Jungfern/ darauff folget die Braut/ so insgemein von einem Manne und Weibe gezogen wird. Und pfleget alsdann die Braut traurig und betrübt außzusehen/ als wann sie mit Verdruß in den Ehestand trette. Also werden sie hernach in der Kirchen/ Christlichem Gebrauch nach/. durch das Gebet und den Segen deß Priesters/ zusam-

Das fünff und zwantzigste Capitel

sammen gegeben. Auff eben diese Weise redet hievon auch Joh. Tornæus, ohne daß er saget/ die Braut werde von zween Männern/ dem Vatter und dem Bruder begleitet/ wo selbige leben/ oder sonsten von zwey nächsten Blutsverwandten. Seine Worte lauten auf Teutsch also: Alsdann nimbt man an dem Mädgen wahr daß sie traurig und betrübt ist/ weil sie ihre Eltern verlassen/ und in deß Mannes Gewalt gerahten muß. Es führen sie aber ihr Vatter und ihr Bruder/ oder die nächsten Verwandten/ wo sie keine Eltern hat/ zu der Traue. Sie n...herein mit niedergeschlagenem Haubte/ als wann sie zu dem Tode geführet würde. Und wann der Priester sie befraget/ ob sie gegenwärtigen Menschen zu einem Ehemann begehre/ stellet sie sich an/ als wäre sie stumm/ biß ihre Freunde sie anmahnen/ daß sie reden sol. Endlich williget sie mit einem Jaworte/ so der Priester kaum hören kan. Alles dieses halten sie für ein Zeichen der Schamhafftigkeit und Zucht/ ob sie gleich nach der Zusammengebung gar behertze ist/ und im Wercke zeiget daß sie von einem Manne viel halte. Die Abbildung der außgeschmückten Braut/ mit ihren Führern/ ist diese:

Auf

Von den Verlöbnüssen und Hochzeiten der Lappen.

Auff die Vertrauung folget das Hochzeitmahl. Selbiges wird in der Braut Eltern Kate angerichtet. Die Speisen bringet ein jeglicher von den Gästen mit sich. Sam. Rheen: effter foernettat copulation, toerfoga the sigh till dhen kotta, dher dhe skole haolla sitt gæstebod, till hvvilket hvvár och een som budinær bærsin gæstebodz kost. Das ist: Wann die Vertrauung geendet/ begeben sie sich zu der Hütten/ alwo das Gastmahl gehalten wird/ dahin bringet ein jeder von den eingeladenen Gästen seine Speise/ so auff der Mahlzeit soll verzehret werden. Wiewol sie nicht alsdann erstlich die Speisen mit sich bringen/ sondern den Tag fürher/ wann der Bräutigam nemblich die Geschencke unter der Braut Eltern und Befreundete außtheilet. Welches dann außdrücklich gedachter Autor saget: Dao och hvvar och en foerer sin maat eller giæstebudz kost med sigh. Das ist: Alsdann bringet auch ein jeder seine Speise zu dem Gastmahl herbey. Die Speisen sind noch roh/ welche die Lappen dem/der hiezu bestellet/ einlieffern/ daß er sie hernach koche/und unter die Gäste außtheile. Wiewol doch das meiste davon sie der Braut und deß Bräutigams Eltern geben müssen. Mæst saget er weiter/ spenderas af brudgummens och brudens foerældrar. Das ist: Das gröste Theil der Speisen wird von den Eltern deß Bräutigams und der Braut gegeben. Wann sie sich zu Tische setzen/ halten sie diese Ordnung: Zu erst sitzen Braut und Bräutigam nebeneinander. Sam. Rheen: Brudgummen och bruden sittia alldra fræmst hoos hwar andra. Das ist: Den ersten Platz nehmen der Bräutigam und die Braut ein/neben einander. Darauff folgen hernach die Eltern und Blutsfreunde. Die Speise nimt nicht ein jeder selbst/sondern sie wird ihme von dem Lappen/ so zugleich Koch und Fürleger ist/gereichet. Eben derselbe: Een Lapp kookar saodant, och sedan ut delar ibland gaesterna. Das ist: Ein Lappe kochet (die gebrachte Speise) und theilet sie hernacher unter die Gäste. Am ersten wird dem Bräutigam und der Braut ihr Theil fürgeleget/ und darauff den anderen. Brudgummen och bruden vvarder gifvvin theras deel af gæstebodz kostep, sedan aot the andra gæsterna. Das ist: Zu erst wird dem Bräutigam und der Braut ihr Theil gereichet/

Tt her-

hernach den übrigen Gästen. Die jenigen so in der Katen nicht Raum haben/ als da sind Jungens und Mädgens steigen oben auff das Dach/und lassen von da Bände/an welche ein Angel fest gemachet herab / daran werden ihnen Stücker Fleisch angestecket / also daß sie auch ihr Theil von dem Gastmahl bekommen/wie solches erwähnter Autor bezeuget. Wann die Mahlzeit geendet/dancken sie ihrer Gewohnheit nach Gott. Nær the hafwa ætit tacka the Gud, och taga hvvar annan i hand. Das ist: Wann sie gegessen/ dancken sie Gott/ und reichen die Hände einander. Das letzte womit die Frölichkeit beschlossen wird / ist ein Trunck Brantewein / welchen sie alsdann kauffen/ wo er nur zu bekommen. Sedan begynna the att koepa brændevviin, foerst brudgummens, och sedan brudens foerældrar, och sedan hvvar foer sigh, goerandes sig laoledes lustige och glade. Das ist: Endlich fangen sie an Frantzbrantewein zu kauffen/ erstlich deß Bräutigams/hernach der Braut Eltern/ alsdann ein jeglicher für sich selbst / und erweisen sich recht lustig dabey. Dieses thun aber die Begüterten allein/ und wann einige verhanden/ so dergleichen Wahren zu kauff haben. Dann was Olaus Magnus im IV. Buch im 5. Cap. von den Spielleuten und Täntzen berichtet / ist falsch. Dieses Volck/ saget er/ welches gegen Mitternacht unter einem strengen und rauhen Himmel lebet/und das Licht so wol als die Finsternüß eine lange Zeit umb einander geniesset/ stellet lustige Gastmahle an/ und durch Spielleute die Gäste / so auch bey den harten Speisen lustig worden/ zum Tantz anfrischen/ wann aber diese gar zu hefftig die Säiten rühren/und der alten Helden und Riesen fürtreffliche Thaten/ wie sie nemlich durch ihre Tugend so hohes Lob und Ruhm erreichet/ in ihrer Muttersprache und gebundener Rede gar zu beweglich fürstellen/fangen die Gäste an zu seufftzen/ zu trauren/ zu weinen/ und zu heulen/ biß sie endlich fast gantz ausser sich selbst die Ordnung des Tantzes verlassen/ und zur Erden fallen. Wann solches Olaus von den alten Schweden fürgebracht hätte / wäre es etwas gewesen. Allein bey den Lappen/ von welchen er allhie handelt/ ist auch das geringste von alle diesem nicht befindlich. Spielleute und alle Music wie sie mag Nahmen haben/ist bey ihnen unbekandt/über das Tantzen lachen sie

sie als wie über ein närrisches Wesen. Was die Thaten der Helden und Riesen betrifft/wissen sie davon so gar nicht/ daß sie auch das jenige nicht einmal gedencken/ was etwa für hundert Jahren unter ihnen fürgangen / so ich von Olao Matthiæ einem Lappischen Studenten nicht einmal berichtet worden. Kan auch nicht errahten/woher Olaus solches alles habe/weil ausser ihn sonsten niemand/ so viel mir bewust/ zu finden/der auch nur mit einem Worte dessen erwähnet hätte. Weiter nachdem die Hochzeit dergestalt geendet / hat der neue Mann nicht fug sein Weib nebst ihrem Gute mit sich hinweg zu führen/ sondern muß ein gantzes Jahr durch bey seinem Schwiegervatter in Diensten verbleiben. Wann selbes zu Ende / und es ihme selbst beliebet/ kan er seine Haußhaltung besonders anstellen. Wann alsdann die Tochter abziehet/ so giebet ihr der Vatter die in der Jugend geschenckte Reenthiere mit. Dabeneben schencket er derselben auch andere Sachen/ und insonderheit nöhtigen Haußraht. Ein gleiches thun auch die nächsten Anverwandten. Sam. Rheen, dessen Worte weil sie etwas lang/ ich nur Teutsch anhero setze: Nachdem jemand ein Weib genommen/muß er also fort nach der Hochzeit derselben zu ihren Eltern folgen/und seinem Schwiegervatter ein gantzes Jahr durch auffwarten/ehe er sein Weib und die Reenthier so ihr zugehören/überkommet. Wann das Jahr zum Ende / geben sie dem Schwieger-Sohn sein Weib/und ihre Reenthier/ welche ihr als sie noch ein Kind geschencket worden/und deß Zahnes Reenthier heissen/benebenst der Zucht so von diesen Reenthieren unterdessen gefallen. Also träget es sich zu/daß ein Lappisches Mädgen bißweilen wol hundert und mehr Reenthiere eigen hat. Hernach geben die Eltern ihrer Tochter zum Brautschatz hundert und mehr Reenthiere mit/ wie auch Silber/ Kupffer/ Messing/ein Gezält/ Bettgerwand/ und anderen Haußgeraht/ so eine Haußhaltung anzurichten erfordert wird / endlich müssen auch die Verwandte/ Brüder/ Schwestern/ und ingesampt alle so von dem Bräutigam Ehren-Geschencke überkommen / ihme wiederumb eine Verehrung thun/also daß diejenigen so von dem Bräutigam eine oder zwo Marck Silber empfangen/ dafür ihme ein oder zwey gute Reenthier zustellen. Also geschiehet es/daß die Lappen/so da Mittel haben

Tt 2 ihre

ihre Schwäger und Anverwandte mit vielen Geschencken zu begaben/ wann sie eines reichen Lappen Tochter freyen/ durch eine solche Heuraht eine grosse Menge Reenthier zusammen bringen. Und dieses ist es was die Lappen bey ihren Verlöbnüssen und Hochzeiten in Acht nehmen. Ehe wir aber hier zu etwas anders schreiten/ müssen wir erstlich mercken/ daß bey den Lappen niemand ein Weib so ihme gar zu nahe verwandt/ zur Ehe nehmen dörffe. Tornæus: Lapparna observera mykit grant schlæet linierna och gradus affinitatis & cõsanguinitatis; foerden skull dhe och so aldrig friia uthi dæfoerbudne læder. Das ist: Die Lappen nehmen die Grad der Schwäger- und Blutfreundschafft gar genau in Acht / daher sie niemals ein Weib auß einem verbotenen Grad heurahten. Hernach halten sie es auch für veracht/ zwo Weiber auff einmal haben/ oder sich von einem Weibe so sie ihnen einmahl zutrauen lassen/ scheiden. Polygamia och divortium ær bland Lapparna alldrighoert wordet, hvvarken i hedendomen, eller soedan, uthan dhe hafvva altiid lafvvat usi sitt echtenskap æhrligen och christligen. Das ist: Viel Weiber auff einmal haben/ und sich von einem Weibe scheiden lassen/ sind unter den Lappen nie erhörte Dinge/ so wol da sie noch Heiden gewesen/ als hernacher/ sondern sie haben den Ehestand allezeit ehrlich und christlich gehalten. Dannoch sind sie vielleicht in den alten Zeiten nicht gar rein gewesen von dem gemeinen Gebrauch ihrer Weiber/ so sie insonderheit den Frembdlingen und Gästen frey gegeben. Gewiß ist es daß Herberstein/ dessen Worte ich im folgenden Cap. anführen werde/ solches von ihnen schreibet. Aber auch Johan. Tornæus erzählet ein frisches Exempel so ihme von einem Luhlischen Lappen hinterbracht worden/ wiewol er an dessen Wahrheit zweiffelt. Ich wil seine Worte wie sie auff Teutsch lauten/ anhero setzen: Man hat mir erzählet/ daß zu den Zeiten meines Vorfahren ein unverschämpter Lappe auß der LuhlaLappmarck zu einem anderen Lappen in der TornaLappmarck einem frommen und ehrbaren Manne/ welcher lesen konte/ und ein gottseeliges Leben führte / daher er auch von einigen Spöttern Zvan Biskop, das ist/ Zvan Bischoff/ genant wurd/ eingekehret. Als nun dieser Luhlische Lappe von Brantewein truncken worden/ legte er sich in der Nacht zu seines Wirthes Eheweib in Hoffnung selbe zu

schwä

schwächen. Weil aber zugleich zweene Amptleute zugegen waren die den Brantewein verkaufften/ sprach selbe dieser Zvan Biskop an und sagte/ wie daß der Lappe sein Weib beschlaffen wolte. Ihr/ die ihr in der Kron Diensten sind/ nehmet und bindet ihn. Darauff selbe ihn gefasset und an einen Baum gebunden / da er in der harten Kälte die Nacht durch außdauren müssen. Endlich wird dieser Luhlische Lappe gezwungen sich mit Geld frey zu machen / und wandte zu seiner Entschuldigung für / daß diese Gewohnheit in der Luhla Lappmarck im schwange gehe/daß so jemand den andern ersuchet/lasse dieser den Gast sein Weib beschlaffen. So weit Tornæus, doch wie ich gesaget/ daß er hieran zweiffelt / und kan wol der geile Mensch sich damit zu entschuldigen solches erdacht haben.   Falß niemand sonsten dieses von den Luhlischen Lappen schreibet.   Dann bey denen übrigen diese Gemeinschaft so gar unbekandt/ daß auch etzliche nicht vertragen können/ so ihre Weiber nur andere Männer ansehen. Wie eben derselbe Tornæus berichtet; Die Lappen so gegen Norwegen an dem Fluß Torná wohnen/sind so eiffersüchtig/daß so ihre Weiber einem fremden Man unterwegens begegnen / und nur etzliche Wörter mit ihme wechseln/ sie alsobald in bösen Argwohn bey ihnen gerahten.

Das XXVI. Capitel.
Von dem Kindbette/ und Aufferziehung der Kinder.

Nachdem wir von dem Ehestande der Lappen geredet/ wollen wir auch von ihrem Kindbette und Kindern etwas erwähnen.   Da dann zu erst in Acht zu nehmen/ daß sie nichts mehr verlangen/ und über kein Ding sich mehr erfreuen/ als wann ihre Ehe fruchtbar/ Sam. Rheen: Ibland alle nationer kan ingen hoegre ælska och aostunda fruchtsamheet, sampt att hhe maoge populerade vvarga, æn Lapparna. Das ist: Es ist kein Volck unter der Sonnen welches mehr Verlangen tragen solte fruchtbar zu seyn und sich zu mehren/ als eben das Lappische. Und daher kommet es vielleicht/ daß sie sehr geil/ wie ich anderswo erwiesen. Wiewol sie nun dieses höchst wünschen/ sind sie doch selten fruchtbar/und wird kaum einer mehr als acht Kinder zeugen.

Eben derselbe: Thee æro mæste dels ett ofrucht samt folck, ty the kunna soellan oefvver aotta barn foeda, som ræchnas det hoegsta, uthan gemenligen foeda the ett tu eller tree. Das ist: Es ist ins gemein ein unfruchtbares Volck/ und können selten mehr als acht Kinder zeugen/ die meisten haben eins / zwey oder drey. Vielleicht ist solches die Ursache gewesen/ daß sie/ wie Herberstein meldet/ die Fremden zu ihren Weibern gelassen. Wann sie auff die Jagd reisen/ saget er/ lassen sie die Kaufleute und andere frembde Gäste zu Hause bey ihren Weibern allein. Wann sie wieder kommen/ und befinden daß das Weib sich mit dem Gaste lustig gemachet/ beschencken sie ihn/ wo nicht/ so treiben sie ihn zu dem Hause hinauß. Hergegen saget Olaus Magnus im IV. Buch im 11. Cap. daß sie fruchtbar seyn. Die Weiber und Mädgens sind in diesem Lande sehr fruchtbar. So Joh. Tornæus im 13 Cap. bekrafftiget: Uthi fruchtsamheet, æra dhe alt annat Nordlænskt folk liike, hafwendes der igenom deras ßehte temmeligen foerockt. Das ist: Was die Fruchtbarkeit belanget sind sie hierinnen den übrigen Mitternächtigen Völckern gleich/ daher sie sich auch vermehret. Allein was Olaum angehet/ befinden wir an ihme auß vielen Ursachen so er geschrieben daß er in den Lappischen Sachen nicht allerdings erfahren gewesen. Tornæus aber hat sonder Zweifel auff den ersten geringen Anfang der Lappen gesehen/ und selben gegen die heutige Menge gehalten. Dann sonsten ist es gewiß/ daß allbereit von Carl deß IX. Zeiten her/ der alle und jede familien durch gantz Lappland auffzeichnen und zählen lassen/ sie sich so gar nicht vermehret/ daß auch unterschiedliche familien abgangen. Dieses ist auch auß denen Lappen so in Schweden herumb schweiffen abzunehmen/ unter welchen nicht ein einziger zu finden/ der nur etzliche Kinder haben solte. Dieser Unfruchtbarkeit Ursache saget Sam. Rheen: sey Dheras swaga spiis, das ist: ihre üble Speise: Wie auch stoora kioelt, das ist: die grosse Kälte/ so ich dann auch für gar gewiß halte. Er thut hinzu den Göttlichen Zorn/ so er daher schliesset/ daß ob sie gleich weder durch Krieg noch durch Pest auffgerieben werden/ dannoch ihr Land nicht volckreicher werde/ sondern vielmehr täglich abnehme. Die Ursach aber dieses Göttlichen Zorns vermeynet er ihre Hart-
nackig-

Von den Kindbetten/ und Aufferziehung der Kinder. 335

nackigkeit so sie in Beybehaltung der alten Boßheit und Abgötterey spüren lassen/ zu seyn. Gewiß ist es daß sie biß auff diese Stunde im Kindbette/ und anderen Begebenheiten umb das Zukünfftige sich bekümmern/ und durch aberglaubische Ceremonien davon Nachricht einholen. Die erste Sorge ist für das Geschlecht. Dann so bald sie mercken daß das Weib schwanger sey wollen sie auff diese Weise/ ob sie ein Knäblein oder Mägdlein zur Welt tragen werde / erfahren. Sie betrachten alsofort den Mond/ (denn sie halten dafür die schwangere Weiber seyn dem Mond in vielen gleich) stehet über demselben ein Stern/ so schliessen sie es werde ein Knäblein seyn/ stehet er aber unter demselben/ so werde es ein Mägdlein seyn. Sam. Rheen: The taga mærcke af maonen, vvid hvvilken the likna cen hafvvande qvinna. Om the nu see naogon stierna stao nær oefver maonen, oer ett tecken, det hustrun gaor med piltebarn; staor naogon stierna nær under maonen, oer ett tecken att hustrun gaor med piigobarn. Das ist: Sie nehmen ein Abmerckung von dem Mond/ mit welchem sie ein schwangeres Weib vergleichen. Sehen sie einen Stern allernächst oben über dem Mond stehen/ ist es ein Zeichen/ daß sie mit einem Knäblein schwanger gehe. Stehet der Stern nächst unter dem Mond ist es ein Zeichen daß sie mit einem Mägdlein gehe. Wunderlich ist es/ daß sie ein Weibsbild mit dem Mond vergleichen. Was ist doch wol dessen Ursache? Vielleicht weil sie wie der Mond mit ihrer Frucht wächset/ und wann solche gebohren / wieder abnimbt? Allein ich halte gäntzlich dafür/ daß dieses noch von dem alten heydnische Aberglauben unter ihnen überblieben sey/ so den Mond für eine Göttin und Beschützerin der Schwangeren gehalten. Dann so haben die meisten Heyden geglaubet. Nachdem sie aber diese Ursache abgeschaffet oder auß der Acht gelassen/ haben sie einige Gleichheit zwische dem Mond und denen Schwangern erdacht. Die andere Sorge ist wegen des Kindes Gesundheit oder Kranckheit so sie auch auß dem Mond lernen wollen. Dann so ein Stern allernächst für dem Mond hergehet ist es ein Zeichen daß das Kind wohl zunehmen und gesund seyn werde? Folget er aber allernächst hernach/ schliessen sie darauß das Kind werde kräncklich seyn/ und bald nach der Geburt sterben.

Eben

Eben derselbe Rheen: Omnaogon stierna gaor næst foer maonen, ær ett tecké, att barnet skall wæll triifvvas och fœdas, uthan wanck och lythe: gaor naogon stierna effter maonen, betyder, att barnet skall foedas met lythe, eller och strax efter foedelsen doe. Das ist: Gehet ein Stern allernächst für dem Mond her/ist es ein Zeichen daß die Frucht wol zunimbt/ und vollenkommen an das Tageslicht kommen werde; Folget er aber allernächst nach/ist es ein Zeichen/ daß die Frucht mangelhafft zur Welt gelangen/ oder auch bald nach der Geburt sterben werde. Das schwangere Weib gebiehret zwar in der Katen so aber (welches ein jeder leicht verstehet) fast kalt ist/ Tornæus: Kommer foedslan om winteren upao, maoste hon foeda i kioelden. Das ist: Kömmet das Weib im Winter zu ligen/ muß sie in der Kälte gebähren. Dann saget er weiter/ ob sie gleich mitten im Hause ein Feur angezündet/ kan selbiges doch nicht grosse Wärme geben. Der Sechswöcherin erster Trost und Erleichterung ist ein Trunck Wallfisch Thran/den sie in Norwegen kauffen. Efter foedzlen dricker hon een god drick af hvvalsfiskefett som dhe hempta i fraon Norigett, och ær sao wederwærdigt att foertæra, liika saotom siælspek. Das ist: Nachdem die Sechswöchnerin gebohren/ trincket sie einen guten Trunck Wallfisch-Thran oder Fett/ so sie in Norwegen kauffen/ dessen Geschmack eben so widerlich ist/ als wann man Seelspeck isset. Das neugebohrne Kind wird als sonsten üblich/ gewaschen. Doch haben die Lappen dieses besonder/ daß sie ihre Kinder zu erst mit kaltem Wasser oder Schnee abwaschen/ und wann es zu leichen anfänget/ und kaum mehr Athem kan holen/ in warmes Wasser tauchen. Dieses finde ich in deß Johannis Buræi geschriebenen Sachen. Lappakonorne loega sine barn foersta resan i kalt vvatn, eller i snoen, till thes thet kiknar nær thet kommer sig aother wæl foere, lægger hon thet aoter i vvatnet. Das ist: Die Lappischen Weiber waschen ihre Kinder zu allererst mit kaltem Wasser oder Schnee/ biß sie kaum Athem mehr holen können. Nach dem sie ein wenig wieder zu sich gekommen/ tauchen sie selbe auffs neue unter das Wasser. Hernach daß sie zwar alle übrige Glieder in das Wasser stecken / als allein das Haubt nicht/ so sie nicht ehe waschen

biß

Von dem Kindbette und Aufferziehung der Kinder. 337

biß das Kind schon getaufft ist. Sam. Rheen: dhe vværma vvatnet i en kiettel i hvvilcken the sine barn nedersættia allt in till hufwudet; men intet vvatn vvillia the laota komma pao barns hufvvud foerr, æn thet af præsten vvarder doept. Das ist: Sie machen in einem Kessel warm Wasser/darin stecken sie das Kind auffgerichtet biß an das Haupt. Auff das Haupt lassen sie kein Wasser kommen/ ehe und bevor das Kind von dem Priester getauffet. Das neugebohrne Kind wird an statt der leinen Windeln/ in ein Haasen Fell gewickelt. Buræus en vorermeldetem Orte: Barnen lægga the sedan i haatskin. Das ist: Das Kind wickeln sie hernach (wann es abgewaschen) in ein Haasen Fell. Die Kindbetterin hat ihren eigenen besonderen Ort in der Katen/ alwo sie so lange liget/ biß sie gesund wird. Dieser ist neben der Thür zu der lincken Hand. Die Ursache dessen ist keine andere / als weil daselbst so häuffig andere sich nicht finden lassen. Sam. Rheen: Tao Lappe Qvinfolcken liggia i theras barns svagheter, hafvva the ett særdeles rum i sine kottar eller koiier, vvid doeren, och gemenligen pao then vvænstra siidan, ther intet annat folk then tyden synnerligen vvistas, hvvarest them blifwer gifvvin then deel, the till sine foedo hafvva skole. Das ist: Wann die Lappischen Weiber im Kindbette ligen / haben sie einen besonderen Ort in den Hütten und Katen ein / neben der Thür / ins gemein zur lincken Hand/ allwo sonst niemand groß hinkomet/ daselbst wird ihnen gereichet/ was sie zu ihrem Unterhalt vonnöhten. Wiewol dieses/ daß allda niemand groß hinkommet/ eben auß der Ursache geschicht/ weil daselbst die Kindbetterin liget/ wie auß diesen Worten zu schliessen. Entweder daß sie derselben mit ihrer Gegenwart verdrießlich fallen wollen/ oder (so vielleicht der Warheit ähnlicher) weil sie selbe für unrein halten. Es pflegen die Lappischen Weiber aber nicht lange nach der Geburt zu ligen / auch unterdessen der Tauffe wegen zu sorgen. Dann nachdem sie etwas besser in der Christlichen Religion unterrichtet worden/ bemühen sie sich sehr/ daß ihre Kinder bald mögen getauffet werden. In vorigen Zeiten hat es eine andere Beschaffenheit gehabt/ dann insgemein die Kinder spät/ und wann sie schon zimlich alt/ etzliche auch wol gar nicht getauffet sind. Von welchen letzteren

Guſtavus der Erſte in einem Gewaltsbrieffe meldet/ deſſen Worte wir anderswo angeführet. Das erſte aber beſtätiget Guſtavus Adolphus in einem andern Brieffe/und in der Vorrede ſo demſelben vorgefüget und im Jahr 1634. publicirt iſt/in welcher der Zuſtand der Religion in Lappland weitläufftig erzählet wird: Dopſens Sacrament blifwer them och ſao meddelt, doch icke offtare, æn paoſoere ſagdan tiid Hinna theras barn ſao længe læfvva att the kunna undfao doper, ær thet gott. Hvvar och icke ſao doe the odoepte. En del af dheras barn blifvva aohrs gamble, ſao att man medh them ſom till mogen aolder komme æhre, hafvva till att ſkaffa nær the doepas ſkole. Das iſt: Die Tauffe wird zwar unter ihnen gehalten/ aber nicht öffter/als zu gedachter Zeit: So ihre Kinder ſo lange über leben biß ſie die Tauffe empfangen können/ iſt es gut? Wo nicht ſterben ſie ohngetaufft: Etzliche von ihren Kindern werden jährig/ ſo daß wann ſie ſchon ſo alt/ hernachmals viel Beſchwerlichkeit fürläufft/ wann ſie getauffet ſollen werden. Die gedachte Zeit die er hie nennet iſt der Winter/in welchem auch nicht öffter als zweymal/nemlich das erſtemal umb das neue Jahr/ das andere mal umb Verkündigung Mariä/ Predigten bey ihnen gehalten/ und die Sacramenta verwaltet wurden/ davon allbereit oben gehandelt iſt. Vor dieſer Zeit war auch ſolches nicht im Brauch/ ſondern die Lappen muſten mit ihren Kindern nach den Schwediſchen Kirchen biß in Angermanland und Bothnien reiſen. Davon deß Olai Worte im 17.Cap. deß IV.Buchs zu verſtehen: Sie beſuchen im Jahr ein oder zweymal die Kirchen da ſie tauffen laſſen/ und tragen die ſäugende Kinder in Körben auff dem Rücken gebunden zu der Tauffe. Allein heutiges Tages bringen die Weiber ſo da können/ und durch keine Kranckheit verhindert werden/ vierzehen Tage nach der Geburt ihre Kinder zu dem Prieſter/ daß er ſie tauffe/ ſo viel haben die Kirchen ſo mitten in Lappland auffgebauet/ und die Predigten/ ſo nicht in frembder/ſondern in der Lappiſchen Sprache gehalten werden/ gewürcket.
Sam.Rheen: Med barnſens doop och Chriſtendom, ſkynda the ſig gemenligen ſao att een Lappqvinna otto eller fiorton dagar efter foedzlowaondan, reeſar een long wæg, ofvver hoega bergh

och

Von den Kindbetten und Aufferstehung der Kinder.

och fiæll, stoora sioear ock skogar, med sitt barn, till præsten. Das ist: Mit der Tauffe deß Kindes eilen sie ins gemein/ so daß die Lappischen Weiber acht oder vierzehen Tage nach der Gebuhrt eine weite Reise fürnehmen/ und mit ihrem Kinde über das höchste Gebürge/ über ungeheure Seen/und durch dicke Wälder zu dem Prediger eilen. Alwo anzumercken daß solches allein den Weibern oblige/und sie auch bloß dieses Geschäffte auff sich nehmen. Sie sind nemblich starck und geduldig / so daß sie alle Arbeit ohne einzige Beschwerde ertragen. Von welcher ihrer guten Natur eben derselbe saget: Lappqvinfolcken hafvva een starck natur, oanledt thei sin swagheet een ringa spiis foertæra, och ey annat, æn vvatn dricka, liickvvæl komma the snart till sina krafter igen. Das ist: Die Lappischen Weiber haben eine harte Natur/ also daß ob sie gleich in ihrer Kranckheit wenig gutes zu sich nehmen/und nur Wasser trincken/ dannoch bald wiederumb gesund werden. Sie bringen aber die Kinder auff eine andere Weise im Winter als im Sommer zu dem Priester. Im Winter legen sie selbe auff einen Schlitten / im Sommer hängen sie solche an den Sattel deß Reenthiers. Davon gedachter Scribent: Om vvinteren binder hon barnet i een ackiia, hvvar uthi det foeres: Men om Sommaren klyfvviar hon barnet pao reenens, rygg. Das ist: Im Winter bindet sie das Kind an den Schlitten worauff sie fähret/ im Sommer aber an den Sattel deß Reenthiers. Von dem letzteren zeuget auch Tornæus: Om Sommaren taga dhe sina reenar, och binda smao byltor, och sina smao barn pao baoda sydor om ryggen at dhem. Das ist: Im Sommer gebrauchen sie ihre Reenthiere dazu/ an dessen beyden Seiten sie ihre Sachen in kleine Bündel zusammen geschnüret/ wie auch die Kinder binden. Das Kind wird nicht oben auff den Rücken deß Reenthiers geleget/ sondern mit sampt der Wiege an den Sattel geschnüret folgender Weise:

Uu 2   Olaus

Das sechs und zwantzigste Capitel

Olaus Magnus wie wir auß dessen angezogenen Worten gesehen/ saget daß die Eltern solche Kinder in Körbe legen und auff den Rücken binden. Es zeiget auch bey ihme die Figur nicht allein ein solcher gestalt beladenes Weib/ sondern auch einen Mann/ jeglichen mit zwey Kindern tragend/ also daß sie mit vier Kindern und hölzernen Schuhen gereiset. Ich befürchte aber sehr daß auch hie selbst der Mahler zu weit gangen. Die Körbe gewiß so allda befindlich/ sind den Lappischen gantz ungleich. Die Lappen gebrauchen solche Art Körbe/ so man auff dem Rücken träget/ und von den Lateinern *æro* oder *phormio* genant wird/ niemals nicht. Es werden ihre Körbe auch nicht auß Brettern so unten an einer Taffel wie an einem Grunde befestiget und auffgerichtet werden/ sondern wie ich schon gezeiget/ auß Reiffen die übereinander geleget sind/ gemachet. Sonsten lassen sie insgemein ihren Kindern in der Tauffe solche Namen geben/ als ihre nächsten Blutsfreunde und Verwandten haben. Sam. Rheen: Barn laota the gemenligen næmpna nær the Christnas, efter nærmaste af slæchten. Das ist: Ihre Kinder lassen sie gemeiniglich nach ihren nächsten Freunden nennen. Er thut hinzu/ daß sie ihren Kindern gerne heidnische Namen wollen geben lassen/ als da sind *Thor*, *Guttarm*, *Finne*, *Gagge*,

Von den Kindbetten und Aufferziehung der Kinder.

Gagge, allein sie werden von den Priestern so viel möglich davon abgeredet. Dieses haben sie auch besonder/ daß sie zum offtern die Namen ändern/ und den Kindern andere geben als wie sie in der Tauffe empfangen/ auß Liebe zu einem von ihren verstorbenen Freunden/ dessen Gedächtnüß sie auff diese Weise zu erhalten gedencken. Eben derselbe: Offta hænder dhet, att dhe ombyta sine barns nampn, och gifvva them andre nampn æn som the foerst i doop bekommit hafvva. Ty om naogon af theras anfoervvanter doer, dhen the hoegt ælska, næmpna the strax sine barn effter then samma. Das ist: Es geschiehet offt/ daß sie ihrer Kinder Namen ändern/ und ihnen andere zulegen als sie in der Tauffe überkommen. Dann so jemand von ihren Verwandten verstirbet den sie sehr lieben/ geben sie alsobald dessen Namen ihren Kindern. Tornæus saget/ es geschehe solches auch/ wann sie in ihrer Kindheit in eine Kranckheit fallen/ alsdann gebrauchen sie dessen rechten Namen den er in der Tauffe empfangen/ an statt deß Zunamens. Insonderheit sey solches an den Knaben gebräuchlich. Nær ett piltbarn vvarder siuckt saget er/ sao gifvva the thy ett annat nampn, æn det i Christendom faodt hafvver hvvilket liikvvæl sædan brukas foer hans tillnampn. Das ist: Wann das Kind/ so es ein Knabe/ in eine Kranckheit fällt/ geben sie ihme einen andern Nahmen als er zuvor in der Tauffe empfangen/ welchen sie folgends an statt deß Zunamens brauchen. Wiewol nun aber die Weiber bey den Lappen hart seyn/ daß sie auch eine oder die andere Woche nach der Geburt reisen können/ und andere Geschäfften verrichten! Ob sie gleich zu der Kirchen gekommen/ und von dem Prediger mit gewöhnlichem Gebete erlassen sind/ werden sie doch von ihren Männern ehe die 6. Wochen fürbey für unrein gehalten/ also daß diejenige diese gantze Zeit über von aller ehelichen Berührung/ sich mässigen. Lapparna hafvva intet omgænge medh sine hustrur, foer æn sex vveckor æhro framgaongen, uthan haolla them i medler tiiedh oreena, aonsedt the æn hade haollit sin kyrckiogaong. Das ist: Die Lappen wohnen ihren Weibern nicht bey/ ehe die sechs Wochen geendet/ sondern halten selbe die gantze Zeit über für unrein/ ob sie sich gleich in der Kirchen gestellet. Und so viel sey von dem Kindbette geredet. Ich gehe

Uu 3 wei-

Das sechs und zwantzigste Capitel

weiter zu der Aufferziehung. Alhie eräuget sich zu erst die Nahrung so mit der Mutter Brüsten und Milch geschiehet. Dann von Ammen wissen die Lappen nicht. Sam. Rheen: alla Lappquvinfolk foeda och upfostra sine barn med sin egen mioelck. Das ist: Alle Lappische Weiber nähren und säugen ihre Kinder mit ihrer eigener Milch. Dieses aber thun sie gar lange/ins gemein zwey Jahr/bißweilen auch wol drey und vier Jahre. Eben derselbe Rheen: mehrendeels foeda the sina barn med sin egen mioelk. Das ist: Ihre Kinder nähren sie mit ihren eigenen Brüsten / öffters zwey/drey/ja wol vier Jahr. So sie aber wegen Kranckheit und anderer Hindernüß das Kind gar nicht saugen können/so geben sie ihme mit einem Löffel Reenthiermilch welche dicker ist / als daß sie durch ein Röhrlein/ wie an anderen Oertern gewöhnlich/selbe an sich ziehen könten. Reenmioelk ær foer sin tiokheet skull icke beqvvemlig att gifvva barnen med næpp, uthan om hoeg sta noeclen fordrar, gifvva the bemælte mioelk sine barn med skied. Das ist: Die Reenthiermilch können die Kinder ihrer Dicke wegen nicht auß einem Napff durch ein Röhrlein nach sich ziehen/sondern muß wo es die hohe Noht erfordert/ mit einem Löffel eingeflösset werden. Nebst der Milch gewöhnen sie ihre Kinder alsobald zu dem Fleisch/ dann sie stecken selben ein Stücklein Reenthier Fleisch in den Mund/daß es den Safft darauß sauge. Eben derselbe Rheen: The gifvva sine barn reenkiætt, afhvvilket barnet suge maoste, och dher afhafvva sin foedo. Das ist: Sie geben ihren Kindern ein Stücklein Reenthier Fleisch/daß sie daran saugen/und also ihre Nahrung habe. Folget das Wiegen der Kinder/ damit sie schlaffen. Die Wiegen sind auß einem Stück Holtz oder Klotze außgehölet / wie ein Trog/ diese überziehen sie mit Leder/an dem Theil aber/wo deß Kindes Haubt hingeleget wird/machen sie auch von Leder gleichsam ein Dach oder Himmel. In selbe Wiegen nun legen sie das Kind ohne einige leinen Tücher oder Laacken an deren Stelle sie demselben etwas von dem zarten Mooß unterstreuen/von beyden Seiten aber und von oben bedecken und verwahren sie es mit dem weichen Fell eines Reenthier-Kalbes. Sam. Rheen: Sine barn linda tbe i korger af træ utholka-

de

Von den Kindbetten und Aufferziehung der Kinder. 343

de, hvvilcke the oeffvver draga med skin, saosom och goera ett tæcke oefwer barnsens hufwud af skin. Uthi bemelte korger linda the barnen med een reem, och i stellet foer linne eller lerfft, bruka the nedan i korgen roed, leen mossa, then the om sommaren torcka, och mycket finnes i Lappmarken, hvvilken sao offta, the uptaga sine barn, ombytes. Ofvvan till i korgen eller kring om lijfvvet pao barnen bruka the unge reenkalfskin, som ære granne och leene. Das ist: Sie legen ihre Kinder in außgehöhlete hölzerne Körbe/ so sie mit Leder überziehen/ wie sie dann auch über deß Kindes Haubt einen Schirm oder Decke von Leder stellen. In diesen Körben binden sie die Kinder mit einem Riemen an/ und an statt der leinen Windeln legen sie unten in den Korb den rohten/ weichen und zarten Mooß den sie deß Sommers trucknen/ und in grosser Menge in Lappland finden/ selben erneueren und ändern sie so offt/ so vielmal sie das Kind auffnehmen. Oben und an den Seiten bedecken und bewickeln sie es mit den weichen Fellen von Reenthier-Kälbern. Er nennet diese Wiegen/ Körbe/ daher sonder Zweiffel entweder der Mahler deß Olai Magni, oder auch Olaus Magnus selbst Anlaß genommen zu irren/ und solche Körbe so die Lateiner ærones oder phormiones nennen/ zu erdichten/ dann wie sie gehöret/ daß die Lappen ihre Kinder in Körbe gebunden haben/ haben sie ihnen keine andere einbilden können/ als die so von ihm in demselben Capitel abgebildet werden. Insonderheit da Olaus saget daß sie ihre Kinder in dergleichen Körben auff den Rücken gebunden/ tragen. Dann also machen es noch heutiges Tages die Lappischen Weiber/ wann sie das Kind tragen wollen/ daß sie es mit sambt der Wiege die wir beschrieben/ hinten auff den Rücken/ nicht anders als ein Felleisen binden/ so daß das Theil/ wo der Kopff liget/ etwas höher hänge als das übrige/ in solcher Gestalt/ als wie oben an dem Orte/ da wir von den Kleidern der Lappen gehandelt/ fürgestellet worden. Sonsten wann das Kind sol gewieget werden/ so hängen sie die Wiege mit einem Riemē oder strick an das Dach ihrer Katen und werffen sie so lange hin uñ her biß es schläffet. S. Rheen: Nær the willia soefvva eller vvagga,

sine

sine barn, binda the upp korgen vvid een reem i kottaket, och hissa den af och till. Das ist: Wann sie die Kinder in den Schlaff bringen oder wiegen wollen / so hängen sie den vorbesagten Korb mit einem Riemen an das Dach der Katen/ und bewegen es alsdann hin und her. Sie pflegen auch die Kinder mit einigem Klapperwerck zu belustigen: Dann sie hängen an die Wiege etliche messinge Ringe/ welche einen Klang und Geräusche von sich geben. Wid barnsens korg binda Lapparna messings ringar, saget Sam. Rhen. Das ist: sie binden an den Korb deß Kindes messinge Ringe. Zu diesen Ringen/ so an statt deß Klapperwercks dienen/ thun sie auch etliche Denckzeichen/ durch welche die Kinder ihres Glückes und künfftigen Pflicht erinnert werden. Ist das Kind ein Knabe so hängen sie an die Wiege einen Bogen/ Pfeile/ und Spiesse alles gar zierlich von den Hörnern der Reenthier gemachet. Davon gedachter Autor also redet: Ær det, itt piltbarn, binda the vvid thes korg boghe, spiut, piilar, hvvilka af teen eller reenhorn giorde æhro till een betrachtelse, att theras barn skola besliita sigh vvarda snælle och bequemlige, till att bruka boghar och spiut. Das ist: Ist es ein Knabe/ so binden sie an den Korb einen Bogen/ Spieß/ Pfeile von Zinn oder Reenthierhorn gemachet/ dadurch angedeutet wird/ daß die Kinder sich befleissigen sollen im Bogen und Spiesse geläuffig und fertig zu werden. Ist es aber ein Mägdlein binden sie an die Wiege die Flügel/ Füsse/ und Schnabel deß weissen Schneehuhns so sie Snioeriipa nennen: Eben derselbe fähret fort: ær det, itt piltbarn, binda the vvid thes korg boghe, spiut, piilar hvvilka af theen eller reenhorn giorde æhro, till een betrachtelse, att theras barn skola besliita sigh vvarda snælle och beqvvemlige, till att bruka boghar och spiut. Das ist: Ærthet ett piigobarn bindes vviddes korg, vvingarna foetterna och næfvvet af een snioeripa, till een betægnelse, att theras doeltrar skole besliita sig vvara reenlige, och saosom riipor behændige och snælle. Das ist: So es aber ein Mägdlein ist/ binden sie an den Korb Flügel/ Füsse/ und den Schnabel von einem Schneehuhn/ damit anzudeuten daß ihre Töchter sich bemühen sollen diesen Vögeln in der Reinligkeit und Behendigkeit nachzufolgen. Nach dem die Kinder etwas erwachſen / unterweiſen die Vätter zwar ihre Söhne / die Müttere ihre Töchter/in ſolchen Sachen die ihnen nöhtig. Dann ſie keine andere Lehrmeiſter haben / ſondern die Eltern verrichten dieſes ſelbſt. Sam. Rheen: Lapparne læra icke naogot handtwærck af naogon mæſtare, uthan barnen warda affoerældrerne till haoldna att gœra ſaodant arbete, ſom hoos them ær brukeligit. Das iſt: Die Lappen haben keine Lehrmeiſter/ſondern die Kinder werden von den Eltern angetrieben ſolche Arbeit fürzunehmen die bey ihnen gebräuchlich.   Inſonderheit unterweiſen ſie die Knaben im Schieſſen/ und die Pfeile nach einem gewiſſen Ziel abzulaſſen; Weil ſie nemlich ehmals ſich durch Hülffe der Bogen und Pfeile ernähret / falß ein groſſes Theil der Lappen von der Jagd lebet. Alſo daß wann ſie nur ein wenig den Bogen gebrauchen können / wird den Knaben nicht ehe Speiſe gereichet/ biß ſie ein gewiſſes Ziel erlanget.   Dieſes ſchreibet von ihnen ſchon Zieglerus: Von Jugend auff lernen ſie mit Pfeilen ſchieſſen / und wie ehemals bey den Balearen / alſo wird heutiges Tages den Knaben nicht ehe Speiſe gereichet / biß ſie mit dem Pfeil das fürgeſtellte Zeichen erreichet. Solches bekräfftiget Sam. Rheen ein neuer Scribent: Theras piltar ſkola hvvar dagh ſkiuta till maols med handbogar, i det dhe pao een ſtaong uplætta een næfvver, hvvilkett maol foerr æn the træffa, blifvver them ingen maat gifvvin.   Das iſt: Ihre Knaben müſſen alle Tage die Pfeile auff ein gewiſſes Ziel abſchieſſen/ und wird ihnen auff einer langen Stangen ein Stück Bircken Rinden gleich wie ein Zeichen auffgerichtet/ dieſes müſſen ſie zu erſt treffen / ehe und bevor ſie zu Eſſen bekommen.   Hie benennet er das Zeichen nach welchem ſie mit ihren Pfeilen ſchieſſen müſſen/ nemlich ein Stück Bircken Rinden/ davon er auch an einem andern Orte auff dieſe Weiſe redet: Særdeles læra fæderna ſine ſioener ſkiuta med handbogar, i det dhe pao een ſtaong uppſætta een næfwer, hvvilkett maolfoerr, æn the træffa, blifvver them ingen maat gifvvin, das iſt: Die Vätter unterrichtē ihre Kinder inſonderheit in der Kunſt die Pfeile von dē Bogē abzuſchieſſen / in dem ſie ihnen auf einer Stangen ein Stücklein Rinden fürſtellen/ welches ſie/ ehe und bevor ihnen Eſſen gegeben wird treffen müſſen/

X x auff

Das sechs und zwanzigste Capitel

auff solche Weise werden sie berühmte Bogenschützen. Olaus Magnus der auch dieser Unterrichtung erwähnet/ rühmet solche Wissenschafft und Kunst im schiessen gar sehr an ihnen; ja er thut hinzu daß er selbst etzliche gesehen so einen Pfenning oder Nadel mit einem gewissen Schuß getroffen/ die doch so weit von ihnen entfernet gewesen/ daß man sie kaum absehen mögen. Seine Worte sind im IV. B. im 11. Cap. diese: Insonderheit unterweisen sie die Knaben/ wie sie die Handbogen (dann andere brauchen sie nicht) halten/ in die Höhe heben/ nieder lassen und wenden sollen in dem Pfeil abschiessen: damit aber selbe desto besser und ehe das Ziel treffen mögen/ wird ihnen ein weisser Gürtel oder Binde/ so sie trefflich belustiget und neue Bogen gegeben. Dadurch werden sie der massen geläuffig daß so man ihnen weit von ferne einen Pfenning oder Nadel/ so sie kaum absehen können hinsetzet/ sie selbe ohnfehlbahr treffen/ wie ich persöhnlich im vorerwähnten M D XVIII. Jahr/ da ich in Lappland gewesen/ angesehen. Es schreibet Olaus eben daselbst/ daß auch die Mädgens in dieser Kunst unterwiesen werden/ und dannenhero findet man auch/ in der Abbildung Weibes Persohnen mit Bogen und Pfeilen gewaffnet. Allein solches ist nicht glaubwürdig/ wie ich erwiesen/ da ich von der Jagd gehandelt/ heutiges Tages ist es bey ihnen nicht gebräuchlich. Die Mädgens bey denen Lappen/ saget Sam. Reen, lernen Stieffeln/ Schuhe/ Handschuhe/ Röcke/ und allerhand Sachen so zum Anspannen der Reenthier gebrauchet werden/ nähen. Oder wie seine eigene Worte lauten: Lapparnas doetrar lära sii Klæder, lappstoeflar, Skoor, handskar, muddar, och reenaok tygh. Das sind die Künste der Mädgens und Weibes Persohnen in Lappland/ nicht mit einem Pfeil nach dem Ziel zu schiessen. Wie nun aber die Lappen ihre Kinder bey Zeiten einige Künste so zu dem täglichen Leben nöhtig lehren/ so sorgen sie auch für selbe daß sie ins künfftige etwas eigenes mögen haben. Dahin Insonderheit gehöret/ daß bey ihnen im Gebrauch/ dem Kinde ein Reenthier Weiblein/ alsobald nachdem es nur gebohren und getauffet/ und ein Mägdlein ist/ zu verehren. Johan Tornæus: Nær ett piigeharn vvarder foedt, och sao snart det doop och Christendom faodt

faodt hafvver, dao foeræhras henneat foerældrana en reen kalf, som ær koon och schæres hennes mærke uti hornen af samma Kalf. Das ist: Wann ein Mägdlein gebohren wird/ verehren ihme die Eltern so bald es getaufft/ ein Reenthierkalb/ weibliches Geschlechtes an dessen Hörner sie das Merck selben Mägdleins stechen. Alwo zu mercken daß sie Glaubens und Gewißheit halber diese geschenckte Reenthier an den Hörnern/ mit einem besonderen Merck oder Zeichen kennbahr machen/ damit kein Streit deßwegen entstehen möge. Noch eines wird ihnen geschencket/ wann sie sehen daß der erste Zahn herfürbricht. Sam. Rheen redet von dieser ihrer Gewohnheit folgender Gestalt: Ibland annan ledvvænio Lapparna brucka ær och denna, at nær dheras barn sao foerstand, hvvilken som dao aldra foerst faor honom see i barnsens, mun antingen dhet ær fader, moder eller naogen af slæchten, den samma skal gifvva barnet een vveiiareen, dendhe Kalla Pannikeis, det ær een tandvvæiia. Das ist: Unter anderen Gewohnheiten so bey denen Lappen üblich/ ist auch diese/ wann ihre Kinder die ersten Zähne bekommen/ daß wer den ersten Zahn im Munde des Kindes gewahr wird/ es sey der Vatter oder die Mutter/ oder einer von denen Anverwandten/ derselbe muß ihme ein Reenthier Weiblein geben welches sie Pannikeis, das ist/ das Reenthier des Zahns heissen. Johan. Tornæus schreibet. Daß die Weibes-Personen solche Verehrung geben müssen. Denn quinnan, som den foersta tanden faor see uthi hennes mund, hon maoste begaofvva henne mæd een saodon Kalf. Das ist: Die Weibes-Persohn so den ersten Zahn in seinem Munde gewahr wird/ die muß das Kind mit einem Geschencke ehren/ nemblich mit einem Reenthier-Kalbe/ wie wir zuvor gesaget. Diese Gewohnheit ist anfänglich vielleicht daher entstanden/ weil die Kinder/ nach dem sie die Zähne überkommen/ härterer Speise benöthiget sind/ so bey den Lappen dann das Reenthier Fleisch ist. Das Reenthier aber wird wohl in acht genommen/ und was davon gebohren wird dem Kinde zum künfftigen Nutzen erzogen/ wie auß dem jenigen so wir oben von den Hochzeiten geredet/ zu ersehen. Und so machen sie es auch mit dem andern Reenthier/ welches die Eltern

Eltern dem Kinde absonderlich schencken. Dann es ist bey ihnen auch bräuchlich/daß die Eltern zu dem vorgesagten Reenthier noch eines hinzuthun/welches sie Waddom, das ist ein Geschencktes Reenthier heissen. Sam. Rheen: Sed han gifvva foer ældrarna aother strax dher effter aot sin sohn eller dotter dhen andra vvajan dhen dhe Kalla vvaddom, det ær een gifvvin vvaja. Huu adhafbemælte vvajatne foerockes hoerer barnet till. Och nær naogot flach tas eller bord fælles af bemælte barns reenar, antingen foer soelfvver, Koppar meſſing eller Klæder, blifvver vværdet forwahrat till barnsens nytta och gagn. Das ist: Bald darauff verehren die Eltern ihrem Sohn oder Tochter noch ein Reenthier Weiblein/ so sie Waddom oder das Geschencket nennen. Was von diesen Reenthieren getragen wird gehöret dem Kinde zu/ so auch etwas davon geschlachtet oder mit Silber/Kupffer/Messing/und Kleidern vertauschet wird/solches getauschte wird zu dem künfftigen Nutzen des Kindes verwahret. Er saget bald darauff/daß also dieses Reenthier nicht das andere/sondern das Dritte sey. Man möchte dann wähnen daß die Tornensische Lappen alsobald nach dem das Kind getauffet/ die übrigen aber nach dem erst Geschenckten Reenthier wann sie den ersten Zahn gesehen/solches thun. Und solches ist die fürnembste Sorge so die Eltern bey den Lappen ihrer Kinder wegen/haben. Wann die Eltern verstorben/ sind an derer Stelle wie bey anderen Völckern die Vormünder/ so auch für das alles/ was wir bißhero gehöret/ Sorge tragen. Solche aber werden auß den Verwandten und nächsten Bluts-Freunden/ wie anderst wo erwählet. Tornæus: Foermyndare uthvvælia the, saosom annat folckeffter foer ældrarnas doedeliga af gaongh, af nær mesta flæcht. Das ist: Die Vormünder erwählen sie nach anderer Völcker Weise/ nach der Eltern Tode/ auß den nächsten Freunden.

Das

Von den Kranckheiten/ Tod und Begräbnissen der Lappen.

Das XXVII. Capitel.
en Kranckheiten/ Tod und Begräbnuß der Lappen.

)ar die Lappen ein rauhes und unbequdmes Leben führen/
ie doch von guter Gesundheit. Olaus Petri Niurenius im
)ie Einwohner sind gesund/ so daß sie weder Aertzte haben/
)ermeynen nöthig zu seyn. Solches bezeuget auch Sam.
Lapparna, æro af Naturen ett hellso samt folck, som
pssens bræckeligheeter icke gemenligen bekaydhe
som annat folck afandra nationer. Das ist: Die Lap=
)n Natur starck/ und werden nicht so offte wie andere Völ=
Kranckheiten angefochten. Von vielen Kranckheiten/
zar nichts/ ja sie sind auch den Seuchen/ die sonsten gan=
r verwüsten/ nicht unterworffen. Keine hitzige Fieber/ kei=
öret man unter ihnen. Ibland saget er weiter Lapparna
)ethige febras, eller Pestilentia. Das ist: In Lapp=
sich weder hitzige Fieber noch die Pest. So auch einige
ranckheit hineingebracht würde / verliehret solche also=
krafft. Olaus Petri Niurenius im 9. Cap. Für etzlichen
die Pest im Hanff nacher Lappland gebracht worden.
: ausser etzlichen Weibes=Persohnen/ so denselben unter
)en gekauet/ niemand gestorben. Dann die Mitternäch=
ertreibet den gifftigen Dampff in geschwinder Eill. Die
Kranckheit womit sie geplaget werden ist die Blödigkeit
essen der Augen/ worauß zum öfftern die Blindheit erfol=
Ursache dessen ist/ weil sie von Kindheit an/ ins gemein im
n / welcher ihre Katen im Sommer und Winter er=
)en derselbe: Ibland Lapparna finnes særdeles oegna=
etten i theras kothur plagar dheras oegen , att storsta
)ts alderdomen vvardhe blinde. Das ist: Es fin=
den Lappen gemeiniglich die Augen-Kranckheit/ dann
) ist in den Katen ihren Augen dermassen beschwer=
schädlich / daß die meisten im Alter blind werden.

Auff gleiche weise redet auch Ericus Plantinus, ohne daß er den Glantz deß Feurs hinzu thut: Lapparna blifvva gemenligen blinde uthant erifvvet der af, att dhe af ungdom sittia vvedhelden och roecken. Das ist: Die Lappen werden gemeiniglich zu letzt blind/ vielleicht weil sie von Kind auff bey dem Feur und in dem Rauch sitzen. Also auch dessen Vatter Olaus Petri Niurenius: Das ist bey ihnen das beschwerlichste und elendeste/ daß ihr Alter sich insgemein mit der Blindheit endet/ welche bey ihnen mehr als bey andern Völckern sich finden lässet. Welches Ubel auß dem stätigen Anschauen deß Feuers von Kind auff Nacht und Tag/ Winter und Sommer über/ herrühret. Dann solches Feur mitten in der Katen immer brennet. Bißweilen haben sie auch Beschwer von dem Seitenstechen / Lungensucht / Creutz und Rücken stechen und Schwindel deß Haupts. Welches gedachter Plantinus auch bezeuget mit diesen Worten: Mest kall dheras Siuckdomb vvara sting, och hafvva ont i brystet och ryggen, suosom och hufvvudh hyran. Das ist: Die gemeine Kranckheiten unter ihnen sind Seitenstechen / Schmertzen in der Brust und Rücken/ Schwindel deß Haupts. Auch die Pocken befallen sie bißweilen. Meslingen saget er daselbst/ plagar och untertyden der wancka. Es pflegen auch die Pocken daselbst unterweilen zu wancken. Wie nun die Kranckheiten sich selten unter ihnen finden / also ist ihnen auch die Artzeney nicht bekandt. Wider alle innerliche Schwachheiten brauchen sie die Wurtzel eines Mooses so sie *jerth* nennen; oder in dessen Ermangelung den Stengel von der Angelic. Ericus Plantinus: Foer inverres le kedom bruka dhe Måosaroot, den de kalla jerth: mender hon icke wæxer brukas angelica, som af dem kallas fadno, och finnes mæst alla stædes. Das ist: Innerlich gebrauchen sie an statt der Artzeney die Wurtzel von dem Moos/ so sie jerth nennen/ da aber derselbe nicht wächset/ nehmen sie an die Stelle die Angelica/ so allenthalben anzutreffen / und von ihnen *Gadno* genennt wird. Sie pflegen aber zu diesem Gebrauch die Angelica in Molcken von der Reenthiermilch zu kochen/ davon ich allbereit oben/ wo ich von ihren Speisen geredet / angezeiget. Von diesem gekochten Tranck oder Suppe gedencket auch Sam. Rheen: Detta warder brækat, såsom

een

een medicin. Das ist: Sie pflegen es an statt einer Artzeney zu gebrauchen. Spüren sie etwa in den Gliedern Schmertzen / nehmen sie einen Baumschwam/machen ihn glüend/ und legen ihn auff den schlimmen Ort/ damit das Geschwär die böse Feuchtigkeit an sich ziehe/und also den Schmertzen lindere. Davon auch Plantinus saget: Den æren gemen lækedoom, att taga fnoesk, eller dat, som væxer pao bioerken som enkiuka, och sedan eeldt, der itæntær, læggia & liite stycke pao dæt rum han kænner, sin vveda och vværck stao. Och nær man nu Drabbar just dat stællet, sao springer fnosken bort af sig sielf, och blifvver att gott igenom bolnande. Das ist: Ein gemeines Mittel ist bey ihnen/ daß sie einen Schwam nehmen so an den Bircken wie ein Kuchen zu sitzen pfleget/ denselben mit Feur entzünden/ und auff die Stelle da sie Schmertze fühlen/ legen/ wo sie nun den rechten Ort getroffen/ springet der angezündete Schwam hernach von sich selbst ab / und der Schmertzen wird durch das darauff folgende Geschwär gehoben. Die Wunden heilen sie mit Baumhartz. Nar the hugge sig saor, taga the kaodhen till plaoster, saget er daselbst weiter/ daß ist: wann sie verwundet werden/ legen sie ein Pflaster von Hartz auff. So ihnen einige Glieder erfrieren/ so ist dagegen das beste Mittel ein Reenthier-Käse/ in welchen sie ein glüend Eisen stossen / und was darauff wie ein Oel herauß fliesset/ solches schmieren sie über das beschädigte Glied/ welches dann eine unglaubliche Tugend in sich hat. Andere schneiden ihn in dünne Stücklein/ und legen ihn also auff. Olaus Petri: So ihnen ein Glied von der Kälte beleidiget wird/ schneiden sie den Käß in dünne Stück machen sie warm und legen es auff. Eben dieser Käß wann er mit Milch gekochet wird/lindert den Husten/und allen Mangel an der Lungen und auff der Brust/ so von der Kälte herzühren/ wann er so heiß getruncken wird. Er nutzet auch dem Magen/ daß ihme das stätige Wasser sauffen nicht schade. So auch Olaus Petri bezeuget: Dieser Käse/ saget er/ verbütet d:ß dem Magen das stätige Wasser sauffen nicht schade. Weil nun so wenig Kranckheiten bey ihnen sich finden / gelangen sie auch zu einem hohen Alter. Lapparna komma till een hog alder, saget er weiter/ das ist: die Lappen kommen zu einem hohen Alter. Sam. Rheen: Suosom Lapparna icke synnerligen vveta af suoer siukdomar, alt suovarda the

gam-

gambla, och komma till een stuor aolder. Das ist: Gleich wie die Lappen von keinen schweren Kranckheiten wissen/also werden sie alt/ und gelangen zu einem hohen Alter. Ja er saget daß unter ihnen etliche zu finden/ so über hundert Jahr gelebet/ die meisten siebenzig/ achtzig/ neunzig Jahr erreichen. Und in solchem schweren Alter/ bleiben die meisten munter und hurtig so ihre Geschäffte gar wol verrichten/ reisen/ durch die Wälder und über das Gebürge fortstreichen/ und andere Arbeit mehr verrichten können. The æroi sin aolder vvyge och snalle att gioera sitt vværck arbete och att reesa, och loepa i skog och i marck. Endlich auch so leicht nicht grau werden. De graone doch ganska sællan. Das ist: Selten werden sie gantz grau. Und auff solche Art sterben die meisten Lappen nicht von Kranckheit / sondern von Alter. So aber jemand hart darnieder lieget/ entweder daß er so alt/ oder auß anderen Ursachen / erforschen sie zu erst durch ihre Trummel/ ob er wieder zu seiner Gesundheit kommen/ oder sterben werde/ wie ich schon oben hievon Meldung gethan. So mich auch M. Matthias Steuchius in einem Brieffe lehret: Ich erinnere mich saget er / daß ich von einem Lappen gehöret / daß sie durch diese ihre Trummel die Stunde/ und Art deß Todes wissen und erfahren können. Ericus Plantinus: De taga framtrumman, soekiandes igienom spelande pao kenne uts slag till doeden, haeller hifvver. Das ist: Durch die Trummel wann sie selbe schlagen/ suchen sie zu erfahren/ ob der Krancke leben oder sterben werde. Nachdem sie gewiß sind/ daß er sterben muß so ermahnen ihn die Umbstehenden/ die noch der Christlichen Religion für anderen zugethan/ daß er Gottes und deß HErrn Christi eingedenck sey. Ericus Plantinus: Mig berættades af een graonaorig Lapp som hafvver foordam farit i Pita skolen, att dhe, som færstao sin Christendom, foermana den siuka, att tænckia pao Gud. Das ist: Es hat mir ein alter Lappe erzählet so ehemals in die Pithische Schule gegangen/ daß alsdann die jenigen/ so in der Christlichen Religion wol erfahren/ den Krancken ermahnen/ daß er Gott ijn Gedächtnüß halte. So sie aber nach der Christlichen Religion nicht groß fragen/ verlassen sie den Krancken/ und sind nur auff das Todtenmahl bedacht so sie bißweilen anheben / wann der

Kran-

Von den Kranckheiten und Begräbnüssen der Lappen.

Krancke noch nicht verschieden. Steuchius: Ein reicher Lappe mit Namen Thomas/ als er hefftig kranck war/ also daß er keine Hoffnung mehr länger zu leben sahe/ berieff seine Verwandten und Freunde zu sich/ diese als sie ihn schon in den letzten Zügen finden/ gehen zu einem Gastwirth/ bey deme die reisende Leute so nach Norwegen und Jempterland wolten/ einzukehren pflegten/ kauffen von ihme Bier und Brantewein/ dem noch lebenden ein Todtenmahl zu halten/ als sie nun den gantzen Tag mit Sauffen zugebracht/ kehren sie endlich in die Hütten deß Krancken finden ihn schon todt ligen. Es ist dieses ein gantz neues Exempel/ so für wenig Jahren geschehen/ daher leicht zu ersehen wie so gar rechtmässige Klage hierüber in der Vorrede deß Brieffes Gustavi Adolphi von der Lappischen Schule geführet werde. Allwo unter andern/ diese Worte von den Lappen zu lesen: Them siu kom hoos them uti Lappafiellen besockias, eller gits aldrig naogen reeda med troest och Sacramente, uthan doe siin koos oskriffdede otroestade och oasloeste. Das ist: Den Krancken die etwa auff dem weit abgelegenen Norwegischen Gebürge befindlich/ spricht niemand Trost ein/ niemand reicht ihnen die Sacramenta/ sondern sie sterben dahin ohne Beicht/ ohne Trost/ ohne Vergebung der Sünden. Und wird daselbst diese merckwürdige Ursache hinzugefüget. Ty den onde anden, som them tao anfechtar, goer med sine loegner siin hoegste flit, at blifva foerwissat om theras siæl. Das ist: Daß der böse Feind so sie alsdann versuchet/ bemühet sich zum fleissigsten daß er ihre Seelen überkome. So geschicht wan er ihnen befiehlet solches alles als vergebliche Dinge zu verachten/ lässet auch die guten Freunde so Christen sind/ nicht zu ihm sondern vielmehr solche die sich ihre Waust mehr als deß Krancken Seligkeit befodert wissen wollen. So nun aber jemand verschieden es sey auß was für einer Ursache es wolle/ so gehet jederman zu der Katen wo der Todte liget herauß. Dann sie glauben (wie albereit anderswo angezeiget) daß von denen Verstorbenen etwas überbleibe/ als was die Latemer Manes genant/ und daß solches sich nicht jederzeit gütig/ sondern auch bißweilen schädlich erweise. Daher fürchten sie sich vor den verstorbenen Leibern. Sam. Rheen: The sky myckit foer the doeda. Ty strax en menniskia doer, fly the samma dag i fraon thæt rummet. Das ist: Die Todten scheuen sie gar sehr/ dann so bald ein Mensche verschieden / lauffen sie denselben Tag von dem Orte alle hinweg. Den verblichenen Cörper wickeln sie in ein leinen Tuch/wo sie soviel bey Mitteln/ wo nicht / in alte wölline Lumpen; so daß der gantze Leib wie auch das Haupt bedecket ist. Eben derselbe Rheen : Then doeda svvepa the sao!edes, att vær naogen riik eller foermoegen doer, svvepa the honom med lerft, thet de draga oefrer hecla kroppen och hufvudet, som een duuk. The fattiga bruka gammalt valdmar. Das ist: Den Todten-Leichnam wickeln sie derstestalt ein/daß so er bey Mitteln gewesen/ sie ihn gantz in ein leinen Tuch winden/ so wol den Leib als das Haupt! die ärmere nehmen hiezu ein schlechtes wöllines Tuch so sie Waldmar heissen. So machen es diejenigen so die Christliche Gebräuche beobachten. Andere bedecken ihre Todten mit derselben eigenen und besten Kleidern. So durch ein Schreiben an mich berichtet Matthias Steuchius,und mit einem neulichen Exempel bestätiget / welches ihm der Pfarrherr zu Undersaoker ein glaubwürdiger Mann und der gar nahe an Lappland lebet erzählet. Den Leichnamb/ saget er/ deß Verstorbenen bedecken sie mit den besten Kleidern/ so er in seinem Leben getragen/ und legen ihn also in den Sarck. Den also eingewickelten Körper legen sie in einen Sarck oder Todten Kiste / welches von einem geschickel der hiezu absonderlich erbeten worden/ selber muß an dem rechten Arm einen messingen Ring/den er von dem nächsten Anverwandtë deß Verstorbenen empfangen/haben. Sam. Rheen: nær then doeda skall nederlæggias i kistan, maoste den doedas efter lefne man, eller hustru, fader eller barn gifva aoth den, som liik et i kistan skall nederleggia, een messing ring. Das ist: Wann der Verstorbene in den Sarck sol geleget werden/muß dessen Mann oder Weib/Eltern oder Kinder demjenigen so ihn in den Sarck legen sol einen messingen Ring geben/und dieser Ring wird an desselben rechten Arm fest gebunden. Die Ursache ist wol keine andere/als weil sie vermeynen dieser Ring sol gleichsam ein amuletum oder Artzeney und Widerstand seyn/ gegen die Geister deß Verstorbenen wañ sie ihm schaden wolten zu fügen. Deßhalben muß er gedachten Ring tragen/biß der Verstorbene Cörper begraben/vielleicht

Von den Kranckheiten/ Tod und Begräbnüssen der Lappen.

leicht weil sie glauben daß hernach die Seelen und Geister etwas sanftmühtiger und geruhiger werden/ so dann ein alter Aberglauben so wol bey den Griechen als Römern gewesen. Eben derselbe Rheen: denna ring maoste han draga pao sin arm, in till des liiket nederleggier i grafwen, pao det honom i medler tiid icke naogot ondt wederfahras. Das ist: Diesen Ring muß er an seinem Arm tragen/ biß die Leiche in die Erde verscharret worden/ damit ihme unterdessen nichts böses wiederfahre. Der Sarck ist auß einem höltzernen Stamm außgehölet. Kistan ær ut holkat af ett stort træ eller stock. Das ist: Die Todten-Kiste ist auß einem Baum oder Klotz außhölet. Ericus Plantinus: I stallet foer kistan brukas ofta i holkiftræ. Das ist: An statt deß Sarckes brauchen sie einen außgeholeten Baum. Wo sie kein Holtz eine Todten-Kiste davon zu machen haben/welches ihnen dann begegnet/ wann sie auff dem kahlen und dünnen Norwegischen Gebürge sich auffhalten/ so legen sie den Cörper auf einen Wagen oder Schlitten den sie Akia nennen; davon derselbe Ericus Plantinus diesen Bericht thut: Nær de ære sig læmnade, læggia de den doeda kroppen i en akia. Das ist: Wo sie nach ihrem Gutdüncken leben/ legen sie den verstorbenen Cörper auff einen Schlitten/ den sie Akia heissen. Der Ort der Begräbnüssen ist in alten Zeiten ein jeglicher so ihnen fürgekommen/ insonderheit ein Wald gewesen. Tornæus: Foer æn dhe blefvve Christne, och naogot dær effter, hafvva dhe sina doeda begrafvvit uti skogar. Das ist: Ehe sie Christen worden/ und auch eine gute Zeit hernach/ haben sie ihre Todten in den Wäldern begraben. Auch thun sie dieses noch heute zu Tage/ wann sie gar weit von einer Kirchen wohnen. Etzliche bescharren den Verstorbenen/ mit sambt dem Schlitten/ mit Erde. Ericus Plantinus: Somblige bruka, att dhe den doeda kroppen nedergrafvva i jorden, besünerlig der snoeda fællet ær, och ingen wedh wancker. Das ist: Etzliche haben die Gewohnheit/ daß sie den verstorbenen Cörper in die Erde verscharren/ insonderheit wo keine Felsen oder Bäume befindlich. Andere belegen den Schlitten nebst dem todten Cörper von allen Seiten/ von unten und oben mit Holtz/ damit er nicht so bald verfaule/ oder von wilden Thieren zerriſſen und auffgefreſſen werde. Somblige (ſom mæſt ſkall ſkee der ſkogsfinnes) læggia wed ünder, wid kringom och ofanuppao akiam, att hon icke ſkall ſnart rota och odiuren tao gioera kroppen ſkada. Das iſt: Etzliche (ſo insgemein zu geſchehen pfleget wo dicke Wälder ſind) legen unten und oben wie auch von allē Seiten deß Schlittens Holtz daß der Cörper nicht leichtlich verfaule/ oder von den wilden Thieren Schaden leide. Man findet auch welche ſo ſie in Hölen ſtecken/ und den Eingang dazu mit Steinen vermachē/ ſo ich von wolgedachtem Matthia Steuchio habe. Den Cörper/ ſaget er/ tragen ſie in eine Höle/ ſo ſie hernach mit Steinen verlegen. Daß aber Peucerus ſchreibet/ als wann ſie die Todten Leichnam unter den Feurheerden vergraben/ und ſolches auß der Urſach/ damit ſie alſo der Beſchwerde von den Seelen entgehen möchten/ iſt den Lappen unbewuſt. Weil ſie fürnemblich/ ſaget er/ von den Seelen der Verwandten nach dem Tode/ geſchrecket und geplaget werden/ ſo vergraben ſie/ dieſes zu verhüten/ die Todtencörper unter den Feurheerd. Dieſes iſt das eintzige Mittel womit ſie ſich von den Beſchwerden und Erſcheinungen der Geiſter entladen. Dann ſo ſie ſolches thun/ erſcheinen ihnē ins künfftige keine Seelen mehr/ verſaumen ſie es aber/ werden ſie ſtätig von ihrer Verwandten Geiſtern angefochten. Sie vergraben die verſtorbene Cörper ſo gar nicht unter dem Heerde/ daß ſie auch ſelbe gar ferne von ſich wegſchaffen. Dieſes iſt etwas beſonderes/ daß ſie ihren Todten/ fürnemlich die welche die Chriſtlichen Gebräuche nicht groß achten/ zu erſt eine Axt/ hernach einen Kieſelſtein und Stahl mitgeben. Die Urſache deſſen iſt/ wie ſie ſelbſt berichten/ daß wann der Verſtorbene wieder aufferſtehen werde/ müſſe er ja in dem dunckeln Orte ein Licht haben/ ſolches aber anzuſchlagen bedörffe er den Stein und Stahl; Zu dem wann er nach dem Himmel wolle/ müſſe er eine Axt haben/ inſonderheit wann ſie in einem dicken Walde begraben werden. Davon ebenfals gedachter Steuchius: In das Sarck legen ſie eine Axt/ Stahl und Kieſelſtein. Ich habe gefraget/ wozu die Axt und der Stein ſolte? darauff er geantwortet/ es ſey dieſer Wahn unter ihnen/ daß am Jüngſten Tage/ wann der Todte aufferſtehen wird/ er eines Lichtes werde benöhtiget ſeyn/ daß er einen guten Weg zu dem

Him-

Himmel erwählen/ und so einige Bäume im Wege solche mit der Axt weghauen könne / und also wollen diese Leute mit Feur und Axten den Himmel ersteigen. Also zwar reden sie heutiges Tages/ nachdem sie von dem Jüngsten Tage und der Todten Aufferstehung gehöret. Ich glaube aber daß solches ein alter Aberglaube in diesen Oertern sey/auch nicht allein unter den Lappen im schwange gehe. Wie ich dañ bey dem Hochwolgeb. Herrn Steno Bielcke dieses Reichs Schatzmeistern/ einen solchen Stahl nebst einem Kieselstein gesehen / so in einem Grabe/ etzliche wenige Meilen von Upsall gefunden worden / welches dann sonder Zweiffel ein heidnisches Grab gewesen/ so theils der Ort/ theils auch der darüber auffgeworffene Hügel angezeiget. Gewiß ist es daß die alten Heyden schon der Meynung gewesen/ daß die Verstorbene durch einen finstern Ort zu der Freude und lustigen Feldern reisen müsten/ welche Finsternüß die Lappen desto mehr gefürchtet/ weil in ihrem Lande solche lange und aneinander daurende Finstenüssen sich gezeiget. So ist es auch von der Axt nicht wunder/ falß auch bey andern die Gewohnheit/ den Verstorbenen ihre Waffen mitzugeben, welches unter andern bey denen Lappen auch Beile und Aexte seyn. Was aber die heutigen Lappen betrifft/ vermeynet Olaus Petri, daß selbe auß dieser Ursache gedachte Dinge ihren Abgestorbenen mitgeben / weil sie glauben/ daß ein jeder Verstorbener/ nach dem er wieder erstanden/ eben dieselbe Handthierung fürnehmen werde/ so er in diesem Leben getrieben. Sie vergraben heimlich/saget er/ bey dem verstorbenen Cörper einen Feurzeug/ Bogen und Pfeile. Weil sie vermeynen/ er werde wann er wieder erstanden/ eben dieselbe Handthierung treiben. Und so zwar machen es die jenigen so nicht viel nach der Christlichen Religion fragen/ und von den Christlichen Kirchen entfernet leben. Die übrigen führen ihre Verstorbenen auff den Kirchhoff so nahe an der Kirchen liget. Welches dann auch die Priester von ihnen fodern. Ericus Plantinus; hær till hailas de af prædiko æmbetet, att æntligen begrafvva suna doeda wid kurkian. Das ist: Sie werden anjetzo gar hart von den Priestern dazu angehalten/ daß sie ihre Todten nebst den Kirchen begraben. Er saget auch daß etzliche von ihnen auch ehrgeitzig sind / nachdem sie sich nummehro gewöhnet allhie ihre Todten zu begraben / nemblich daß sie Geld bieten / und andere Sachen zusagen / damit sie nicht so wol auff dem Kirchhofe als in der Kirchen selbst mögen begraben werden. Sonsten wird niemand von denen Lappen gerne ein Grab machen/er sey dann gar arm/ der von denen Reichern hiezu mit Gelde gedungen wird. Sam. Rheen: Tao the komma till Kürkio gærden, vvilt ia the riika Lapparicke sielfvver vpkasta gristerna, uthan the laiia antingen naogon Svensk, om han ar foerhanden, eller naogon annanfattig Lapp. Das ist: Wann sie auff den Kirchhoff gekommen / wollen die reichen Lappen das Grab nicht machen/ sondern dingen hiezu mit Gelde einen Schweden / so er zugegen/oder einen anderen armen Lappen. Also wird hernach der Verstorbene Christlichem Gebrauch nach/nach dem sie in den allergeringsten Kleidern die sie haben betrauret/in die Erde geschartet. Tornæus: Foeljandes dhem till grafvvenuti sina vværste klæder. Das ist: Sie begleiten sie in den allerärgsten Kleidern zu Grabe. Dieses ist zu mercken / daß sie den Schlitten darauff die Leiche zu dem Kirchhofe gebracht/ wie auch alle deß Verstorbenen Kleidung auff dem Kirchhofe zurücke lassen. Eben derselbe Tornæus: Alla the klæder som then doeda hafvver lægat uti, foera the till grafven eller kiirckiogaorden, och lemna them ther qvarr, sampt den akia, der uthi liiket foert vvarder. Das ist: Alle Kleider in welchen der Verstorbrne gelegen/bringen sie zu dem Grabe oder Kirchhoff/ und lassen sie nebst dem Schlitten/ womit die Leiche hingebracht worden / daselbst ligen. Er saget alle Kleider nemblich auff welchen der Krancke gelegen/ als da sind das Bettzeug/ die Matrazen/und was der Krancke selbst auff dem Leibe gehabt. Diese Sachen bringen sie zu dem Grabe / vielleicht auß Furcht / daß selbigen nicht etwas tödtliches anhange / und also von anderen ohne Schaden nicht möchten zu gebrauchen seyn. Wann also der Verstorbene begraben / wird das Todtenmahl zugerichtet. Die Speisen bestehen auß dem Fleische deß Reenthiers / womit der Cörper zu dem Kirchhofe gebracht worden. Samuel Rheen: Tree dagar efter liikes jordafærd taga the reenen, som dett till kiirckiogarden dragit hafvver, och honom then doeda till æhta slachta hüilken

the

the med sine slæcht och foervvanter foertæra. Das ist: Drey
Tage nach der Begräbnuß schlachten sie das Reenthier/womit der
Verstorbene zu dem Kirchhoffe gebracht worden/ demselben zu Ehren und verzehrens mit den Anverwandten und Freunden. Alwo
er zugleich zeiget/ wer bey diesem Mahl erscheine/ nemblich die
Bluts-Freunde/ und übrigen so dem Verstorbenen verwandt sind.
Auff diesem Todtenmahl verhüten sie mit allem Fleiß/ daß kein Knochen umbkomme / sondern samblen solche auff das genauste zu-
sammen/ legen sie in eine Kiste/ und vergraben sie damit. Alla benen samlen the tilhopa, och gioera een Kistan, thær uti the læggia them och nedergrafvva. Das ist: Haben sie Mittel Frantz-
Brantewein zu bezahlen/ so trincken sie davon zum Gedächtnuß des
Todten herumb/ und nennen diesen Brantewein saligaivin, das ist
des seeligen Brantewein Sam. Rheen redet von dieser Gewohnheit
folgender massen: Kunna the fao brendeviin, drioka the och det
then doeda till aominnelse, det the Kalla saligaviin. Da er dann
durch des seligen Wein/ oder wie sie es nennen/ Saligaviin, meines
Erachtens den Wein oder Brandtewein verstehet/ so in deß nunmehr
Abgeschiedenen und also seligen Gedächtnuß spendiret/ und herumb
gedruncken wird. Daß also die Verwandten des Lappen Thomæ
genant/ davon wir oben geredet / für der Zeit ihren Freund seelig ge-
priesen. Auff die Kiste/ darin die Reenthier-Knochen verwahret
werden/ legen sie ein Menschen-Bild auß Holtz groß oder klein nach
dem die Verstorbene gewesen. Sam. Rheen The gioera ett bælete
aftræ thet the læggiæ ofvvan pao kista huilket bellete ær stort el-
litet ler, efter saolom den var, som doed blef. Das ist: Sie schnitzen ein Bilde auß Holtz und legen solches auff die Kiste/ groß oder klein/
nachdem der Verstorbene gewesen. Und damit beschliessen sie die
Cerimonien/ so bey der Leichen Bestättigung fürgehen/ ohne daß etliche wohlbegüterte jährlich zum Gedächtnuß des Verstorbenen ein
Gastmahl auf die Weise wie schon erwähnet/ anstellen. Davon
Sam. Rheen folgender Gestalt redet ær den doeda rik och foermoegen. Offra och slachta the honom till aminnelse naogra reenar pao
ætt, tvvao, eller tree aohr efter hans doets, och nedergræfvva

beenen

beenen i jorden, som foermælter. Das ist: Wo der Verstorbene reich und begütert gewesen / opffern und schlachten sie zu seinem Gedächtnuß ein / zwey auch wol drey Jahr nach einander etzliche Reenthier und vergraben die Knochen auff vorangezeigte Manier. Alwo in acht zunehmen/ daß solche Reenthier nicht bloß deß Gastmahls halben/ sondern auch gleich wie ein Opffer geschlachtet die Knochen aber gleichsam den Geistern der Verstorbenen auffgeopffert werden/ welches anderstwo weitläufftiger erkläret worden. Es erhellet zugleich hierauß daß die Lappen gar lange Zeit ihre Todten betrauren. Insonderheit währet diese Trauer eine geraume Weile/ wann sie ihre Eheweiber und Kinder verlohren / wie Ericus Plantinus lehret: de Soerja myket och længe makar och barnen. Das ist: Ihre Weiber und Kinder betrauren sie gar lange. Selbe Traurer findet sich allein im Gemüthe/ und wird durch keine äusserliche Zeichen in den Kleidern oder Zierraht zu erkennen gegeben/ in dem sie dieselben Kleider jederzeit/ sie mögen trauren oder nicht antragen. Ingen sorgedræest drages. Saget er selbst das ist: Sie legen keinen gewissen Traur-Habit an. Ich gehe aber weiter zu der Erbschaft und Theilung der Güter / so insgemein auff den Todt erfolget. Da dann allererst in acht zunehmen/ daß auch die Lappen ihrer Art nach reich sind/ und Güter besitzen. Selbe bestehen aber gemeiniglich in Vieh/ Silber/ Messing und Kupfer. Sam. Rheen: Lappernas egendom bestaor mæst uti roerliga sacker, som ær reenar soelfvver, penningar, Kappar, mæssing, och Klæder. Das ist: Der Lappen Reichthumb bestehet in beweglichen Sachen/ als in Reenthieren/ Silber/ Geld/ Kupffer/ Messing und Kleidern. Von keinem Dinge aber schätzet man sie reicher/ als von der Menge der Reenthier. Also findet man Lappen so derer bey hundert / ja wohl bey Tausend besitzen. Eben derselbe: maonge Lappar æga hundra, ja tuusent reenar, och samblige thero effter. Das ist: Viel unter denen Lappen besitzen hundert / etzliche wohl tausent / ja einige noch mehr Reenthier. Olaus Magnus hat nur die Helffte / im XVII. B. im 27. Cap. Etzliche/ saget er / von dieses Landes Einwohnern besitzen zehen/ fünffzehen/ dreyssig/ siebenzig/ vier hundert

auch

Von den Kranckheiten/ Tod und Begräbnüſſen der Lappen.

auch wol fünffhundert Reenthier / welche von den Hirten auff die Weide getrieben werden. Doch beſtätiget die vorige und gröſſere Menge/ was ich in den geſchriebenen Sachen Joh. Buræi leſe: Orovein war ſao riik pao reenar, attingen wiſte taal pao them. Arent joſting tog hundrade ther af, och ſaknas inthet. Das iſt: Orovein war an Reenthieren ſo reich/ daß er derſelben Zahl nicht wuſte. Arent Joſtinus ſtahl davon heimlich hundert Stück / doch mercktes niemand daß die Zahl geringert. Und das übrige zwar/ ſo ſie täglich gebrauchẽ/ laſſen ſie theils offenbar ligen / theils ſchlieſſen ſie es auch in ihre Schrancke/ wie ich ſonſten angezeiget. Allein das Geld und gemachte Silber vergraben ſie in Erde / welchen Ort ſie *Roggai* nennen: Sie legen ſolches aber in eine verſchloſſene Kiſte/ die Kiſte ſetzen ſie in einen kupffernen Keſſel/ den nachmals mit einem Brette zudecken/ und oben darauff ſtreuen ſie die Erde und Mooß/ damit niemand gewahr werde daß daſelbſt etwas verborgen. Sam. Reen: The Lappar, ſom af penninger och ſoelfvver æro foermoegen, foernara thet neder i jordẽ, thet the kalla Roggai eller groop, huilket ſkiex ſaobunda. Lapparna taga een ſtoor koppar eller Meſſing kittel, ten ſættia the neder i jorden, och i hannom læggia the & ſkriin eller kiſta med laos foere. Huar uti pænningar och ſoelfvver foervvaras, ther ofvvan pao læggia the bræder, och ofvver tackia ſao med jord, torf och moſſa, pao det ingen mao mærckia, hvvareſt the hafvva bemelte gropar och gioemor. Das iſt: Die Lappen ſo viel Geld und Silber haben/ verwahren ſolches in der Erden / und nennen den Ort Roggai oder eine Grube/ auf dieſe Weiſe. Sie nehmen einen groſſen kupffernẽ oder meſſingen Keſſel/ den ſetzen ſie in die Erde/ und in ſelben eine Kiſte oder Lade mit einem fürgelegten Schloſſe/ darin ſie ihr Geld und Silber verwahren/ oben auflegen ſie etzliche höltzerne Bretter / und ſchütten endlich über alles Erde/ Raaſen und Mooß/ damit niemand deß Ortes/ wo die Grube zubereitet/ gewahr werde. Sie machen aber dieſes ſo heimlich/ daß auch nicht einmal die Weiber und Kinder darum wiſſen / daher es geſchiehet/ daß wann ſie bißweilen eilends und unverhofft dahin ſterbẽ/ alles verborgen bleibet/ und an die Erben nicht gelanget. Was aber offenbar und in ihrer Gewalt/ wird dergeſtalt unter ſie getheilet/ wann es

Z i beweg-

bewegliche Güter/daß der Bruder zwo Drittheil/die Schwester aber ein Drittheil empfänget/wie solches in dem Schwedischen Landrechte versehen. Sam. Rheen: Altærtvas efter landzlag, alt brodern tager tvvao deelar, och systern en tridie deel. Das ist: Die Erbschafft wird Vermöge deß Landrechtens so getheilet daß der Bruder zwo/die Schwester ein Drittheil empfänget. Alhier pflegen sie zu erst außzuschliessen das Reenthier so wege deß ersten Zahnes dem Kinde geschencket worden/hernach das andere so dem Kinde von den Eltern verehret/ und endlich alle die übrige/ so viel von diesen gekommen/und zu Zeiten eine grosse Anzahl außtragen. Eben derselbe Rheen: Hvad som foerst i barndomen ær gifvit af foeraldrana, thet kommer icke till nagot byte eller arfs skifte. Das ist: Was in der Kindheit von den Eltern geschencket worden kommet nicht mit in die Theilung. Und bald darauf: Hvart och itt barn behaoller the reenar, som af the wæi jor tilloekade eller foede ahro, som fadren eller modren gaf barnet, nær te foerst finge see tanden i barnsens mun. Das ist: Ein jegliches Kind behält die Reenthier/ so von dem Weiblein/ welches die Eltern ihme geschencket als sie den ersten Zahn in dem Munde deß Kindes gewahr worden/geworffen sind. Sind es aber unbewegliche Güter/als Länder/Seen/ Berge und dergleichen/ selbe besitzen die Kinder beyderley Geschlechtes nach dem Tode der Eltern unzertheilet mit gleichem Recht/und brauchen sie nach Belieben. Welches er auch daselbst mit diesen Worten zu erkennen giebet: Fast ægendom, som ær land, sioegar, fiæll, eller fiskievvatns kiftes icke ibland barnen, uthan sao wætzebroder sam siister ao boor sin faders och moders land. Ther foera ræchna the wara sit land, sine skogar, fiæl och fiskevvatn, ther theras foerældrar lesvvat och bodt hafvva. Das ist: Die ligende Gründe/ als da sind Länder/Seen/Berge/fischreiche Wasser werden nicht unter die Kinder getheilet/sondern es bewohnet so wol der Sohn als die Tochter/deß Vattern und der Mutter Gebiet. Deßhalben meynen sie es sey ihr Gebiet/ihre Wälder/ Berge und Wasser/wo ehmals ihre Eltern gewohnet. Wiewol dieses nicht eine blosse Einbildung/ sondern ihren Grund hat in der Abtheilung deß Lapplands durch Carl den IX. geschehen / darin einer jeglichen familie ihr eigenes Gebieth/

Seen/

Von den Kranckheiten/Tod und Begräbnissen der Lappen. 363

Seen/Wälder/Berge und dergleichen zugeeignet worden/wie an seinem Orte schon erwähnet ist. Darumb auch sonder Zweiffel geschiehet/daß solches alles bey einer jeden familie unzertheilet verbleibet und nicht wie die übrigen Güter unter die Erben vertheilet werden. Dann diese Güter nicht wie die andern ihnen eigenthümlich zugehören/ sondern nur von der Kron vergönnet sind/ so daß sie dieselbe geniessen und dafür jährlich eine gewisse Schatzung erlegen sollen. Allein dieses ist albereit anderswo außgeführet daß also nichts mehr hinzu zu thun übrig.

Das XXVIII. Capitel.
Von den vierfüssigen zahmen Thieren der Lappen.

NAch dem wir weitläufftig genug von den Einwohnern deß Lapplandes/ derselben Natur und Sitten geredet/ müssen wir auch von anderen Sachen so bey ihnen befindlich und anzumercken würdig sind etwas hinzu thun. Da sich dann erst die vierfüssige Thiere zeigen/von denen einige Arten daselbst nicht zu finden so in anderen Ländern anzutreffen/ etzliche daselbst befindlich/ die in den benachbarten Oertern ermangeln/ etzliche endlich so wol hie als anderswo gefunden werden. In Lappland siehet man keine Pferde/keine Esel/Ochsen/ Kühe/ Schaafe/ oder Ziegen. Und zwar die Pferde achten sie gar nicht / als welche ihnen durchauß keinen Nutzen schaffen können. Ochsen/ Schaafe/ Ziegen/ kauffen sie bißweilen von ihren Nachbahren/ der Wolle/deß Fleisches/und der Häute wegen / allein sie behalten sie nicht länger als einen Sommer durch/wann der Winter heran nahet/schlachten sie selbe/wie ich schon an einem anderen Orte erwähnet. Die vierfüssigen Thiere so Lappland eigen und alleine hat/ auch sonsten nirgends zu finden / sind die Reenthiere/ davon wir auch auß dieser Ursachen mit Fleiß handeln wollen. Peucerus nennet sie tarandos, warum aber/weiß ich nicht. Seine Worte sind diese in seinem Wercke von der Wahrsagung am 202. Blat. Diese (Lappen) bauen einen Acker/ haben auch nicht Viehzucht/ohne den Tarandum so sie an statt der Pferde im Winter/ wann die Wasser mit Eiß bezogen/

Zz 2 und

und alles von Kälte starret/ brauchen. Gewiß so jemand den Tarandum, wie ihn Plinius beschreibet/ mit dem Reenthier zusammen hält/ wird nichts gleiches an ihnen finden. Dann der Tarandus ist in der Grösse eines Ochsen/ hat einen grösseren Kopff als wie ein Hirsch/ Zoten wie die Bähren so er in allerhand Farben verändern kan/ wie er von ihme im VIII.B.redet. Dergleichen findet sich an dem Reenthier/ wie auß folgenden zu ersehen wird seyn/ nichts; und also auch Gesnerus nebst anderen nicht recht gethan / wann sie auß zwey gantz unterschiedenen Thieren eins gemachet. Wer ihm zu erst den Lateinischen Namen Rangifer gegeben/ finde ich nicht. Herberstein ist es nicht gewesen/ auch Zigleruß nicht/ vielweniger Damianus, so es *Rhen, reen, rengi,* allezeit nennen. Und glaube wol/ daß solches von Olao Magno geschehen/ insonderheit weil selber auch die Ursache dieses Namens hinzuthut/ dann also saget er im XI.B.im 37.Cap. Die Rangiferi werden also genant von dem Zeuge/ damit er angespannet wird. Und im XVII.Buch im 26.Cap. Dieses Thier wird auf zweyerley Weise rangifer genant/ erstlich weil er auf dem Kopffe hohe Hörner/ gleich als Eichenäste träget: und dann weil sie den Zeug so sie ihm umb die Hörner und Brust legen / damit er die Schlitten im Winter ziehet/ in ihrer Muttersprache rancha und locha nennen. So viel ich auß diesen Worten vernehme/ hat er entweder zu erst dieses Thier also auff Lateinisch genennet/ oder aber hat der jenigen/ die es allhie in Schweden auff Lateinisch also genant/ Meynung erkläret/ und gewiesen warumb sie es rangiferum geheissen. Er hält aber dafür/ es sey solches darumb geschehen/ entweder weil sie gleich wie Aeste Hörner tragen (ramos ferant) oder daß sie *ranchen* tragen (ranchas ferant,) das ist/ Joche/ oder hölzerne Reiffe umb den Halß haben/ wann sie die Wägen im Winter/ das ist die Lappischen Schlitten ziehen. Allein dieses letztere ist falsch/ dann wie ich schon anderswo angezeiget so werden die *ranchen* niemals zu dem Anspannen der Reenthier gebrauchet. So scheinet auch das erste sich nicht zu reimen. Dann auß *ramo* und *ferre* wird nicht *rangifer* sondern *ramifer.* Hernach würde ja nichts sonderliches durch dieses Wort angedeutet werden: Dann gesetzet/ man könte das Wort *ramos* oder Aeste/ von den Hörnern sagen/ würde

würde es doch solche Hörner als der Reenthiere sind nicht bedeuten. Es muß aber dieses Wort eine solche Deutung haben/ damit dieses Thier von anderen unterschieden werde. Darumb so hat Olaus das Wort Rangifer nicht selbst erdacht/ (so auch daher abzunehmen/ weil er von dessen Uhrsprunge nicht recht gewiß ist/) sondern von anderen die es vor ihme gebraucht/ empfangen/ so halte ich dafür daß es vielmehr zusammen gesetzet sey von *rangi* und *fera*, daß es nemlich bedeute eine *feram* oder wildes Thier so *rangi* heisse. Dann *rangi* oder *rongi* haben dieses Thier ehmals die Schweden genant. Ranger nennet sie Scaliget in seiner CCVI. Exerc. am 2. Blat. Und Damianus: Sie gebrauchen anstatt der Pferde/ Thiere die sie in ihrer Sprache Rengi nennen. Worauß man siehet daß das Wort *rangi, rengi*, oder welches besser *rangi*, an diesen Oertern nicht unbekandt gewesen. Daß er aber saget in ihrer Sprache/ solches ist falsch. Die Lappen geben ihme den Namen *Herki* oder *Puatze*, und ist also jenes kein Lappisches/ sondern ein Schwedisches Wort. Diese Schweden nennen es sonsten auch Rheen. Daher Herberstein: Er erzählete weiter/ daß allda gantze Heerden Hirsche/ wie bey uns die Ochsen zu finden/ so in der Norwegischen Sprache Rheen genant werden. Die Norwegische aber und Schwedische Sprache sind an dem Theil zwar nicht unterschieden. Und irret auch Zieglerus wann er saget daß die Lappen ihm diesen Namen zulegen. Sie haben keine Pferde/ sondern an derer Stelle ein zahmgemachtes Wild/ so sie Rheen heissen. Nicht sie/ nemblich die Lappen/ sondern die Schweden und Norweger benennen es also. Warumb aber dieses Thier von den Schweden Rheen genant worden/ ist eben so wenig am Tage/ als warumb es den Namen Rængi oder Rangifer überkommen. Etliche meynen es habe seinen Nahmen von dem Lauffen. Allein das Wort Lauffen auff Schwedisch *Renna*, wird mit einem e und doppeltem n, Rheen aber mit einem doppelten e und einfachem n geschrieben. Andere sagen es komme von der Reinlichkeit her/ weilen in seinen Därmen/ wann es abgeschlachtet wird / kein Unflath anzutreffen sey.

Dieses finde ich in den geschriebenen Sachen deß Joh. Buræi: Reenen nær han flachtas, fins intet oreent i hans tarm, tii ær han kallat Reen. Das ist: Wann das Reenthier geschlachtet wird/ findet sich kein Unflath in dessen Gedärmen/ daher wird es Reen genant. Olaus Petri verstehet/ und nimbt diese Reinligkeit von desselben Haut und äusserlichen Beschaffenheit: Reen saget er/ ist so viel als reinlich/ wie es dann auch in der Warheit ist/ dann im Winter siehet man nichts unreines an seinem Leibe. Es sey ihm aber wie ihm wolle/ so ist nicht nur dieser Nahme/ sondern auch die übrigen/ neu/ ob gleich das Thier selbst schon längst vielen bekandt gewesen. Der erste so dessen gedencket ist Paulus Warnefridi oder Diaconus so umb das Jahr MCCLXX. gelebet. Dann also redet er im 1. Buch von den Longobardischen Geschichten im 5. Cap. Es findet sich bey ihnen ein Thier/ nicht gar ungleich einem Hirsche auß dessen Haut/ wie sie annoch rauch und mit Haaren besetzet/ ich ein gemachtes Kleid wie einen Rock/ biß an das Knie reichend gesehen/ welches die schon erwähnten Scritobini brauchen. Es ist kein Zweiffel daß er nicht das Kleid/ welches die Lappen Muddi heissen/ und von ihrem eigenen Thier/ dem Reenthier nemlich zubereitet wird/ im Sinn gehabt. Welches in dem er es den Scritobinis oder Scritofinnis zugeeignet/ ist es ja offenbar daß diese eben dieselben/ so hernach Lappen genant worden. Das Thier selbst/ auß dessen Haut er ein zusammen genähetes Kleid gesehen/ wie er schreibet/ habe fast die Gestalt eines Hirschen/ und kan also kein anderes/ als eben das Reenthier seyn. Daher auch Herberstein in oben angeführtem Orte ihre Heerden Hirsch-Heerden nennet. Und Damianus saget es habe die Gestalt und Hörner eines Hirschen. Olaus Magnus: In dem grossen Lappland findet sich ein Thier mit zwey Hörnern/ auß dem Geschlechte der Hirsche. Ob es nun aber zwar nicht gar ungleich einem Hirschen ist/ so ist es doch in einigen von ihme gantz unterschieden. Dann zu erst ist es grösser. Olaus Magnus: Es ist auß dem Geschlechte der Hirsche aber weit höher und grösser. Und ob dieses zwar ein gewisser Scribent läugnet/ so bejahet es doch auch Jonstonus und führet deß Alberti Zeugnüß an/ Albertus, saget er in seinen Geschichten von den vierfüssigen Thieren am 95. Blat: Giebet für daß es die Gestalt eines

Hir-

Hirschen habe/ aber etwas grösser sey. Wie auch Herberstein: Sie sind etwas grösser als unsere Hirsche. Es sind nemblich die Hirsche nicht alle einerley Art/ und die Dam-Hirsche so fast allein in den Mitternächtigen Ländern zu finden/ geben den andern an Grösse viel nach. Zu dem ist es ein anders von der Höhe/ ein anders von der Grösse reden. Dann ob gleich die übrigen Hirsche höher sind wegen der schlancken und langen Füsse/ so werden sie doch am Leibe von den Reenthieren weit übertroffen. Hernach haben die Reenthier nicht nur zwey/ sondern drey Hörner. Olaus: Sie haben zwey grosse Hörner an eben demselben Orte/ wo der Hirsche ihre sitzen. Und dann noch eins mitten am Kopffe/ mit etzlichen kürtzern Zancken so das Haubt allenthalben wider die feindseeligen wilden Thiere/ insonderheit die Wölffe/ waffnen. Auch dieses läugnen sie/ aber ohne Ursach/ und allein weil sie den Olaum nicht verstehen. Dann seine Meynung nicht ist/ als wann dieses dritte Horn von denen übrigen gäntzlich unterschieden wäre/ und absonderlich stünde/ zwischen den andern/ nur daß es etwas kleiner/ sonsten aber ihnen in allem gleich. Wie es der ungeschickte Mahler im VII. Buch im 27. Cap. abgebildet/ sondern er wil nur dieses/ daß eine Zancke zwischen den zwey grösserern Hörnern herfürkomme/ und zwar als von beyden zugleich/ so sich gleich zu erstrecket/ und weil auch diese Zancke einige Spitzen hat/ scheinet es als wann es ein drittes Horn wäre. Und auff solche Weise werden noch jetzund viel Reenthier gewaffnet/ angetroffen. Sie haben zwey hinterwärts gebogene Hörner/ wie die gemeinen Hirsche/ von diesen entspringet in der Mitten eine Zancke so etwas kürtzer/ aber auch wie ein Hirschhorn in gewisse Spitzen getheilet und fürwärts gebogen/ so deß Ansehens wegen nicht ungereimt ein drittes Horn mag genennet werden. Wiewol es noch öffterer geschiehet/ daß ein jedes Horn eine solche Zancke besonders/ und also gleich wie ein anderes kleiners Horn außstosset/ nach der Stirn gebogen/ und es das Ansehen hat als wann nicht nur drey sondern vier Hörner zugegen/ zwey hinterwerts gebogen wie die Hirsche haben/ zwey aber nach der Stirn zu/ so nur den Reenthieren eigen. Es hat solches auch Lomenius in acht genommen/ und deßhalben in seiner Reise-Beschreibung von den Reenthieren folgendes gesetzet.

Sie

Sie sind so geschwinde wie ein Hirsch/ aber nicht so hoch : mit diesem Unterscheid / daß sie eine zweyfache Schicht Hörner tragen : Da e[r] durch die zweyfache Schicht verstehet was von diesen Hörnern nem[b]lich theils nach vorn / theils nach hinten zu gebogen ist/ so auß der da[r]selbst beygefügten Figur zu ersehen / in welcher doch der Mahler di[e] Sache nicht eigentlich fürgestellet/ so auß unserer Abbildung/ welch[e] nach dem Leben geschehen/zu ersehen wird seyn. Ja Albertus Magnu[s] eignet ihnen eine dreyfache Ordnung Hörner zu so auch nicht ander[s] zu verstehen. Jonstonus an gedachtem Orte am 95. Blat/ führet fol[gendes] auß ihme an. Es träget dieses Thier nach seiner Meynun[g] drey Ordnungen oder schichte Hörner auff dem Kopffe/ also daß in e[i]ner jeglichen zwey Hörner zu finden/ und es das Ansehen hat/ als wa[n] ein Hauffen Aeste auff dem Kopffe stünden. Auß diesen sind zwe[y] grössere / an dem Orte wo sonsten die Hirsche ihre Hörner tragen[/] welche zu einer vollenkommenen Grösse gelangen/ so daß sie bißweile[n] fünff Elen lang werden/ und fünffund zwantzig Zancken gewinnen[.] Mitten auff dem Haupte haben sie noch andere zwey/ wie die Gemsen mit stumpffen und kurtzen Zancken zugespitzet. Endlich noch ander[e] vorwärts auff die Stirn gebogen/ wie Knochen/ mit welchen sie si[ch] wehren. Albertus saget nichts so der Wahrheit ungemäß/ dann z[u] Zeiten ihre Hörner also gestaltet gefunden worden/ daß zwey hinter[-] wärts gebogen/ zwey kleinere auffgerichtet/ zwey andere kleinere nac[h] vornen zu stehen/ alle und jede mit ihren Zancken und Spitzen vers[e]hen / welche doch alle miteinander auß einer gemeinen Wurtzel her[-] kommen/ und sind dieselben so nach vornen zu/ wie auch die in die Höh[e] ragen / wie ein Zuwachs der rechten Hörner / welche wir an eine[m] Hirsche hinterwärts gebogen / und hieher gehöret die Figur s[o] Jonstonus in der XXXVI. Tabell unter dem Titul/ Wunderliche Hirsch hat / ohne daß daselbst auch der Mahler nach seinem Gut[-] düncken einiges hinzugethan so nicht dazu gehörig. Allein dieses i[st] nicht so gemein/ sonsten findet man an ihnen gemeiniglich drey / un[d] noch mehrmahlen vier Hörner / in dem Verstande nemlich / wie ic[h] angedeutet. Was ich von den Hörnern nun geredet/ gehöret für[-] nemblich zu den Männlein / dann der Weiblein Hörner sind viel kle[i]ne[r] ner/haben auch weniger Zancken. Tornæus: Hornen hafvva oxerenarna mæchta stoora, vviida, och maonggrænada, men reenkoon har dem mykit smærre. Das ist: Das Reenthier-Männlein hat grosse/weite/und zanckichte Hörner/hergegen das Weiblein kleinere. Es ist auch an den Reenthieren etwas besonderes/ daß ihre Hörner zum öfftern wie mit zarten Haaren umbgeben sind. Es mercket solches an Damianus à Goes: Die Hörner/saget er/sind mit weichen Haaren bedecket. Wiewol solches alsdann insgemein zu geschehen pfleget/wann selbe abgeworffen worden/und darauf von neuem wieder wachsen. Olaus Petri: Im Frühling brechen die Hörner wieder herfür/da sie dann gantz rauh/weich und inwendig voller Blüte sind. Wann sie aber zu der vollenkommenen Grösse gelanget/ so haaren sie im Herbste. Weiter ist auch das Reenthier von einem Hirsche darin unterschieden/ daß die Füsse viel kürtzer und stärcker/ ja nicht viel anders als wie der Büffel Füsse anzusehen. Daher ihnen Olaus runde Klauen oder Huffen wie der Kühe und Ochsen sind/zueignet. Es hat/ saget er/ von Natur gespaltene und fast runde Klauen. Mit den Gelencken der Füsse/es gehe wie es wolle/machet es ein lautes Geräusch/ nicht anders als wann Kieselsteine oder Nüsse klapperten so auch etwas besonderes an dem Reenthier. Es gehe gleich geschwinde oder langsam fort/ saget Damianus, so wird in Bewegung der Beine und Gelencke gleich als wann Nüsse klapperten/ein Geräusche vernetmen. Dessen auch Olaus Magnus erwähnet: Das Geräusche und Klappern der Füsse und Klauen ist so laut / daß man ehe den Schall hören als das Thier selbst sehen kan. Die Farbe endlich ist gar anders beschaffen als wie an den Hirschen/ und ist fast der Aschen ähnlich/ über das so finden sich einige weisse Striche und Plätze so wol am Bauch als an der Seiten und Schultern. So daß es in diesem Stücke mehr einem Esel als Hirsche gleichet. Damianus an vorangezogenem Orte: Es hat die Grösse und Farbe eines Esels. So Zieglerus bestätiget: Es ist von Haaren wie ein Esel gestalt. Daß ihme aber Olaus Magnus eine Mähne zueignet finde ich keine Ursache. Es hat eine Mähne/sind seine Worte/wie ein Pferd. Sie haben zwar unter dem Halse zumal lange und hängende Zotten/allein wie sonsten an den

Aaa   Zie=

370 Das acht und zwantzigste Capitel

Ziegen und Böcken/wie auch anderen Thieren zum öfftern befindlich/ und die keines weges mit einer Pferde Mähn zu vergleichen. Dieses ist auch zu mercken/daß/ob es wol gespaltene Klauen hat/ doch nicht widerkäuet. Welches Joh. Tornæus bezeuget: The ære tvvekloefwade, och doch intet idisla. Das ist: Sie haben zwar gespaltene Klauen aber sie widerkäuen nicht. Imgleichen daß sie an statt der Gallenblaß eine schwartze Ader in der Leber haben. Hoos dem finnes ingen galla, allenast i stællet foer henne een liiten svvart rand vvid lestren, hvvilken icke heller af saodan bitterheetæ, som elli est i gallan wara plægar. Das ist: Sie haben keine Galle/ sondern anderer Stelle eine kleine schwartze Ader in der Leber/ so aber auch so bitter nit ist/ wie sonsten eine Galle. Die gantze Abbildung deß Thieres/ wie ich es selbst nach dem Leben abgezeichnet ist diese:

Son-

Sonsten ist zwar die Natur dieses Thieres wild/ und wird auch wild in grosser Menge durch Lappland angetroffen: Allein es haben selbiges die Lappen/ oder die vor ihnen hieselbst gewohnet/ zu ihrem täglichen Gebrauch zu zähmen angefangen. Daher Zieglerus gar recht saget: Sie haben nicht Pferde / sondern zähmen an die Stelle ein wildes Thier/so sie Reen nennen. Was von einem solchergestalt gezähmten Thier gebohren wird/ist recht zahm/ von welcher Art gantze Heerden hin und wieder durch gantz Lappland anzutreffen. Es findet sich auch noch eine dritte Art/von einem wilden und zahmen Reenthier kommend. Dann wie Sam. Rheen anzeiget/ und ich allbereit anderswo gesaget/ sie pflegen die zahmen Reenthier Weiblein zu der Zeit da sie in der Brunst/ die Wilden solchergestalt zu fangen/ in die Wälder zu lassen. Also geschiehet es daß diese Weiblein bißweilen empfangen und die gedachte dritte Art werffen / so die Lappen mit einem besonderen Worte *Kattaigiar* oder *Peurach* nennen/ so grösser und stärcker ist/ wie andere und daher für die Schlitten sehr bequäm. Sam. Rheen: Om naogot aflas af vvildreenar och Lapparnas vayar, som the hafvva luppit billamman, the reenar kallas kattaigiar, hvvilka varde store och starka, och the bæsta kioerreenar. Das ist: Die da von einem wilden Männlein und zahmen Weiblein geworffen werden/ nennen sie kattaigiar, und sind diese hoch und starck auch daher für die Schlitten zu spannen sehr dienlich. Diese Art saget er ferner / behalte etwas von der Wildheit an sich / und werde zuweilen auffstössig und schlage mit den hinter Füssen nach dem so auff dem Schlitten sitzet. Om the begynna tredskas, vvände the si gemot them, som them kiorer, och slao them med sina foetter. Das ist: Wann sie auffstössig werden/ kehren sie sich gegen den der sie treibet/ und schlagen mit Füssen auff ihn. Ist auch alsdann kein ander Mittel als daß der Fuhrmann den Schlitten umbwende/selben über sich lege und also bedecke/biß der Zorn fürüber. Dann sie sind starck/und können mit Schlägen nicht zu recht gebracht werden/ so ist auch keine Zeit oder Gelegenheit andere Mittel an die Hand zu nehmen/in dem es nemblich angespannet. Von dieser Wildheit zeuget auch Johan. Tornæus: Eine solche Art oder Zucht/ saget er/ wird ins gemein wilde. Es lauffet aber dieses

ses Thier im Herbst umb Matthæi in der Brunst. Sam. Rheen: Matthæi tiid om hosten loepa reenarna i siin braona. Das ist: im Herbst umb Matthäi lauffen die Reenthier in der Brunst. Die Bespringung geschiehet auff die Weise der Böcke oder Hirsche. So zu derselben Zeit ein Reenthiermännlein geschlachtet wird/ stincket dessen Fleisch wie Bockfleisch. Darumb werden sie alsdann von den Lappen verschonet biß auff bequämere Zeit/ da sie einen guten Geschmack haben und anstatt einer recht wolschmäckenden Speise / wie ich anderstwo geredet/dienen. Die Weiblein (welche die Lappen in ihrer Sprache Waiiar nennen) gehen trächtig vierzig Wochen/ und werffen insgemein im May/ umb die Zeit/ wann sie sich an der Sonnen und mit dem Grase wieder erquicken können. Derselbe Rheen: Die Weiblein gehen vierzig Wochen trächtig/ und werffen insgemein umb Philippi Jacobi, oder den dritten Maji den sie die Creutzmesse nennen/ oder umb Erici oder Urbani Tag den sie Cantepaive heissen. Ein jedes Weiblein wirfft eines. Olaus Petri: Sie gebähren nicht mehr als wie eines. Doch sind sie insgemein fruchtbar so das unter hunderten nicht zehen zu finden die nicht empfangen solten. Und diese zwar/ so nicht empfangen haben einen eigenen Nahmen und heissen Raone. Sam. Rheen: The ofruchtsamme vaiiar kalla the Raone. Das ist: Die Weiblein so nicht trächtig werden heissen sie Raone. Diese werden fett / als wann sie etwa gemästet wären / daher sie auch hernach geschlachtet werden. Die aber empfangen und geworffen/ nähren die Kälber unter dem freyen Himmel mit ihrer Milch. Davon auch Sam. Rheen saget: Kalffreenarna hafva sin foeda af sin moders miölck, och komma aldrig under nagot taak. Das ist: Die Reenthier-Kälber geniessen ihre Nahrung von der Muttermilch/ und kommen niemals unter ein Dach. Und ist in dieser Sache wegen der Menge keine Hindernüß: ein jegliches Kalb kennet seine Mutter / eine jede Mutter ihr Kalb/ nicht allein auß dem Gesicht / sondern auch an der Stimme. Kalffreenarna foelia altid sina moedrar, the griinta ochemot hoar andra, modren emot kalfvven, och kalfvven emot modren, sao arte huruvval noegra hundrade vvaiior vvistas tillsammen, kenna likvel modrarna sine fostrar igien, och kalfvvarna sine modrar, ja of-
taigen

Von den vierfüſſigen zahmen Thieren der Lappen.

ta igen kenna modren och foſtret hvar andra efter tvvao, eller tree aohrs foerlop. Das iſt: Die Kälber folgen ſtets ihren Müttern nach und wiehern zu einander/ alſo daß ob gleich etzliche hundert Weiblein auff einem Hauffen / kennen doch die Mütter ihre Zucht / und die Kälber ihre Mütter/ ja biß weilen kennen ſie über drey Jahr noch einander. Nachdem die Kälber etwas erwachſen / iſt ihr Futter Graß/ ſie eſſen auch Laub und Kräuter ſo auff den Bergen wachſen. Die Farbe der Kälber iſt zu erſt roht und gelbe vermiſcht. Joh. Tornæus: Kalfvvar ærai foerſtene roedlætta. Das iſt: die Kälber ſind im Anfang röthlicht. Hernach umb Jacobi ändern ſie die Haare / und bekommen an die beſagte Stelle ſchwärtzlichte. Sam. Rheen: Reen foſtren æro i foerſtanna roedbleka, ſedan fælla the bord the forſta haoren vid Jacobi tiid, eller liitet til foerenne, och tho igevvæxa ſvvarte haor. Das iſt: Die jungen Reenthier ſind anfangs gelbrötlich/ dieſe Haar ändern ſie nachmals umb Jacobi / oder ein wenig zuvor/ und bekommen an die Stelle ſchwartze Haare. Tornæus vergleichet ihre Farbe mit den Haaren. Emot Jacobi tiid fella dhe haoren, och fao: ſtællat rætt haorfærgat haor. Das iſt: Umb Jacobi fallen ihnen die Haar auß/ und bekommen andere ſo an Farb dem Haupthaar ähnlich. Da er dann ſolche Haupthaar verſtehet/ ſo gantz dunckelbraun und faſt ſchwartz ſind. Im vierten Jahr gelangen ſie zu ihrer rechten Gröſſe. Olaus Petri: Im vierten Jahr kommet das Reenthier zu ſeiner rechtmäſſigen Gröſſe und Stärcke. Unterdeſſen wird ſein Alter mit ſonderlichen Namen beleget. Im erſten Jahr nennen es die Lappen *Mees*, im andern *Orach*, im dritten *VVorſu*, im vierten *koſot*. In folgender Zeit aber wird es genant *kamiloppu*, das iſt/ das keinen Namen hat. Und ſo es ein Männlein iſt/ *Hirvas*, wie ſolches Joh. Tornæus bezeuget. Dann bey dem Sam. Rheen iſt das Wort *Herki*, nachdem es eine rechte Stärcke etwas zu verrichten überkommen/ wird es gebändiget/ dieſes/ einen Schlitten geſchwinde zu ziehen / welche Art *Vajomherki*, ein anders eine Laſt zu führen/ ſo ſie *Lykamherki* heiſſen / wie abermal Sam. Rheen bezeuget/ davon jenes ſo viel als ein Reenthier ſo den Wagen ziehet/ dieſes als ein laſttragendes und führendes Reenthier bedeutet. Alle dieſelben/

Aaa 3 ſo

Das acht und zwantzigste Capitel

so sie zu der Arbeit gebrauchen wollen/ verschneiden sie; und solches damit sie sich desto besser handthieren lassen. Olaus Petri: Es ist ein zahmes und nützliches Thier/ insonderheit wann es verschnitten. Dañ wo das Männlein nicht geschnitten wird/ bleibet es wilde und ungehorsam. Die Verschneidung geschiehet wann sie ein Jahr alt sind. Wañ ein Jahr verflossen schneiden sie die junge Reenthiere/ saget er auch daselbst. Es gehet dieses aber also zu/ daß der Lappe so solches verrichtet/ die Adern so umb deß Reenthiers Geburts-Glied sich befinden mit seinen Zähnen zerbeisset/ zerreisset und zerknirschet. Sam. Rheen: Reenarna som thevvillia bruka till arbete, biter Lappen med sine tænder the senor som æro kring omtheras hemlige ting, att the sedan icke hafva naogen naturlig kraft. Das ist: Derer Reenthiere/ die sie zu der Arbeit brauchen wollen/ Nerven und Adern so umb das Geburts-Glied sitzen/ zerbeissen sie mit den Zähnen/ damit sie hernach keine natürliche Kräffte mehr haben. Die übrigen so unverschnitten zum Belegen beybehalten werden/ nennen sie servi. Ihre Anzahl ist nicht so groß als der Weiblein/ dann zu hundert Weiblein nehmen sie kaum zwantzig Männlein/ wie eben derselbe bezeuget; Die Weiblein geben den Lappen Milch/ Käse/ und die Zucht. Es melcken aber so wol die Weiber als die Männer/ auff den Knien ligend/ und halten mit einer Hand ein höltzern Gefäß/ womit sie die Milch auffangen/ mit der andern melcken sie. In dem sie aber solches thun/ stehen die Reenthier entweder frey oder an einen Post gebunden. Die Zeit deß Melcken ist die andere oder dritte Stunde Nachmittage/ und zwar nur einmal deß Tages. Dann was ihnen hernach biß an den morgen zuschiesset damit nähren sie die Kälber. Und diese geben viel mehr Milch/ als die so keine Kälber haben. Rheen Thevvaiiar, hvvilkes kalf bord dae eller slachtade varda, molka icke sao miicket, som the, hvvilka kalfvar lefua. Das ist: Die Reenthier Weiblein denen ihre Kälber geschlachtet worden/ oder gestorben/ geben so viel Milch nicht/ als die welche noch ihre Kälber nähren. Die grösseste Menge/ so man vo einem Reenthier auff einmal haben mag/ ist ein halber Stoff Schwedischer Maaß/ das ist ein wenig mehr als das vierte Theil einer Kannen womit sie den Reinischen Wein messen. Den vagen som mæl
mo

Von den vierfüssigen zahmen Thieren der Lappen. 375

molkar om sommar tiid, kan vara till ett halft stoop. Das ist: Im Sommer geben sie mehrentheils einen halben Stoff Milch. Es ist aber die Reenthier-Milch ihrer Eigenschafft nach dicke/ und nähret also trefflich. Reenmieölck ær ganska kräftig, och warder tiock, som æggemieölck. Das ist: Die Reenthier-Milch hat grosse Krafft und ist dicke/ als wann Eyer darein geschlagen wären. Von dieser Milch haben die Lappen/ wie oben gesaget eine gute und öfftere Speise/ was sie nicht kochen/davon machen sie Käse. Welches auff folgende Manier geschiehet/ wie Sam. Rheen schreibet: Die Lappischen Weiber lassen zu erst die Milch gerinnen/und wann sie also geronnen/schöpffen sie es mit einem Gefäß auß dem Kessel/und wann sie damit eine Form voll gemacht/setzen sie eine andere darauff/ so sie auch mit solcher dicken Milch füllen/ und auff diese wieder eine andere gleicher weise / biß sie sechs oder acht Formen angefüllet/alsdann kehren sie die Formen um/ also daß die unterste die oberste wird/ und der Käse nicht mit den Händen gedrucket wird / sondern die Käse drucken einer den andern selbst. Ein jeder von diesen Käsen bedarff so viel Milch / als man von zehen Reenthieren bekommet/ wie er auch bezeuget. Die Gestalt ist rund/so groß wie ein hölzerner Teller / die wir bey dem Essen gebrauchen/ einen Daumen oder zweene Finger dick. Die Natur ist fett und öhlicht. Rheen: Denna ost ær ganska feet, som giors af den feeta mioelken som vvaiiorna molka om sommartiid, medam the foertæra thet feeta græset, som vvæxer i dalarna emellam fiællen. Das ist: Dieser Käse ist sehr fett / weil er auß fetter Milch gemachet wird/ so die Reenthier-Weiblein den Sommer durch/ wann sie das fette Graß so in den Thälern deß Norwegischen Gebürges wächset/ fressen/ von sich geben. Ob sie aber diese Käse auß der Milch bereiten/ können sie doch keine Butter machen. Olaus Petri: Sie machen auß der Milch keine Butter/wie dann solches viel vergeblich versuchet. Dannoch haben sie auch etwas so derselben gleich/ und fast wie Talch ist/davon ich oben/da ich von der Speise der Lappen geredet/ erwähnet. Weil nun die Lappen diese und andere Nutzbarkeiten mehr von den Reenthieren haben/ warten sie denselben auch wol/führen sie auff die Weide/ und schützen sie für den wilden Thieren; Sam. Rheen: Reenarne maoste

skoe-

skoetas natt ochdag. Winter och Sommar, att the icke mao bor[t]
komma, eller afvvildiuren foerskingras. Das ist: Die Reenthie[re]
wollen Tag und Nacht abgewartet seyn/ Winter und Sommer/ d[a]
mit sie nicht wegkommen/ oder von den wilden Thieren zerstreu[et]
werden. Damit sie dieselbe aber desto besser in acht nehmen könne[n]
sind sie jederzeit neben ihnen auf der Weid/ mit ihren Weibern/ Ki[n]
dern und Gesinde/ gehen umb sie herumb/ schelten sie/ wenn sie etw[a]
zuweit gehen/ treiben sie zu der Herde/ wann die Zeit zum melcke[n]
heran komt jagen sie selbe in ein Gehefft oder binden sie an einen Pfo[sten]
an. In den waldichten Orten machen sie ein Gehäge/ nemblich sie b[e]
schliessen einen gewissen Platz mit höltzernen Stacketen/ daran zw[ey]
Thore sind/ eines dadurch sie hinein gelassen und versperret/ das a[n]
dere dadurch sie wieder hinauß auff die Weide getrieben werde[n]
Kommen sie etwa auff das kahle Gebürge/ wo kein Holtz ist/ binde[n]
sie die Reenthier Weiblein an kleine Pfäle an/ biß sie dieselbe gemo[l]
cken/ wie davon auch gedachter Scribent meldet. Das Futter welche[s]
die Reenthier den Sommer durch essen/ sind solches die besten Kräu[tter]
ter so in den Thälern wachsen/ wie auch die Blätter von den Sta[u]
den. Vor dem schilffichten/ stachlichten/ harten Grase haben sie eine[n]
Eckel. Sam Rheen: am sommaren soekia the i dalerna the bæst[a]
oerter och græs, som the kunna finna, item loef, och i synnerhe[et]
thet i fiellen vvarer, paosmaott riis, huilket ær ett tiukt och fe[et]
loef, men ald rigæta reenerna starr eller annat grofs græs. Das i[st]
Die Reenthier suchen im Sommer in den Thälern die besten Kräu[tter]
ter/ und das fetteste Graß so sie finden können/ wie auch das Laub [so]
fürnehmlich an dem Norwegischen Gebürge auff den nidrigen Sta[u]
den wachsen und fett sind. Das harte und grobe Graß rühren [sie]
nicht an. Die andere Zeit über nähren sie sich von einer sonderliche[n]
Art weissen Moosses/ so in gantz Lappland so wol auff den Berge[n]
alß in den Wäldern häuffig wächset. Solches Mooß scharren s[ie]
wann alles mit Schnee überdecket ist/ mit den Klauen herfür. Eb[en]
derselbe Rheen: Maoth hoesta tiid næt iorden ofver tæckes me[d]
snioe, soekia the mæst efter huita mossen, som finnes bædeopp[å]
fiællen och Skoglandet, efter denna mossen grætvæ reenarna me[st]

sina foette, i det the kaste undan sig snioen, och thet lilla, the under honom finna, foertæra the. Das ist: Umb die Herbstzeit/ wann die Erde mit Schnee bedecket wird / suchen sie den weissen Mooß herfür welcher so wol auff den Bergen / alß in den Wäldern sich findet. Diesen Mooß scharren und graben die Reenthier mit ihren Füssen unter dem Schnee herfür und fressen das wenige was sie hiervon antreffen mit Begierde. Eben dasselbe schreibet auch Olaus Magnus im XVII. Buch im 26. Cap. Dieses Thieres Speise/ saget er/ist der weisse Mooß so auff den Bergen wächst/ sonderlich im Winter/ wann er mit Schnee von oben bedecket ist/ welchen Schnee/ ob er gleich dicke sie wie Waldpferde durchbohren und ihre Speise suchen. Im Sommer aber ist es ihnen bequemen im stehen und hin und hergehen das Laub und Blätter von den Bäumen/ alß gebrüget die Blumen und Kräuter/ der Hörner wegen so gar sehr vorwärts gebogen/abzufressen. Es mercket aber Sam. Rheen. insonderheit an/ daß ob sie gleich im Winter den kleinen Mooß fressen / sie doch mehr zunehmen und fetter werden/ als sonsten. Chururoæl saodant siiner vvata een ringa spiis och foedo, vvarda reenarna gemenligen fetare om hosten, sedande begynna æta af bemælte mossa, æn the æro om sommartiid,mædan the æta loef,oerter och græs.Das ist: Ob diese Speise zwar geringe scheinet/ werden die Reenthiere doch im Herbst/ nach dem sie gedachten Mooß zu essen angefangen fetter/ als im Sommer/ da Laub/ Kräuter und Graß ihre Speise gewesen. Von ihrem Zunehmen im Winter schreibet auch Olaus Petri: Im Herbst/saget er/und Winter sind sie am besten bey Leibe und Fleisch. Alßdann ist es rauch aber im Frühling sihet es jämmerlich auß. Daß sie aber im Sommer so schlecht beschaffen / kommet daher/ weil sie die Hitze nicht ertragen können. Die Sommerhitze/ saget er weiter/ kan es durchauß nicht ertragen / also dasses zu der Zeit nichts alß Haut und Knochen ist. Es ist auch dieses Thier gewissen Kranckheiten unterworffen / welche / wann sie einreissen durch die gantze Heerde schweiffen und selbe verderben. Davon Johan. Buræus in seinen geschriebenen Sachen dieses hat. Uppao reenarna kommer stundom en siuke, liika som pestilentia, sao att the doe alla bott, att Lappen maotte koepa ao niio reenar. Das ist: Es pfleget bißweilen unter

Bbb die

die Reenthier eine Kranckheit wie eine Pest zukommen / so daß sie all
wegsterben/und der Lappe ihme neue Reenthier zulegen muß. Allei
es findet sich solche Kranckheit selten. Diese aber/ welche Olaus Petri
folgender gestalt beschreibet/überfält sie alle Jahr. Wann der Mert
Monat/saget er/zum Ende / so wachsen ihnen Würmer in den Rü
cken / so nachmahls lebendig werden und herfür kriechen und di
Haut/ wann sie zu der Zeit geschlachtet werden/ voller Löcher fressen
daß sie nirgend zu nutzen. Es stellen ihnen auch die Wölffe nach / o
sie sich gleich mit den Hörnern zu schützen suchen. Vargen plæga
och sarga och doed athem, saget er auch. Das ist: Der Wol
pfleget sie auch zu beissen und zu tödten. Von den Hörnern/ insonder
heit denen so forne auf die Stirn herfür ragen lehret Olaus Magnus
Diese Hörner bewaffnen den Kopff wider alle feindselige Thiere in
sonderheit die Wölffe. Aber auch die Hörner/ können sie nicht allezei
verthädigen / falß sie dieselben jährlich abwerffen/ auch nur allmäh
lich wieder bekommen. Olaus Petri: ihre Hörner wie sie jährlich in
Sommer wachsen/ so fallen sie im Winter ab. Sam. Rheen. all
reenarna bortfælla sine horn een gaong ora aoret, och the reenar
somæro bæsbe, fælla forst sin hora, huilka (maoningom igenvvæx
och æro i begynnelsen ludna. Das ist: Die Reenthier werffer
jährlich ihre Hörner ab/ die besten am ersten/ so ihnen allmählich wie
der wachsen und im Anfange haaricht seyn. Die Weiblein werffer
sie nicht ehe / alß biß sie empfangen / wie er daselbst meldet: Vajorn
behaolla sine horn in till den tiiden, the alstra, och bæra sina kalf
vvar. Das ist: Die Weiblein werffen die Hörner nicht ehe/ als biß
sie empfangen und trächtig worden. Wiewol die Reenthier nicht so
sehr mit den Hörnern sich gegen die Wölffe setzen / als mit den vorder
Füssen/ womit sie dieselbe / wann sie anfallen hefftig schlagen. Olaus
Petri Niurenius. Wann es sich unterweilen zuträget/ daß das Reen
thier einem Wolffe alß seinem ärgsten Feinde auffstösset / so schützet es
sich mehr mit dem stossen und schlagen der vorder Füsse als mit den
Hörnern. Sonsten bringen sie sich mit der Flucht in Sicherheit/
wie er daselbst weiter anzeiget: Seine gantze Wohlfahrt beruhet in
den Füssen/ und ob gleich kein dicker Schnee lieget / kan es doch durch

Geschwindigkeit der Füsse dem Wolff entgehen. Die dritte Beschwärlichkeit ist/daß/wo sie nicht wol verwahret/und in acht genommen werden/ sie sich zerstreuen und verlauffen. Daher werden sie gezeichnet/damit wann sie etwa weit abgewichen oder unter andere Heerden gerahten/ sie kennbar seyn mögen. Johan. Buræus; sina reenar havo the alla sitt mercke pao Das ist: Ein jedes Reenthier hat seyn besonderes Zeichen. Dieses Zeichen aber machen sie entweder an die Hörner/wie oben gemeldet/ oder weil sie die Hörner abwerffen/ an die Ohren. Daher auch Tornæus: Lapparna hafvva saodana vvildrenar faongit, somderas egit mærkei oerat burit hafvva. Das ist: Die Lappen haben viel wilde Reenthier gefangen/ so ihre eigene Mercke und Zeichen an den Ohren gehabt. Wann aber die Reenthiere gleich alles/was wir bißher erzählet/ überstanden/lebē sie doch nit über dreyzehen Jahr. Olaus Petri: Das Reenthier lebet selten über dreyzellen Jahr. Und so viel von den Reenthieren/so das einzige ist womit sie eben das jenige/was andere Völker mit Pferden schaffen/und dergleichen Thieren verrichten/ und daher auch sich darauf allein/ mit Hindansetzung der übrigen befleissigen. Ohne daß sie auch Hunde aufferziehen/die ihnen die Häuser bewahren/ das Vieh schützen/ und auff der Jagd nutzen/wie oben an dem Orte/ alwo wir von der Jagd gehandelt/ angezeiget worden. Olaus Petri im 19. Cap. Die Lappen haben keine zahme Thier mehr als wie die Reenthier/auff Schwedisch Reen, und die Hunde.

Das XXIX. Capitel.
Von den vierfüssigen wilden Thieren der Lappen.

Unter den wilden Thieren so sich in Lappland befinden ist das fürnehmste der Bähr/diesen halten sie wie einen König der Wälder. Sam Rheen: Biornen laolla Lapparna foer ett foernæmligit diut kalla honom foer den skull skogbonda, thæt ær, eensaden, somær een huusbonde oefvver alle andra diur i skogen. Das ist: Die Lappen halten den Bähren für ein treffliches Wild/ daher nennen sie ihn den Herrn der Wälder/das ist/einen solchen / der ein Hertz ist allen übrigen Thiere in den Wäldern. Er thut die Ursach hinzu/ weil er nemblich an Stärcke und Wildheit alle die anderen Thiere übertrifft oder wie er selbst redet/ esterhan med sin grymheer och starkheer the andre diur ofvvergaohr. Ihre Anzahl ist groß/etliche sind grausamer wie die anderen/ sonderlich die so ein weissen Strich oder Ring umb den Halß haben/von welcher Art in den Mitternächtigen Ländern zum öfftern anzutreffen. Sie beschädigen das Viehe/und kehren die Speiseschrancke welche die Lappen auff einem stumpffen Baum auff richten/und in selben ihr Fleisch/Fische/und andere Essenwaaren bey behalten/ umb und umb / und berauben also offtmals den Haußwirth in einer Nacht aller seiner Lebensmittel/wie anderswo angezeiget worden. Hernach findet man auch in Lappland Ellende/so Olaus Magnus Waldesel nennet/ wiewol ein Waldesel gar ein anderes Thier. Scaliger vermischet sie mit den Reenthieren/und hält beyde für ein Thier. Dann also schreibet er in seiner CCVI. Exerc. Unser Elend hat Haare wie ein Esel: von den Schweden wird es Ranger genant/ von etlichen Gothen Rangifer, von den Teutschen Elend/von den Moscovitern Lozzi. Ich finde in einigen Schrifften daß es in Norwegen Rehen heisse. Was dieses für Schrifften/darin Scaliger solches gefunden/ist mir unbekandt/dieses aber weiß ich mehr als zu gewiß/daß die Norweger das Thier so die Teutschen Ellend nennen niemals mit dem Namen rehen beleget/sondern vielmehr alg, welche Benennung noch anjetzo durch alle mitternächtige Länder gebräuchlich. Olaus Magnus im XVIII. B. im 1. Cap. stimmet diesen mit folgenden Worten bey. Die Ellende sind in den Mitternächtigen Oertern/da sie insgemein El oder Elgar genent werden. Und anders kan man auch nichts sagen von der Moscoviter Lozzi, so eins mit der Litthauer Loß. Herberstein Das Thier so die Litthauer in ihrer Sprache Loss heissen/ nennen die Teutschen Ellend/etzliche Lateiner aber Alcen. Ist also Loss, Lozz ælg, Ellend, ein Thier/ aber von dem Reenthier weit unterschieden. Dann zuerst übertrifft es an Grösse das Reenthier nicht wenig / weil es dem höchsten Pferde gleich/ hernach hat es kürtzere Hörner so aber zweyer Hände breit auch wol darüber/ so oben und an den Seiten we-

nig

nige Spitzen haben; Die Füsse insonderheit die beyden vordere / sind nicht rund sondern lang / mit welchen es hefftig schläget / und mit den spitzen Klauen die Hunde und Menschen so ihnen entgegen kommen wund stösset. Auch der Kopff ist weit anders gestaltet / so länglicht / mit grossen / dicken und abhängenden Leffzen. So kompt auch die Farbe nicht überein / als welche nicht weißlich / sondern über den gantzen Leib gleichförmig ist / und dunckelgelb mit etwas grau vermischet. Wann es gehet / höret man kein Geklapper der Gelencke / wie an den Reenthieren. Endlich wird ein jeder / so sie alle beyde nur einmal siehet / so mir zum öfftern widerfahren / alsbald einen solchen mercklichen Unterscheid an ihnen finden / da es zu verwundern ist / daß jemand gefunden worden / so sie für ein Thier gehalten. Sonsten sind dieser Ellende gar wenig in Lappland / und kommen fürnemlich auß Litthauen insgemein hinein? Doch finden sich derer bißweilen welche / daher auch Carl der IX. durch einen öffentlichen Befehl die Häute davon / wann einige von den Lappen würden gefangen werdē / dem Königlichen fisco einzulieffern / anbefohlen / wie anderswo gezeiget worden. Olaus Petri redet von dem Ellend folgender gestalt: Die Ellende halten sich allein in dem Südlichen Theil von Lappland auff / und werden daselbst gefangen wann sie von den Lappen / so der Jagd obligen / an diese Oerter getrieben. In den übrigen Theilen findet man sie gar nicht oder doch selten. Dannoch ist es gewiß daß auß Careelen die Ellend zweymahl im Jahr in grosser Menge durch den Fluß Nivæ sich begeben. Weiter so giebt es in Lappland auch Hirsche. Sam. Rheen: an dem Orte wo er die fürnehmsten wilden Thiere / die sich allda befinden / erzählet: I Lappemarken finnes mon gehanda slags diur, saosom uildreenar, bioernar, siorter, vargar, jerfuar, bæfrar, ottrar, ræfuar, waordar, och ikorner. Das ist: In Lappland findet man allerhand Wild / als wilde Reenthier / Bähren / Hirsche / Wölffe / Vielfrasse / Bibern / Ottern / Füchse / Mardern und Eichhörner. Allein es sind diese Hirsche auch nicht so gar häuffig / über das nur klein / wie die jenigen so man Damm-Hirsche nennet. Weil sie nun nichts besonders an sich für denen / so auch an anderen Plätzen befindlich / ist es genug daß wir sie hier benennet. Zu den Hirschen kan man die wilden Reenthier fügen / so in

Bbb 3 grosser

grosser Menge durch Lappland sich sehen lassen. Weil selbe aber auch nicht viel von den zahmen als nur an der Grösse / so an ihnen etwas mercklicher und an der Farbe etwas schwärtzer fält / unterschieden/wollen wir selbe auch mit Stillschweigen übergehen. Olaus Petri: Die wilden Reenthier sind den zahmen bloß an der Grösse ungleich. Sam. Rheen: thut zu den Hirschen/die Wölffe. Dieser ist nun eine grosse Anzahl in Lappland/so von den gemeinen die sich in andern Ländern finden/ darin unterschieden/daß sie von Farben etwas weißlichter sind/ und werden auch auß dieser Ursache von vielen weisse Wölffe genant/zu dem haben sie auch dicker/längere/und dichtere Haare. Diese stellen den Reenthieren hefftig nach / welche sich mit den Hörnern zu der Wehr setzen. Olaus Magnus im XVII. B. im 26. Cap. saget von derselben Hörnern: Sie bewaffnen das Haupt allenthalben wider die feindlichen Thiere/ insonderheit die Wölffe. Ich finde in den geschriebenen Sachen deß Buræi etwas besonderes/ daß die Wölffe niemals auff die Reenthiere loßgehen / wann sie an einen Pfost angebunden. Reenen nær han ærtunden, byter han aldrig vargen, men ær han loes blifvver han vargamath. Das ist: Wann das Reenthier angebunden/wird es der Wolff nicht beissen/ so es aber loß gehet/ wird es ihme zur Speise. Vielleicht befürchtet sich der Wolff einiger Nachstellung wann er den Strick gewahr wird / damit das Reenthier angebunden. Dann es ist ein argwöhnisch Thier/ so ein jeglich Ding für einen Strick oder sonsten etwas damit man ihn betriegen und fangen könne ansiehet. Imgleichen weil er befürchtet/ daß in der Nähe Menschen / so ihn tödten möchten/ dann die Lappen binden die Reenthier mit Stricken an einen Pfal wann sie selbe melcken wollen/wie ich oben angedeutet. Wiewol sie nicht allein die Reenthier/ sondern auch die Menschen selbst/ die Weiber / und Schwangere insonderheit anfallen. So denn Olaus M. im IV. B. im 11. Cap. bezeuget. Da er von den Lappen und wie sie es mit ihren Hütten halten/handelt. Ein Theil von ihnen/saget er/ stellet seine Behausung an oben auff etzlichen Bäumen so in einer viereckichten Ordnung auffgewachsen / damit sie im platten Felde nicht von dem häuffigen Schnee ersticket/ oder von dem hungerigen Wild so mit unbezwinglicher Macht auff sie loßgehet/ gefres-

Von den vierfüssigen wilden Thieren der Lappen.

fressen werden. In welchem Fall sonderlich die schwangere Weiber und Kinder woll in acht müssen genommen werden/so sie als eine niedlichere Speise am meisten verfolgen/wie unten/von der Wölffe Natur sol angedeutet werden. Der Ort den er in den letzten Worten bezeichnet findet sich im XVIII. B. im 13. Cap. da er saget: Die Reisende müssen sich mit Wehren versehen/insonderheit die schwangere Weiber so der Geburt nahe denen die Wölffe/vom Geruch eingenommen/am meisten nachstellen. Reiset auch deßwegen kein Weibesbild allein / sondern hat einen bewehrten Mann bey sich. Worauß zu ersehen daß man Wölffe findet/ so den Schwangeren gar sehr nachstellen/und solche insonderheit in Lappland. Nach den Wölffen folgen in zuvor angezogenen Worten deß Sam. Rheens die Vielfrässe/ auch diese trifft man häuffig in Lappland an. Sie haben einen etwas runden Kopff/starck/ und scharffe Zähne/wie die Wölffe / einen grossen Leib/kurtze Füsse fast wie die Ottern. Das Fell ist gantz schwartz/davon Olaus Magnus gar wol saget: Es gläntzet von dunckelbrauner Schwärtze/wie ein Damask so mit allerhand Figuren gezieret. Es schätzen dieses Fell etliche den Zobeln gleich / außgenommen daß die Zobeln weicher von Haaren sind. Das Thier selbsten lebet nicht allein auff dem Lande/ sondern nach Art der Ottern auch im Wasser/wiewol es grösser und stärcker als diese. Daher es auch welche unter die Ottern rechnen/denen es an Grösse fast gleichet oder auch wol fürgehet. Es weichet auch an Frässigkeit denselben nicht / sondern übertrifft sie hierin/ daher es auch seinen Namen bekommen. Olaus: In der Schwedischen Sprache wird es *jerf* genant. In der Teutschen aber *Vilefras*, von dem vielen Fressen. Scaliger in der CCIII. Exercit. nennet es Wildfraß. Seine Worte sind diese: Rosomacha ist ein Schlavisches Wort. Die Schweden nennen es jerf, die Teutschen Wildfraß. Allein dieses Teutsche Wort bedeutet nicht einen der viel/ sondern der wilde frist. Dann das Wort Wild ist bey den Teutschen eben dieses was die Lateiner ferus heissen. Hat also Scaliger das Teutsche Wort nicht recht verstanden/ oder aber /welches glaublicher / der Schreiber hat seinen Schrifften nicht wol gefolget. So auch daher zu ersehen/daß der Vielfraß nicht nur das Wild/sondern auch die zahme

Thiere

Thiere verfolget/ wie solches die Erfahrung in Schweden offt erwiesen hat/ ja auch die Fische/ weil er auch im Wasser zum öfftern sich finden lässet. Der Bieber giebt es in Lappland viel/ weil das gantze Land fischreich/ und sie also gnugsame Nahrung finden. Olaus Magnus vermeynet daß diese Menge Biber daher entstehe / weil sie von den Schiffenden nicht geschrecket werden. Dieser Thier / der Biber / ist eine grosse Menge in den Mitternächtigen Wassern/ weil sie ruhiger bleiben als in dem Rhein oder Donau/ wo allezeit ein Geräusche/ und unaufhörliches Schiffen ist. Wie er davon im XVIII.B.im 5.Cap. redet. Weil aber auch diese gar nicht von den gemeinen Bibern unterschieden/ haben wir mehr nichts von ihnen zu sagen. Wie auch nicht von den Ottern so Sam.Rheen nach den Bibern setzet. Darauf folgen bey ihnen die Füchse so vielerley Art/ und in grosser Anzahl in Lappland anzutreffen. Und benennet er außdrücklich ohne die gemeinen auch svvarte, brande, och korstræfuar, sampt blao och huiita rætvar. Das ist: Schwartze Brand-und Creutz-Füchse/ aschfarbe und weisse Füchse. Die schwartzen/ weil sie selten gefangen werden/ sind die köstlichsten. Bey den Moscovitern gebrauchen selbe die fürnehmste Herzen zu ihren Mutzen/ wovon schon zu seiner Zeit Herberstein gedencket: Die Fuchsbälge insonderheit die schwartze / auß denen insgemein Mützen gemacht werden/ halten sie hoch/ dann zum öfftern einer zehen je wol 15. Ducaten gilt. Olaus M. im XVIII.B im 37.c. Die schwartzen Füchse werden köstlicher als die übrigen geschätzet/ weil die Moscovitischen Bojaren insgemein davon Mützen tragen. Die braunen oder Brand-Füchse so schwartzröthlich sind/ werden auch nicht geringe geachtet. Die mit einem Creutze gezeichnet nennet Jonstonus Creutzträger/ und beschreibet sie folgender gestalt. Der Creutzträger oder Creutz Fuchs von dem Maul an über den Kopff/ Rücken und Schwantz mit einem gleichen schwartzen Striche gezeichnet / hernach gehet ein anderer Zwerchstrich gleicher Farbe über die Achseln biß auff die Vorderfüsse / welche beyde die Figur eines Creutzes darstellen. Diese werden den gemeinen rohten fürgezogen / sind auch grösser und dicker von Haaren. Die Aschfarbe nennet Jonstonus Ilatidas oder blauchlichte, dann die Farbe die sie haben ist gleich wie auß Aschfarbe und blau ge

Von den vierfüssigen wilden Thieren der Lappen.

mischet/als wie das Weidkraut zu seyn pfleget. Wiewol sie nicht alle diese Farbe haben/ auch nicht durchgehends an allen Haaren zu sehen. Dann die Haare so etwas lang/ fallen an den Spitzen ins schwartze/ die kurtzen aber und rauchen/ sind weißlich/ daß also gedachte Farbe auß einer Vermischung dieses letzteren entspringet. Olaus Magnus nennet sie an vorangezogenem Orte himmel-oder lasurblaue Füchse/ und lehret zugleich/ daß sie geringer wie die anderen; wie auch die weissen/ so er hellweisse nennet/ weil die Haare gantz weiß ohne anderer Farbe Vermischung sind/ wie die Caninichen haben. Die Ursach dessen ist/ weil sie so häuffig anzutreffen/ auch die Haare nicht so daurhaufft. Olaus: Die weissen Füchse sind geringschätzig/ wie auch die blauen wegen der Menge/ und daß sie insgemein haaren: denn die Haare sitzen nicht fest an dem Fell. Daß aber die weissen Fuchsbälge so häuffig zu bekommen/ kan wol daher geschehen/ weil man sie leicht fänget/als welche sich nicht in den Wäldern/ sondern auff dem blossen und kahlen Gebürge auffhalten. Sam. Rheen: Hvvyta ræfvar finnes allenæ op i fiellen, och icke synnerligen neder, skoglands. Das ist: Die weissen Füchse werden nur oben auff dem Gebürge nicht aber in den Wäldern angetroffen. Auff die Füchse folgen an oben erwähntem Orte deß Sam. Rheens, die Mardern/ so auch in Lappland häuffig zu finden. Und ist gewiß daß man auß keinem Lande so viel und gut als auß Lappland haben kan. Doch sind sie unterschieden/dann die am Halse oder Kehlen gelbe sind / dieses sind die besten. Merckwürdig ist es aber daß nirgend sonsten als in den Wäldern solche Mardern sich auffhalten. Rheen: Maorder finnas allenaft i skoglandet men icke oppi fiællen. Das ist: Die Mardern findet man bloß an denen Orten wo Wälder sind/ nicht oben auff dem Gebürge. Ihre Speise ist auch sonderlich / dann sie fressen meistentheils Eichhörner und Vögel. Olaus Petri: In der Nacht weil er gar scharffe Klauen hat/steiget er auff die Bäume/ da ihme dann die Eichhörner zu Theil werden. Das Eichhorn/ welches ihme an Behendigkeit gleich / aber nicht so starck/ lauffet umb den Baum herumb. Solches kan ihme der Feind nicht nachthun/ wird es aber biß auff die Spitze deß Baums getrieben/und kan nicht auff andere Weise entgehen / springet es von einem Gipffel

Ccc auff

auß den andern. Die Vögel aber/wann sie in der Nacht auff de[r]
Bäumen entschlaffen werden / ergreiffet der Marder und frist si[e]
Fasset er einen grossen Vogel an/fliehet selber davon/der Marder ab[er]
sitzet ihm auff den Rücken/ und beisset ihn so lang/ biß er todt auff [die]
Erden fält. Endlich so redet auch oben gesagter Bericht deß Rheen
von den Eichhörnern/ die in unglaublicher Menge durch Lapplan[d]
zu finden/und daselbst diese Art haben/ dann sie jährlich die Farbe än[-]
dern/und wann der Winter herannahet anstatt der rohten Farbe gra[u]
werden/und alsdann hält man die Felle am besten. Sam. Rheen: Th[e]
ombyta hvvart aohr silt haor, sao att om sommaren æro the roed[e]
om hoeste tiid vvarda the grao igien. Das ist: Alle und jede Jah[r]
ändern sie die Haare/so daß sie im Sommer roht sind/im Herbst ab[er]
grau werden. Diese Farbe ist desto weniger vermischet mit rohte[n]
Haaren/ je weiter selbe sich nach Mitternachts hineinwärts befinden
Ingleichem/ je ferner der Sommer ist. Also daß mitten im Winte[r]
sie am besten zu jagen/nicht aber im Sommer. Wie wol ihrer nun ein[e]
wundergrosse Anzahl/pflegen sie doch in etzlichen Jahren hauffenwei[se]
davon zu wandern/daß ihrer gar wenig überbleiben. Dieses bezeug[t]
auch Sam. Rheen : Ickornar finnas icke alla aohr afalla ijmmo[g]
heet, tii somblige aohr vvanckas the istoor mijckenheet, me[n]
somblige foersvvinna the sinkoos. Das ist: Man findet die Eid[-]
hörner nicht alle Jahr in gleicher Anzahl. Dann in einem sind sie ga[r]
häuffig/im andern verschwinden sie gantz und gar. Die Ursach desse[n]
ist unbekandt. Etzliche vermeynen/ es geschehe auß Furcht für de[m]
Hunger/in dem sie den Mangel ihres Futters/so sie brauchen/ fürhe[r]
mercken; Etzliche sagen/daß sie das böse Wetter so zukünfftig ist fü[h]
len/und ihme also entgehen wollen. Die Weise wie sie fliehen beschre[i]
bet Sam. Rheen mit diesen Worten: Nær the vilia foersvinna, loep
the hoepetals tillioerna, sattia sig pao smao barchstiicke up sættiar
des sin svants, viliandes dær med segla ofver sioear mæn moste foe[r]
storm och ovvæder sættiakiæra liifvet till. Das ist: Wann sie ve[r]
schwinden wollen/lauffen sie hauffenweiß zu den Seen/ sitzen auff kle[i]
ne Baumrinden / und haben die Schwäntze in die Höhe als wann si[e]
seglen wolten/ werden aber vom Winde und Ungestüm überfallen

da

igen wilden Thieren der Lappen. 387

zet solches auch Olaus Petri und saget daß
setzen sich/ saget er/ auff kleine Stücker
/ so sie an dem Ufer antreffen/ darauff stos-
n Winde / recken den Schwantz als ein
hen dahin der Wind stehet/ biß die Wellen
den Schiffer erträncken. Der Cörper aber
ncket/ sondern todt an das Ufer schwimmet/
eine mercklicheAnzahl gefunden wird/
zen können die Felle noch gebraucht werdē.
sonsten über die Flüsse zu setzen/ wie Olaus
2. Cap. bezeuget: Es schwimmet saget er/
ie Flüsse auff einem Holtze/ und brauchet
ntz an statt eines Segels. Ob nun zwar in
rbleiben/vermehren sie doch ihr Geschlecht
es Weiblein vier junge wirfft / zu Zeiten
Sam. Rheen : Detta kioenat ullockas
fver fiira, tem, eller sex unger i en boerd.
h sehr geschwinde/ dann ein jegliches Weib-
/ fünff auch sechs Junge. Und dieses sind
n. Rheen in obenangeführten Worten erich über diese noch einige andere/ so er da-
lich die Zobeln. Olaus Magnus nennet sie
cheid Jonstonus in seiner Historia von den
sten Felle sind so man auß Tartarien und
ewiß ist es daß die Lappischen Weiber un-
hen/ insonderheit wird eine Braut bey ih-
lin-Fellen gezieret/ wie auch Olaus im IV.
och findet man sie allhie in geringer Anzahl.
iche vermeynen ist einer Wiesel ähnlich/an-
Scaliger, vergleichen es mit den Mardern.
s einer Marder nahe komme/ so wol was die
lt anlanget. Je Pechschwärtzer es võ Far-
zehalten. Es werden aber auch weisse gefun-
lich mal gesehen/ daß unserm Könige von

Ccc 2　　　　　den

den Moscovitischen Abgesandten dergleichen zum Geschencke überlieffert worden. Welche Art schon ehemals sonder Zweiffel Adamus Bremensis unter dem Nahmen der weissen Mardern verstande
und gemeynet. Auch die Hermelin hat Rheen außgelassen/ so doc
eigentlich auß Lappland herkommen. Von welchen vorlängst Joviu
Sie vertauschen die weissen Felle so wir Härmelin nennen mit aller
hand Wahren. Es sind aber die Härmelin nichts anders als weiß
Wieseln/ derer Schwantz an der Spitzen gantz schwartz ist. Es hat solches für langer Zeit Albertus Magnus wahrgenommen/ auß dem
Jonstonus am 15. Blat folgendes hat: Albertus Magnus, allwo e
von den weissen Wieseln redet/ saget/ daß Ermineus sey ein weisse
Thierlein fast wie ein Wiesel/ dessen Schwantz an der Spitzen gan
schwartz. Er nennet es *Ermineum,* so von anderen Armelin oder Hermelin genant wird/ und nicht allein was die Gestalt belanget/ sonder
auch seiner gantzen Natur nach ein Wiesel ist. Es hindert solches auc
die Farbe nicht/ denn im Sommer ist sie röhtlich/ und ändert sich i
weiß wann der Winter her an kommet. Solches hat schon Olaus Magnus im XVIII. B. im 20. Cap. angemercket. Wann diese Thierlei
im Winter und in der strengsten Kälte solten eingeschlossen werden
würde das Fell so weiß nicht erscheinen/ welche zu Ende deß Mar-
monats/ wann sie in der Brunst sind/ und sich paaren/ röhtlich is
Und Olaus Petri: Von der Wiesel wil ich mit wenigem gedencken/ s
im Winter gantz weiß und ein schönes Thierlein ist/ im Setner abe
wird es röhtlich. Es fänget auch Mäuse/ wie die Wieseln pflegen
daher es die Schweden lekat heissen. So wird auch hieran niemani
zweiffeln/ wer es in diesen Mitternächtigen Ländern und anderswe
gesehen/ daß man es also nicht mit dem Scaligero eine Schwedisch
Mauß nennen kan. Und werden mit besserem Fug unter die Mäus
gerechnet die kleinen Thierlein so man *Lemmus* nennet/ welche die Her-
melchen fressen/ und davon sich mästen/ wie Olaus Magnus an ei
wähntem Orte schreibet. Sam. Rheen zeiget an/ daß man sie in Lapp
land dann und wann antreffe: Ther vvancker och itt slags miis, som
the kalla fiællemoes, eller. Das ist: Man findet daselbst (in Lapp
land) eine Art Mäuse so sie Bergmäuse oder lemblar nennen. Es
ha

Von den vierfüſſigen wilden Thieren der Lappen. 389

hat dieſelben fleiſſig beſchrieben Olaus Wormius in der Beſchreibung ſeiner Kunſtkammer/ auß welcher Figur doch auch zu erſehen/ daß ſie kurtze Schwäntze haben/ und alſo den Mäuſen durchauß nicht gleich ſeyn. Daß ich anjetzo von der Farbe nichts gedencke ſo nach Olai Auſſage ſprenglicht iſt. Sam. Rheen ſaget daß ſie ſchwartzroht ſey/ der auch hinzu thut/ daß ſie ohnverſehens ankommen/ und mit ihrer Menge das Land gleichſam bedecken. Deſſe vancka icke aohrligen, uthan ſombliga tiider, och komma ex abrupto i een ſaodan ſtoor myckenheet att the uthbreda ſigoefvver heela jorden, ſaolom ſo-glar om vaortiid. Das iſt: Sie laſſen ſich nicht alle Jahr/ ſondern zu gewiſſen Zeiten ſehen/ da ſie unverhofft in ſolcher Menge hervor-kommen/ daß ſie das gantze Land/ nicht anders als wie im Frühlinge die Vögel/ erfüllen. Olaus hat angemercket/ daß ſolches geſchehe wañ es regnet. Sie fallen/ ſaget er/ mit dem Platzregen auß der Lufft. Es vermeynet Olaus daß ſie herunter regnen in dem ſie entweder vom Winde auß den abgelegenen Inſuln hergeführet / oder auch in den Wolcken ſelbſt gezeuget werden/ daran er doch zweiffelt. Wormius aber iſt faſt der gäntzlichen Meynung/ als würden ſie in der Lufft ge-zeuget/ dann Iſaacus Voſſius in ſeinen Anmerckungen über den Me-lam, zu widerlegen ihme fürgenommen / und endlich ſchreibet daß ſie durch den Regen nur auß ihren Löchern herfür getrieben werden. Die Urſach/ ſaget er/ warumb dieſe Thiere ſcheinen vom Himmel zu fal-len/ iſt dieſe/ daß/ da ſie zuvor ſich nicht mercken laſſen/ nach dem Regen auß ihren Löchern hervor kriechen: entweder weil ſolche mit Waſſer angefüllet/ wie Theophraſtus meynet/ oder weil dieſe Thierlein durch den Regen erquicket werden. Und dieſe Meynung kommet mir auch ſehr glaubwürdig für. Es ſind gedachte Mäuſe nicht furchtſam/ lauf-fen auch nicht weg ſo jemand bey ihnen fürüber gehet und ein Geräu-ſche erreget/ ſondern verfolgen ihren Weg und pfeiffen laute. Ja ſo je-mand mit einem Prügel hinter ſie her iſt/ kehren ſie ſich umb und ſprin-gen in die Höhe. Sam. Rheen: nær the fœrnimma naogen framgao, loepa the honom emoth, och ſkiælla, ſom ſmao hundar oactandes hvarcken ſtaf eller ſpiut, uran ſpringa op i vadret med ſtor iifrig-heet, nær man them doeda vill. Das iſt: Wann ſie jemanden mer-

Ccc 3 cken/

cken/lauffen sie ihme entgegen / und schreyen wie die jungen Hunde/ fragen auch nach keinem Prügel oder Stock/ sondern springen wo sie jemand tödten wil/voller Zorn/hoch in die Höhe. Olaus Petri: Sie bleffen wie die junge Hunde/und wañ sie mit einem Stecken geschmiſſen werden/ beiſſen sie in ſelben als wütende Hunde. Sonſten kommen sie niemals in die Häuſer oder Katen und thun Schaden. Sam. Rheen: Aldrig komma them uthi huſen, ther att gioera naogen skada, utan foervvara sigs i buskar och tafvvar. Das iſt: Sie kommen niemals in die Häuſer daſelbſt Schaden zu thun/ ſondern halten sich in den Sträuchen und Hölen auff. Bißweilen ſtreiten sie miteinander und theilen sich in zwey Hauffen. Eben derſelbe Rheen; the loepa och ſom Kriegsharar emot huarandra pao sioar eller engiar. Das iſt: Sie ſtreiten miteinander auff den Seen und Wieſen/ nicht anders als wie Kriegsheere. Dieſes Streiten halten etliche Lappen vor Zeichen und Vorſpottung der zukünfftigen Kriege in Schweden. Ja sie vermeynen daß von dem Orte / da ſie herkommen / auch der Feind einfallen werde. Nær Lapparna narda thetovarſe, seiia the at om the komma fraon oeſten, ſkolavvara ett omen, dæt vaor kiæra fædernes land ſkall raoka i krig mit Riiſſen, komma the i fraon væſtar, thao med the danſka. Das iſt: Wann die Lappen ſolches mercken/ (daß sie nemblich miteinander ſtreiten/) und ſehen sie von Morgen kommen/ ſo ſagen sie/ werde ihr Vatterland mit den Reuſſen Krieg bekommen/ wo aber von Abend/ mit den Dähnen. Dieſer Thierlein Feinde sind zu erſt die Hermelin / wie ich vorhero angedeutet. Olaus Magnus im XVIII. B. im 20. Cap. Dieſe Thierlein ſo auch lekat genant werden/ freſſen die Härmelin und mäſten sich damit. Hernach die Füchſe/ welche ſelbe in groſſer Anzahl zu ihren Hölen ziehen. Sam. Rheen: The varda mycket aff ræfvarne i hælreſen, huilka draga naogra tu ſond tillſamman till sine kulor. Das iſt: Sie werden von den Füchſen ſehr verfolget/ die ihrer etliche tauſend in ihre Höle tragen. Die Füchſe nemlich ſättigen sich auch mit dieſen Mäuſen/ und daher nehmen die Lappen nicht wenig Schaden/ indem die Füchſe ſo sich mit ſolcher Speiſe befriedigen laſſen / und das Aas ſo ihnen von den Lappen geleget/ nicht achten. Drittens die Reenthier/ die sie
auch

Von den vierfüssigen wilden Thieren der Lappen.

auch fressen. Reenarna upsluka och dæsse fioell moes i sinnerheet om sommartiid. Das ist: Die Reenthier fressen auch diese Bergmäuß/ sonderlich im Sommer. Endlich so stellen ihnen auch die Hunde nach/ und verzehren sie/ doch nicht mehr als das Vordertheil/ das Hintertheil lassen sie ligen/ vielleicht weil an denselben etwas so ihnen schädlich seyn möchte. Sam. Rheen: The varda miicket af hundatne ihiat refna, men the foertæra allenast den fremdre, och icke den esdre deelæn. Das ist: Sie werden häuffig von den Hunden zerrissen/ welche aber nur das Vörder-nicht das Hindertheil davon fressen. Wie nun aber dieses Ubel durch erwähnte Mittel an die Seite gebracht wird/also sind sie zu Zeiten ihnen selbst eine Straffe. Als wenn es von dem Kraut / so es zuvor abgefressen und wieder gewachsen ist/ geniesset. Olaus Magnus: Es leben diese Thierlein so lange sie das von neuem wiedergewachsene Kraut nicht essen. Oder wann es sich auff andere Weise seines Lebens beraubet/ so auff zweyerley weise geschiehet/dann es hänget sich entweder selbst zwischen den Bäumen an den Aesten auff/ oder stürtzet sich in das Wasser. Von beyden saget Sam. Rheen: Nær the vilia foers vinna, loepa sombliga af them opitræn, och hængia sig emellam tvve klufveta qvistar, sombliga drænckia sig sielva, vvatnet ther naogre tusende pao ett rum sinnes liggia doedæ. Das ist: Wann sie verschwinden wollen/kriechen etzliche auff die Bäume und hängen sich daselbst zwischen den Aesten auff/ etzliche stürtzen sich freywillig in das Wasser/ wo man zum öfftern viel tausend auff einen Ort zusammen und über einander gehäuffet/ antrifft. So auch sonder Zweiffel Olaus Magnus andeuten wollen/ wann er an vorangezogenem Orte schreibet: Sie versamlen sich hauffenweiß/als wie die Schwalben wann sie außfliegen wollen/sterben aber zu gewisser Zeit nicht ohne Vergifftung deß Landes. Die letzte Art derer auch Sam. Rheen hätte gedencken solle/sind die Haasen. Dann auch diese finden sich in grosser Menge in Lappland/ und werden der Felle halben so im Winter gantz weiß/wie die Füchse im Werth gehalten. Dann sie jährlich die Farbe ändern/ und wann der Winter herannahet weiß werden/auß sonderlicher göttlicher Fürsorge. Damit sie nit im Winter/wañ alles mit schnee bedecket/uñ sie eine andere Farbe so käntlich/hättē/von Menschen und Thieren außgerottet würden.

Auß

Auß welcher Ursache ein gleiches auch mit anderen vierfüſſigen Thieren und ſonderlich mit den Vögeln geſchiehet / wie ich in folgendem Cap. zeigen werde. Von den Haaſen ſchreibet Olaus Magnus im XVIII. B. im 10. Cap. Es iſt gewiß daß alle Haaſen die in den Mitternächtigen Ländern ſich hecken / nach dem im Herbſt Tag und Nacht gleich geweſen/ und ſo bald der erſte Schnee fält/ die graue Farbe ablegen und weiſſe Haar bekommen. Sie werden auch zu dieſer Zeit offtmahls/ da ſie noch halb grau und ſchon halb weiß ſind / gefangen/ ſo ich ſelbſt offt geſehen/ im Winter aber ſind ſie gantz weiß.

Das XXX. Capitel.
Von den Vögeln/ Fiſchen und anderen Thieren.

WIr ſchreiten anjetzo fort zu den Vögeln / welche eben wol in groſſer Menge durch gantz Lappland anzutreffen. Selbe erzählet Sam. Rheen folgender geſtalt: Svvanor, gias, ænder, ſkrækior, kniipos, och ſedan allehanda ſlag ſioe foglar. Item ſkog foglar, ſaoſom kiædrar, orrar, ierpor, ſnioe riipor. Das iſt: Schwane/ Gänſe/ Endten/ Wiedehopfen/ kniipes, und andere Waſſervögel mehr/ ingleichem auch Waldvögel/ Auerhahnen/ Birckhüner/ Haſelhüner/ Schneehüner. Da er ſie denn in Waſſer und Waldvögel abtheilet/ und zugleich anzeiget/ daß man beyderley in Lappland häuffig finde/ weiln ſolches Land voll von Seen/ Waſſern/ Wäldern und Bergen iſt. Von ſelben ſind nun einige auch an anderen Oertern gemein / etliche aber nirgend anders als in den Mitternächtigen Ländern befindlich. Von jener Art ſind die Schwane/ ſo jederman bekandt/ ingleichen die Gänſe und Endten/ durch welche er nicht die zahmen/ ſondern die wilden verſtehet. Dann die Lappen weder zahme Gänſe noch Endten haben. Olaus Petri: Zahmes Geflügel halten ſie gar nicht. Nemlich nicht allein keine Gänſe/ Endten / Tauben und dergleichen/ noch auch Hüner/ welche die Lappen nicht einmal kennen. Es haben aber die wilden Vögel dieſe Natur/ daß ſie auß den Südlichen Oertern in dieſe Mitternächtige kommen/ hieſelbſt niſten/ brüten/ und die Jungen aufferziehen/ welches ſie alles in ſolcher Anzahl und ſo offte an andern

Pla-

Von den Vögeln/Fischen und anderen Thieren.   393

Plätzen nicht thun. Vielleicht weil sie daselbst nicht so ruhig und sicher bleiben können/ oder auch nicht gnugsame Nahrung finden/ als wie in den Mitternächtigen Ländern.   Sam.Rheen; von den Schwanen: The komme i en ganska stor miiken heeten vaortyden i fraon uæster hafuet. Das ist: Sie kommen im Anfange deß Herbstes in grosser Menge von dem Tautschen Meer oder Oceano her. Und von den Wasservögeln insgemein. The byggiather om sommaren boo, væspæ, sine unger ut klæckia. Das ist: Im Sommer nisten sie daselbst/ legen Eyer und brüten Jungen auß.   Dieses kan man auff die Wiedehopffen ziehen/ die ebenfals zu Anfange deß Frühlings kommen/ und Junge außbrüten. Also redet auch Olaus Petri von den genanten ins gesambt: Im Frühling kommen sie in solcher Anzahl/ daß sie den Himmel fast bedecken/ und wo sie auf der Reise übernachten/ oder sonsten ihre Nahrung suchen/ kan man sie auff eine halbe Meile schreyen hören. Die Knyper sind von der zweyten Art/ und werden meines Wissens sonsten nicht leichtlich gefunden. Der Kopf und Rücken ist schwartz/ wie auch die Flügeln-meistentheils/ die Brust und der Bauch weißlich/ der Schnabel roht/ lang/ und wie eine Säge/ die Füsse kurtz und roht/ mit einem Häutlein zwischen den Sporen/ wie alle andere Wasservögel haben.   Die gantze Gestalt ist folgender massen beschaffen.

Ddd   Hie-

Hieher gehöret die Art / so Sam. Rheen außgelassen und insgemein *Loom* genant wird / es möchte dann jemand glauben / daß er sie unter dem allgemeinen Namen Wasservögel mitverstanden habe. Dann derselben eine solche Anzahl und unterschiedliche Arten daß man sie mit wenigen Worten nicht wol fürstellen mag. Olaus Wormius in der Beschreibung seiner Kunstkammer / stellet dessen Abbildung für. Es ist dieser Vogel nicht auß dem Geschlechte der Endten/ so auß dem Schnabel erhället / der nicht breit / sondern spitzig ist. Dieses hat er besonders an sich / daß er nicht auff das Land kommet / sondern entweder im Wasser schwimmet oder flieget. Dann ob er zwar Füsse hat / sind solche doch sehr kurtz gegen den Leib / und hinterwärts gebogen/ also daß er zwar gut schwimmen / aber auff dem Lande nicht stehen oder fortlauffen kan. Daher ist ihme auch der Nahme zugeleget worden / denn Loom ist so viel als hinckend / und zum Fortgehen ungeschickt. Auß den Waldvögeln gedencket Rheen deß *Kiæders*, so wir Auerhahn geteutschet / in dem wir fürnemblich auff das Geschlecht oder Art gesehen / welche sie auch umb Trident cedron, fast mit gleichem Namen belegen/ wo anders dem Gesnero zu glauben/ der diesen Vogel nicht uneben beschreibet. Daß er aber fürgiebet das Weiblein sey von dem Männlein gar nicht unterschieden / als daß es nur so schwartz nicht / darin irret er / dann dessen Farbe ist gantz gelblicht / nur daß es mit schwartzen Tippeln gleichsam besprenget. Solches muß man auch von dem Birckhuhn / oder kleinerem Auerhuhn verstehen. Dann auch davon das Weiblein oder Henne/ was die Farbe betrifft/ von dem Männlein oder Hahnen der gantz schwartz ist/ unterschieden/ weil sie auch gelbe wie die Auerhenne/ von der sie nur in der Grösse abgehet. Olaus Magnus saget daß sie eine Aschfarbe haben / weil sie nicht hoch gelbe / sondern wie gelb und aschfarbe zusammen gemischet / bißweilen auch wol mehrentheils aschfarbe. Es ist nemblich eben dieselbe Art so er im XIX. Buch im 33. Capitel beschreibet / und Waldhüner nennet. Es finden sich / saget er/ in den Mitternächtigen Ländern Waldhüner an Grösse den Fasanen gleich / wiewol sie einen weit kürtzern Schwantz haben/ und gantz schwartz sind / ohne daß an dem äussern Theil der Flügel und deß Schwantzes einige weisse Federn sitzen. Die Hahnen haben einen rohten und hohen Kamm / die Hennen aber sind graulicht / und ist ihnen der Kamm gar niedrig. Dieses sind nun keine andere Waldhüner / als welche die Schweden *Orrar*, die Lateiner aber *tetraones*, oder kleinere Auhrhüner nennen. Auch muß man den Kamm allhie nicht anders nehmen / als wie er an den Aurhünern / nicht oben auff dem Kopffe / sondern an beyden Seiten / über den Augen sitzet / so der Mahler nicht gewust / und daher an ihre Stelle zahme Hahnen fürgestellet. Die Hennen von dieser letzten Art / sind eben so wol an Farben den Hahnen ungleich / und wie ich gesaget fast aschfarbe. Etliche nennen diese Art Pfasanen / allein es sehen die Pfasanen gantz anders auß / wie ein jeglicher weiß. Wiewol nun beyderley Geschlechte erwähnter Vögel in Lappland anzutreffen / findet sich doch das letztere nicht so gar häuffig. Sam. Rheen: I skoqveland æro mæst allelanda skoqve foglar såsom kiædrar, men ganska så orrar. Das ist: Wo es viel Wald hat findet man allerhand Wildgeflügel / als Aurhahnen / aber wenig Birckhüner. Aber auch von der ersten Art ist nicht jederzeit gleiche Menge / dann in etzlichen Jahren sich gar keine spüren lassen. Olaus Petri: Wunderlich ist es daß sie bißweilen etzliche Jahre nach einander außbleiben. Wann sie aber wieder kommen / geschiehet es in solcher Anzahl / daß die Lappen mehr fangen als verzehren können. Ich gehe weiter zu den Haselhünern / so die Schweden *jærpe* nennen. Dann es ein Vogel ist den Schweden *jærpe*, die Teutschen aber Haselhuhn heissen / und sich in den Büschen und Wäldern auffhalten / daher sie auch Rheen unter das Waldgeflügel rechnet. Es finden sich aber auch solche in nicht geringer Menge in Lappland / und dienen den Einwohnern zur Speise.

Keine Art Vögel aber heckt sich durch Lappland in grösserer Anzahl als wie die Schneehüner / die nit nur in den Wäldern / sondern auch auf den höchsten Bergen / da alles kahl und mit Schnee bedecket ist / nisten. Sam. Rheen: Desse foglar finnes i skoglandet, och vid stroemar, och sioear. Men såsom i fioellen æringen skog, uthan allenas

smao sioear, alt so kunna inga skog foglar der vistas, foer uthan sia
riipor, huilka somblige aohr ther finnas i stor mijeke nheet. Das is
Diese Vögel/ (Auerhahnen/ Birck-und Haselhüner/) finden sich a
waldichten Oertern an den Flüssen und Seen. Weil aber auff der
Gebürge nach Norwegen keine Wälder / sondern nur kleine Seer
können daselbst auch keine Vögel hecken/ außgenommen die Schne
hüner/die man bißweilen allenthalben in gar grosser Menge antriff
Er nennet sie fiælriipor und anderstwo snioeripor, die Teutscher
und insonderheit die Schweitzer geben ihnen den Namen Schneehi
ner oder Schneevögel/weil sie sich am Schnee belustigen und auf der
hohen Schweitzer-Gebürge/ da alles mit Schnee überdecket/ finde
lassen. Sie haben aber Füsse wie die Haasen und an statt der Feder
gleich wie Zotten/ daher sie auch im Lateinischen lagopodes benenn
werden. Sonsten beschreibet sie Sam. Rheen mit folgenden Worter
Desse fiælrypor æro om vintertiid heel snioch vita, och hafva de
tiiden ingen svart fiæder, foer uthan the som æro af sexu foemin
no, hafva allenast een svart fiæder under vingan.   Men in emot
vaohren varde the grao, saosom orro hoener, huilken færga the be
haolla in til vinteren, tao the aoter varda huita. Das ist: Die
Schneehüner sind im Winter gantz weiß/wie ein Schnee/haben au
keine schwartze Feder an sich/ außgenommen die Weiblein/denen ei
eintzige schwartze Feder an dem einen Flügel sitzet. So bald aber d
Frühling herannahet/ werden sie grau/ wie die Birckhennen/weld
Farbe sie biß an den Winter behalten / da sie wieder weiß werder
Da dann/was er von änderung ihrer Farbe saget/ in acht zu nehmen
weil andere davon nichts erwähnet. Es gedencket zwar Olaus Magn
einiger weissen Vögel so nach ihrer natürlichen Eigenschafft/die wei
Farbe ablegen/ und die graue annehmen. Daß er aber dadurch nic
die Schneehüner verstehe erhellet auch darauß / weiler ihnen roh
Füsse/wie der schwartzen Störche/zueignet. Besiehe dessen XIX.
35.Cap. Dann wie ich allbereit angezeiget/ die Füsse der Schneehi
ner gar anders beschaffen. Sonsten mercket auch dieses Sam.Rheer
an ihnen/ daß sie nicht leichtlich auff den Bäumen sitzen/ anders a
wie die Schneevögel bey dem Olao abgebildet sind.   Seine Wor

Von den Vögeln/ Fischen und anderen Thieren. 397

lauten also: Snioetijperna vistas gemenligen nedan paomarken, och icke i træ. Das ist: Die Schneehüner sind insgemein an der Erden/ und sitzen wenig auff den Bäumen. Im übrigen sind es schöne Vögel/ die ohne Auffhören hin und wieder lauffen/ und fast niemals still stehen oder sitzen. The loepa afoch an, saget Samuel Rheen auch. Das ist: Sie lauffen hin und her. Und an einem anderen Orte: The æro reenligæ behændige och snælle. Das ist: Sie sind reinlich/ behende und geschwinde. Ihre Gestalt ist diese:

Was die Fische belanget/ ist derselben in Lappland ein unglaublicher Uberfluß. Zieglerus: Sie fangen die Fische in grosser Menge/ also daß sie auch viel davon einsaltzen/ und in andere benachbarte Länder verführen. Jovius: An dem Meer fangen sie viel Fische. Er saget an dem Meer/ weil er die Lappen so mit Moscau gräntzen/ beschreibet/ die übrigen bekommen derer auß den Seen und Flüssen zur Gnüge. Die besten sind die Lachse/ davon schon ehemals Olaus Magnus im XX. Buch im 3. Cap. Es ist fast in gantz Europa kein reicherer Lachsfang als in dem Bothnischen Meer gegen Lappland zu/ auß dessen Bergen ungeheure Flüsse süssen Wassers herab schiessen. Gegen diese siehet man die Lachse/ wann die Sonne heiß scheinet gleich wie ein Heer gepantzerter Soldaten steigen/ und zwar in

solcher Anzahl/daß in den Wassern oben auff dem Gebürge ein gnug-
samer Raub den Fischern zurück bleibet. Auch Sam. Rheen setzet sie
unter den Fischen die Lappland ziehet vornen an / und saget daß sie so
weit in die Flüsse sich hinauß begeben/ als sie können/ umb Matthäi
aber wieder herab kommen. Lax saget er / kommer af stora hafver
och gaor alt opp till Lapmarcken sao laongt han kan komma, och
nærhan icke længer foer. stora forsar upkomma kan, maoste han alt
sao om hoesten vid Mathæi tydvænda tilbaka. Das ist: Der
Lachs steiget auß dem Meer in Lappland so weit er kan/hinauff/und
wann er wegen der grossen Wasserfälle nicht weiter zu kommen ver-
mag/ kehret er sich umb Matthäi wieder zurück/und steiget herunter
Er pfleget aber wann er herab steiget/ nicht so gut zu seyn/ als wann er
hinauff steiget/wie er daselbst auch berichtet/so vielleicht daher geschie-
het/ weil er von der Arbeit / so er im Hinauffsteigen gegen den Strom
anwenden müssen/abgemattet/ oder auch weil er in gedachten Flüsser
gestrichen und also geschwächet ist/ daher die Straßburger ihn auch
zu der Zeit *Lax* nennen/ daß er alsdann *Laß* oder müde sey. Von de
Menge erwähnet auch in etwas Olaus Petri im 13. Cap. Der Zöll-
ner desselben Orts (zu Torna) hat erzählet/ daß in einem Jahr tausend und dreyhundert Tonnen von da abgeführet worden. Die andere Art Fische in Lappland sind die Hechte. Rheen:I desse siqar finnes giædder, stora och smao. Das ist: In diesen Seen findet mar
grosse und kleine Hechte. Olaus Magnus im XX. Buch im 8. Cap
In dem Lappischen Gebürge sind süsse Seen CCCC. Italiänische
Meilen lang/und hundert auch mehr breit/in denen eine solche Meng
Hechte (wie auch andere Fische) daß selbe nicht allein gnug sind di
Einwohner vier grosser Mitternächtiger Königreiche zu nähren/ sondern auch / nachdem sie eingesalzen und an der Sonnen getrockne
sind/auff Schiffen/ als wie grosse Stapel Holtz / nacher Teutschlan
verschicket werden. Die Schweden nennen diese Fische *giæddor*
sie halten sich in süssen Wassern auff/und sind fast jederman bekandt
haben einen langen Kopff/ der unterste Kinnback raget herfür/ un
ist mit vielen spitzigen und scharffen zähnen versehen / die Teutsche

heissen sie Hechte. Sonsten findet man sie in ansehnlicher Grösse hieselbst / so bißweilen so groß als wie der längste Mann seyn mag. Und also Olaus gar wol geschrieben: Wann er Wasser und Speise zur Gnüge hat / kan er mit der Zeit acht Schuhe lang werden. Die dritte Art Fische nennen die Schweden *Sijek*. Das Ansehen ist fast wie ein Brassen / ohne daß er einen längern und spitzern Kopff hat / auch nicht so breit ist. Ins gemein ist er fast so groß wie ein Brassen / aber in Lappland ist er grösser / und wieget zu Zeiten zwölff Pfund. Sam. Rheen: Sijkær mycket stoor, haollandes somblige i wicht tie, eller tolf marker, som ær ganska feeter, och væhl smakande. Das ist: Die Fische so man Sijke nennet / finden sich allda in der Grösse / daß manche zehen auch zwölff Pfund wiegen/ sind fett/ und guten Geschmacks. Von der Grösse zeuget auch Johan. Tornæus, welcher auch hinzu thut / daß sie einen über die massen angenehmen Geschmack haben/ so daß ihnen kaum ein Fisch hierinnen zu vergleichen. Seine Worte sind diese: Ibland andra fiskar faongas dær och ett slag af stort sijk besynnerlig uthi dhe smao træsken, huilken ofta sao nær en aln laong ær denna ær sao feet, och behagelig at æta, sao att jag intet veet af hvad foer slags fisk man i stællet foer honom spysas ville. Das ist: Unter anderen Fischen fangen sie eine Art grosser Sijkær, insonderheit in den kleineren Seen / die offt länger als eine Ehle sind. Dieser Fisch ist so fett und guten Geschmacks/ daß ich nicht wuste / ob eine einzige andere Art Fische mit ihnen zu vergleichen. Die vierte Sorte nennen sie *Abbor*, auff Teutsch Bärß / auch selbige finden sich öffters / und zwar zu Zeiten von unglaublicher Grösse. Und wird noch heutiges Tages in den Luhlischen Kirchen ein auffgetrockneter Kopff von einem dieser Fische gezeiget / so von dem obersten Theil biß an den untersten Kinnbacken zwo Hände breit/ übertrifft. Es werden ferner hier auch Lampreten / Plötzen / und Weiß-Fische / insonderheit in den Seen so nahe am Meer gelegen / gefunden. Sam. Rheen: I the nederste sioeger finnes laakar, moest, och loyor.

Das

Das ist: In den niedrig gelegenen Seen fi chen sie Lampreten/ Plötzen/ und Weißfische. In denen Seen aber so zwischen dem Norwegischen Gebürge ligen/ treffen sie für anderen zweyerley Arten an/ so die Schweden Rœding und Oerlax heissen. Eben derselbe Rheen: I the sioear som hoegstoppi fiællen æro belægne, finnes allenast roeding och oerlax. Das ist: In denen Seen so oben zwischen dem Gebürge ligen werden bloß roeding und oerlax gefunden. Ob dieses Geschlecht auch anderstwo befindlich/ ist mir bißhero ohnbewust. Das erste beschreibet erwähnter Rheen folgender massen : Denna roeding hafver sit nampdær af, att han hafver een roed purpurfærga under sin buuk , och leer mycket vacker uth. Das ist: Roeding hat seinen Namen daher/ weil er unten am Bauche roht und purpurfärbig ist/ und gar schön anzusehen. Das andere kommet dergestalt nahe mit den Lachsen überein/ ohne daß es so groß nicht ist/ sondern viel kleiner/ und sind etzliche so selbe für junge Lachse halten/ so aber daher falsch/ weil diese Fische in den Seen/ so an das Meer nicht reichen/ und von allen Seiten umbschlossen sind/ auch keine Lachse jemals geben/ gefangen werden. Ich wolte sie zu den Lachsfahren rechnen/ von welchen sie dem äusserlichen Ansehen nach wenig unterschieden ohne daß diese etwas röthlicher/ weicher und niedlicher über die erzählten/ es sint noch viel mehr Fische in Lappland/ allein weil sie zu der Speise nicht gebrauchet werden/ achten oder kennen sie wenige. Darumb auch wir von selben nicht viel schreiben können. Olaus Petri im 13. Cap erzählet etzlicher ihre Nahmen / doch daß er daran fast zweiffelt. Forellen/ Grundel/ Barben/ Rohtfedern/ Meerbrassen/ Schmerling Steinbeisser.

Kriechende Thiere findet man in Lappland nicht sonderlich viel/ wie auch keine Schlangen. Zieglerus: Die Erde leidet kein Schlangen. So dannoch fürnemlich nur von dem Theil/ welches nach dem Norwegischen Gebürge gelegen muß verstanden werden, falß in dem Unterntheil in den Wäldern einige/ wiewol nicht nicht be findlich. Sam. Rheen: Ormar æro icke synnerligen i Lappmarken. uthan allenast naogre fao neder i Skoglandt, doch finnes icke eer

op

Von den Vögeln/Fischen und anderen Thieren. 401

opi fiællen. Das ist: Viel Schlangen findet man in Lappland nicht/ als nur in den waldichten Oertern etzliche wenige: nach dem hohen Geburge wärts aber nicht eine eintzige. So hecket sich auch nicht groß von Ungeziefer daselbst. Olaus Petri im 17. Cap. Von Flöhen haben sie kein Beschwer. Doch treiben ihnen die Mücken vielzu. Zieglerus: Es giebet daselbst grosse und schädliche Mücken. Olaus Magnus im XXII. Buch im 5. Cap. In den äussersten Ländern nach Mitternacht/ und sonderlich an den Wassern/ leiden sie grosse Ungelegenheit von den Mücken/ die ein verdriezliches Gesause hören lassen/ und hefftig stechen. Es pflegen diese Mücken nicht allein die Menschen/ sondern auch das Vieh/ insonderheit die Reenthier/ so sie auß der Ursachen oben auff die höchste Berge treiben müssen/ zu plagen. Sam. Rheen: Somblige flij till fiællrijggen och somblige oefver fiællrijggen, och det foer myggare skull, som ther foer mijeket vañcka, och gioera theras Rheenar stoor vanda. Hvarfoere ad undvijka desse ohyror, som doeras roenar haort plaoga moste the med them flij pao tha hoegsta berg the sinna och kunna komma. Das ist: Etzliche steigen oben auff die Spitzen der Berge/ etzliche auch über das Geburge/und solches der Mücken halben/ so gar häuffig an diesen Oertern sind und ihre Reenthiere hefftig plagen. Damit sie nun diesem Ubel / so den Reenthieren sehr zusetzet / entgehen mögen/ müssen sie sich auf die höchste Berge/so sie finden und ersteigen können/ begeben. Die Menschen zwar schützen sich zu Hause wider selbe mit einem stätswährendem Rauch / den sie in ihren Katen eriegen. Joh. Tornæus: Im Sommer vertreiben sie die Mücken und Roßbrämsen mit einem täglichen Rauche. Und wann sie schlaffen bedecken sie Kopff und alles mit einer wöllinen Matrazen. Sam. Rheen: Raanar draga the oefver hufuudet, foer myggernas mijckenheet skull, som daer oefvermaotten vankas. Das ist: Sie bedecken imgleichen den Kopf mit den Matrazen (wañ sie nemlich schlaffen wollen) wegen der vielen Mücken die ihnen beschwerlich sind. Draussen aber und wañ sie außgehen/ziehen sie lederne Kleider an/wie derselbe Rheen anzeiget:Om sommaré bruka the och klæder af skin, baode mæn och qviñor foer myggen skull, pao det the icke skole kuñe byte igenom

Eee Das

Das ist: Im Sommer brauchen so wol die Männer als die Weiber lederne Kleider / der Mücken halben damit sie selbe nicht durchbohren können. Man findet einige so wider diese höchstverdrießliche Feinde ihr Angesicht über und über mit Hartz oder Pech / die blossen Augen außgenommen / beschmieren / so mir von den Lappen selbst erzählet worden. Und bezeuget solches auch Olaus Petri Niurenius im 9. Cap. Der Sommer ziehet diese Beschwerlichkeit nach sich / daß er die Lufft mit Fliegen / Mücken / und anderem Ungezieffer dermassen anfüllet / daß wer sein Angesicht unverletzt behalten wil / solches mit Pech überschmieren muß. Nebenst den Mücken hat es auch allhie der grossen Wespen viel / so die Reenthier plagen. Bißweilen pflegen sie derselben Haut solcher gestalt durchzubohren / daß man es auch alsdann noch kennen kan / wann die Reenthier geschlachtet und abgezogen werden. Es erscheinen nemblich hin und wieder in der Haut kleine Löcher / so sie in ihrer Sprache *kaorm* nennen. Johan. Buræus: Kaorm aro sinao hohl pao ranskin ther getingen byter sig in om sommaren. Das ist: Die kleinen Löcher / so in der Haut deß Reenthiers befindlich / und im Sommer von den Wespen gestochen worden / nennen sie kaorm. Auch diese schützen sich dafür mit dem Rauch. Olaus Petri Niurenius: Im Sommer setzet ihnen das Ungezieffer hefftig zu / und ist kein ander Mittel als daß sie jederzeit ein Feuer angezündet halten / in dessen Rauche das Reenthier ruhen möge. Haben sie dieses nicht / so lauffen sie in das Wasser. Geschiehet solches nicht / saget er weiter / gehet es biß über den Kopff ins Wasser / daß es bißweilen gar ersäuffet oder doch kranck wird.

Und so viel sey von den Thieren in Lappland
geredet.

Das

Das XXXI. Capitel.
Von den Bäumen und Pflantzen.

VOn den Thieren schreite ich zu den Bäumen. Derer Lappland zwar auch nicht Mangel hat/ allein von fruchtbahren Bäumen als Aepffel-Birn- und Kirsch-Bäumen/ oder wie sie sonsten Namen mögen haben/wissen sie nicht. Jovius: Die Lappen ermangeln aller Erd- und Baum-Früchte/ und haben sich ihres Himmels oder Erden nicht zu erfreuen. So haben sie auch nichts von den wilden Bäumen/ die die Kälte nicht wol vertragen können/ als Eichen/ Buchen und dergleichen. Davon Olaus Petri also schreibet. In Lappland wachsen keine Eichen/ Haselstauden/ Buchen/ Maseren; sondern nur Fichten/ Tannen/ Wachholdern/ Bircken/ Weiden/ Espen/ Ellern/ und Johansbeerensträuch. Aber auch die Bäume so an einem Ort herfürkommen/ wachsen nicht allenthalben. Dann die Fellische Berge/ wie sie genant werden/ so zwischen Norwegen und Lappland ligen/ haben gar keine Bäume. Olaus Petri: Oben auff diesen Alpen/ wächset etzliche Meilen weit kein einiger Baum. Joh. Tornæus: Das Fellische Gebürge ist gantz kahl und träget keine Bäume. Sam. Rheen: Die Berge sind ohne Wälder und Bäume. Petrus Claudi vermeynet daß solches wegen der unauffhörlichen und starcken Winde herkomme/ wie ich anderswo gezeiget. Allein es ist glaublicher daß die hefftige und strenge Kälte/ zumahl oben auff den Gipffeln solches verursache. Was nächst am Gebürge liget/hat zwar Wälder/ doch mit diesem Unterscheid/ daß zuerst daran lauter Bircken wachsen/ deren gerade Höhe/ und weil sie die Natur in gewisse Ordnungen und Schichten abgetheilet/ von Ferne sehr lustig/ und wie der schönste Garten anzuschauen. Sam. Rheen: Nædan foer fiælle begynnes skoglandet, och nærmast fiællen ær ingen tall eller gran, uthan biorck, huilka wæxa stora och hoega, lyka, som the i een oertegard woro planterade. Das ist: Unten an dem Gebürge fangen sich die Wälder an/ doch wächset auff dem Theil so allernächst daran stösset nichts anders als Bircken so trefflich in die Höhe schiessen/ nicht anders als wann sie in einem Garten gepflantzet wären. In dem Theil aber/ so etwas von dem Gebürge abgelegen/ wachsen auch Tannen und Fichten/ und scheinet gleich wie ein neuer gepflantzter Wald. Von dieser dreyerley Art Bäumen vermischet: Nædan foer bioerkskogen finnes annan skog och træ, somær tall och græhnskog, med bioerckskog tillsamman does ær thet icke naogen fast, uthan loes skogh. Das ist: Auff den Bircken-Wald folget ein anderer/ in welchem Bircken / Fichten und Tannen vermischet / stehen. Doch ist derselbe nicht dichte/ sondern gantz durchsichtig. Andere Bäume findet man in Lappland gar selten. Die Gesträuche sind häuffiger. Insonderheit wächset der Johannesbeeren-Strauch in grosser Menge. Sam. Rheen: Opp in emoth fiællen vvæxa skoena och stora wynbær i stoor ymnogheet. Das ist: In der Höhe nach den Gebürgen zu/ wachsen schöne und grosse Johannesbeeren-Sträuche in ungemeiner Menge. Es werden aber solche von den Lappen nicht geachtet/ wie er hinzu thut. Vielleicht weil sie keinen angenehmen Geschmack haben/sonderlich die/so schwartze Beeren tragen. Dann bey ihnen gedachter Strauche nicht nur rohte / sondern auch schwartze Träublein träget / und zwar die letzteren in grösserer Anzahl. Weiter so wächset auch der Wachholder hin und wieder in Lappland/ und schiesset gar hoch. Ferner findet man allerhand Beeren. Die beste darunter sind/ so die Schweden *hiortron*, auff Lateinisch etzliche *chamæmora* oder *mora Norvvagica*, Norwegische Maulbeeren/ heissen. Ihre Gestalt ist wie der Brombeeren/ dann eine jegliche Beer ist in unterschiedene Körner getheilet/ derer Farbe zu erst bleich gelbe/ wann sie aber reiff/ röhtlich wird. Sie wachsen an sumpfichten und morastigen Oertern/ sie rancken an der Erden weg/ und hängen an kleinen Stielen / also daß sie unter die Gesträuche ht zu rechnen. Die Beeren sind gar gesund/ und eine köstliche Artzeney wider den Scharbock. Die Lappen brauchen sie zu ihrer Speise so wol wann sie noch frisch/ als hernach eingesaltzen/ wie hievon schon oben geredet worden. Auff gleiche Weise kommen bey ihnen die Hindbeeren herfür/ so die Schweden *hallon* nennen/ wie auß deß Olai Petri Bericht an vorgedachtem Orte erhellet/ imgleichen die Heidelbeeren so etzliche

zu

Von den Bäumen und Pflantzen. 405

zu Lateinisch *chamætaxos*, die Schweden *kraokebær*, vielleicht weil sie von den Kräen gerne gefressen werden/nennen. Weiter die kleinen rohten wie auch blauen Beeren/ deren jene auf Schwedisch *lingon*, diese aber blaobär genennet werden. Aller miteinander gedencket vorgemelter Autor mit folgenden Worten; Sammatunda gioera the med lingon, kraokebær, och blaobær. Das ist: Eben dasselbe nehmen sie auch für mit den rohten/ schwartzen und blauen Heydelbeeren. Und Olaus Petri: Sie haben auch die rohte / blaue und schwartze Heidelbeeren. Allwo er dann von den Weisen redet wie sie diese Beeren zu ihrer Speise zubereiten/ und schon von mir beschrieben worden. Worauß auch zu ersehen daß diese Beeren nicht in geringer Menge bey ihnen/ als wie die vorigen/ zu finden. Man hat auch noch andere Arten/ so aber von denen Einwohnern in schlechtem Werth seyn. Es wachsen auch viel nützliche Kräuter in Lappland / als zu erst die Angelica, so die Lappen selbst ihr Gewächse/ und das Lappische Gewächse/ oder *Samigraes* nennen/ weil sie selbe zum öfftern in Speisen brauchen/ wie auch *Posko*. Der Stengel so daran wächset ist zwar kurtz aber dicht und dicke. Sam. Rheen: I Lappmarken wæxer angelica petrosa i en stor myckenheet, huilken ær tiuck och stackot. Das ist: In Lappland wächset die angelica petrosa in grosser Menge kurtz und dick. Daselbst findet sich auch der grosse Saurampf/ welchen die Lappen ebenfalß essen: Acetosa major vvæxer ther och i een ganska staor ymnogheet. Das ist: Es wächset daselbst auch der grosse Saurampff in trefflicher Menge. Endlich so trifft man auch in Lappland an einige besondere Kräuter/ so entweder an keinem andern Orte bekandt/ oder doch gar seltzam sind. So eben derselbe Rheen mit diesen Worten bezeuget: Ther finnes naogre græs, sam pao andre orter eyvvæxa. Das ist: Man findet daselbst einige Kräuter/ so an anderen Oertern nicht herfür kommen. Unter dieselben zählet er ein Kraut/ welches die Lappen in ihrer Sprache *Lappskogræs* oder Lappische Schuh / wie auch Reenthier Kohl heissen. Dessen Gestalt er in folg. Worten beschreibet: Ther wæxer ett græs, som Lapparna kalla reenkool, eller Lappskogræs, efter des blomstret ær i anseéde soom een Lappskoo, huilket blomster ær blaodt, och med tree radher froeinne i blomstret, des blad æro stora,

Eee 3 som

som koolblad, des stiælka ett finger tiock, des rooth ær ganska bitter. Das ist: Es wächset allhier ein Kraut/ so die Lappen Reenkol heissen oder Lappischen Schuh/ weil dessen Blüt wie ein Lappische Schuh gespaltet ist/ blauer Farbe/ und dreyschicht Saamen an den Knöpffen träget/ die Blätter sind breiter als wie der gemeine Kohl der Stengel eines Fingers dicke/ die Wurtzel aber gantz bitter. Dieses Kraut oder Gewächse saget er ferner/ kommet gar geschwind zu seiner Vollenkommenheit/ breitet sich weit voneinander/ und steige drey Ehlen und höher über sich. Man hält aber dafür daß es nirgend zu nutze/ sondern vielmehr schädlich sey/ weil alle Thiere sich davon gäntzlich enthalten. Intet creatur æter detta græset, uthan skyde foer, saosom foer itt foergiff, saget Sam. Rheen: Das ist: Kei Thier geniesset von diesem Kraut/ sondern fliehet es wie ein Giff Noch ist ein anderes nützliches und gesundes Gewächse/ welches d Lappen hoch halten/ und von Olao Petri für eine Art deß Dauci ge schätzet wird/ so es folgender gestalt beschreibet: Die Lappen habe an einem Kraut Masarooth genant eine außbündige Artzeney/ we ches an Geschmack und Blüt fast der Pimpinell ähnlich/ und an sum pfichten Plätzen einer Ehlen hoch wächset so ich vor eine Art deß Dau ci halte. Dieses Molarooth ist nicht die Lappische/ sondern d Schwedische Benennung erwähnten Gewächses/ und kommet he von *Maosa*, so einen sumpfichten Ort/ wo viel Mooß wächset/ bedeu tet. Wie es die Lappen in ihrer Sprache nennen/ ist mir bißher unbekandt. Und dieses sind die Kräuter so Lappland besonders un allein hat. Was die übrigen belanget/ hat noch niemand davon m Fleiß etwas auffgesetzet. Wiewol nun in Lappland unterschiedlich Kräuter/ theils so daselbst nur allein zu finden/ theils so auch an ande ren Orten bekandt/ sind doch derselben nicht viel Arten. So auc Olaus Petri auß der Bewandnuß deß Westbothniens schliesset/ s nahe an Lappland grentzet. Dann alhie gar wenige gefunden wer den. Seine Worte sind diese: Die Kräuter kommen in Lappland nicht mit so häuffigen Arten als sonsten in Schweden herfür. Ma kan solches auß den benachbahrten Oertern (weil ich im Somme nicht da gewesen/) abnehmen. In dem Westbothnien/ an dessen Se

tei

Von den Bäumen und Pflanzen.

ten das gröſte Theil von Lappland grenget / habe ich über achtzig ſimplicia (wie ſie reden) nicht zu ſehen bekommen. Niemals aber die Odermennig/Schwalbenkraut/Ritterſporn/S. Johanniskraut/ Bibenelle / Wolffsmilch/ und andere ſo in Schweden gar gemein. Endlich ſo bringet Lappland allerhand und vielerley Mooß herfür. Der erſte iſt der Baummooß/ ſo wie lange Zotten von den Zweigen/ der Fichten inſonderheit/ herabhänget/ zu Zeiten wächſet er auch an anderer Art Bäumen. Die Schweden nennen ihn Laaff. Der zweyte/ ſo durch gantz Lappland häuffig zu finden/ und den Reenthieren im Winter faſt bloß allein zur Speiſe dienet/wächſet auß der Erden/und iſt weiß von Farbe/ hat lange dünne und niedrige Blätter / ſchieſſet einen Schuh hoch über ſich. Die dritte Art wächſet auch auß der Erden aber etwas kürtzer mit kleinen grüngelben ſchönen Blättern. Dieſer iſt den Füchſen ſchädlich / daher ihn auch die Lappen klein hacken/ und unter das Aaß miſchen/ damit die Füchſe gefangen werden. Der vierte iſt gleicher geſtalt/ kurtz/ ſehr weich/ und hat eine liebliche rohte Farbe. Sam. Rheen nennet ihn: Roedtleen moſſa, them mycket finnes i Lappmarken. Das iſt: rohten/ weichen Mooß/ ſo durch Lappland häuffig anzutreffen. Und weil er ſo weich und niedlich iſt/ ſo ſtreuen ſie ihn den neugebohrnen Kindern an ſtatt der Federn unter/ wie anderswo erwieſen. Man hat mir auch die fünffte Art gewieſen/ mit breiten und langen Blättern/ ſo die Lappen fathna heiſſen ſollen/ und wider die fallende Sucht/ wann er geſtoſſen in einer Suppen getruncken wird/ gut iſt. Doch zweiffele ich ob man ihn unter den Mooß zählen ſoll / und halte dafür / daß es von der dünn geſchnittenen/ ſo zubereiteten und unter der Erde/ wie ich oben gelehret/ gekochten angelica ſey. Das letzte/ davon allhie etwas beyzubringen/ iſt das Graß. So auch vielerley Arten in Lappland befindlich. Das beſte trifft man an in den Thälern/ ſo zwiſchen den Felliſchen Bergen ligen/ und iſt weich/ kurtz und fett. Was aber an anderen Plätzen herfür kommet/ iſt länger/ dicker/ härter und magerer. Die dritte Art iſt lang/ weich/ mit gar dünnen Blätterchen/ damit die Lappen ihre Füſſe und Hände gegen die ſtrenge Kälte / in dem ſie ſolches in die Schuhe und Handſchuhe ſtopffen/ verſehen. Und ſo viel ſey auch geſaget von den Kräutern/ Geſträuchen/ und Bäumen gedachten Landes.

Das

Das XXXII. Capitel.
Von den Metallen in Lappland.

Aß in Lappland Metalle wachsen/wie auch in den äusseren Theilen von Scandinavien, und anderer Mitternächtigen Oertern/ haben die Alten mehr geargwohnet/als gewust. Gedencket also auch niemand davon etwas / und Olaus Magnus läugnet außdrücklich/ daß biß auff seine Zeit daselbst etwas gefunden worden. Seine Worte sind im IV. Buch im 10. Capitel diese: In den äussersten Mitternächtigen Ländern finden sich bißhero noch keine Eisen/ Kupffer oder Silbergruben/ ob wol der heilige Hiob saget/ daß das Gold von Mitternacht herkomme. Und auß der Ursachen thut er hinzu / werden die Lappen gezwungen ihre Schiffe und Kahne mit Weiden-Reisern zusammen zu binden/ ohne eiserne Nägel / weil sie kein Eisen haben. Doch ist im fünff und dreyssigsten Jahre deß jetzlauffenden Sæculi unter der Regierung der Königin Christina / eine Silber-Ader in der Pitha Lappmarck/ nahe bey Nasafiæl, nicht ferne von dem Gebürge so Schweden von Norwegen scheidet/ gefunden worden/ derer Samrheen folgender massen gedencket: Detta soelfer streeck ær belægit sextio gambla mylar i fraon Pitheo eller skiælleftteao sochn icke laongt i fraon skiell effteos ælfoens uthsprongin vvid fiælrijgge som ær landem ære emellan de Svenskie och Narska. Das ist/ Diese Silber-Ader findet sich sechzig alte Meilen weit von den Pithschen oder Skiælleftischen Kirchspiel / nicht ferne von dem Ursprung deß Flusses Skiælleftheo an dem Gebürge welches die Grentze von Norwegen ist. Es erwähnet derselben auch Joh. Tornæus. Wo des Paracelsi Propheceyung wahr ist / welcher im IX. Buche schreibet/ daß in Mitternacht oder Norden zwischen den 60. und 70. Grad/ ein solcher Schatz von Metallen sol angetroffen werden / daß in Orient desseu gleichen niemals gefunden / wie er dann die Zeit dieser Erfindung auß der Offenbahrung Johannis nachrechnet/ so müssen gewis die ungeheure Oerter (er redet von dem Fellischen Gebürge zwischen Schweden und Norwegen) eine grosse Menge von Metallen

Von den Metallen in Lappland. 409

ich halten. Daß aber diese Weissagung nicht zu verachten/ weiset die reiche Silbergrube Nasafiæll in der Pithalappmarck. Und dieses zwar ist das allererste Bergwerck/ so jemals in Lappland bekandt worden. Es hat solches ein Lappe mit Namen Loens Person zu gedachter Zeit entdecket. Sam. Rheen: detta nasafiælls, soelfver streck ær foerst opunnit anno MXXXXV. af en Lapp och demant brytare, sampt ærle soekiare, benembt Loens Person i Pitheo. Das ist: Diese Silber-Ader ist zu erst entdecket worden im Jahr M XXXXV. von einem Lappen Diamantenhauer und Perlensucher/ Loens Person, in Pitheo wohnhafftig. Der erste so sie öffnen lassen/ eine Brenn- und Schmeltzhütte angestellet/ und andere nöhtige Mittel dazu im Namen der Kron herbey geschaffet/ist gewesen der Hochwolgebohrne Herr Erich Flemming, Freyherr in Lais ꝛc. anietzo Reichsraht/ und über die Bergwercke obrister Auffseher. Davon in der kurtzen Beschreibung seines Lebens/ folgender massen erwähnet wird. Anno M DCXXXV. blef han af then hoghofligen dao varande regieing med sahlig Assessoren Hans Philip foerskiket till Naasa Soelfverbærg i Pithao Lappmarken belægit, det foerste gaongen uptaga och i till boerligit bruck att kommalata. Das ist: Im Jahr M DC XXXV. ist er von den Herren Gubernatoren deß Reichs löblichster Gedächtnüß/ nebst dem Assessore Hans Philip seel. Nach der Silbergrube Nasa in der Pithalappmarck abgeschicket worden/ selbe öffnen und zum Gebrauch zurichten zu lassen. Die Bley-Ader über bringet mehr/ und lässet sich leichter arbeiten/ so wol im außgraven/ als im reinigen uñ schmeltzen. Sam, Rheen; I detta soelfver streck innes en rijck blymalm, myket beqvæmligit att utharbetæ, efter olfverbærg, sartenicke ær haord, uthan merendels bestaor afskis, och arbetades i begrufven med nafrat och sprængdas med krut. Das ist: In diesem Bergwerck findet man eine reiche Bleyader/ so leicht gearbeitet wird/ weil sie nicht hart/ sondern auß einem Stein bestehet/ so sich gar leicht in Grießsand zer reiben lässet/ und wird herauß gebracht durch Hülffe einiger Bohren und Salpeters. Seine Meynung ist diese/ daß sie den Berg nicht mit Eisen und Hämmern/ oder Minen öffnen und spalten/ sondern daß sie ein Loch darein bohren/ in

Fff wel-

welches sie hernach etwas Salpeter oder Büch
Hernach wann dieses Loch von oben wol verstopff
durch ein anderes kleines Loch Feur daran / so d
Pulvers auch die härtesten Steine und Felsen spr
dieses Bergwerckes hat nicht lange Bestand geh
Kriege/ so unter der Regierung Caroli Gustavi z
den und Dähnen geführet / ist es im Jahr M DC
Königlichen Dänischen Amptmanne mit Nam
ret/ und die Schmeltzgrube zu Grunde gerichtet n
ter Rheen auch berichtet: Nasafiæll ær at hand
Breben von Anen vid sid ste feigd foers stoert o
ist: Das Bergwerck Nasafiæll ist von dem König
in Norwegen/ Breben von Anen, im letzten Kri
Hat sich auch von der Zeit an niemand gefunden s
der Reinigung und ferneren Fortsetzung desselbe
Weil man viel darauff spendiren muß / ehe ma
zu hoffen oder zu geniessen hat/ so privat-Leute sch
Silbergrube ist in der LuhlaLappmarck mit No
Solche ist allererst im Jahr MDCLX. durch e
Petri genant / und in Torpenjaur wohnhafftig
Sam. Rheen: I Luleao Lappmark trettiio tva
fraon Luleao Soch kyrckia, ær och eet soel
MDCLX. benembt kieedkyvarij, det ær stee
Jon Pederson i Torpen gaurbij uppfunnit och
In der LuhlaLappmarck zwey und dreyssig Sch
der Luhlischen Kirchen ist auch im Jahr MDCL
Kiedtkievarri, das ist/ der felsichte Berg genant/ v
na Petri in Torpenjaurbij wohnhafftig entdecket
findlich/ wie er auch bezeuget mitten in der Dorffs
auff einem sehr hohen Berge / zwey Meilen v
Schweden und Norwegen scheidet/ gelegen/ sechs
stad einer Norwegischen Dorffschafft/ zwischen
und Kiedtkievarri das hohe und bey den Lappen
Daoerfiæll genant/ liget/ dicht an dem Wege/

Von den Metallen in Lappland.

werck in Norwegen hinein gehet/ und zu Winters Zeiten/der schrecklichen Höhe wegen/und hefftigen Ungestüme/so den Reisenden zusetzen/ unwegsam ist. Die gedachte Ader ist reich von Silber/ erstrecket sich sehr weit/und wird allenthalben gleich befunden. Sie gehet durch einen harten weissen Kieselstein. Rheen: Denne loelfver grufva hafver ett laongt och vijd begrypit streek, och ær af en haord huyt flintesteen, ther aothskillige groopar æro uptagne, och finnes etta slagmalm. Das ist: Es hat dieses Silber-Bergwerck/ eine sich weit erstreckende Ader / in einem harten und weissen Kieselstein/ und findet man allenthalben/ wo sie geöffnet worden einerley Metall. Diese Beschwerlichkeit aber ist dabey/ daß in der Nähe kein Wald/ daß man also das Holtz anderthalb Meilen davon holen muß. Darumb brauchen sie auff die Weise wie oben angedeutet worden Salpeter dazu. Die Hütte wo sie reinigen und schmeltzen ist von der Gruben gelegen fünff Meilen an einem lustigen Orte / wo viel Flüsse zusammen stossen/ insonderheit der Qvickjock und Darrijock. Es ist hieselbst ein grosser Wald/ viel Strauchwerck/ fürnemlich Johannsbeeren/ wie auch Kräuter und Graß. Nicht weniger findet man eine gute Anzahl allerhand der besten Fische allda/ als Lachse/ Forellen/ Hechte/ Bärsche/ und dergleichen. Im Sommer kan man mit Kahnen und Schiffen von der Luhlischen Kirchen an biß auff etzliche Meilen dahin gelangen/ von da mit wenigen Unkosten/ was nöhtig ist/ biß zu der Hütte gebracht wird / und was von Metall verfertiget von hie wieder zurücke biß an den Bothnischen Meerbusem. Wird also in diesem Bergwerck biß auff den heutigen Tag/nicht ohne Vortheil und Gewinst der jenigen so die Unkosten dazu thun/ gearbeitet.

Nebst diesen zwo Silbergruben / werden noch einige andere erzählet / so aber noch niemand mit Fleiß durchzusuchen sich unterstehen wollen / entweder weil sie weit abgelegen / und die Herren derselben nicht allezeit zugegen seyn können / oder aber weil ein Hauffen Geld muß außgeleget werden / ehe einiger Gewinst sich findet / welches dann niemand thun kan / als der sehr reich ist / derer aber nicht gar viel zu finden seynd.

Das zwey und dreyſſigſte Capitel

Einer davon iſt durch einen Lappen mit Namen Laurentium Andreæ angezeiget worden/ auff dem Berge Fiærrovari. Eine andere von eben demſelben/ eine Meile von dem Bergwerck kiedtkyvari genant/ gelegen. Es findet ſich auch die dritte/ mehr nach Morgen/ drey Meilen von eben demſelben abgelegen. Deſſen Ader in einem weichen Stein enthalten/ ſo aber in kurtzem härter und ungeſchlachter werden dörffte. Die erſte iſt im Jahr M DC LXX. endecket/ wie Sam. Rheen ſchreibet: I denna foerledna ſommar ær af een Lapp, Lars Anderſon i Torpenjaur, ut wijſt een ſtoor ſoelfvermalm ſteen, nederfallen af een hog klint, om tiioſampnar hoeg, oefverſt af ett biskeligit hægt fiæll, Fiærrevari benæmt, pao huilket ingen, uthan ſtoerſte moedo och lifs fahra up komma kan. Das iſt: In vergangenem Sommer iſt von einem Lappen mit Namen Laurentio Andreæ zu Torpenjaur ein groſſer Stein gezeiget worden/ reich von Silber/ welcher von einem Felſen/ zehen Elen hoch/ oben auff dem hohen Berge Fiærrovari, dahin niemand ohne ſonderliche Mühe und Gefahr deß Lebens gelangen mag/ her unter gefallen. Es hat dieſes Sam. Rheen im Jahr 1671. geſchrieben. Daher folget daß erwähntes Bergwerck im vorhergehenden Jahre gefunden. Die übrigen ſind etwas eher entdecket/ und iſt von mehren gute Hoffnung. Davon gedachter Rheen: Fererutan deſſe ſoelfer ſtreck ær formodandes, att æn flera finnes ſkote, huilka att uppenbara och uthvvyſa naogre Lappar loſvat hafve. Das iſt: Uber dieſe beſagte Silber-Adern hat man noch von mehren gute Hoffnung/ es haben die Lappen auch verſprochen deren noch mehr zu zeigen. Daß ſie aber ſelbe Adern in geheim halten/ geſchiehet auß Furcht/ falß ſie beſorgen/ ſie möchten alsdann darin zu arbeiten gezwungen werden/ und ſolcher geſtalt umb ihre hochgeliebte Freyheit kommen. Sam. Rheen: Es iſt ſonder Zweiffel/ daß viel Adern hin und wieder zu finden/ die auch den Lappen wohl nicht unbekandt/ weil dieſe aber jederzeit wollen frey ſeyn/ und keine ſchwere Arbeit verrichten/ verber gen ſie ſelbe/ damit ſie nicht zu einiger Dienſtbarkeit mögen angetrieben werden. Uber dieſe Silbergruben giebet es in Lappland auch Kupfferbergwerck. Eine iſt in der Tornalappmarck Svappavvahra genant/ von dem Städtlein Taorne ohngefehr
ſie-

Von den Metallen in Lappland.

sieben und zwantzig Meilen/nicht weit von dem Fluß Taorne gelegen. Sie ist gefunden umb das Jahr MDCLV. von einem Lappen so einem mit Namen Erich Ericsonio der sie zuerst hernach entdecket/einen Ertzstein darauß gezeiget. Die Ader ist rein und reich/nur daß einige dazu nöhtige Sachen gar zu weit müssen heran geholet werden. Noch eine andere ist in derselben Lappmarck/von der vorigen fast drey Meil nach Nordenwärts gelegen. Sie ist entdecket von einem Lappen umb das Jahr MDCLXVIII. die Ader ist wegen deß Eisens/damit sie vermischt/nicht sonderlich/wird auch deßhalben nicht groß gearbeitet. Sie heisset Wittangi. Auß diesen Gruben wird das ungearbeitete Ertz oder Kupffer auf Kahnen nach der Schmeltzhütten Koengis gebracht/und allda gereiniget. Hernach wird es auf Torna geführet. Weiter hat es auch Eisengruben. Und zwar in der Tornalappmarck ist eine nahe an der Kupffergruben Svappewahra genant. Also daß auß gedachtem Berge eine Ader hieher/die andere dorthin gehet. Allhie wird das beste Eisen gegraben. Die zweyte ist in eben derselben Marck mit Namen Junesvando, umb das Jahr MDCXL. von einem Einwohner dieses Ortes Laurentio genant/entdecket. Sie ist von der Stadt Torna ohngefehr zwey und zwantzig Meilen gelegen/dahin das Eisen geliefert wird/nachdem es zuvor in der Schmiede Hütten zu Koengis mit Hämmern zu Platten und Stangen geschlagen worden/woselbst auch das rohe Kupffer gekocht und geschmoltzen wird. Joh. Tornæus: Das Eisen so in Tornalappmarck bey Junesvando neulich gegraben worden und unferne davon in der Schmiede kengær zu Platten sol geschlagen werden/ ist sehr köstlich/ und findet sich daselbst eine solche Menge/ daß man vermeynet es werde nimmer mangeln. Auß welchen Worten zugleich erhellet/daß es eine fürtreffliche Ader sey. Noch eine andere findet sich in Petzivara in der Luhla-Lappmarck. Sam. Rheen; I fiællen hittes och sao oefvermatt an skioent jern malm streek. Petzivari benemt, een och een fiærdendeet mytofvan hylten Qvikiock, ther malmen i een stoor ijmnogheet afbemelte fiæll nederaasat hafver. Das Auffdem Fellischen Gebürge ist auch eine köstliche Eisen-Ader Nahmen Petzivvari, fünff viertel Meilen von der Schmeltz-Hütten Qvikioch,

Fff 3   allwo etwo man viel Metallsteine findet so von den vorgedachten Bergen herab gefallen. Von diesen Adern aber werden nur die beyden Ersten gearbeitet. Auff die dritte hat bißhero / so viel mir bewust / noch niemand Unkosten anwenden wollen. Zu diesen mancherley Metallen-Adern ist im vorigen MDCLXXI. Jahr auch eingekommen so Gold in sich halten sol. Weil man aber davon noch keine Gewißheit hat/ gehe ich selbe auch mit Stillschweigen fürüber. Thue dannoch bey dieser Gelegenheit hinzu/ daß von Erfindung einer solchen Gruben in Schweden zu den Zeiten Gustavi deß Ersten/ geredet worden. Davon zeuget Olaus Magnus im VI.B.im 12.Cap. Alwo er unter andern so redet: Hiob saget daß Gold von Mitternacht komme. Solches hat/ wie man meynet der König Gustavus Glorwürdigster Gedächtnüß nunmehro gefunden. Allein es ist selbes nur ein blosses/ von einem ungewissen Menschen außgesprengetes Geschrey gewesen/ darauff nichts erfolget/ so daher erscheinet/ weil diese Grube biß auff die heutige Stunde niemand erfahren.

Das XXXIII. Capitel.
Von den Steinen/ Edelgesteinen/ und Perlen.

Von den Metallen fahren wir fort zu reden von den Steinen. Damit ist nun Lappland wol versehen/ und hat derselben eine unzählige Menge/ so aber meistentheils ungeheur groß/ rauhe und hart sind/ und durch kein Eisen zu sonderlichem Nutzen können zugerichtet werden. Sie sind/ wie andere Steine/ insgemein aschfarbe. Uber diese finden sich auch einige an den Ufern der Flüsse und Seen/. so bißweilen fast eine Gestalt gewisser Thiere haben / so die Lappen deßwegen hochhalten/ sie auffrichten/ und unter dem Namen Stoorjunkare wie Götter ehren. Wovon ich oben mit mehrerern geredet. In der Tornalappmarck bey der Ertzgrube Junesvando, an dem Ufer deß Flusses Torno / findet man platte Steine/ rund wie die Rechenpfenninge als ein halber Thaler groß/ gelber Farbe/ scheinen auch als wan sie von Thon gebildet/ allein sie sind so hart wie ein Kieselstein. Es ge-

gedencket derselben der Herr Grape in einem Brieff an mich: Strax nedan foer Junesvando, vel Jonus vando vvijd sioestranden sinnes uthi stoor mykenheet af ett slag leerpenningar. Das ist: Nahe unter Junesvando oder Junuswando an dem Ufer findet man eine grosse Menge ertdiner Pfenning. Ihre Gestalt ist unten/ bey der Abbildung deß Chrystalles mit B. bezeichnet/zu sehen. In der Gruben selbst findet man achteckigte Ertzsteine so hell glätzen/ und von der Natur gleichsam geschliffen anzusehen/ doch sind sie nicht groß/ und kaum wie eine Haselnuß/ bißweilen auch kleiner. Von Ertz halten sie gar nichts/ oder sehr wenig in sich/ von Schweffel aber ein gutes Theil. Ihre Figur ist auch unten mit C. gezeichnet/ zu finden. Ob der Magnetstein in Lappland angetroffen werde/ ist bißhero ungewiß. Dann was Olaus Magnus berichtet/ hat sein Absehen auff einige unter dem Pol gelegene Berge/ welche auß diesem Stein gantz und gar/ wie etzliche wollen/bestehen. Seine Worte sind im 11. Buch im 26. Cap. folgende: In den äussersten Nordländern finden sich gantze Berge von Magneten. Weil er sie in diesen Worten nun mit grossen Bergen vergleichet/ kan er von denen Lappischen nicht reden/ weil daselbst keine Magnet-Berge. Sonsten sind andere Edelgesteine so gar seltzam in Lappland nicht. Buræus: Auff etzlichen Bergen findet man Edelgesteine. Und benennet nachmahls die Diamanten/ Amethysten und Topaser. Wo er zwar durch die Diamanten/ die Chrystalle verstehet. Diese findet man hin und wieder durch Lappland an den Felsen und grossen Steinen hangen/ klein auch groß. Etzliche fast wie ein kleiner Kinderkopff/ dergleichen ich einige bey dem Hochwohlgebohrnen Graffen Magnum Gabriel de la Gardie, Reichs-Cantzlern gesehen. Die Figur ist insgemein sechsseitig so spitzig mit eben so viel Seiten zu sehen/ wiewol ni etzlichen selbige Figur etwas unvollkommen. Die Farbe ist an einigen schön/ hell/ weiß/ und giebet den Orientalischen nichts bevor: An anderen dunckeler/ und mit gelben und schwärtzlichten Mackeln verstellet. Etzliche sind gar rein/ andere mit hin und her lauffenden Aederlein/ wie mit Ritzen gespalten.

Ei

Einige glatt und von Natur polirt/ andere rauh und ungleich. Was die Härte belanget/ übertreffen sie hierin alle übrige/ auch die so man Böhmische Diamanten nennet. Bey den Lappen werden sie an statt der Kiesel- und Feursteine gebraucht/ und geben mehr Funcken/ als wie die Steine/ wann sie mit dem Stahl berühret werden. Ich habe in meiner Studierstuben hievon eine Probe/ nemblich eine Lappische Tasche nebst etlichen Chrystallen/ und einem Stahl/ welches alles der Lappe so es besessen an statt eines Feurzeuges gebrauchet. Die Steinschneider pflegen diese Chrystallen oder Lappische Diamanten zuweilen zu schleiffen/ und für gute Diamanten zu verkauffen/ betriegen auch damit zum öfftern Verständige und Kluge/ weil sie den Orientalischen am Glantz nichts bevor geben/ wie dessen genugsame Exempel fürhanden. Die Figur eines solchen grossen Diamanten oder Chrystalles/ wie er in seiner eigentlichen Grösse und Ansehen bey mir befindlich/ ist zu Ende mit dem Buchstaben A angemercket/ abgebildet zu sehen. Buræus gedencket ferner der Amethysten/ und weiß ich mich zu erinnern/ daß ich einige von dieser Art auß Lappland gesehen. Allein sie waren fast bleich und mit vielen Flecken verdunckelt/ daß sie keines weges mit den Bömischen zu vergleichen. Wiewol ich höre daß man bißweilen/ ob gleich selten/ bessere antreffe. Es ist aber diese gantze Art Steine nicht so häuffig als die erste. Eben das mag man auch von den Topasern sagen/ derer Buræus gleichesfals erwähnet. Ich habe davon einen so auß Lappland kommen/ im übrigen den Chrystall nicht ungleich/ ohn was die Farbe betrifft/ so fast bleichgelb ist. Und so höre ich sollen auch die übrigen beschaffen seyn/ und gar nicht so gläntzen/ wie die jenigen/ welche man sonsten auß andern Ländern bringet. Und so ist es mit den meisten Edelgesteinen in diesen Oertern beschaffen/ daß sie keine helle und frische Farbe/ wie die in Orient/ bekommen. Hieher rechne ich weiter die Perlen ob sie gleich nicht Steine sind. Es werden derselben auch in etzlichen Flüssen in Lappland gefunden. Daher gewisse Leute dazu von denen Lappen bestellet/ die sie Fischen. Ein solcher ist gewesen der obenermeldete Joh. Peterson ein Lappe von Geburt/ so die Silbergrube Nasafiall genant

aller-

allererst erfunden. Dann er genant wird / een Diamantzbrytare sampt pærle sockiare. Das ist: Einer so die Diamanten bricht/und die Perlen suchet. Und sind gewiß solche Perlen nicht zu verachten. Olaus Magnus zwar giebet vor im XXII. Buch im 21. Cap. daß sie etwas bleich seyn. Seine Worte sind: Damit aber die Perlen / nachdem wir von den Fischen geredet / nicht ohnberühret bleiben mögen/ muß man gestehen/ daß in den Mitternächtigen Ländern etzliche Flüsse/ so da Muscheln führen/ auß derer Schaalen weißlichte Perlen/ die aber etwas bleich von der kalten Lufft sind / gezogen werden. Es mag auch nicht geläugnet werden/ daß an den meisten die frische Farbe fehle. Doch finden sich bißweilen welche so an Güte und Schönheit jenen nichts weichen. Dann was die Grösse und vollenkommene Runde belanget/ übertreffen sie selbe zum öfftern. Und sind wenig/ wo sie anders reiff/ die nicht eine rechte runde Figur haben. Dann auch viel unzeitige gefunden werden/ so von einer Seiten rund/ von der anderen aber platt sind / von jener schön und glänzend / von dieser aber gelblicht und dunckel. Wie beyderley Arten/ so ich besitze/ hievon zeugen. Endlich habe ich vor wenig Jahren eine Perl so auß Bothnien nacher Stockholm gebracht wurde/ gesehen/ die so groß/ so vollenkommen rund / mit solcher frischen Farbe glänzete/ daß eine vornehme Frauensperson solche mit 120. Reichthaler an sich erkauffet. Da dann der Juwelierer betheuret/ daß so er noch eine dergleichen und also ein Paar hätte / wolte er sie niemand unter fünffhundert Reichsthaler überlassen. Hat also auch in diesem Stücke Lappland damit es sich hervor thun kan. Sie wachsen aber nicht in solchen breiten/ platten/ fast runden Austerschaalen gleichenden Schaalen wie in Orient: sondern an längichten / und holen/ wie die Schaalen der Muscheln sind / und zwar nicht im Meer / sondern in den Flüssen/ so auch auß Olao Magno zu ersehen. Wann sie noch nicht reiff/ hängen sie feste an/ die aber reiff/ sind gantz loß/ daß sie so bald man die Schaalen öffnet/ heraußfallen.

Ggg   Das

Das vier und dreyssigste Capitel

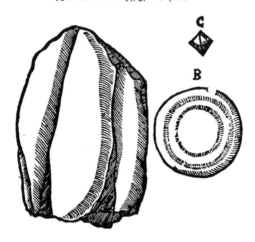

Das XXXIV. Capitel.
Von den Wassern und Flüssen.

SO ein Land irgends mit Wasser/Brunnen/Flüssen und Seen versorget und durchwässert ist / so ist solches wol gewiß Lappland/wie anderswo schon erwiesen. Die berühmtesten Flüsse/wovon eine jegliche Marck oder Landschafft seine Benennung hat/sind Umeao, Pitheao, Luhleao, Torneao und Kimiao. Diese entspringen in dem Norwegischen Gebürge/ und nachdem sie unterwegen mit vielen Bächen und kleineren Flüssen vermehret / ergiessen sie sich endlich mit einer grossen Menge Wassers in den Bothnischen Meerbusem. Den Fluß Umao vermehret der Fluß Vindela, den Pitheao aber der Fluß Skiellefte. In den Fluß Luhleao ergiesset sich ein anderer kleinerer so gleichen Namen führet/den Kimiao der Fluß Auilajocki, so beyde auch nicht klein sind. Dann in selbe ebenfalß andere geringere

Von den Wassern und Flüssen.

gere nebst vielen Bächen fliessen. Also der Luhleao der einen doppelten Ursprung hat/empfänget an dem kleinern Theil/ dem Pyrriiaus, kardiioch, und andere mehr. Sam. Rheen: Allestedes finnes smao ælfvar, som loepa neder af fiællen, och komma sao till samman i stoerre ælfvar. Och æro efter toeti ande i Luleao Lappmark: Pyrnjaurelf, Kardiioch, Qvickioch, Kittagioch, Laitiioch, Siitiioch. Alle desse elfvver komma tilsamman till Luleao, och gioera een ælf, churu wæl maonga hundra de andre komma ochder till. Das ist: An allen Orten finden sich kleinere Flüsse / so von dem Fellischen Gebürge herab lauffen/und in die grösseren sich ergiessen. Die folgende sind in der LublaLappmarck Pyrrijaur. der Fluß Kardiioch, Darniioch, Qvickioch, Kittagjoch, Laitijoch, Siitijoch, alle diese entladen sich in den kleinern Luleao, und machen einen Fluß / obgleich noch einige hundert andere dazu kommen. Gleiche Bewandniß hat es mit dessen anderm Arm so grösser ist / und *Stoor Luleao* heisset. Sam. Rhenn: Sammaledes till stoor Luleao komma maonga elfwar tillhopa. Das ist: Auff gleiche Weise kommen auch andere Flüsse mehr in dem Stoor Luleao zusammen. Also lauffet der Fluß Kæungemæ Tængelao, und andere mehr in den Tornæo. Und so verhält es sich auch mit den übrigen. Daher es auch geschiehet daß erwähnte grössere Flüsse keinem sonsten etwas bevorgeben / sowol was den strengen Lauff/ als die Menge Wassers belanget. Und weil sie durch bergichte unebene Länder fliessen / ist dieses an ihnen besonder/ daß sie durch viele Wasserfälle mit grossem Geräusche sich von gähen und steilen Felsen herabstürtzen/und deßwegen nicht allenthalben schifreich sind. Ein solcher Wasserfall ist in dem Luhlischen Gebiet / den sie Muskoumokke nennen / und noch ein anderer mit Nahmen Sao, und noch einer Niomelsaski oder Hasensprung genant/ weil der Fluß Luhla / zwischen zweyen Bergen so schmal und enge sich herunter wirfft/und die Berge so nahe aneinander/daß ein Haaß über den Fluß springen kan. Gleicher gestalt finden sich auch in dem Tornischen Gebiet etzliche / worunter die fürnemsten Tarrafors, so gar nahe an dem Norwegischen Gebürge ist/und von Joanne Tornæo: een starck

Ggg 2 brin-

brinnande fors. Das ist: ein starcker und ungestümer Wasserfall genant wird. Darauff folget *Coengerbruksfors*, alsdann *Lappiafors*. Hernach drey andere mit einem Namen *Palleforser*, dann *Kettillefors*, und endlich *Kukulafors* nahe bey der Stadt Torne. Wiewol nun diese Wasserfälle den Schiffenden viele Hindernüß machen/ bringen sie doch den Schmeltzhütten grossen Nutzen und geben eine unglaubliche Anzahl Fische. Uber diese Flüsse ist auch durch gantz Lappland eine treffliche Menge stehender Seen/ also daß wegen der grossen Zahl man wenig nennen kan. Unter selben findet sich im Luhlischen Gebiet der See Lulatræsk, durch welche der grössere Arm deß Flusses Luhlao lauffet/wie auch der See *Lugga* so beyde fischreich insonderheit von Lachsen/als ebenfals der See Subbaig. An dem kleineren Luhlao aber sind die Seen *Saggatt, Ritfack, Pirijaur, Skalka, Sytiiock, Waykijaur*. Und der die übrigen an Grösse weit übertrifft/ *Karragien*, alle mit Fischen wol versehen. Solche Gelegenheit hat es auch in dem Pithischen Gebiet / darin für anderen berühmt *Hornafvvaudijaur*, *Arfvisjerf* und *Pieskejaur*, insonderheit der stoor Afvan, welches ein so weiter und grosser See ist / daß man darinnen so viel Eyländer / als Tage im Jahr sind / zählet. Joh. Tornæus: Stoor Afvar i Pitheo Mark begryper sao maonga holmer i sig, som dagarna i aohret. Das ist: Der See stoor Afvan in dem Pithischen Gebiete hält so viel Insulen in sich als das gantze Jahr Tage. Diesen aber und alle andere Seen übertrifft der See Enaratræsk in dem Kiemischen Gebieth gelegen. Es gedencket dessen Wexionius im 1. Buche im 33. Cap. mit solchen Worten: Daß ich deß grossen Sees in Lappland Enaretræsk, so fast recht unter dem Pol liget/ geschweige/ welcher unzählich viel Insulen begreiffet/so wie grosse Pyramides in die Höhe stehen aber nicht bewohnet sind. Es ist nicht zu viel geredet/ wann er selben See groß nennet/ und saget daß er viel Insulen in sich begreiffe. Dann es erzählet Joh. Tornæus daß er so weit gehe/ und einen solchen Begriff habe/ daß noch niemals sich von den Einwohnern jemand gefunden so ihn gantz gesehen/oder seine Winckel erforschet hätte. Seine Worte sind diese: Sammaledes och Enaretræsk, uti Kiemimarck, huilket otalige maonge smaooeijar innefaltandes, sao stort och vidt

Von den Waſſern und Flüſſen. 421

idt ær, attingen Lapp annu ſao længe lefvat, ſom allades uraor, vii-
er, och vinklar in till denna dag hafver kunnat opſoekia. Das iſt:
Gleicher geſtalt auch der See Enaretræsk in der Kiemalappmarck/
welcher unzählich viel kleine Inſulen in ſich begreifft/ und ſo breit und
weit iſt/ daß noch niemand von den Lappen ſo lange gelebet/ daß er alle
Winckel/ Abwege/ und Buſem deſſelben biß auff dieſen Tag erfor-
ſchen können.   Sonſten ſind auch in Lappland einige kleine Seen/
über alle und jede von Fiſchen ſo reich/ daß es zu verwundern.   Die
Lappen nennen ſie in ihrer Sprache *Saivo*, das iſt heilig/ und laſſen ſie
eines weges verunreinigen. Davon gedachter Tornæus alſo redet:
Saodana ſioegar vardá af Lapparna kallade Saivo, det ær helgade
ioegar, huilket dhe och uthi ſaodant værde holla, att ſigingen at
lem foerdriſter att gioera den ringaſte oreenligit der uthi. Das iſt:
Dieſe Seen werden von denen Lappen ſaivo das iſt heilig genant/ welche ſie auch dergeſtalt ehren/ daß niemand ſich unterſtehen darff den
allergeringſten Unflath hinein zu werffen. Etzliche auß ſolchen Seen
haben dieſes beſonder/ daß unter einem und dem obern Grunde / noch
ein anderer ſich befindet / alſo daß zwiſchen zween Gründen ein neuer
See iſt / in welchen die Fiſche ſich dann und wann auß denen obern
begeben.   Wann ſolches geſchiehet / opffern einige aberglaubiſche
Lappen dem Gott der über ſelben See zu gebieten hat / damit deſſen
Zorn/ durch den er die Fiſche verſchwinden laſſen / verſöhnet werde.
Joh. Tornæus: Efter dhe ſamma ſiægar gemenligen ære tuebot-
nade, och fisken ſig alt ſao ofta undanſtickar, dærfortaora dhe væl
naonga gaonger offrader uthi, behaollandes ænnunæ got oefrigit
af den forna grofva vedſkepelſen hoos dem varit, ſaoſom & Træske
Raan vvaore them vreder, och han pao ſaodant ſætt blidkas mao-
te. Das iſt : Weil dieſe Seen ins gemein einen doppelten Boden
oder Grund haben/ und die Fiſche ſich alſo zum öfftern verbergen/ opffern ſie bißweilen auff ſelben/ weil ſie noch in dem alten Aberglauben
ſtecken/ ſo ehmals unter ihnen öffentlich geglaubet worden/ als wann
der Gott oder Geiſt der über die See zu gebieten zornig wäre/
und ſie ihn ſolcher geſtalt verſöhnen müſten.

Ggg 3   Das

Das XXXV. Capitel.
Von der Erde und den Bergen.

Die Erde so wir zu letzt/ und am Ende unseres Werckes betrachten / hat nicht einerley Beschaffenheit durch gantz Lappland. Dann wo sie mit Bothnien zusammen gräntzet/ ist sie besser bestellet/ und zum Wachsthum allerhand Kräuter und Gewächse bequämer/ als anderswo. Welches dann bezeugen die an einem und dem anderen Orte angelegte Garten/ und befunden/ daß in solchen der Kohl/ Rüben/ Pasternack / Rettich und dergleichen wol fort gekommen. An vielen Orten aber ist sie der vielen Teiche und Seen wegen sumpficht/ oder der Felsen und Klüffte halben steinicht. Hin und wieder ist unfruchtbahrer Sand / welcher von dem Winde hin und her getrieben/ grosse Felder gleich wie mit Schnee überdecket/ insonderheit an den Oertern so nahe an dem Norwegischen Gebürge ligen. Joh. Tornæus: Hær ær alt ofruchtbart, och næstan oefwer alt med torr sandt betæcht. Das ist: Es ist daselbst alles unfruchtbar und das meiste Theil mit dürrem Sande bedecket. Also auch Olaus Petri Niurenius; Lappland ist im Winter rauh und unwegsam; anderswo ist es etzliche Meilen weit sandicht / anderswo steinicht. Dieser Sand erwecket den Reisenden zum öfftern nicht geringe Gefahr/ in dem sie entweder den Schnee bedecken/ und also machen/daß man sich dafür nicht hütet oder aber mit grossem Hauffen und Mänge die Leute selbst überfallen. Von dem ersten schreibet Johan. Tornæus folgender gestalt: Es ligen hin und wieder grosse Hauffen Schnee/ welche weil sie von dem Winde nicht können zerstreuet werden/ so überziehet sie die Sonne deß Tages / deß Nachts aber der Schatten gleich wie mit einer Rinde / massen sie so hart als Eiß werden. Wann sie darauf noch der Sand/den der starcke Wind dahin wähet/bedecket/ können sie von den Reisenden nicht gemercket noch verhütet werden. Daher es geschiehet/daß wann diese über solche gehen wollen die überzogene Rinde bricht/ und die Leute in dem tieffen Schnee versinken/ können auch keine Rettung haben / sondern müssen ihr Leben lassen.

Von der Erde und den Bergen.

Von dem andern aber redet er auff diese Weise: So etwa/unter des
[s]en daß jemand über das Fellische Gebürge reiset / ein Ungewitter
[en]tstehet/mag derselbe wol von Glücke sagen/der lebendig davon kom̄
[m]et/im Winter zwar wegen deß vielen Schnees/ im Sommer her
[g]egen deß grossen Sandes halben so aldann auffgetrieben wird.
[G]egen Norwegen erhebet sich ein sehr hohes Gebürge. Die Schwe
[d]en nennen es mit einem alten Worte *Fiall*. Tornæus: Desse Lappi
[s]ka bærgen vvarda meddet forna Svvenska eller Islandska nampnet
[a]llade Fiæll. Das ist: Dieses Lappische Gebürge wird mit einem
[a]lten Schwedischen oder Jßländischen Namen Fiæll genennet. Die
[L]appen heissen es in ihrer Muttersprache Tudderi. Sam. Rheen:
[D]esse fiæll kalla Lapparna Tudderi. Das ist: Dieses Lappische Ge
[b]ürge nennen die Lappen Tudderi. Cluverius nennet es *Sevonem*.
[D]ann an dem Orte da er von Norwegen handelt/ saget er / daß dessen
[w]estliche Seite mit dem Gebürge Sevone geschlossen werde. So er
[a]uß dem Plinio genommen welcher im IV. Buch im 13. Cap. saget:
[V]on dannen fänget sich an das berühmte Ingevonische Volck / das
[i]st von den Teutschen. Allhie ist das ungeheure Gebürge Sevo, so
[ni]cht viel kleiner als das Riphäische / und einen grossen Meerbusem
[bi]ß an das Cimbrische Vorgebürge machet/welcher Codanus genant
[w]ird/ und mit vielen Insulen erfüllet ist/ von denen die berühmteste
[S]candinavia heisset. Von Adamo Bremensi wird es das Riphäische
[G]ebürge genant. Dann also schreibet er in seinem Scandinavia, an
[de]m Orte da er von Norwegen handelt. Endlich endiget es sich an
[de]m Riphäischen Gebürge/woselbst auch das Ende der Welt. Allein
[es] haben den Plinium, Solinum und Orosium, wie anderswo außge
[fü]hret sol werden / nicht recht angesehen. Es sey nun aber mit dem
[N]amen wie ihm wolle / ist doch was Plinius von dem Gebürge schrei
[be]t/wahr/daß es ungeheur groß und nicht viel kleiner als das Riphäi
[s]che sey. Olaus Petri Niurenius: Es sind hohe Alpen/ derer Gipffel
[i]st den Himmel zu berühren scheinet. Joh. Tornæus: Dieses Ge
[b]ürge wird auf Schwedisch Fiæll, auff Finnisch Tundur, auff Lap
[pi]sch Tuddur genant/ und erstrecket sich sehr weit/ dazu so hoch/ daß
[es] den meisten von fern wie eine Wolcke fürkommet. Und an einem
ande

Das fünff und dreyssigste Capitel

anderen Orte: Det ær otroligt, ut af hvvad hoegd och wid som desse bestaor. Nær man dem pao naogro müler nær kommen ær, soopne dhe sig vvid horizonten saosom de hoegsta maolnvvæggar, och den reesandom sig hchl skrækeliga beter, effter deras vvæg der oefvver ledes maofte in uti de Norske orter. Das ist: Es ist fast unglaublich/ wie hoch und ungeheur dieses Gebürge sey. Wann man sich auf etzliche Meile dazu genähert/ erheben sie sich über den Horizont als wie ein hohes Gewölck/ nicht ohne Schröcken der Reisenden/ so über dieselbe in Norwegen hinein ihren Weg nehmen müssen. Der Gipffel und Rücken dieses Gebürges ist mit stetem Schnee oder Sand und Steinen bedecket. Oben/ saget er auch daselbst/ auff diesen Bergen findet man nichts als Sand und Steine. Und Sam. Rheen: I den oeferste deelen af Lappmarken æro snoede och ganska hoege fiæll, med snoe oefwertæchte baode winter och sommer. Das ist: In dem obern Theil von Lappland sind die Berge gantz kahl/ und sehr hoch/ so wol im Sommer als im Winter mit Schnee bedecket. Weiter beschreibet ihre Länge und gantzen Strich wo sie anfangen/ und sich enden/ mit diesen Worten Olaus Petri Niurenius: Das Gebürge so eine Grentzscheide zwischen Norwegen und Lappland ist/ fänget an sich nebenst Zemptland zu erheben/ und erstrecket sich in gleicher stätswährender Höhe gegen Mitternacht auf 100. Meilen weit/ biß es letzlich in Titusfiord oder auch noch etwas weiter hin an den Busem des Eißmeers geendet wird. Und durch solches Gebürge wird Schweden gleich wie durch eine von der Natur zubereitete Grentze und Scheidewand abgesondert. Davon Joh. Tornæus also redet: Die Natur scheidet die Schwed. Landschafften Westbothnien/ Angermanland/ Medelpat/ Zemptien/ Herrendal/ Helsingen/ Gestricien und Dalern von Norwegen. Ob nun wol dieses Gebürge in einem langen Striche aneinander hänget/ ist es doch mit vielen Spitzen und Gipffeln die hie und da bald höher/ bald niedriger herfür ragen/ unterschieden. Davon dieses wol nach Sam. Rheens Erzählung die fürnemsten seyn: In der Luhle Lappmarck Waisavvaari, Skipovve, Nasavvari, Cervioive, Kioldavvaari, Niottusvvagg, Keidtkivvaari, Zecknavvaari, Fierrovvari, Cardavvaari, Steikavvaari, Skalopacht, Darravvaari, Woggausaari, Niynnas, Kaskaoive, Wallawari, Skieldavvari, Harrawaari, Portavvaari, Kaffa, Seggock, Ultivis. Auf gleiche Weise finden sich auch in anderen Lappmarcken derselben unterschiedliche. Weil aber selbe alle zu erforschen/ gar zu weitläufftig/ vielleicht auch unnötig/ wollen wir hiemit unser Werck schliessen.

ENDE.

Druck

Canon Deutschland Business Services GmbH
Ferdinand-Jühlke-Str. 7
99095 Erfurt